Werner H. Engelhardt / Hans Raffée / Barbara Wischermanr

Grundzüge der doppelten Buchhaltung

Werner H. Engelhardt / Hans Raffée
Barbara Wischermann

Grundzüge der doppelten Buchhaltung

Mit Aufgaben und Lösungen

8., vollständig überarbeitete Auflage

Bibliografische Information der Deutschen Nationalbibliothek
Die Deutsche Nationalbibliothek verzeichnet diese Publikation in der
Deutschen Nationalbibliografie; detaillierte bibliografische Daten sind im Internet über
<http://dnb.d-nb.de> abrufbar.

Prof. Dr. Dr. h.c. Werner H. Engelhardt (em.) war Inhaber des Lehrstuhls für Angewandte Betriebswirtschaftslehre III an der Ruhr-Universität Bochum und ist Mitglied des Direktoriums des Instituts für Unternehmensführung an der Ruhr-Universität Bochum.

Prof. Dr. Hans Raffée ist em. Professor für Betriebswirtschaftslehre an der Universität Mannheim.

Dr. Barbara Wischermann ist als Oberstudienrätin im Hochschuldienst der Ruhr-Universität Bochum mit der Ausbildung in den Grundlagen des externen und internen Rechnungswesens betraut.

1. Auflage 1966
.
.
7. Auflage 2006
8., vollständig überarbeitete Auflage 2010

Alle Rechte vorbehalten
© Gabler | GWV Fachverlage GmbH, Wiesbaden 2010

Lektorat: Jutta Hauser-Fahr | Renate Schilling

Gabler ist Teil der Fachverlagsgruppe Springer Science+Business Media.
www.gabler.de

Das Werk einschließlich aller seiner Teile ist urheberrechtlich geschützt. Jede Verwertung außerhalb der engen Grenzen des Urheberrechtsgesetzes ist ohne Zustimmung des Verlags unzulässig und strafbar. Das gilt insbesondere für Vervielfältigungen, Übersetzungen, Mikroverfilmungen und die Einspeicherung und Verarbeitung in elektronischen Systemen.

Die Wiedergabe von Gebrauchsnamen, Handelsnamen, Warenbezeichnungen usw. in diesem Werk berechtigt auch ohne besondere Kennzeichnung nicht zu der Annahme, dass solche Namen im Sinne der Warenzeichen- und Markenschutz-Gesetzgebung als frei zu betrachten wären und daher von jedermann benutzt werden dürften.

Umschlaggestaltung: KünkelLopka Medienentwicklung, Heidelberg
Druck und buchbinderische Verarbeitung: MercedesDruck, Berlin
Gedruckt auf säurefreiem und chlorfrei gebleichtem Papier

ISBN 978-3-8349-1760-7

Vorwort zur 8. Auflage

Die durch das BilMoG vom 25. Mai 2009 ausgelösten Neuerungen in der Rechnungslegung nach HGB haben Auswirkungen auf die Finanzbuchhaltung, die in dieser Neuauflage eingearbeitet wurden. Auch wichtige Änderungen aus EStG und EStR wurden ebenso wie relevante Teile aus dem Unternehmensteuerreformgesetz 2008 in einer gründlichen Überarbeitung des Textes berücksichtigt. Insofern liegt mit der 8. Auflage wieder eine vollständig aktuelle Textfassung vor, die dem Leser nach bewährtem Konzept die doppelte Buchhaltung vermittelt. Dieses geschieht didaktisch sinnvoll vor dem Hintergrund einer Einführung in die theoretischen Grundlagen der Buchhaltung und Bilanz.
Leicht verständliche Beispiele und Übungsaufgaben mit Lösungen helfen bei der Selbstkontrolle des erlernten Wissens.

Für die Hilfe bei der technischen Erstellung des Manuskriptes gebührt unser Dank insbesondere Frau Ina Meixner, Herrn Hendrik Hupe, Herrn Dennis Bök, Herrn Lars Odendahl und Herrn Steffen Loos, der uns „den Rücken freigehalten hat". Wie auch in den Vorauflagen danken wir ebenfalls Herrn Dr. Wilhelm Schneider, Lehrbeauftragter der Fakultät für Wirtschaftswissenschaft der Ruhr-Universität Bochum, für intensiven Gedankenaustausch sowie für vielfältige Anregungen und Hinweise.

WERNER H. ENGELHARDT
HANS RAFFÉE
BARBARA WISCHERMANN

Vorwort zur 3. Auflage

Seit geraumer Zeit ist die 2. Auflage der „Grundzüge der doppelten Buchhaltung" vergriffen. Den Autoren war bewußt, daß bei einer Neuauflage eine grundlegende Überarbeitung notwendig ist, um die inzwischen eingetretenen gesetzlichen Veränderungen im Rechnungswesen und im Steuerrecht zu berücksichtigen sowie methodisch-didaktische Verbesserungen vorzunehmen. Vielfältige andere Belastungen haben dieses Vorhaben verzögert, aber ebenso die Erwartung, daß neue Formen der Stoffvermittlung mit Hilfe elektronischer Medien eventuell an die Stelle des herkömmlichen Unterrichts treten und damit das Buch überflüssig machen könnten. Diese Entwicklung vollzieht sich aber langsamer als prognostiziert und läßt auch erkennen, daß mindestens zur Ergänzung eines mediengestützten Unterrichts eine kompakte, systematische Übersicht über den Stoff zweckmäßig, ja notwendig erscheint. Diese Erkenntnis und die noch immer anhaltend starke Nachfrage nach einer Neuauflage haben die Verfasser bewogen, eine solche vorzunehmen. Das Autorenteam wurde zu diesem Zweck um Frau Dr. Barbara Wischermann erweitert, die als Oberstudienrätin im Hochschuldienst an der Fakultät für Wirtschaftswissenschaft der Ruhr-Universität Bochum seit längerer Zeit die Ausbildung in den Grundlagen des Rechnungswesens zur Aufgabe hat. Die beiden ursprünglichen Autoren sind ihr außerordentlich dankbar, daß sie mit großem Engagement und erheblichem Einsatz die Neuauflage wesentlich vorangetrieben und ganz entscheidend dazu beigetragen hat, daß das Projekt abgeschlossen werden konnte.

Der Grundaufbau des Buches ist zwar erhalten geblieben, es wurden aber einige nicht unwesentliche Veränderungen vorgenommen. Sie beziehen sich nicht nur auf die Anpassung an die inzwischen veränderten gesetzlichen Grundlagen der Buchhaltung im HGB und in den Steuergesetzen, sondern auch auf die Neuordnung des Stoffes in einigen Kapiteln. So hat die Erfahrung gelehrt, daß es für Anfänger leichter ist, nach den grundsätzlichen Erörterungen in den Kapiteln 1-4 zunächst von einem reinen Dienstleistungsunternehmen ohne Warenverkehr auszugehen, sodann die spezifischen Buchungen im Zusammenhang mit dem Warenverkehr zu erläutern, um dann im Anschluß daran die buchhalterischen Besonderheiten des Produktionsbetriebes zu behandeln. Bei den letzten Kapiteln (8-11) wurde die alte Ordnung beibehalten.

Wesentliche Veränderungen haben sich bei den Aufgaben ergeben. Die bisherigen, sehr komplexen Übungsaufgaben wurden durch neue, besser überschaubare ersetzt, weil es für Anfänger leichter ist, anhand relativ kurzer Übungsaufgaben das Wissen überprüfen zu können. Sie laufen damit weniger Gefahr, sich in einer langen Übungsaufgabe zu verirren und eventuell aufgetretene Fehler in der Lösung nur schwer zu orten.

Die sehr aufwendige Überarbeitung des Buches wäre ohne die wertvolle Mitwirkung und Hilfe einer ganzen Reihe von studentischen Hilfskräften nicht möglich gewesen. Die Autoren danken dafür Herrn Tilmann Bosch, Herrn Christian Brütting, Frau Almut von Buttlar, Herrn Frank Hense sowie Herrn Ulrich Pulvermacher sehr herzlich für ihre engagierte Mitarbeit, die sich nicht nur auf die technische Erstellung des Manuskriptes, sondern auch auf wertvolle Hinweise inhaltlicher und methodischer Art erstreckte.

Wir hoffen und wünschen, daß die 3. Auflage des nun schon zu den Klassikern zu zählenden Lehrbuchs wieder auf großes Interesse und positive Aufnahme bei denen stößt, die damit arbeiten, wie dies bei den zwei ersten Auflagen der Fall war. Die Autoren freuen sich über jede Rückkopplung, vor allem auch darüber, wenn die aufmerksamen Leser auf Fehler, Ungenauigkeiten oder mißverständliche Passagen hinweisen. Dafür im voraus herzlichen Dank.

WERNER H. ENGELHARDT
HANS RAFFÉE
BARBARA WISCHERMANN

Vorwort zur 1. Auflage

Die Autoren dieses Lehrbuches waren seit 1960 von der Wirtschafts- und Sozialwissenschaftlichen Fakultät der Johann Wolfgang Goethe-Universität, Frankfurt am Main, während mehrerer Semester mit der Durchführung von Buchhaltungsübungen beauftragt. Eine wesentliche Erschwerung des Unterrichts ergab sich dadurch, daß nur sehr wenig Literatur vorliegt, die der besonderen Zielsetzung solcher Übungen Rechnung trägt. Zwar ist die Zahl der Schriften zur Buchhaltung beträchtlich. Sie sind aber entweder - und das gilt für die meisten von ihnen - auf die Belange der berufsbildenden Schulen abgestellt, oder sie haben ihren Schwerpunkt in der wissenschaftlichen Durchdringung der Buchhaltungs- und Bilanzprobleme. Im ersten Fall fehlt den Darstellungen in der Regel die für die Studierenden der Wirtschaftswissenschaften notwendige Vertiefung; im zweiten Fall tritt die Wiedergabe der Buchungstechnik zu Gunsten der Erörterung schwieriger Sachfragen zu stark in den Hintergrund.

Das vorliegende Buch - unmittelbar aus der Abhaltung von Buchhaltungsübungen erwachsen - versucht dazu beizutragen, diese Lücke zu schließen. Es erfordert keine buchhalterischen Vorkenntnisse, will jedoch neben der Vermittlung der Buchungstechnik auch eine erste Einführung in die theoretischen Grundlagen der Buchhaltung und Bilanz geben. Ohne genaue Kenntnis dieser Grundlagen wie aber auch der Buchungstechnik wird das gerade für den Studierenden der Wirtschaftswissenschaften wichtige Verständnis bilanzanalytischer und bilanztheoretischer Zusammenhänge außerordentlich erschwert. Wenn man allerdings eine Synthese zwischen Darstellung der Buchhaltungstechnik und theoretischer Vertiefung anstrebt, sind der Erörterung grundsätzlicher Fragen im Rahmen einer Einführung notwendigerweise Grenzen gesetzt.

Das Buch soll dem Studierenden schließlich die Möglichkeit bieten, die Beherrschung des Stoffes an Hand praktischer Übungen zu vervollkommnen. Deshalb wurde eine Reihe umfangreicher Übungsaufgaben einschließlich ihrer Lösungen angefügt, deren Durcharbeitung dringend zu empfehlen ist.

Der vorliegende Band der "Grundzüge der doppelten Buchhaltung" hat die Verbuchung der gängigen Geschäftsvorfälle "von der Anfangs- zur Schlußbilanz" zum Gegenstand. Auch die Neufassung des Aktiengesetzes von 1965 ist dabei berücksichtigt worden. Die Verbuchung von Sonderfällen der Finanzierung sowie die buchhalterische Erfassung des industriellen Leistungsprozesses finden dagegen keine Behandlung.

WERNER H. ENGELHARDT
HANS RAFFÉE

Inhaltsverzeichnis

Abkürzungsverzeichnis XIII

I. **Die Finanzbuchhaltung als Teil des Rechnungswesens** 1

    A. Das Rechnungswesen der Unternehmung, historische Entwicklung
        und Aufgabe der Finanzbuchhaltung 1
    B. Gesetzliche Regelungen 5

II. **Die Bilanz als Ausgangspunkt der doppelten Buchhaltung** 12

    A. Von der Inventur zur Bilanz 12
    B. Konten und Kontenarten 20
    C. Abschlussbuchungen, Eröffnungsbuchungen, Schlussbilanz- und
        Eröffnungsbilanzkonto 26
    D. Eigenkapitalkonto, Privatkonto und Ermittlung des
        Periodenerfolges 34

III. **Die Buchung erfolgswirksamer Geschäftsvorfälle** 38

IV. **Buchungen in einem reinen Dienstleistungsunternehmen** 45

    A. Löhne und Gehälter 45
    B. Umsatzerlöse unter Berücksichtigung der Umsatzsteuer 51
    C. Zinsen und Mieten 56
    D. Einkauf von Sachanlagen 58
    E. Abschreibungen auf Anlagen 60
        1. Ermittlung und Buchung von Abschreibungen auf Anlagen ... 60
        2. Der Verkauf von Anlagen und seine Buchung 67
        3. Die Auswirkungen einer falsch geschätzten Nutzungsdauer
           auf die Erfolgsgrößen und ihr buchhalterischer Niederschlag 72

V. Spezifische Buchungen in einem Dienstleistungsunternehmen mit Warenverkehr 75

- A. Wareneinkauf und Warenverkauf bei gemischten und getrennten Warenkonten 75
  1. Das gemischte Warenkonto 75
  2. Die Buchung von Retouren 78
  3. Die Zerlegung des gemischten Warenkontos 80
  4. Buchung des Wareneinsatzes bei der Lagerentnahme 84
- B. Verkäufe zum und unter dem Einstandspreis 90
- C. Die Buchung des Bezugsaufwands 92
- D. Die buchhalterische Behandlung von Preisnachlässen 95
  1. Rabatte 95
  2. Boni 96
  3. Skonti 99
- E. Die Buchung der privaten Warenentnahmen 101

VI. Spezifische Buchungen in einem Produktionsbetrieb 102

VII. Der Wechselverkehr und seine Buchung 112

- A. Wesen und Arten des Wechsels 112
- B. Die Buchung des Wechselverkehrs 119

VIII. Vorbereitende Abschlussbuchungen und Hauptabschlussübersicht 132

- A. Außerplanmäßige Abschreibungen und Zuschreibungen 132
- B. Abschreibungen auf Forderungen 136
  1. Die Einzelabschreibung von Forderungen 136
  2. Pauschale Abschreibungen auf Forderungen 145
- C. Rechnungsabgrenzungsposten (RAP) 149
  1. Das Wesen der Rechnungsabgrenzung 149
  2. Die Buchung der Rechnungsabgrenzungsposten 152
- D. Rückstellungen 160
  1. Das Wesen der Rückstellungen 160
  2. Die Buchung der Rückstellungen 162
  3. Exkurs: Eventualverbindlichkeiten und ihre Buchung 166
- E. Die Hauptabschlussübersicht 168

IX. Die Erfolgsbuchung bei ausgewählten Rechtsformen der Unternehmung 172

    A.   Die Erfolgsbuchung bei der Einzelunternehmung 173
    B.   Die Erfolgsbuchung bei der Offenen Handelsgesellschaft 174
    C.   Die Erfolgsbuchung bei der Kommanditgesellschaft 177
    D.   Die Erfolgsbuchung bei der Aktiengesellschaft 178
    E.   Die Erfolgsbuchung bei der Gesellschaft mit beschränkter Haftung 186

X. Die Organisation der Buchführung 187

    A.   Bestandteile der Buchführung und Aufzeichnungstechniken 187
    B.   Kontenrahmen und Kontenplan 190

Übungsaufgaben 197

Aufgabenlösungen 235

Literaturverzeichnis 275

Stichwortverzeichnis 277

Anhang

Abkürzungsverzeichnis

AB	Anfangsbestand
Abs.	Absatz
Abschr.	Abschreibungen
AfA	Absetzung für Abnutzung
AG	Aktiengesellschaft
akt.	aktiv
AktG	Aktiengesetz
AO	Abgabenordnung
apl.	außerplanmäßig
Art.	Artikel
Aufl.	Auflage
Aufw.	Aufwand
AV	Anlagevermögen
Bd.	Band
BdF	Bundesminister der Finanzen
BDI	Bundesverband der deutschen Industrie
BE	Bruttoerfolg
BEK	Bilanzergebniskonto
betr.	betrieblich
BFH	Bundesfinanzhof
BGA	Betriebs- und Geschäftsausstattung
BGB	Bürgerliches Gesetzbuch
BGB-Ges.	Gesellschaft bürgerlichen Rechts
BGH	Bundesgerichtshof
BilMoG	Bilanzrechtsmodernisierungsgesetz
BStBl.	Bundessteuerblatt
c.p.	ceteris paribus (unter sonst gleichen Umständen)
DATEV e.G.	Datenverarbeitungsorganisation des steuerberatenden Berufes in der Bundesrepublik Deutschland e.G.
EB	Endbestand
EBK	Eröffnungsbilanzkonto
ECU	European Currency Unit
EDV	elektronische Datenverarbeitung
EGHGB	Einführungsgesetz zum HGB
eig.	eigene
EK	Eigenkapital
EKR	Einzelhandels-Kontenrahmen
Erz.	Erzeugnisse

ESt	Einkommensteuer
EStG	Einkommensteuergesetz
EStR	Einkommensteuer-Richtlinien
EWU	Europäische Währungs-Union
fert.	fertige
FK	Fremdkapital
FLL	Forderungen aus Lieferungen und Leistungen
Ford.	Forderungen
GAAP	Generally Accepted Accounting Principles
GenG	Genossenschaftsgesetz
Gew.	Gewinn
ggü.	gegenüber
GKR	Gemeinschafts-Kontenrahmen der Industrie
GmbH	Gesellschaft mit beschränkter Haftung
GmbHG	Gesetz betreffend die GmbH
GoB	Grundsätze ordnungsmäßiger Buchführung
GoBil	Grundsätze ordnungsmäßiger Bilanzierung
GoD	Grundsätze ordnungsmäßiger Dokumentation
GoI	Grundsätze ordnungsmäßiger Inventur
GuV	Gewinn und Verlust(rechnung)
H	Haben(seite eines Kontos)
H.u.B.	Hilfs- und Betriebsstoffe
HGB	Handelsgesetzbuch
hrsg.	herausgegeben
IAS	International Accounting Standard
IFRS	International Financial Reporting Standards
i.R.d.	im Rahmen der/des
IKR	Industrie-Kontenrahmen
K	Kapital
KA	Konsumausgabe
KBo	Kundenboni
KG	Kommanditgesellschaft
KGaA	Kommanditgesellschaft auf Aktien
KiSt	Kirchensteuer
KSk	Kundenskonti
KESt	Kapitalertragsteuer
KSt	Körperschaftsteuer
L.u.G.	Löhne und Gehälter
L.u.Ki.steuer	Lohn- und Kirchensteuer
L.u.L.	Lieferungen und Leistungen
LBo	Lieferantenboni
LGA	Lohn- und Gehaltsaufwand
LSk	Lieferantenskonti

MwSt	Mehrwertsteuer
NJW	Neue Juristische Wochenschrift
OHG	Offene Handelsgesellschaft
p.a.	pro anno (jährlich)
pass.	passiv
pfd.	periodenfremd
PublG	Gesetz über die Rechnungslegung von bestimmten Unternehmen und Konzernen (Publizitätsgesetz)
PWB	Pauschalwertberichtigungen
RAP	Rechnungsabgrenzungsposten
Rd.-Nr.	Rand-Nummer
RHB	Roh-, Hilfs- und Betriebsstoffe
RKW	Reichskuratorium für Wirtschaftlichkeit
Rückst.	Rückstellungen
RW	Rechnungswesen
S	Soll(seite eines Kontos)
S.	Seite
s.o.	siehe oben
SA	Sachanlagen
SBK	Schlussbilanzkonto
Sich.	Sicherheit
so. Aufw.	sonstiger Aufwand
so.	sonstige (r/s)
Sol.zuschl.	Solidaritätszuschlag
SolZ	Solidaritätszuschlag
sonst.	sonstige (r/s)
soz.	sozial (e)
Sp.	Spalte
StGB	Strafgesetzbuch
techn.	technisch
u.a.m.	und andere(s) mehr
u.E.	unseres Erachtens
u.v.a.	und viele(s) andere(s)
UE	Umsatzerlöse
unf.	unfertige
USt	Umsatzsteuer
UStG	Umsatzsteuergesetz
UV	Umlaufvermögen
V	Vermögen
VDMA	Verein Deutscher Maschinenbau-Anstalten
Verb.	Verbindlichkeiten
Verbindl.	Verbindlichkeiten
Verl.	Verlust

Verr.	Verrechnung
vgl.	vergleiche
VL	Vorleistung
VLL	Verbindlichkeiten aus Lieferungen und Leistungen
Vorst.	Vorsteuer
Wertber.	Wertberichtigungen
WG	Wechselgesetz
WS	Wertschöpfung
Z	Zugänge
Zl	Zahllast

I. Die Finanzbuchhaltung als Teil des Rechnungswesens

A. Das Rechnungswesen der Unternehmung, historische Entwicklung und Aufgabe der Finanzbuchhaltung

Im Rechnungswesen der Unternehmung werden Finanz- und Leistungsströme sowie Bestände von Wirtschaftsgütern wertmäßig in Geldeinheiten erfasst. Es dient neben der Wertlenkung der Güterbestände und -bewegungen auch deren Dokumentation für interne und externe Adressaten. Im Hinblick auf diese Informationsempfänger und die ihnen zu vermittelnden Informationsinhalte unterscheidet man zwischen externem und internem Rechnungswesen.

Das *externe Rechnungswesen* erfasst Vorgänge zwischen der Unternehmung und ihrer Umwelt. Der Hauptzweck ist die Rechenschaftslegung gegenüber Unternehmensexternen, wie zum Beispiel Kapitalgebern, Fiskus und Öffentlichkeit, vor allem vertreten durch Finanzanalysten und allgemeine Medien. Die Information für die Unternehmensleitung ist faktisch von untergeordneter Bedeutung, es sei denn, bestimmte Zahlungen (Tantiemen, Prämien etc.) sind an das Ergebnis des externen Rechnungswesens gebunden. Unter bestimmten Umständen können auch die Belegschaft bzw. ihre Vertreter an diesen Informationen interessiert sein.

Zum externen Rechnungswesen gehört die Aufzeichnung beschaffter und abgesetzter Leistungen anhand der damit verbundenen Finanzmittelab- und -zuflüsse sowie die Dokumentation rein finanzwirtschaftlicher Zahlungsmittelbewegungen, wie zum Beispiel die Gewährung oder Rückzahlung eines Krediets. In beiden Fällen erfolgt eine wertmäßige Abbildung der Vorgänge, die sich an den mit ihnen verbundenen Zahlungsströmen orientiert. Deshalb bezeichnet man das externe Rechnungswesen auch als **pagatorisches Rechnungswesen** (pagare = zahlen). Ebenfalls geläufige Bezeichnungen dafür sind Finanz- oder Geschäftsbuchhaltung. Zu beachten ist, dass pagatorisches Rechnungswesen nicht gleichbedeutend sein kann mit einer exakten Dokumentation der mit Geschäftsvorgängen verbundenen Zahlungsströme. Diese sind nur die Bezugsgrößen. So wird zwar beispielsweise beim Einkauf einer Maschine deren finanzieller Gegenwert als Wertzugang gebucht. Insofern ist also noch weitestgehende Zeitgleichheit und betragsmäßige Identität von Zahlung und im Rechnungswesen erfasstem Wert gegeben. Bei den später dann zu buchenden Abschreibungen, die den Wertverzehr der Maschine erfassen sollen, ist aber keine unmittelbare Beziehung mehr zwischen dem Buchungsbetrag und einer Zahlung vorhanden. Vielmehr wird dabei - sofern es sich um planmäßige Abschreibungen handelt - eine Periodisierung der Anschaffungsausgabe vorgenommen, das heißt eine Aufteilung der Anschaffungsauszahlung (in Anlehnung an die Verteilung des Nutzungspotentials der Maschine) auf die einzelnen Jahre der Abschreibungsdauer. Die Summe der zu buchenden Abschreibungswerte ist jedoch wieder identisch mit der Anschaffungsauszahlung. Insofern liegt also eine **Orientierung an Zahlungen** vor.

Innerhalb des externen Rechnungswesens unterscheidet man zwischen der Stichtagsrechnung, die den Bestand an Vermögen und Kapital zu einem bestimmten Zeitpunkt (Stichtag) abbildet, und der Zeitraumrechnung, die die erfolgswirksamen Güterströme "Aufwendungen" und "Erträge" erfasst, welche insbesondere in Form von Güterverbräuchen und Güterentstehungen realisiert werden. Das dokumentierte Ergebnis in der Stichtagsrechnung ist die *Bilanz* (als Handels- oder Steuerbilanz), in der Zeitraumrechnung die sogenannte *Gewinn- und Verlustrechnung*. Beide zusammen bilden den sogenannten *Jahresabschluss*.[1]

Als Definition der Buchhaltung lässt sich damit folgendes ableiten: Die **(Finanz-) Buchhaltung** erfasst in einer ganz bestimmten Methodik die reinen Zahlungsvorgänge sowie die Veränderungen im Bereich der Wirtschaftsgüter und Verpflichtungen, wobei - soweit möglich - an Zahlungen angeknüpft wird. Sie ermittelt den Erfolg (Gewinn oder Verlust) für einzelne Zeiträume und gibt darüber hinaus eine Übersicht über bestimmte Vermögens- und Eigenkapitalbestände sowie über die Schulden einer Unternehmung in der Bilanz.

Das *interne Rechnungswesen* erfasst die betriebsinternen Vorgänge des Verzehrs von Produktionsfaktoren (Kosten) und der Entstehung von Gütern (Leistungen, oft auch Erlöse genannt). Diesen Bereich bezeichnet man deshalb auch als *Kosten- und Leistungsrechnung, Kosten- und Erlösrechnung* oder **Betriebsbuchhaltung**. Der Hauptzweck liegt in der Abbildung der wirtschaftlichen Vorgänge im Betrieb als Grundlage für die Planung, Steuerung und Kontrolle des Unternehmens. Betrachtungsgegenstand kann dabei ein bestimmter Abrechnungszeitraum sein (Periodenrechnung) oder ein bestimmtes Objekt (Objektrechnung), wie zum Beispiel ein Produkt, ein Auftrag, ein Kunde oder eine Region und die dafür zu ermittelnden Kosten und Erlöse sowie der sich aus deren Gegenüberstellung ergebende kalkulatorische Erfolg. Weitere Teilbereiche des internen Rechnungswesens sind die *Finanzrechnung* in Form der *Liquiditätsrechnung* zur Steuerung und Kontrolle der Zahlungsfähigkeit und in Form der *Wirtschaftlichkeitsrechnung* zur Ermittlung der Vorteilhaftigkeit von Investitionsalternativen, die beide mit Ein- und Auszahlungen als Rechengrößen operieren, sowie die verschiedenartigsten *Statistiken*, von denen hier nur die Umsatzstatistiken, Personalbestandsstatistiken und Lagerstatistiken als einige Beispiele genannt werden sollen.

---

[1] Vgl. § 242 III HGB. Kapitalgesellschaften haben den Jahresabschluss noch um einen Anhang bzw. wenn sie kapitalmarktorientiert sind, auch noch um weitere Bestandteile zu erweitern (vgl. § 264 I HGB).

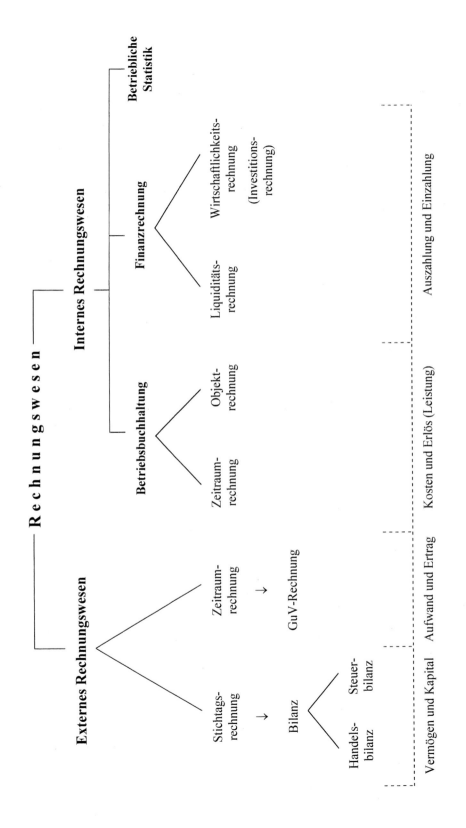

Das ***pagatorische Rechnungswesen*** ist der weitaus *älteste Teil*.[2] Schon weit vor unserer Zeitrechnung wurden aus dem Wunsch nach Rechenschaftslegung Aufzeichnungen über Warenlieferungen und Geldforderungen durchgeführt.[3] Insbesondere erlangten sie als Beweismaterial bei Gerichtsprozessen Bedeutung. Das Hauptaugenmerk richtete sich auf die Aufschreibung von Guthaben und Verpflichtungen, die Dokumentationen für Auseinandersetzungen zwischen Geschäftspartnern und Erbauseinandersetzungen sowie schließlich auf die Erfolgsermittlung als Grundlage für die Errechnung von Partiegewinnen, beispielsweise in der Schiff-Fahrt. Bereits im 14. Jahrhundert praktizierten oberitalienische Kaufleute nicht nur die einfache kaufmännische Buchhaltung, bei der kein systematischer Zusammenhang zwischen den einzelnen Aufschreibungen besteht und die für Kleinbetriebe bei nur gelegentlichen Geschäften durchaus genügt. Vielmehr führten sie auch schon eine *doppelte Buchhaltung* durch, bedienten sich also einer ganz bestimmten Methodik, deren spezifische Aufgabe in einer rechentechnischen Kontrolle der Aufzeichnungen der ermittelten Ergebnisse zu sehen ist. Das geschieht durch eine zweifache (doppelte) Erfassung eines Geschäftsvorfalls. Die Darstellung dieser Technik in der heute praktizierten Form ist Gegenstand dieses Buches.

Bis ins 19. Jahrhundert diente die Buchhaltung rein dokumentarischen Zwecken und nicht der Unternehmensführung. Das Rechnungswesen als Entscheidungs- und Kontrollinstrument hat sich nicht aus der doppelten Buchhaltung, sondern aus der auf Soll-Ist-Vergleiche angelegten kameralistischen Buchführung entwickelt, die von Staat, Gemeinden oder sonstigen öffentlichen Institutionen verwendet wurde. Sie stellte ein umfangreiches Spezialgebiet dar, ist aber mit Beginn des 21. Jahrhunderts durch die Umstellung im Rechnungswesen der öffentlichen Hand, die sich zunehmend an die kaufmännische doppelte Buchhaltung anlehnt, kaum noch von Bedeutung.

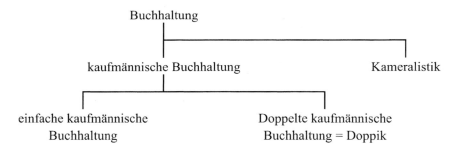

Wenn der doppelten Buchhaltung neben der Dokumentationsfunktion auch die Aufgabe der Unterstützung der Unternehmensführung zugesprochen wird, so kann man dem

---

[2] Einen Überblick über die geschichtliche Entwicklung gibt Schneider, Dieter, Geschichte der Buchhaltung und Bilanzierung, in: Handwörterbuch des Rechnungswesens, hrsg. von Chmielewicz, Klaus und Schweitzer, Marcell, 3. Aufl., Stuttgart 1993, Sp. 712-721.

[3] Schon Tontafeln der Sumerer aus der Zeit um 3500 vor Christus wurden als Rechnungen für Lieferungen an Brot und Bier gedeutet.

aufgrund dieser historischen Entwicklung durchaus skeptisch gegenüberstehen. Zwar hat das externe Rechnungswesen im 20. Jahrhundert einen enormen Aufschwung erfahren, und Bilanz und Gewinn- und Verlustrechnung werden verstärkt auch zur Selbstinformation der Unternehmensleitung genutzt. Es darf jedoch nicht übersehen werden, dass nach wie vor sein Hauptzweck in der Rechenschaftslegung und Information von Staat, Kapitalgebern, Geschäftspartnern und Öffentlichkeit liegt. Die zum Schutz dieser Interessenten entwickelten Gesetze und Vorschriften zur ordnungsmäßigen Buchführung und Bilanzierung, insbesondere das Handelsgesetzbuch (HGB), die Abgabenordnung (AO) und Steuergesetze, aber auch Kaufmannsbrauch und Rechtsprechung geben einen gewissen Rahmen vor, der auch das dokumentierte Ergebnis inhaltlich prägt. Die Aufzeichnungen werden unter Berücksichtigung dieser Vorschriften und den noch verbliebenen Spielräumen dann in der Regel so präsentiert, dass die Adressaten Informationen erhalten, die am wenigsten mit den Unternehmenszielen kollidieren. Typisches Beispiel dafür ist eine bewusste Ausschöpfung von Bilanzierungsspielräumen in der Steuerbilanz. Es leuchtet ein, dass eine auf die zu veröffentlichende Bilanz hin ausgerichtete Buchführung aber für die unternehmensinterne Information der Geschäftsführung nur bedingt nutzbar ist. Die eigentliche Informationsbasis für die Unternehmensführung wird deshalb immer das interne Rechnungswesen sein.

Im Folgenden wollen wir uns nur mit der doppelten Buchhaltung beschäftigen. Wir befassen uns also mit der Grundlage des externen Rechnungswesens, für das im Gegensatz zum internen Rechnungswesen eine Fülle von Gesetzen und Vorschriften sowohl handels- als auch steuerrechtlicher Art gegeben ist. Der Schwerpunkt liegt dabei auf einer Buchhaltung, die dem Handelsrecht genügt.

B. Gesetzliche Regelungen

Gemäß § 238 I HGB ist *jeder Kaufmann* "verpflichtet, Bücher zu führen und in diesen seine Handelsgeschäfte und die Lage seines Vermögens nach den Grundsätzen ordnungsmäßiger Buchführung ersichtlich zu machen." Dabei gilt gemäß § 1 HGB als Kaufmann, wer ein Handelsgewerbe betreibt. Dazu zählt jeder Gewerbebetrieb, es sei denn, dass er nach Art oder Umfang einen in kaufmännischer Weise eingerichteten Geschäftsbetrieb nicht erfordert. In diesem Fall gilt der Unternehmer nicht als Kaufmann, es sei denn, er lässt die Firma in das Handelsregister eintragen (§ 2 HGB). Eine genaue Definition, wann kein nach Art oder Umfang in kaufmännischer Weise eingerichteter Geschäftsbetrieb erforderlich ist, gibt es im HGB nicht. Jedoch gilt unabhängig davon, ob eine Eintragung ins Handelsregister (und damit zweifelsfrei Kaufmannseigenschaft) vorliegt oder nicht, die größenabhängige Befreiung von der Buchführungspflicht für Einzelkaufleute mit nicht mehr als 500.000 € Umsatzerlöse und 50.000 € Jahresüberschuss gemäß § 241a HGB. Land- und forstwirtschaftliche Betriebe werden ebenfalls nur dann als kaufmännische Firmen angesehen, wenn sie sich ins Handelsregister haben eintragen lassen (§ 3 HGB). Auf *Personenhandelsgesellschaften* (OHG, KG, GmbH & Co. KG) und *Formkaufleute* (GmbH, AG, KGaA sowie Genossenschaften) werden die für Kaufleute geltenden Vorschriften angewendet (§ 6 HGB, § 17 II GenG). Zu beachten ist, dass die Buchführungspflicht für diese Gesellschaften und Genossenschaften auch dann besteht, wenn für ihre Unternehmung ein nach Art oder Umfang in kaufmännischer Weise eingerichteter Geschäftsbetrieb nicht erforderlich ist (§ 6 I HGB i.V.m. § 105 HGB und § 161 HGB; § 6 II HGB i.V.m. § 41 GmbHG, §§ 91 und 278 III AktG, § 33 GenG).[4] Die größenabhängige Befreiung gemäß § 241a gilt nur für Einzelkaufleute.

Alle nach Handelsrecht Buchführungspflichtigen unterliegen gemäß § 140 AO außerdem der *steuerrechtlichen Buchführungspflicht*. Darüber hinaus entsteht für gewerbliche Unternehmen sowie für Land- und Forstwirte eine Pflicht, Bücher zu führen, wenn bestimmte in § 141 AO genannte Schwellenwerte überschritten werden. Das heißt, Land- und Forstwirte, die sich nicht ins Handelsregister haben eintragen lassen, und Gewerbetreibende, deren Unternehmen weder einen nach Art oder Umfang in kaufmännischer Weise eingerichteten Geschäftsbetrieb erfordert noch ins Handelsregister eingetragen ist,[5] sind demnach zwar nicht handelsrechtlich, wohl aber beim Überschreiten der Grenzwerte nach Steuerrecht buchführungspflichtig.
Freiberufler sind nicht zur doppelten Buchführung verpflichtet, es sei denn, sie führen ihr Unternehmen als Kapitalgesellschaft.

Ist ein Unternehmer *weder handels- noch steuerrechtlich* buchführungspflichtig, so genügt zu Zwecken der Gewinnbesteuerung eine Einnahmen-Überschussrechnung nach § 4 III EStG.

In den ***§§ 238 ff. HGB*** sind einzelne Vorschriften zur Buchhaltung aufgeführt, die für alle buchführungspflichtigen Kaufleute gelten, und in den ***§§ 264 ff. HGB*** zusätzliche für Kapitalgesellschaften & Co.

---

[4] Diese Regelung gilt, wie bereits festgestellt, jedoch nicht für Personenhandelsgesellschaften und Formkaufleute. Hinsichtlich der möglichen Ausnahmen für eine OHG oder KG, die mit ihrem Handelsgeschäft begonnen hat und noch nicht im Handelsregister eingetragen ist bzw. hinsichtlich der Vorgesellschaften (Vor-GmbH, Vor-AG) vgl. die Kommentierungen zum HGB wie z.B. MünchKomm HGB; Schmidt, Karsten, § 6.

[5] Diese Regelung gilt, wie bereits festgestellt, jedoch nicht für Handelsgesellschaften, Formkaufleute und Genossenschaften.

Die Paragraphen betreffen zum einen ganz allgemeine Inhalte, wie beispielsweise die Handelsbücher in einer lebenden Sprache[6] zu führen, die Eintragungen vollständig, richtig, zeitgerecht und geordnet vorzunehmen und ähnliche Regeln (§ 239 HGB). Zum anderen beinhalten sie auch Detailvorschriften, zum Beispiel welchen Inhalt die Bilanz hat (§§ 247, 248 HGB), wie sie zu gliedern ist (§ 266 HGB) und wie einzelne Positionen genau zu bewerten sind (siehe zum Beispiel §§ 253, 255 HGB). Diese Detailvorschriften beziehen sich zwar direkt nur auf den Jahresabschluss (Bilanz und Gewinn- und Verlustrechnung (GuV)). Die konkrete Durchführung der Buchführung während des Geschäftsjahres wird dadurch nicht reglementiert. Für sie gibt es keine detaillierten Gesetzesvorschriften. Da der Jahresabschluss, der auf der Grundlage dieser Buchführung zu erstellen ist, aber gesetzlich geregelt ist, ergeben sich daraus auch gewisse Notwendigkeiten, die man schon bei der Buchführung während des Geschäftsjahres beachten sollte, damit am Geschäftsjahresende aus den Büchern die dem HGB entsprechende Bilanz und GuV erstellt werden können.

In der Generalklausel des § 238 I HGB hat der Gesetzgeber darüber hinaus mit dem Verweis auf die **Grundsätze ordnungsmäßiger Buchführung (GoB)** eine Vorschrift erlassen, die den Bereich der für die Buchführung relevanten Regelungen noch weit über die soeben skizzierten, im Handelsgesetzbuch verankerten Paragraphen und auch über die sie ergänzenden steuerrechtlichen Vorschriften in den §§ 140 ff. AO bzw. im Einkommensteuerrecht hin ausdehnt. Denn zu den *Grundsätzen ordnungsmäßiger Buchführung* zählen nicht nur schriftlich kodifizierte Vorschriften, wie zum Beispiel die bereits genannten, allgemein gehaltenen Grundsätze des § 239 HGB über die Führung der Handelsbücher in einer lebenden Sprache mit vollständigen, richtigen, zeitgerechten und geordneten Eintragungen u.ä. oder die in den §§ 243f., 246 und 252 HGB vorgeschriebenen Regelungen. Letztere beinhalten insbesondere Grundsätze zur klaren und übersichtlichen Aufstellung des Jahresabschlusses innerhalb der einem ordnungsmäßigen Geschäftsvorgang entsprechenden Zeit, zur vollständigen Erfassung sämtlicher Vermögensgegenstände, Schulden, Rechnungsabgrenzungsposten, Aufwendungen und Erträge, zudem das Verbot der Verrechnung von Aktiv- mit Passivposten und von Aufwendungen mit Erträgen (Saldierungsverbot) sowie die allgemeinen Bewertungsvorschriften für Vermögen und Schulden, die auf die Buchführung Einfluss haben. Darüber hinaus gehören zu den GoB auch nicht schriftlich kodifizierte Grundsätze, die ein ordentlicher und gewissenhafter Kaufmann nach herrschender Meinung bei der Buchführung und dem Jahresabschluss zu beachten hat. Was im einzelnen dazu zählt, ist interpretationsbedürftig. Dabei gibt es zwei Vorgehensweisen. Die *induktive* Methode leitet die GoB aus den Gepflogenheiten der Praxis ab und erhebt das tatsächliche Verhalten ordentlicher und ehrenwerter Kaufleute zum Maßstab. Ermittelt wird es beispielsweise durch Befragung von Wirtschaftsprüfern, Banken und auch Industrie- und Handelskammern. Die *deduktive* Vorgehensweise dagegen geht von der Überlegung aus, wie sich ein ordentlicher und ehrenwerter Kaufmann verhalten soll. Letztlich be-

---

[6] Lebende Sprachen sind zur Zeit noch gesprochene Sprachen, also beispielsweise nicht Latein.

deutet sie, dass alle Verhaltensregeln aus dem Gesetzestext oder aus einer wissenschaftlich begründeten Theorie des Rechnungswesens abgeleitet werden können. Sie ist schneller, einfacher zu praktizieren und weniger ungenau als die induktive Methode und wird von der Wissenschaft empfohlen. In der heutigen Rechts- und Verwaltungspraxis geht man vorwiegend nach der deduktiven Methode vor, jedoch mit Ergänzung induktiv gewonnener Erkenntnisse über die tatsächliche Verhaltensweise der Kaufleute (BFH-Urteil vom 26.3.1968, BStBl. II 1968, S. 527-533, hier S. 529). Ein Beispiel mag den Sinn einer solch flexiblen Rechtsvorschrift wie der GoB erläutern: Früher wurde die Finanzbuchhaltung in gebundenen Büchern durchgeführt. Später ist dann auch die Lose-Blatt-Buchführung zugelassen worden. Heute entspricht es ebenfalls den GoB, die Buchführung mit Hilfe von EDV-Speichermedien zu praktizieren. Das verdeutlicht, wie die GoB dem Wandel der Zeit unterliegen, und dass es eine weise Entscheidung des Gesetzgebers war, diesen Verweis auf den unbestimmten Rechtsbegriff "Grundsätze ordnungsmäßiger Buchführung" in das HGB aufzunehmen, statt zu versuchen, alle Einzelheiten schriftlich in kodifiziertem Recht niederzuschreiben. Wie viele Gesetzesänderungen wären sonst schon aufgrund rein technischer Fortschritte in der Datenverarbeitung notwendig gewesen?

Es ist also festzuhalten, dass ein Kaufmann seine Buchführung an den im Gesetz niedergeschriebenen Rechtsvorschriften und den sie ergänzenden GoB auszurichten hat, die einen zusätzlichen Wertmaßstab bilden und von denen nur ein geringer Teil auch im Gesetzestext schriftlich fixiert ist .[7]

Versucht man, die *GoB* ihren Dimensionen nach zu systematisieren, so kann man folgende *Bereiche* unterscheiden:

    I.   Die **materielle** wirtschaftliche und rechtliche **Richtigkeit** der Buchung

    II.   Die **formale Richtigkeit** der Buchung
        A.   Voraussetzung zur Buchung: Belegprinzip
        B.   Durchführung der Buchung
            1.   Bestimmungen des § 239 HGB und ähnliche Grundsätze
            2.   Termin der Buchung
            3.   Buchungstechnisch richtige Verarbeitung.

In unserem Zusammenhang können wir von den zum Teil äußerst schwierigen Fragen des ersten Komplexes völlig absehen. Somit scheiden Probleme der Bewertung, des Buchungsrechts, der Buchungspflicht usw. aus. Wir wenden uns deshalb sofort dem zweiten Teil zu:

---

[7]   Vgl. §§ 238, 243, 246, 252, 257 HGB und §§ 145-147a AO.

Das *Belegprinzip* als eines der grundlegenden Erfordernisse für die formale Richtigkeit der Buchhaltung besagt, dass keine Buchung ohne Beleg erfolgen darf. Bei den Belegen unterscheidet man:

1. Natürliche Belege
   a. des Außenverkehrs
   b. des Innenverkehrs
2. Künstliche Belege.

Während die natürlichen Belege im Rahmen des Geschäftsverkehrs ohnehin anfallen und nur sekundär als Buchhaltungsgrundlage dienen, werden künstliche Belege nur für buchhalterische Zwecke geschaffen. Als Beispiele der natürlichen Belege des Außenverkehrs sind Rechnungen, Quittungen, Frachtbriefe u.a. zu nennen. Im Innenverkehr werden Lohnlisten, Akkordzettel, Materialentnahmescheine u.a. erstellt und als Buchungsbelege benutzt. Künstliche Belege sind Unterlagen für Umbuchungen, Fehlerkorrekturen (Stornierungen) sowie Belege über Abschlussbuchungen.

Auf die im Gesetzestext enthaltenen Bestimmungen des § 239 HGB wollen wir hier nicht näher eingehen. Sie werden durch ähnliche Grundsätze formaler Natur ergänzt (Sauberkeit, Gewissenhaftigkeit usw.).

Ferner gilt als GoB, dass die Geschäftsvorgänge *unverzüglich* nach ihrem Anfall gebucht werden müssen.

Für uns ist die *buchungstechnisch richtige Verarbeitung* des Buchungsstoffes entscheidend. Allein damit werden wir uns im Folgenden befassen.

Ob ein bestimmtes *Buchführungssystem* vorgeschrieben ist, war lange Zeit umstritten. Gemäß § 238 I Satz 2 und 3 HGB muss die Buchführung so beschaffen sein, "dass sie einem sachverständigen Dritten innerhalb angemessener Zeit einen Überblick über die Geschäftsvorfälle und über die Lage des Unternehmens vermitteln kann. Die Geschäftsvorfälle müssen sich in ihrer Entstehung und Abwicklung verfolgen lassen". Insofern wäre das Prinzip der doppelten Buchungen nicht zwingend notwendig. Dasselbe Ergebnis, der Ausweis von Vermögen und Schulden, von Aufwendungen und Erträgen und die Aufzeichnungen der Geschäftsvorfälle sowie der Jahresabschluss, könnte rein technisch auch in einer anderen Form erreicht werden. Die doppelte Buchführung (Doppik) wird häufig jedoch nicht nur als reine Technik verstanden, sondern vielmehr als geschlossenes System, zu dem neben der doppelten Buchung auf Konto und Gegenkonto auch die doppelte Erfolgsermittlung mit Hilfe von Bestands- **und** Erfolgskonten gehört ("Doppelte Buchführung" im weiteren Sinne). Damit ist gemeint, dass der Periodenerfolg sowohl aus dem Vermögensvergleich mit Hilfe der Bestandskonten zweier

Perioden ermittelt werden kann als auch direkt aus der Erfolgsrechnung.[8] Ohne dass wir bereits hier auf diese in Kapitel II und III näher zu behandelnden Themen eingehen wollen, ist festzuhalten, dass aus der in § 242 II, III HGB formulierten Verpflichtung zur Aufstellung einer Bilanz und Erfolgsrechnung (Gewinn- und Verlustrechnung) tatsächlich die Pflicht zur Führung von Bestands- und Erfolgskonten und damit zur "Doppelten Buchführung" in diesem weiten Sinne abzulesen ist.[9] Aber auch historisch hat sich die doppelte Buchhaltung zu dem dominierenden Rechnungslegungsinstrument entwickelt. Die ihr innewohnende Systematik gewährleistet die Selbstkontrolle der Rechnungstechnik und unterstützt eine den GoB entsprechende Buchhaltung.

Nach der *Art der zu regelnden Inhalte* kann man bei den GoB noch drei Teilbereiche unterscheiden: die Grundsätze ordnungsmäßiger Inventur (GoI), die Grundsätze ordnungsmäßiger Bilanzierung (GoBil) und die Grundsätze ordnungsmäßiger Dokumentation (GoD). Darauf braucht an dieser Stelle jedoch nicht näher eingegangen zu werden.[10]

Die wirtschaftliche Praxis ist auch außerordentlich stark von **steuerrechtlichen Vorschriften** geprägt und hier vor allem durch die schon erwähnte *Abgabenordnung* (§§ 140 ff. AO), das *Einkommensteuer-* (EStG) und das *Körperschaftsteuergesetz* (KöStG). Ferner ergeben sich auch aus den Aufzeichnungspflichten des Umsatzsteuergesetzes (Mehrwertsteuer) Einflüsse auf die Gestaltung der Buchhaltung (§ 22 UStG). In diesem Lehrbuch werden wir uns schwerpunktmäßig mit den handelsrechtlichen Buchführungsproblemen beschäftigen, da das Steuerrecht eher Gegenstand der Bilanzlehrbücher ist.

Das Handelsrecht sieht über Straf- und Bußgeldvorschriften (§§ 331 ff. HGB) Möglichkeiten zur Erzwingung der Einhaltung der Bestimmungen über das Führen von Handelsbüchern vor. Ebenso kann der Abschlussprüfer mittels Einschränkung oder Versagung des Bestätigungsvermerkes Einfluss ausüben (§ 322 IV HGB). Ferner stellt die steuerliche Außenprüfung einen ebenso wirksamen wie gefürchteten Druck zur Einhaltung der gesetzlichen Bestimmungen dar. Auch im Falle der Insolvenz einer Unternehmung bestehen gesetzliche Möglichkeiten der Verfolgung von Verstößen gegen die Buchhaltungspflicht (§ 283b StGB).
Auch internationale Rechnungslegungsvorschriften, wie zum Beispiel die IAS, IFRS oder US-GAAP, haben im Wege der Internationalisierung der Unternehmen und

---

[8] Vgl. Chmielewicz, Klaus, Rechnungswesen Bd. 1, 4. Aufl., Bochum 1993, S. 67; Eisele, Wolfgang, Technik des betrieblichen Rechnungswesens, 7. Aufl., München 2002, S. 509; Falterbaum, Hermann / Bolk, Wolfgang / Reiß, Wolfram / Eberhart, Roland, Buchführung und Bilanz, 20. Aufl., Achim 2007, S. 67f.

[9] Siehe dazu Eisele, Wolfgang, Technik des betrieblichen Rechnungswesens, 7. Aufl., München 2002, S. 509.

[10] Vgl. dazu Buchner, Robert, Buchführung und Jahresabschluss, 7. Aufl., München 2005, S. 41-85.

Kapitalmärkte einen Einfluss auf das Rechnungswesen deutscher Unternehmen.[11] Die Technik der doppelten Buchhaltung wird jedoch davon nicht berührt.

---

[11] Vgl. dazu Pellens, Bernhard / Füllbier, Rolf Uwe / Gassen, Joachim / Sellhorn, Thorsten: Internationale Rechnungslegung, 7. Auflage, Stuttgart 2008

II. Die Bilanz als Ausgangspunkt der doppelten Buchhaltung

A. Von der Inventur zur Bilanz

Nach § 240 I HGB hat jeder Kaufmann, der nicht unter die größenabhängige Befreiung des § 241a HGB fällt, "zu Beginn seines Handelsgewerbes seine Grundstücke, seine Forderungen und Schulden, den Betrag seines baren Geldes sowie seine sonstigen Vermögensgegenstände genau zu verzeichnen und dabei den Wert der einzelnen Vermögensgegenstände und Schulden anzugeben." Das Verzeichnis muss dabei grundsätzlich vollständig sein, ganz unabhängig davon, ob den Vermögensgegenständen (noch) ein Wert beigemessen wird oder nicht. Gemäß § 240 II HGB und H 5.3 Be muss ein solches *Inventar* (Aufstellung der Vermögens- und Schuldenwerte) jeweils nach Ablauf eines maximal zwölf Monate dauernden Geschäftsjahres erneut aufgestellt werden.

Gegenstände des Sachanlagevermögens sowie Roh-, Hilfs- und Betriebsstoffe,
- die regelmäßig ersetzt werden und
- deren Gesamtwert für das Unternehmen von nachrangiger Bedeutung ist und
- deren Bestand in seiner Größe, seinem Wert und seiner Zusammenfassung nur geringen Veränderungen unterliegt,

können ohne exakte Bestandsprüfung mit gleicher Menge und gleichem Wert angesetzt werden wie in dem vorherigen Inventar, sofern in der Regel alle drei Jahre diese Beträge durch eine körperliche Bestandsaufnahme überprüft werden *(Festwertverfahren)*.[12]
Für gleichartige oder annähernd gleichwertige bewegliche Vermögensgegenstände und Schulden ist als weitere Erleichterung das Zusammenfassen zu Gruppen und eine Bewertung mit dem gewogenen Durchschnittswert erlaubt *(Gruppenbewertungsverfahren)*.[13] In beiden Fällen, sowohl dem Festwert- als auch dem Gruppenbewertungsverfahren, handelt es sich um eine *Ausnahme zu dem ansonsten geltenden Einzelbewertungsgebot* des § 252 I (3) HGB.

Die *Inventur* - so bezeichnet man die Tätigkeit der Erstellung des Inventars - ist zum Teil mit größeren Schwierigkeiten verbunden. Wie soll beispielsweise eine schon längere Zeit im Gebrauch befindliche Maschine bewertet werden? Neben der *körperlichen*

---

12 Vgl. § 240 III HGB sowie EStR R 5.4 Abs. III. Beim beweglichen Anlagevermögen fordert das Steuerrecht sogar nur alle drei bis fünf Jahre eine körperliche Bestandsaufnahme.

13 Vgl. § 240 IV HGB sowie EStR R 6.8 IV.

Bestandsaufnahme muss hier eine ergänzende ***Buchinventur*** erfolgen. Für die Maschine kann so mit Hilfe einer ordnungsgemäß geführten Anlagenkartei über Anschaffungswert, Anschaffungszeitpunkt und Abschreibungen bis zum Bewertungszeitpunkt anhand "der Bücher" der Wert für das Inventar ermittelt werden.

Buchinventuren sind ebenfalls unumgänglich bei immateriellen Vermögensgegenständen, Forderungen und Schulden oder zur Zeit der Inventur nicht zugänglichen Gütern, zum Beispiel Waren auf dem Transportweg. Die Mengen- und Werterfassung wird dabei anhand der Kunden- und Lieferantenkonten sowie durch Heranziehen von Besitzurkunden, Versandpapieren u.ä. durchgeführt.

Bei der Bewertung von Halbfabrikaten der eigenen Produktion ergeben sich Probleme durch die Notwendigkeit, die in das Produkt eingegangenen Leistungen zu erfassen. So muss nicht nur der Materialverbrauch und der direkt zurechenbare Personaleinsatz ermittelt werden. Auch die anteilige Maschinennutzung und der nur indirekt zuzurechnende Personalaufwand sowie allgemeine Verwaltungskosten können angesetzt werden. Dass sich bei der Erfassung dieser Größen Schwierigkeiten ergeben, insbesondere bei der Zurechnung anteiliger Aufwendungen, liegt auf der Hand.

Selbst die mengenmäßige Erfassung, die der Bewertung vorgelagert ist, kann schon sehr kompliziert sein. Die Unternehmen haben dafür zum Teil praktikable Lösungen entwickelt. Das Gewicht von auf Halde liegenden Schüttgütern wie Kohle oder Erz wird beispielsweise nicht im Einzelnen ausgewogen, sondern über die Berechnung des Haldenvolumens und des Gewichts für eine bestimmte Volumeneinheit ermittelt. Eine darauf aufbauende ***Stichprobeninventur***, bei der auf der Grundlage einer erhobenen Teilmenge auf die Gesamtmenge hochgerechnet wird, setzt die Anwendung anerkannter mathematisch-statistischer Methoden voraus. Sie muss außerdem den Grundsätzen ordnungsmäßiger Buchführung entsprechen und in ihrem Aussagewert einem aufgrund einer körperlichen Bestandsaufnahme aufgestellten Inventar gleichkommen.[14]

Ungeachtet solch praktischer Lösungen ist die Inventur sehr arbeits- und zeitintensiv und in der Regel nie an einem einzigen Stichtag zu erledigen. Der Gesetzgeber hat deshalb neben der ***klassischen Stichtagsinventur*** (Inventur am Bilanzstichtag oder einem davor oder danach liegenden Tag) weitere Inventurvereinfachungen zugelassen.[15]

Zum einen ist das die sogenannte ***ausgeweitete Stichtagsinventur***, bei der das Unternehmen in Teilbereiche aufgeteilt wird, für die dann jeweils eine getrennte Bestandsaufnahme durchgeführt werden kann, und zwar bis zu 10 Tagen vor oder nach dem Abschlussstichtag. Durch Fortschreibung bzw. Rückrechnung anhand der aufgezeichneten Zu- und Abgänge in der Zwischenzeit wird dann der mengen- und wertmäßige Bestand am Stichtag bestimmt.

---

[14] Vgl. § 241 I HGB

[15] Vgl. §§ 240, 241 HGB sowie EStR R 5.3 f.

Zum anderen besteht die Möglichkeit einer **drei Monate vor-** oder **zwei Monate nachverlagerten Inventur** und sogar die einer **permanenten Inventur**. Bei der permanenten Inventur kann jeder Unternehmensbereich einen eigenen Inventurstichtag haben. Die Inventur wird also im laufenden Geschäftsjahr bei weitergehendem Geschäftsbetrieb vorgenommen. Man kann auf diese auch steuerlich anerkannte Weise die Inventurarbeiten verteilen, den Geschäftsgang von Störungen entlasten und durch den Einsatz besonderer Inventurkolonnen zusätzliche Kontrollen schaffen. Allerdings setzen die permanente Inventur ebenso wie die ausgeweitete Stichtagsinventur und die vor- oder nachverlagerte Inventur voraus, dass die einzelnen Stichtagsbestände auf einen gemeinsamen Tag - zum Beispiel den 31.12. - fortgeschrieben werden (Aufzeichnung der Zu- und Abgänge), um so zu einem einheitlichen Zeitpunkt ein Inventar für die ganze Unternehmung zu erstellen.[16] Bei der vor- oder nachverlagerten Inventur sowie bei der permanenten Inventur ist das jedoch in der Regel nicht ganz leicht, da sichergestellt werden muss, dass keine ins Gewicht fallenden Veränderungen der Bestände durch Schwund, Verderb o.ä. vorkommen, die nicht zumindest hinreichend genau geschätzt werden können. Außerdem sind diese Verfahren gemäß EStR R 5.3 Abs. III nicht zulässig für Wirtschaftsgüter, die - abgestellt auf die Verhältnisse des jeweiligen Betriebes - besonders wertvoll sind. Auch bei permanenter Inventur muss in jedem Geschäftsjahr mindestens einmal durch Bestandsaufnahme geprüft werden, ob die buchmäßige Fortschreibung mit den tatsächlich vorhandenen Beständen übereinstimmt (Ausnahme vgl. EStR R 5.4 Abs. IV). Dabei sind Abweichungen der Ist- von den Sollbeständen zu berichtigen.

Das Inventar als Ergebnis der Bestandsaufnahme stellt also eine detaillierte und umfassende Übersicht der Vermögensgegenstände und Schulden dar. Es liegt auf der Hand, dass eine Zusammenfassung des Vermögens und der Schulden in einer Summe nicht sinnvoll ist. Wohl aber liegt es nahe, eine Differenz zwischen beiden Größen zu bilden, um den Wert festzustellen, der nach Abzug der Schulden dem Unternehmer selbst verbleibt (Eigenkapital). Diese Differenzbildung gehört jedoch nicht mehr zum Bereich des Inventars.

Vom Gesetzgeber wird in § 242 I HGB schließlich gefordert, einen Abschluss in bestimmter Form (Bilanz) zu erstellen. Vom Inventar gelangt man zu einem solchen Abschluss, der **Bilanz**, durch folgende Schritte:

1. Man fasst die einzelnen Positionen des Inventars zu größeren **Gruppen** zusammen. Dabei fallen die genauen Spezifizierungen weg. Ist also zum Beispiel im Inventar jede Maschine nach Typ und Baujahr einzeln aufgeführt, so wird nun eine Position "Anlagen" oder "Maschinen" gebildet, in der alle Maschinen zusammengefasst sind. Ebenso werden auch die Waren nicht mehr einzeln erfasst, sondern aggregiert.

---

[16] Zur wertmäßigen Fortschreibung vgl. § 241 III HGB sowie EStR R 5.4 Abs. IV.

Das gleiche gilt zum Beispiel für die Forderungen gegenüber den einzelnen Kunden und die Schulden bei den verschiedenen Lieferanten.

2. Eine solche Zusammenfassung bedingt bereits den zweiten Schritt: den **Wegfall der Mengenangaben**, wie zum Beispiel Stück, kg, to etc. In den Abschluss gehen nur noch Wertziffern ein.

3. Man ordnet **Vermögen und Schulden** nicht mehr hintereinander an, sondern stellt sie einander **gegenüber**, wobei traditionell die Vermögenswerte links und die Schuldenwerte rechts notiert werden.

4. Schließlich bildet man die bereits oben genannte Differenz, den *"Saldo"*, zwischen Vermögen und Schulden, das sogenannte *Eigenkapital*. Dieses setzt man auf die kleinere Seite der Rechnung, also in der Regel auf die Seite der Schulden (des Fremdkapitals). Meist steht das Eigenkapital auf der rechten Seite **an erster Stelle**, obwohl es als letzter Posten durch Saldierung (Differenzbildung) von Vermögen und Schulden (Fremdkapital) ermittelt wird. Sind die Schulden größer als das Vermögen, spricht man von Überschuldung. Es ergibt sich ein "negatives Eigenkapital" als Saldo. Dieser wird auf der linken Seite der Bilanz vermerkt. Ist der Fall der buchmäßigen Überschuldung gegeben, so ist dies bei Kapitalgesellschaften ein Anlass zur Überprüfung, ob eine Überschuldung im Sinne der §§ 92 AktG bzw. 64 GmbHG und damit ein Grund zur Eröffnung eines Insolvenzverfahrens vorliegt.[17]

Nach diesem vierten Schritt sind wir bei der **Bilanz**. Darunter versteht man die Gegenüberstellung des Vermögens einerseits und der Schulden und des Eigenkapitals andererseits, die in Kontenform erfolgt.

Dies soll durch ein einfaches Beispiel veranschaulicht werden:

---

[17] Dazu ist eine nach Zeitwerten bewertete Vermögensbilanz zu erstellen, die auch vorhandene, in der Bilanz nach geltenden Jahresabschlussbestimmungen nicht erkennbare, stille Reserven offen legt. Vgl. dazu auch IV E 3 sowie Coenenberg, Adolf G., Jahresabschluss und Jahresabschlussanalyse, 20. Aufl., Stuttgart 2005, S. 323.

Aktiva	Bilanz der Firma XY zum 31.12.01 in Euro[18]		Passiva
Grundstücke	50.000	Eigenkapital	77.000
Betriebs- und Geschäftsausstattung	5.000	Verbindlichkeiten gegenüber Kreditinstituten	20.000
Waren	60.000	Verbindlichkeiten aus Lieferungen u. Leistungen	30.000
Forderungen aus Lieferungen u. Leistungen	10.000		
Kassenbestand	2.000		
	127.000		127.000

In unserem Beispiel besteht die Bilanz aus fünf Vermögenspositionen, zwei Schuldenposten (Fremdkapital) und dem Eigenkapital als Differenz des Vermögens und der Schulden. Die Bilanz ist gemäß § 245 HGB vom Kaufmann zu unterzeichnen.

Das Wort "Bilanz" kommt aus dem Italienischen (bilancia = Waage) und ist lateinischen Ursprungs (bilanx libra = zwei Waagschalen besitzend). Das Bild der sich im Gleichgewicht befindlichen Waage trifft jedoch nicht recht zu. Während bei einer Waage auf der einen Seite die zu wiegenden Güter und auf der anderen die Maßgrößen (zum Beispiel Gewichtsteine) liegen, also zwei verschiedene, voneinander trennbare Dinge, ist unsere Bilanz anders zu erklären. Hier werden auf der einen Seite die konkreten **Vermögensgüter** aufgezeichnet, so wie sie in der Unternehmung enthalten sind. Auf der anderen Bilanzseite stehen aber nicht andere Güter, sondern der Wert derselben Vermögensgüter, nun aber unter dem Gesichtspunkt der Eigentumsverhältnisse betrachtet.[19] Man kann auch sagen, dass auf der rechten Bilanzseite die Rechte am Vermögen verzeichnet sind. Diese Posten fasst man unter der Bezeichnung **Kapital** zusammen. Während also auf der linken Seite der Bilanz Vermögensgüter festgehalten sind, ist auf der rechten Bilanzseite die abstrakte Entsprechung dieses Vermögens, aufgegliedert nach den Eigentumsverhältnissen, zu finden.[20] Daraus ergibt sich, dass die Bilanz, die ja links wie rechts die gleiche Wertsumme unter verschiedenen Aspekten ausweist, nie im Ungleichgewicht sein kann. Es gilt deshalb die Grundgleichung der Bilanz

$$\text{Vermögen} = \text{Kapital}$$
$$V = K$$

---

[18] Zu den einzelnen Posten der Bilanz ist zu sagen, dass bei der Bilanzierung bestimmte Konventionen bezüglich Aufnahme bzw. Nichtaufnahme von Positionen sowie deren Bewertung gelten. Das führt dazu, dass keine vollständige Erfassung - vor allem im Bereich des Vermögens und damit des Eigenkapitals - erfolgt.

[19] Eine Ausnahme bilden Korrekturposten in Form von Wertberichtigungen, auf die an späterer Stelle noch eingegangen wird.

[20] Teilweise spricht man auch von der Mittelherkunft (rechte Bilanzseite) und der Mittelverwendung (linke Bilanzseite), ein Bild, das aber nicht ganz zutrifft.

Da man das Vermögen auch als "Aktiva", das Kapital als "Passiva" bezeichnet, gilt ebenfalls

$$\text{Aktiva} = \text{Passiva}$$

Bei Zerlegung des gesamten Kapitals in Eigenkapital (EK) und Fremdkapital (FK) ergibt sich:

$$V = EK + FK$$

Die Beziehung

$$EK = V - FK$$

zeigt noch einmal, dass der Saldo zwischen V und FK, das EK, durch Differenzbildung gefunden wird. Die Bilanzgleichung kann schon definitionsgemäß nie durchbrochen werden.

Abschließend noch einige Bemerkungen über die Gliederung der beiden Bilanzseiten.[21] Wie bereits erwähnt, erfolgt in der Bilanz eine Zusammenfassung der Einzelpositionen zu Vermögens- und Kapitalarten. Diese Posten werden jedoch wiederum nicht willkürlich aneinandergereiht, sondern zu größeren Gruppen geordnet. Bei den *Aktiva*, die in Deutschland auf der linken Seite der Bilanz stehen, ist folgende Einteilung üblich:

Aktiva:
- Anlagevermögen (AV)
  - Sachanlagen und immaterielle Anlagenwerte
  - Finanzanlagen
- Umlaufvermögen (UV)

Zum *Anlagevermögen* gehören alle Vermögensarten, die am Bilanzstichtag dazu bestimmt sind, längere Zeit in der Unternehmung zu verbleiben. Ökonomisch bedeutsamer als die Dauer der Zugehörigkeit zum Geschäftsbetrieb ist die Tatsache, dass das Anlagevermögen eine Nutzung durch Gebrauch erfährt, also eine mehrfache Verwendung desselben möglich ist. Innerhalb dieses Anlagevermögens unterscheidet man Sachanlagen, immaterielle Vermögensgegenstände und das Finanzanlagevermögen.

Als *Sachanlagevermögen* sind zum Beispiel bebaute und unbebaute Grundstücke, Maschinen, Betriebs- und Geschäftsausstattung anzusehen.

Immaterielle Vermögensgegenstände sind Konzessionen, Patente, Lizenzen usw.

---

[21] Für Kapitalgesellschaften schreibt der Gesetzgeber, soweit der Geschäftszweig keine abweichende Gliederung bedingt (zum Beispiel bei Kreditinstituten und Versicherungsgesellschaften), eine Mindestgliederung vor (§ 266 HGB).

Zum *Finanzanlagevermögen* gehören Anteile und Beteiligungen an anderen Unternehmungen, Wertpapiere, die nicht nur vorübergehend von der Unternehmung gehalten werden, sowie vom Unternehmen gewährte langfristige Kredite.

Das *Umlaufvermögen*, das aus Rohstoffen, Waren, eigenen Erzeugnissen, Forderungen, Guthaben bei Kreditinstituten, Kassenbestand und ähnlichen Positionen besteht, erfasst alle Vermögensgüter, die nicht langfristig dem Geschäftsbetrieb dienen sollen, sondern in Umsatzakten weiterveräußert bzw. umgeschlagen zu werden bestimmt sind.

Die linke Seite der Bilanz ist primär *funktional* gegliedert, d.h. die Positionen werden aufgrund des Verwendungszwecks abgegrenzt (zum Beispiel Betriebs- und Geschäftsausstattung, Maschinen, Roh-, Hilfs- und Betriebsstoffe). Besonders deutlich wird dies bei einer Werkzeugfabrik, bei der unter Umständen der Art nach gleiche Werkzeuge unter Maschinen (Eigenverwendung) und gleichzeitig an einer anderen Stelle unter fertigen Erzeugnissen (zum Verkauf bestimmt) ausgewiesen werden.

Sekundär werden die Positionen auf der linken Seite der Bilanz nach der *Liquidität* gegliedert und angeordnet, wobei man im Anschluss an die immateriellen Vermögensgegenstände mit den als am wenigsten liquide angesehenen Grundstücken und Gebäuden beginnt und bis zu den Kassenbeständen als den liquidesten Vermögensteilen gelangt.

Dem Vermögen steht das *Kapital* als dessen abstrakte Entsprechung auf der rechten Bilanzseite (*Passiva*) gegenüber. Auch das Kapital ist nach Arten gegliedert. Man unterscheidet zunächst nach den *Anspruchseignern* in *Eigenkapital* und *Fremdkapital*. Außerdem werden bestimmte *Finanzierungsarten* voneinander abgegrenzt (zum Beispiel im Fremdkapital u.a. Anleihen, Verbindlichkeiten gegenüber Kreditinstituten, erhaltene Anzahlungen). Schließlich wird das Kapital nach der *Fristigkeit* geordnet, die normalerweise bzw. ursprünglich den Kapitalanteilen eigen ist. Als besonders langfristig wird das Eigenkapital angesehen, das als erster Posten auf der rechten Bilanzseite verzeichnet ist. Dann folgen die langfristigen Fremdkapitalanteile (zum Beispiel Hypotheken, Obligationen), die mittelfristigen (zum Beispiel Bankschulden mit mittleren Laufzeiten) und die kurzfristigen Fremdkapitalarten (zum Beispiel Lieferantenkredite, Schuldwechsel, Kundenanzahlungen).[22]

---

[22] Mit der Anordnung nach der normalerweise bzw. ursprünglich gegebenen Fristigkeit ist noch nichts über die faktische Fristigkeit eines bestimmten Kapitalanteils ausgesagt. So kann zum Beispiel eine ursprünglich langfristige Hypothek bereits wenige Tage nach dem Bilanzstichtag fällig werden; ihre faktische Fristigkeit steht dann zu ihrem ursprünglich langfristigen Charakter in krassem Gegensatz. Allerdings trägt zum Beispiel das HGB in § 268 dem teilweise durch einen gesonderten Ausweis der Restlaufzeit bei bestimmten Positionen Rechnung.

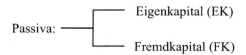

Die übliche Ordnung der Vermögens- und Kapitalseite ist nicht unproblematisch. Insbesondere ist durch die dargestellte Anordnung der Vermögensteile die Nähe zur Geldwerdung nur unvollkommen zum Ausdruck gebracht. Man geht dabei von der Absicht und den Möglichkeiten eines Verkaufs im Rahmen des normalen Geschäftsablaufs aus. Diese deckt sich aber nicht mit der allgemeinen, davon unabhängigen Liquidisierungsmöglichkeit. So lassen sich beispielsweise Grundstücke oder Rohstoffe oft relativ leicht veräußern, während Halbfabrikate, die in der Bilanzgliederung als liquider angesehen werden, unter Umständen gänzlich unverkäuflich sein können. Auch die Anordnung des Kapitals nach der ursprünglichen Fristigkeit ist - wie gezeigt - in vielen Fällen kein Indiz für die Dauer des Kapitalverbleibs in der Unternehmung. Bei der Beurteilung der Unternehmensliquidität aufgrund der Bilanz muss daher außerordentlich vorsichtig vorgegangen werden.

Schließlich - aber das sei nur angedeutet - bestehen bei einzelnen Bilanzpositionen Schwierigkeiten einer Zuordnung zu den jeweiligen Vermögens- und Kapitalgruppen. Sogar zwischen Eigen- und Fremdkapital kann es Übergangsformen geben (zum Beispiel das Darlehen eines Gesellschafters).

Nochmals soll betont werden, dass die Grundgleichung der Bilanz, auf der unsere weiteren Erörterungen größtenteils aufbauen, immer für die Gesamtheit des Vermögens im Verhältnis zur Gesamtheit des Kapitals (Eigen- und Fremdkapital) gilt. Nur in sehr seltenen Fällen lässt sich auch zwischen einzelnen Vermögens- und Kapitalarten eine direkte Verbindung und Zurechnung herstellen. Es ist also größte Vorsicht bei dem unmittelbaren Vergleich einzelner Vermögens- und Kapitalpositionen geboten. Man kann in der Regel nicht feststellen, welche Anrechte auf einem bestimmten Vermögensgut ruhen oder - anders ausgedrückt - mit welchem Kapital ein bestimmter Vermögensteil finanziert wurde.

B. Konten und Kontenarten

Theoretisch könnte man bei jedem Geschäftsvorfall die Zahlen in der Bilanz ändern, was den Vorteil hätte, zu jedem Zeitpunkt über eine zutreffende Bilanz zu verfügen. Praktisch ist dies bei Tausenden von buchhalterisch relevanten Geschäftsvorfällen, wie sie in Großbetrieben an einem einzigen Tag anfallen können, nicht durchführbar. Es muss deshalb ein Weg gefunden werden, um die Geschäftsvorfälle zu buchen, *ohne* die Bilanz in jedem Falle zu verändern. Das **Konto** bietet hierzu die geeignete Möglichkeit.

Zu jedem Bilanzposten wird ein Konto gebildet. Es kann in unterschiedlichen Formen geführt werden, denen jedoch gemeinsam ist, dass jeweils in zwei voneinander getrennten Spalten sachlich zusammengehörende Vorgänge erfasst werden.
Beim Kassekonto wird beispielsweise eine Spalte für alle Einzahlungen und eine für alle Auszahlungen eingerichtet. Die am häufigsten zu findende Form ist die Reihenform, bei der den beiden Spalten eine Datum- und Textspalte zur näheren Kennzeichnung der gebuchten Vorgänge vorangestellt wird.

Kassekonto

Datum	Text	Betrag	
		Einzahlungen	Auszahlungen

Eine andere Form, bei der zu jedem gebuchten Betrag jeweils in direktem Zusammenhang auch Datum und Text notiert werden und die aufgrund des analogen Aufbaus zu der im vorherigen Kapitel vorgestellten Bilanz auch die materielle Verknüpfung zwischen Konto und Bilanz leichter erkennbar macht, ist das T-Konto. Sein Name beruht darauf, dass es in Form des Buchstabens "T" aufgebaut ist:

S	Kassekonto		H
1.1.02 Anfangsbestand	5.000	4.1.02 Auszahlg. Frachten	500
4.1.02 Einzahlg. Kunde A	3.000	5.1.02 Auszahlg. Löhne	2.500
5.1.02 Einzahlg. Mieten	2.000		

In diesem Buch wollen wir nur mit **T-Konten** arbeiten.

Nehmen wir an, dass die Bilanz zum 31.12. des Jahres 01 die folgende Struktur auswies:

Aktiva	Bilanz der Firma ABS zum 31.12.01 in Euro		Passiva
Technische Anlagen und Maschinen	30.000	Eigenkapital	29.000
Fertige Erzeugnisse	10.000	Verbindlichkeiten gegenüber Kreditinstituten	5.000
Forderungen aus Lieferungen u. Leistungen	5.000	Verbindlichkeiten aus Lieferungen u. Leistungen	5.000
Kassenbestand	4.000	sonst. Verbindlichkeiten	10.000
	49.000		49.000

Zu jedem Posten wird nun zu Beginn des Geschäftsjahres 02 für die Erfassung der laufenden Veränderungen während des folgenden Jahres ein Konto eröffnet, das den aus der Bilanz zu entnehmenden *Anfangsbestand auf derselben Seite* aufnehmen soll, *wie er auch in der Bilanz erscheint*. Bei allen Vermögenskonten (Aktiva) wird er also links eingetragen und bei allen Kapitalkonten (Passiva) rechts. Je nachdem, aus welcher Bilanzseite ein Konto entstammt, wird es auch als *Aktivkonto* oder *Passivkonto* bezeichnet. Bei den meisten Konten ist eine eindeutige Zuordnung gegeben. Beispielsweise ist das Kassekonto stets ein Aktivkonto: Entweder hat man einen bestimmten Bestand in der Kasse oder nicht. Es kann aber nie negativ werden. Das Konto "Verbindlichkeiten aus Lieferungen und Leistungen" ist immer ein Passivkonto: Man hat Schulden gegenüber Lieferanten oder nicht. Verbindlichkeiten werden jedoch niemals zu Guthaben (Guthaben gegenüber Geschäftspartnern erscheinen separat auf der Aktivseite der Bilanz unter der Position "Forderungen"). Diese eindeutige Klassifizierung eines Kontos ist jedoch nicht immer gegeben. Das Bankkonto kann zum Beispiel Aktivkonto sein (bei Bankguthaben), aber auch Passivkonto (bei Bankschulden). Der Status kann sich während des Geschäftsjahres ändern. Eine weitere Position, die ebenfalls einmal auf der anderen Seite der Bilanz stehen kann, als wir es sonst gewöhnt sind, ist das Eigenkapital. Das in der Regel als Passivkonto zu führende Eigenkapitalkonto wird im Fall der Überschuldung zu einem Aktivkonto. Der Saldo "Eigenkapital" steht in der Bilanz dann auf der Aktivseite.

Auf den als Aktiv- oder Passivkonto eröffneten Konten werden dann während des laufenden Geschäftsjahres *Vorfälle, die einen Bestand mehren, auf derselben Seite* gebucht wie der Anfangsbestand, und *Vorfälle, die den Bestand mindern, auf der Gegenseite*. Vereinfachend wollen wir statt Datum und Buchungstext im Folgenden jeweils nur die *Nummer des Geschäftsvorfalls* und das bei der Buchung gleichzeitig betroffene *Gegenkonto (Kontenruf)* zu dem jeweiligen Buchungsbetrag notieren. Auf den nachfolgenden Konten sind jeweils die aus der Bilanz zu entnehmenden Anfangsbestände sowie schon zwei im Anschluss an die Kontendarstellung erläuterte Geschäftsvorfälle gebucht.

S	Techn. Anlagen und Maschinen	H		S	Eigenkapital	H
Anfangs-bestand 30.000					Anfangs-bestand 29.000	
1)Verb. L.u.L. 1.000						

S	Fertige Erzeugnisse	H		S	Verbindl. ggü. Kreditinstituten	H
Anfangs-bestand 10.000					Anfangs-bestand 5.000	

S	Forderungen L.u.L.	H		S	Verbindlichkeiten L.u.L.	H
Anfangs-bestand 5.000	2)Kasse 2.000				Anfangs-bestand 5.000	
					1)Techn. Anlagen 1.000	

S	Kasse	H		S	sonstige Verbindlichkeiten	H
Anfangs-bestand 4.000					Anfangs-bestand 10.000	
2)Ford. L.u.L. 2.000						

Die beiden laufenden Buchungen 1) und 2) haben sich aus folgenden Geschäftsvorfällen ergeben:[23]

1) Die Firma ABS hat im Jahr 02 für 1.000 € eine neue Maschine gekauft und geliefert erhalten. Die Rechnung ist erst nach 30 Tagen zu begleichen.

Es handelt sich dabei also um einen sogenannten "Zielkauf", bei dem der Rechnungsbetrag noch eine Zeitlang gestundet wird. Die diesen Geschäftsvorgang erfassende Buchung ist nun wie folgt zu entwickeln:

Die zugegangene Maschine erhöht den Bestand an Technischen Anlagen und Maschinen. Es ist also auf die linke Seite dieses Kontos der entsprechende Wert zu buchen. Gleichzeitig entstehen aber für die Zeit bis zur endgültigen Bezahlung Schulden gegenüber dem Lieferanten, die als zusätzliche Verbindlichkeit aus Lieferungen und Leistungen zu erfassen sind. Sie mehren den schon vorhandenen, auf der rechten Seite gebuchten Bestand des Passivkontos "Verbindlichkeiten aus Lieferungen und Leistungen", werden also auf diesem Konto ebenfalls rechts notiert. Wir haben damit schon das Grundprinzip der doppelten Buchhaltung kennen gelernt: Jeder zu buchende Geschäfts-

---

[23] Von einer Berücksichtigung der Umsatzsteuer wird zur Vereinfachung zunächst noch abgesehen.

vorfall wird (mindestens)[24] zweifach erfasst, und zwar immer auf einem Konto auf der linken und auf einem anderen Konto auf der rechten Seite.

In der Fachsprache heißt die **linke Seite** eines Kontos stets **Sollseite**, die *rechte Seite Habenseite*. Das gilt für jedes Konto, unabhängig von der Kontenart. Die Begriffe "Soll" und "Haben" lernt man am besten wie fremdsprachige Vokabeln für die deutschen Wörter "links" und "rechts". Eine sinnvolle Bedeutung kommt ihnen nur begrenzt zu. So kann man sich den Ursprung dieser Bezeichnungen beispielsweise aus dem für die Geschäftsvorfälle mit einem Kunden zu führenden Konto herleiten: Der Betrag, den der Kunde noch zahlen soll, steht auf der linken Seite des Kundenkontos ("Soll"), der Betrag, den er guthat, auf der rechten Seite ("Haben"). Für das Konto "Forderungen aus Lieferungen und Leistungen" aus der Aktivseite der Bilanz kann man diese Seitenbezeichnungen also noch sinnvoll erklären. Sie gelten jedoch auch für alle sonstigen Aktiv- und Passivkonten, selbst wenn es bei diesen nicht immer ebenso anschaulich ist. Als *Grundprinzip* der doppelten Buchhaltung ist also festzuhalten: *Jeder zu buchende Geschäftsvorfall wird wertmäßig im Soll und in derselben Höhe im Haben erfasst.* Bei der Sollbuchung spricht man oftmals auch davon, dass ein Konto "belastet" wird, bei der Habenbuchung davon, dass ein Konto "erkannt" wird.

Der erste Geschäftsvorfall führt damit zu einer Belastung des Kontos "Technische Anlagen und Maschinen" im Soll und zum Erkennen des Kontos" Verbindlichkeiten aus Lieferungen und Leistungen" im Haben. Auf den Konten wird dann jeweils auf der entsprechenden Seite die Nummer des Geschäftsvorfalls (1), das Gegenkonto und der Buchungsbetrag eingetragen (siehe Kontenabbildung oben).

Die *Anweisung* zur Buchung erfolgt im **Buchungssatz**. Dabei wird immer zuerst (also links im Buchungssatz) das Konto genannt, bei dem im Soll (also auch links) gebucht wird, an zweiter Stelle (also rechts im Buchungssatz) das Konto, bei dem im Haben (ebenfalls rechts) gebucht wird. Als drittes ist schließlich noch der zu buchende Betrag zu nennen. Verknüpft werden die beiden Konten durch ein "an".[25] Der Buchungssatz zu dem Maschineneinkauf lautet also:

    Techn. Anlagen
    und Maschinen   an   Verbindl. L.u.L.   1.000

2) Als Geschäftsvorfall 2) hat ein Kunde durch Barzahlung in Höhe von 2.000 € seine Verbindlichkeit gegenüber der Firma ABS beglichen, die bei ABS als Forderung aus Lieferung und Leistung erfasst war.

---

[24] Bei zusammengesetzten Buchungen werden mehr als nur ein Konto im Soll und ein Konto im Haben berührt. Darauf gehen wir noch später ein.

[25] Früher war es üblich, vor das erstgenannte Konto auch noch "Per" zu schreiben. Heute verzichtet man darauf.

Dadurch erfährt also das aus der Aktivseite der Bilanz stammende Konto "Kasse" eine Mehrung. Es wird dort auf derselben Kontenseite zu buchen sein, auf der auch der Anfangsbestand steht, nämlich im Soll. Im Gegenzug erlischt dafür aber eine Forderung aus Lieferung und Leistung. Das Forderungskonto ist ebenfalls ein Aktivkonto, sein Anfangsbestand steht deshalb auch im Soll. Die Minderung des Bestandes wird durch Buchung auf der anderen Seite, also der Habenseite, erfasst. Der Buchungssatz zu (2) lautet:

        Kasse   an   Forderungen L.u.L.   2.000

Das Grundprinzip der doppelten Buchhaltung, dass derselbe Wertbetrag im Soll und im Haben gebucht wird, bleibt also gewahrt. Bei sämtlichen Geschäftsvorfällen wird damit über die wertmäßig gleich hohe Buchung auf linken und rechten Kontenseiten auch die Anfangsbilanz, der die Konten entstammen und die definitionsgemäß ausgeglichen ist, immer gleichmäßig links und rechts verändert. Das Bilanzgleichgewicht bleibt also bei korrekter Buchung stets erhalten.

Zusammenfassend ist in nachfolgender Skizze dargestellt, auf welcher Kontenseite jeweils der Anfangsbestand, ein wertmäßiger Zugang und ein wertmäßiger Abgang erfasst wird. Dieses Prinzip gilt für alle Aktiv- und Passivkonten:

S	Aktivkonto	H	S	Passivkonto	H
Anfangsbestand Zugang		Abgang	Abgang		Anfangsbestand Zugang

Analysiert man nun die Auswirkungen der einzelnen, auf Konten vorgenommenen Buchungen auf die Bilanz, aus der heraus die Konten entwickelt worden sind, so stellt man fest, dass es genau **vier Typen von Buchungen** gibt. Zur Veranschaulichung ist hier nochmals die zu Anfang dieses Kapitels vorgestellte Bilanz der Firma ABS zum 31.12.01 abgebildet, anhand derer sich der Leser selbst die nachfolgenden Bilanzwirkungen klarmachen kann.

Aktiva	Bilanz der Firma ABS zum 31.12.01 in Euro	Passiva	
Technische Anlagen und Maschinen	30.000	Eigenkapital	29.000
Fertige Erzeugnisse	10.000	Verbindlichkeiten gegenüber Kreditinstituten	5.000
Forderungen aus Lieferungen u. Leistungen	5.000	Verbindlichkeiten aus Lieferungen u. Leistungen	5.000
Kassenbestand	4.000	sonst. Verbindlichkeiten	10.000
	49.000		49.000

1) *Aktivtausch:* Die Buchung führt zu einer Mehrung des Wertes bei einem Vermögenskonto (Sollbuchung auf einem Aktivkonto) und gleichzeitig zu einer ebenso hohen Minderung des Wertes bei einem anderen Vermögenskonto (Habenbuchung auf einem Aktivkonto). Die Summe der Aktivseite und auch der Passivseite der Bilanz (Bilanzsumme) bleibt unverändert.

Beispiel: Techn. Anlagen und Maschinen an Kasse 3.000

(Maschinenkauf gegen Barzahlung)

2) *Passivtausch:* Die Buchung führt zu einer Mehrung des Wertes bei einem Kapitalkonto (Habenbuchung auf einem Passivkonto) und gleichzeitig zu einer ebenso hohen Minderung des Wertes bei einem anderen Kapitalkonto (Sollbuchung auf einem Passivkonto). Die Bilanzsumme bleibt auch hier unverändert.

Beispiel: Verbindl. L.u.L. an Eigenkapital 5.000

(Der Lieferant wird zum Mitgesellschafter; seine Forderungen gegenüber der Firma ABS - also die Verbindlichkeiten der ABS - werden in Eigenkapital umgewandelt).

3) *Bilanzverlängerung:* Die Buchung führt zu einer Mehrung des Wertes bei einem Vermögenskonto (Sollbuchung auf einem Aktivkonto) und gleichzeitig zu einer ebenso hohen Mehrung des Wertes bei einem Kapitalkonto (Habenbuchung auf einem Passivkonto). Die wertmäßige Summe der Aktivseite und die der Passivseite der Bilanz werden um den gleichen Betrag vergrößert.[26] Die Bilanz ist nach wie vor im Gleichgewicht.

---

[26] Bilanzverlängerung ist also als gleichmäßige Erhöhung des Wertes der Aktiva und Passiva zu verstehen und nicht etwa als Verlängerung der Bilanz um weitere Gliederungspositionen, die damit jedoch einhergehen kann.

| Beispiel: | Techn. Anlagen und Maschinen | an | Verbindl. L.u.L. | 2.000 |

(Kauf einer Maschine auf Ziel)

4) **Bilanzverkürzung:** Die Buchung führt zu einer Minderung des Wertes bei einem Vermögenskonto (Habenbuchung auf einem Aktivkonto) und gleichzeitig zu einer ebenso hohen Minderung des Wertes bei einem Kapitalkonto (Sollbuchung auf einem Passivkonto). Die wertmäßige Summe der Aktiv- und Passivseite der Bilanz wird gleichmäßig verringert, die Bilanz bleibt im Gleichgewicht.

| Beispiel: | Verbindl. ggü. Kreditinstituten | an | Kasse | 200 |

(Tilgung einer Bankschuld durch Barzahlung)

C. Abschlussbuchungen, Eröffnungsbuchungen, Schlussbilanz- und Eröffnungsbilanzkonto

Die Konten müssen am Geschäftsjahresende abgeschlossen und wieder zur Bilanz komprimiert werden. Im Folgenden soll das an einem neuen, auf T-Konten dargestellten Beispiel verdeutlicht werden.
Betrachten wir zunächst die *Aktivkonten*. Wie wir schon dargelegt haben, steht der Anfangsbestand bei ihnen auf der Sollseite (links), ebenso alle Zugänge. Abgänge stehen auf der Habenseite (rechts).

S		Kassekonto[27]		H
Anfangsbestand	3.000	Abgang 2) Verb. L.u.L.		15.000
Zugang 1) Grundstücke	20.000			
Zugang 3) Eigenkapital	1.000			

---

[27] Die auf diesem und den nachfolgenden Konten eingetragenen Buchungen sind frei gewählte Beispiele.

Wenn nun am Ende des Geschäftsjahres als Ergebnis der Endbestand festgestellt werden sollte, könnte man ihn in einer Nebenrechnung ermitteln und dann in die Bilanz übernehmen:

	Anfangsbestand	3.000
+	Zugang	20.000
+	Zugang	1.000
-	Abgang	15.000
=	Endbestand	9.000

Dadurch würde aber ein Bruch zwischen der laufenden Buchungstechnik auf Konten und dem Erstellen der Bilanz entstehen, da diese Rechnung und Übertragung nicht mehr in Form eines Buchungssatzes ausgedrückt würde.

Bilanz und Konten sollen aber ein geschlossenes System bilden, welches mit der einheitlichen Technik der doppelten Buchhaltung bearbeitet wird. Das ist mit Hilfe der Interpretation der Kontenseiten als zwei Seiten einer Gleichung problemlos zu erreichen, wie wir jetzt zeigen werden.

Die aus dem Kassekonto oben hergeleitete Nebenrechnung kann auch geschrieben werden als

Anfangsbestand + Zugänge = Abgänge + Endbestand
(3.000 + 20.000 + 1.000 = 15.000 + 9.000)

Damit hätte man zwei wertgleiche Seiten. Bezogen auf das oben abgebildete Kassekonto bedeutet dies, dass man auch dort die beiden Kontenseiten zum wertmäßigen Ausgleich bringen kann, indem man den Endbestand auf die noch wertmäßig niedrigere Habenseite schreibt. Die Mittellinie des T-Kontos wird damit zum Gleichheitszeichen zwischen den beiden Kontenseiten.

S	Kassekonto			H
Anfangsbestand	3.000	Abgang 2) Verb. L.u.L.		15.000
Zugang 1) Grundstücke	20.000	**Endbestand**		**9.000**
Zugang 3) Eigenkapital	1.000			[28]
	24.000			24.000

Auf diese Art und Weise ist das Konto abgeschlossen. Das Ermitteln der Differenz zwischen der Soll- und der Habenseite - also hier die Feststellung des **Endbestandes** - nennt

---

[28] Zu einer ordnungsmäßigen Buchführung gehört, dass an Stellen, die der Regel nach zu beschreiben sind, keine leeren Zwischenräume gelassen werden. Dementsprechend werden Leerfelder auf Konten durch Diagonalstriche - sogenannte Buchhalternasen - entwertet. Im Folgenden verzichten wir aus Vereinfachungsgründen darauf.

man auch "den Saldo ziehen".[29] Er wird *bei dem Kassekonto auf der Habenseite (also rechts)* eingetragen.

In der Bilanz steht der Bestand der Vermögensposition Kasse *links*. In der Buchhaltung wird die (Schluss-)Bilanz ebenfalls als ein Konto mit Soll- und Habenseite geführt, das sich von der zu veröffentlichenden (Schluss-)Bilanz noch etwas unterscheiden kann (zum Beispiel durch andere Bezeichnungen der Positionen, tiefere Untergliederungen u.ä.).[30] Der Saldo des Kassekontos wird nun nicht in der Bilanz, sondern auf diesem *Schlussbilanzkonto* gegengebucht. Im Kontenruf des Endbestands auf dem Kassekonto steht also das Schlussbilanzkonto (SBK) und umgekehrt:

S	Kassekonto		H
Anfangsbestand	3.000	Abgang 2) Verb. L.u.L.	15.000
Zugang 1) Grundstücke	20.000	**SBK**	**9.000**
Zugang 3) Eigenkapital	1.000		
	24.000		24.000

S	Schlussbilanzkonto (SBK)		H
Kasse	**9.000**		

Mit dieser Vorgehensweise befinden wir uns auch beim Kontenabschluss im System der doppelten Buchhaltung. Der Buchungssatz zu obigem Abschluss lautet:

    Schlussbilanzkonto   an   Kasse   9.000

Sehen wir uns noch ein zweites Aktivkonto an, zum Beispiel das Konto "Grundstücke", das abgeschlossen werden soll. Das Schlussbilanzkonto enthält jetzt schon den Wert des Kassenendbestandes. Die Position Grundstücke erscheint nach der Bilanzgliederung (§ 266 II HGB) vor der Position Kasse. Der Leser mache sich anhand nachfolgender Abbildung den Abschluss des Kontos "Grundstücke" deutlich:

---

[29] Vgl. auch schon die Ermittlung des Eigenkapitals als Saldo in der Bilanz, Kapitel II A.

[30] Die in den folgenden Beispielen gewählten Gliederungen der Schlussbilanzkonten entsprechen aus didaktischen Gründen in der Regel nicht der Schlussbilanzgliederung nach HGB.

S	Grundstücke		H		S	Schlussbilanzkonto		H
Anfangs-bestand	100.000	1)Kasse[31] **SBK**	20.000 **80.000**		Grundstücke Kasse	80.000 9.000		
	100.000		100.000					

Buchungssatz:

      Schlussbilanzkonto   an   Grundstücke   80.000

Wir können festhalten:

Für alle Aktivkonten lautet die Abschlussbuchung:

      Schlussbilanzkonto   an   Aktivkonto

Die **Passivkonten** sind spiegelbildlich zu den Aktivkonten aufgebaut. Ihr Saldo erscheint deshalb auch auf der anderen Seite, nämlich auf der linken (Sollseite) des jeweiligen Kontos. In der Bilanz wird der Wert der Passiva rechts ausgewiesen.

Für alle Passivkonten lautet die Abschlussbuchung demnach:

      Passivkonto   an   Schlussbilanzkonto

Nachfolgend sind als Beispiele die drei Passivkonten "Verbindlichkeiten gegenüber Kreditinstituten", "Verbindlichkeiten aus Lieferungen und Leistungen" sowie "Eigenkapital" und in Fettdruck deren Abschluss auf das Schlussbilanzkonto dargestellt, welches schon die Endbestände der Aktivkonten aufweist. Zuvor wurde unter 2) und 3) jeweils die Gegenbuchung der bereits auf dem Kassekonto erfassten Geschäftsvorfälle vorgenommen.

S	Eigenkapital		H		S	Verbindl. ggü. Kreditinstituten		H
SBK	30.000	Anfangs-bestand 3)Kasse	29.000 1.000		SBK	54.000	Anfangs-bestand	54.000
	30.000		30.000			54.000		54.000

---

[31] Die vorgegebene Buchung stammt auch aus dem für das Kassekonto zuvor frei gewählten Beispiel eines Grundstücksverkaufs gegen bar.

S	Verbindlichkeiten L.u.L.		H		S	Schlussbilanzkonto		H
2)Kasse		15.000	Anfangs-		Grundstücke	80.000	Eigenkapital	30.000
SBK		5.000	bestand	20.000	Kasse	9.000	Verb. ggü.	
		20.000		20.000			Kreditinst.	54.000
							Verb. L.u.L.	5.000
						89.000		89.000

Wenn nun alle Buchungen richtig erfolgt sind, ergibt sich - wie in diesem Beispiel - ausgehend von einer ausgeglichenen Anfangsbilanz auch wieder eine ausgeglichene Schlussbilanz. Das beruht auf der Technik der doppelten Buchhaltung, bei der immer die gleiche Summe im Soll und im Haben der Konten gebucht wird. Da diese Konten wieder zur Bilanz zusammengefasst werden, ist das gleichbedeutend mit einer gleichmäßigen Veränderung der Soll- und Habenseite des Bilanzkontos. Man besitzt also mit dem Schlussbilanzkonto ein gutes Kontrollinstrument: Hat sich trotz einer ausgeglichenen Anfangsbilanz nach der Buchung der laufenden Geschäftsvorfälle und der Abschlussbuchungen kein Gleichgewicht auf dem Schlussbilanzkonto ergeben, so muss ein Buchungsfehler vorliegen.[32]

Zusammenfassend wiederholen wir hier die Buchungssätze zum Abschluss der Aktiv- und Passivkonten.

Abschlussbuchung bei Aktivkonten:
Schlussbilanzkonto   an   Aktivkonto

Abschlussbuchung bei Passivkonten:
Passivkonto   an   Schlussbilanzkonto

Genauso wie der Abschluss der Konten im System der doppelten Buchhaltung erfolgt, soll auch **das Eröffnen der Konten** zu Anfang eines neuen Geschäftsjahres durch Buchungen geschehen. Bisher haben wir den gegebenen Anfangsbestand der Vermögens- und Kapitalpositionen einfach als "Anfangsbestand" auf den Konten notiert. Bei Aktivkonten wurde er links (also im Soll) eingetragen, bei Passivkonten rechts (also im Haben).

---

[32] Da jede Bilanz ex definitione im Gleichgewicht ist, kann nur dann trotz korrekter Buchungen einmal ein Schlussbilanzkonto mit unterschiedlichen Werten auf Soll- und Habenseite entstehen, wenn es sich nur um einen Ausschnitt aus der ganzen Bilanz handelt. Bei einigen Beispielen reduzieren wir im Folgenden die zu betrachtenden Positionen auf das Notwendigste und geben keine vollständige Anfangsbilanz vor.

S	Kasse	H		S	Eigenkapital	H
Anfangsbestand	3.000				Anfangsbestand	29.000

Wie bei den zuvor behandelten Abschlussbuchungen kann diese Dokumentation auf einem Konto jeweils schon als ein Teil einer Buchung angesehen werden. Bei den Aktivkonten ist also bereits die Sollbuchung, bei den Passivkonten die Habenbuchung gegeben. Wo aber sollen die zugehörigen Gegenbuchungen erfolgen?

Man hilft sich hier mit der Zwischenschaltung eines besonderen Kontos, das ausschließlich den Zweck hat, die Gegenbuchungen zu den Eintragungen auf den Aktiv- und Passivkonten aufzunehmen. Es ist also ein aus methodischen, rein formal-buchhalterischen Zwecken heraus geschaffenes Konto, ohne einen materiellen Gehalt. Man nennt es das *Eröffnungsbilanzkonto*.

Führen wir nun die Eröffnung der Konten mit Hilfe eines Eröffnungsbilanzkontos durch, das die Gegenbuchungen zu den Buchungen der Anfangsbestände auf allen Aktiv- und Passivkonten aufnimmt, ergibt sich das nachfolgende Bild. Zu beachten ist, dass die bisher von uns verwendete Bezeichnung "Anfangsbestand" auf den Konten nun im Sinne eines korrekten Kontenrufs durch den Namen des zu der Buchung gehörenden Gegenkontos ersetzt ist, bei allen Eröffnungsbuchungen ist es das *"Eröffnungsbilanzkonto"*. Für den Kontenruf kürzen wir es ab mit "EBK".

S	Grundstücke	H		S	Eigenkapital	H
EBK	100.000				EBK	29.000

S	Kasse	H		S	Verbindl. ggü. Kreditinstituten	H
EBK	3.000				EBK	54.000

S	Verbindlichkeiten L.u.L.	H		S	Eröffnungsbilanzkonto		H
	EBK	20.000		Eigenkapital	29.000	Grundstücke	100.000
				Verb. ggü. Kreditinst.	54.000	Kasse	3.000
				Verb. L.u.L.	20.000		
					103.000		103.000

Die Buchungssätze für die Kontoneröffnung lauten bei Einbeziehung des Eröffnungsbilanzkontos demnach:

Für die Aktivkonten: *Für die Passivkonten:*

Grundstücke	an	EBK	100.000		EBK	an	EK	29.000
Kasse	an	EBK	3.000		EBK	an	Verb. ggü.	
			103.000				Kreditinst.	54.000
					EBK	an	Verb. L.u.L.	20.000
								103.000

Über alle Buchungssätze hinweg ist auf der Sollseite des EBK genau der gleiche Wertbetrag wie auf der Habenseite des EBK gebucht worden: 103.000 €. Die Buchungen auf dem EBK heben sich also gegenseitig auf. Man kann insofern auch auf sie verzichten und die 5 Buchungen in einem zusammengesetzten Buchungssatz notieren:

Grundstücke	100.000			
Kasse	3.000	an	Eigenkapital	29.000
			Verbindl. ggü.	
			Kreditinstituten	54.000
			Verbindl. L.u.L.	20.000

Wir haben damit einen Buchungssatz mit zwei Soll- und drei Habenbuchungen, die in ihrem Gesamtwert (103.000 €) übereinstimmen. Die Regeln der doppelten Buchhaltung sind damit gewahrt.

Mit dieser Eröffnungsbuchung haben wir gleichzeitig auch den Typ eines *zusammengesetzten Buchungssatzes* kennen gelernt.

Er ist dadurch charakterisiert, dass in einem Buchungssatz nicht nur eine einzige Soll- und eine einzige Habenbuchung vorkommt, sondern mehrfach auf beiden Kontenseiten gebucht werden kann. Die wertmäßige Summe aller Soll- und Habenbuchungen muss jedoch gleich sein.

Noch einfacher als mit dem oben angegebenen zusammengesetzten Buchungssatz lässt sich die Eröffnungsbuchung in der verkürzten Form zusammenfassen, die lautet:

    Alle Aktivkonten   an   alle Passivkonten   103.000

Es ist nun zu fragen, warum man angesichts dieser kürzeren und eleganteren Methode das schwerfällige Instrument des Eröffnungsbilanzkontos überhaupt noch in Theorie und Praxis verwendet. Theoretisch soll damit die unlösbar enge Verknüpfung der Periodenrechnungen zweier Zeitabschnitte (zum Beispiel zweier Jahre) unter gleichzeitiger Wahrung der Prinzipien der doppelten Buchhaltung (= Doppik) dokumentiert werden.

Zwischen Schlussbilanz einer Periode und Eröffnungsbilanz der folgenden Periode liegt theoretisch kein Zeitraum. Es erfolgen also keinerlei Veränderungen zwischen Schlussbilanz und Eröffnungsbilanz, so dass eine völlige Entsprechung zwischen beiden Bilanzen gegeben ist. Man spricht daher auch von dem Grundsatz der **Bilanzidentität** und meint damit die Verknüpfung zweier Perioden durch die vollständige Entsprechung der Schlussbilanz einer Periode und der Eröffnungsbilanz der folgenden. Das Eröffnungsbilanzkonto ist die spiegelbildliche Wiedergabe der Schlussbilanz der vorausgegangenen Periode bzw. der mit dieser Schlussbilanz identischen Eröffnungsbilanz der laufenden Periode. Das Eröffnungsbilanzkonto ist rein formal zu verstehen und wird lediglich deshalb eingeführt, um eine lückenlose Verwirklichung der Grundsätze der Doppik auch bei den Eröffnungsbuchungen zu gewährleisten. Die "Seitenverkehrtheit" des Eröffnungsbilanzkontos ist gewissermaßen der systembedingte Schönheitsfehler, der in Kauf genommen wird, um das Prinzip der Entsprechung von Soll- und Habenbuchungen ohne Ausnahme zu realisieren.

Für die Praxis hat die Eröffnungsbilanz noch eine weitere Aufgabe, die rein pragmatischer Natur ist. In keinem Fall gelingt es, die Schlussbilanz sofort am Ende der Periode aufzustellen. Die Abschlussarbeiten erstrecken sich oft über Monate und werfen erhebliche Probleme auf. So kommt die Schlussbilanz nur verhältnismäßig langsam zustande. Sie wird Posten um Posten mosaikartig zusammengesetzt. Währenddessen müssen auf den Konten der neuen Periode die anfallenden Geschäftsvorfälle gebucht werden. Man kann also nicht warten, bis sämtliche Schlussbestände der vorhergehenden Periode als Anfangsbestände der neuen Periode vorliegen und bucht daher vielfach ohne Anfangsbestand. Erst im Laufe der Zeit werden die Lücken ausgefüllt. Ein Eröffnungsbilanzkonto stellt dann eine gewisse Kontrolle dar, ob alle Konten ihre Anfangsbestände erhalten haben. Das vollständige Eröffnungsbilanzkonto muss nämlich der Schlussbilanz spiegelbildlich entsprechen. Dann ist anzunehmen, dass die Eröffnungsbuchungen ausnahmslos vorgenommen worden sind. Aus diesem Grunde bedient sich die Praxis noch in manchen Fällen eines Eröffnungsbilanzkontos.

Wie wir gesehen haben, bildet die Buchhaltung einen in sich geschlossenen Kreis. Aus einer Bilanz bzw. einem Bilanzkonto erwachsen die einzelnen Aktiv- und Passivkonten. Diese werden mit ihren Salden zu einer Bilanz abgeschlossen, die wiederum den Ausgangspunkt der Buchführung der nächsten Periode darstellt.

Man könnte nun fragen, welche Aufgabe in diesem geschlossenen System dem **Inventar** noch zukommt. Gewiss, es bildet den Ausgangspunkt für die Erstellung der ersten Bilanz zu Beginn der Unternehmenstätigkeit. Aber ist es danach nicht überflüssig und wird nur kraft gesetzlicher Fixierung mitgeschleppt?

Dem ist nicht so. Das Inventar stellt eine notwendige korrigierende Ergänzung zur Buchhaltung dar. In vielen Fällen werden im Zeitablauf die Werte der Buchhaltung trotz richtiger Buchung nicht mehr mit den effektiven Werten übereinstimmen (zum Beispiel beim Warenkonto infolge von Schwund, Verderb und Diebstahl); dann ermöglicht das Inventar eine Korrektur, und zwar sind seine Werte die maßgebenden.

Daneben stellt das Inventar eine notwendige Kontrolle auch dann dar, wenn keine Korrekturen erforderlich sind. Es ist gleichsam eine Sicherung der Richtigkeit des pagatorischen Rechnungswesens. Schließlich müssen beim Abschluss einzelne Werte, die die Buchhaltung nicht aus sich ermitteln kann, durch die Inventur festgestellt und aus dem Inventar in die Buchhaltung übernommen werden. Auf diese Frage werden wir später ausführlich zurückkommen.

Zusammenfassend lässt sich also sagen, dass Inventar und ausgebaute doppelte Buchhaltung nebeneinander bestehen müssen und sich in fruchtbarer Weise ergänzen.

D. Eigenkapitalkonto, Privatkonto und Ermittlung des Periodenerfolges

Unter den aus der Bilanz stammenden und in eine Bilanz zurückzuführenden Bestandskonten kommt dem *Eigenkapitalkonto* eine besondere Bedeutung zu.
Die Höhe des Eigenkapitals ergibt sich, wie wir schon in Abschnitt II A gesehen haben, stets als Saldo aus der Gegenüberstellung von Vermögen und Fremdkapital. Steigt (sinkt) bei gleichbleibendem Fremdkapital das Vermögen, so steigt (sinkt) auch das Eigenkapital, welches den Anspruch der Unternehmenseigentümer an das Unternehmen abbildet. Gewinne, die sich in höheren Finanz- oder Sachvermögenswerten spiegeln und den Anspruch der Unternehmenseigentümer erhöhen, führen schon rein rechentechnisch über die Saldenbildung zu einem höheren Eigenkapitalausweis und verdeutlichen damit, dass den Eigentümern, denen der Gewinn gehört, auch entsprechend mehr zusteht als zuvor. Verluste schmälern andererseits das Eigenkapital. Theoretisch kann man im Umkehrschluss aus dem Vergleich von zwei aufeinanderfolgenden Bilanzen (Anfangsbilanz und Schlussbilanz des Geschäftsjahres) ermitteln, wie hoch die Veränderung des Eigenkapitals ist und damit - sofern keine sonstigen Einflüsse auf diese Position gegeben waren - den Gewinn oder Verlust der Periode ablesen. Diese Art der Erfolgsrechnung nennt man auch *Distanzrechnung*.
In Formeln lässt sich das wie folgt ausdrücken:

$$\text{Eigenkapital}_A = \text{Vermögen}_A - \text{Fremdkapital}_A$$
$$\text{Eigenkapital}_E = \text{Vermögen}_E - \text{Fremdkapital}_E$$

$$\text{Eigenkapital}_E - \text{Eigenkapital}_A = \text{Erfolg (Gewinn oder Verlust) der Periode}$$

$$A = \text{Anfang der Periode (Anfangsbilanz)}$$
$$E = \text{Ende der Periode (Schlussbilanz)}$$

Wie erwähnt, gilt diese Gleichung nur, wenn außer dem Erfolg keine sonstigen Einflüsse auf das Eigenkapital gegeben waren.

Solche sind beispielsweise zusätzliche Einlagen durch Unternehmenseigentümer, die deren Anspruch und damit also das Eigenkapital erhöhen, oder Entnahmen der Eigner, die das Eigenkapital schmälern. Sollten derartige Vorgänge stattgefunden haben, müssen sie in der Gleichung wieder herausgerechnet werden. Sie ist also zu erweitern auf:

$$(\text{Eigenkapital}_E - \text{Eigenkapital}_A) - \text{Einlagen} + \text{Entnahmen} = \text{Erfolg}$$

In der Praxis finden insbesondere bei Personengesellschaften Einlagen und Entnahmen in vielfältiger Form statt. Dazu gehört nicht nur, dass ein Eigentümer seine Gesellschaftereinlage erhöht oder vermindert bzw. ein neuer Gesellschafter dazukommt und entsprechende Einlagen tätigt, die in der Regel direkt im Eigenkapitalkonto erfasst werden können. Bei mehreren Gesellschaftern führen die Unternehmen sogar für jeden Gesellschafter ein eigenes Eigenkapitalkonto.

Zusätzlich werden auch viele private Zahlungen von Eigentümern in Personengesellschaften über die Firma abgewickelt, was faktisch jeweils auch eine Einlage oder Entnahme darstellt. Beispiele hierfür sind die private Nutzung des Firmen-PKWs oder der Räume (Sachentnahmen) und die Privatentnahmen aus der Kasse (Finanzentnahmen). Auch wenn die den Eigentümer privat belastende Einkommensteuerzahlung für ihn vom Firmenkonto an das Finanzamt gezahlt wird, handelt es sich um eine Entnahme für private Zwecke.

Damit diese Vorgänge das (bzw. die) Eigenkapitalkonto(en) nicht zu sehr mit Buchungen belasten, wird für jeden Eigentümer ein *Unterkonto zum Eigenkapitalkonto* gebildet, welches diese Vorgänge zunächst sammelt und dann in einer Summe an das Eigenkapitalkonto weitergibt, das jeweilige *Privatkonto* eines Eigners. Die Einkommensteuerzahlung - quasi im Auftrag des Eigentümers X - wird damit gebucht als

       Privatkonto X   an   Bankkonto

Die Zahlung der Mieten für private Nutzung lautet bei Banküberweisung dann ebenfalls:

       Privatkonto X   an   Bankkonto

Findet andererseits auf dem Firmenkonto beispielsweise eine Einkommensteuerrückzahlung des Finanzamtes für den Eigentümer X statt, so muss auch das als Mehrung des Privat- und nicht des Firmenbesitzers deutlich gemacht werden:

Buchungssatz:

        Bankkonto   an   Privatkonto X

Es lässt sich also zusammenfassend skizzieren:

S	Privatkonto des X	H
Minderung des Anspruchs des Eigentümers am Unternehmensvermögen durch ihn oder für ihn		Mehrung des Anspruchs des Eigentümers am Unternehmensvermögen durch ihn oder für ihn

Das Privatkonto als Unterkonto des Eigenkapitalkontos bei Einzelkaufleuten und Personengesellschaften ist genauso aufgebaut wie das Eigenkapitalkonto. Es ist ebenfalls ein Passivkonto und erfasst von daher Zugänge auf der Haben- und Abgänge auf der Sollseite. Die Abschlussbuchung findet nicht - wie wir es bisher kennen gelernt haben - direkt auf das Schlussbilanzkonto, sondern auf das Eigenkapitalkonto statt. Dort geht der Wert dann mit in den Saldo des Eigenkapitalkontos und mit dessen Abschluss letztlich auch in das Schlussbilanzkonto ein, wo aber nur noch die Sammelposition Eigenkapital erscheint. Zur Verdeutlichung hier ein frei gewähltes Beispiel:

S	Privatkonto		H		S	Eigenkapital		H
Bank	5.000	Bank	1.000		Privat	7.000	EBK	100.000
Bank	3.000	**Eigenkapital**	**7.000**		**SBK**	**93.000**		
	8.000		8.000			100.000		100.000

S	Schlussbilanzkonto	H
	Eigenkapital 93.000	

Genauso wie man sich nicht mit einer pauschalen Erfassung der in dem Geschäftsjahr erfolgten Einlagen und Entnahmen zufrieden gibt und statt dessen eine detaillierte Aufschreibung der einzelnen Vorgänge mit Hilfe der Eigenkapital- und Privatkonten vornimmt, will man auch nicht nur die Höhe des Periodenerfolgs in einer Zahl als Ergebnis der Distanzrechnung wissen. Vielmehr interessiert die Entstehung und Entwicklung dieses Erfolges (Gewinn oder Verlust) während des Geschäftsjahres. Man möchte erkennen, mit welchen Einsatzleistungen (Input, Aufwand) welche Ausbringung (Output, Ertrag) erreicht wurde. Die Differenz ist dann der Erfolg, der - wie schon beschrieben - als Gewinn (Verlust) das Eigenkapital mehrt (mindert). Die Bilanz, in der nur das

Eigenkapital zu einem bestimmten Zeitpunkt zu erkennen ist und die im Vergleich mit der Vorjahresbilanz auch über die Distanzrechnung den Erfolg erkennen lässt, wird deshalb ergänzt durch eine detaillierte Aufwands- und Ertragsaufschreibung in der sogenannten *Gewinn- und Verlustrechnung*. Dazu hat auch der Gesetzgeber verpflichtet (vgl. § 242 II und IV HGB). Für die Buchhaltung bedeutet das, dass man eine separate Erfolgsrechnung auf eigenen Aufwands- und Ertragskonten durchführt, die auf einem *Gewinn- und Verlustkonto* gesammelt werden und dort als Saldo den Erfolg als Gewinn oder Verlust ergeben. Dieser wird wiederum auf das Eigenkapitalkonto abgeschlossen, wodurch sich der Kreis zur Bilanz schließt. Das Gewinn- und Verlustkonto ist also wie das Privatkonto ein Unterkonto zum Eigenkapitalkonto. Es wird nur noch viel stärker in weitere Unterkonten zerlegt - die schon erwähnten Aufwands- und Ertragskonten. Das werden wir im nachfolgenden Kapitel näher behandeln.

III. Die Buchung erfolgswirksamer Geschäftsvorfälle

Der Erfolg einer Periode entsteht, wie schon erläutert, als Differenz zwischen Aufwendungen und Erträgen.
Aufwendungen sind definiert als periodisierte Ausgaben, d.h. als Ausgaben, die der Periode zugerechnet werden, und **Erträge** analog als periodisierte Einnahmen.[33] Beispiele dafür sind die Abschreibungsaufwendungen für ein Kraftfahrzeug als der Teil der Anschaffungsausgaben des Fahrzeuges, den man dem einzelnen Geschäftsjahr anlastet, oder die Buchung des Umsatzerlöses als Ertrag des Geschäftsjahres, obwohl die Einzahlung erst im nächsten Jahr erfolgen wird.

Aus der Gegenüberstellung aller Aufwendungen und Erträge einer Periode errechnet sich der Periodenerfolg (Gewinn oder Verlust),[34] der wiederum den Eigentümern der Unternehmung zuzurechnen ist. Zur Erklärung erfolgswirksamer Geschäftsvorfälle unterstellen wir im folgenden den Fall der Einzelunternehmung mit nur einem Eigenkapitalkonto.

Das Zustandekommen des Periodenerfolges wird mit Hilfe spezieller **Erfolgskonten** erfasst, die man in die Kategorien Aufwands- und Ertragskonten unterteilt. Typische *Aufwandsarten*, für die eigene Konten eingerichtet werden, sind Lohn- und Gehaltsaufwendungen, Materialverbräuche, Abschreibungen, Zinsaufwendungen, Aufwendungen für Fremdleistungen und Steueraufwendungen. Sie mindern den Periodenerfolg und damit auch das Eigenkapital, dem der Periodenerfolg zuzurechnen ist.

Auf der anderen Seite wird der Periodenerfolg und damit auch das Eigenkapital vermehrt, wenn Erträge entstehen. Typische *Ertragsarten* sind Umsatzerlöse, Zinserträge, Mieterträge, Beteiligungserträge aber auch beispielsweise staatliche Subventionen. Für die einzelnen Arten werden eigene Ertragskonten geführt.
Der Periodenerfolg ergibt sich, wie schon erwähnt, aus der Gegenüberstellung aller Aufwendungen und aller Erträge: Überwiegen die Erträge, so wird der die Aufwendungen übersteigende Betrag als *"Gewinn"* bezeichnet, überwiegen die Aufwendungen, so ist der übersteigende Betrag ein *"Verlust"*. Ermittelt wird dieser **positive oder negative Periodenerfolg** auf einem Aufwands- und Ertragssammelkonto, dem nach den beiden möglichen Ergebnisgrößen benannten *"Gewinn- und Verlustkonto"*. Auf dieses Konto

---

[33] Es gibt einige wenige Ausnahmen, für die diese Definitionen nicht passen. Davon wollen wir hier jedoch absehen.

[34] Vereinfachend wird hier nicht zwischen Jahresüberschuss bzw. -fehlbetrag und Bilanzgewinn bzw. -verlust unterschieden. Gewinn- oder Verlustvortrag sowie Einlagen und Entnahmen aus Rücklagen werden nicht berücksichtigt.

werden alle Aufwands- und Ertragskonten abgeschlossen. Der Gewinn kann im Unternehmen verbleiben und damit zur Eigenkapitalstärkung (Selbstfinanzierung) dienen oder entnommen, d.h. an den oder die Eigentümer ausgeschüttet werden.

Hält man sich vor Augen, dass Gewinn und Verlust und damit auch die Aufwendungen und Erträge als deren Bestandteile dem Eigenkapital zuzurechnen sind, so ist leicht einsichtig, dass die entsprechenden Konten (Erfolgskonten) den gleichen Regeln wie das Eigenkapitalkonto gehorchen müssen: Ein *Ertrag* mehrt den Gewinn und, wenn dieser im Unternehmen verbleibt, wovon hier im Folgenden immer ausgegangen wird, auch das Eigenkapital. Eine *Mehrung des Eigenkapitalbestandes* wird auf dem Eigenkapitalkonto als Passivkonto *im Haben* gebucht. Die *Erträge* müssen demnach ebenfalls auf der Habenseite der Ertragskonten gebucht werden. Der sich auf der Sollseite des jeweiligen Ertragskontos dann ergebende Saldo wird nach den Grundregeln der doppelten Buchhaltung auf der Habenseite des Aufwands- und Ertragssammelkontos "Gewinn- und Verlustkonto" gegengebucht, von wo er wiederum mit Hilfe des sich auf der gegenüberliegenden Kontoseite (Sollseite) ergebenden Saldos auf die Habenseite des Eigenkapitalkontos gelangt.

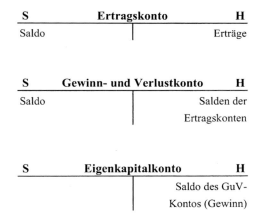

Für *Aufwendungen* gilt dieser Gedankengang analog. Da sie letztlich das Eigenkapital vermindern, müssen sie über die Abschlüsse der einzelnen Konten schließlich auf die Sollseite des Eigenkapitalkontos kommen. Wie man sich leicht verdeutlichen kann, müssen sie deshalb auch auf dem Aufwandskonto schon im Soll gebucht werden:

S	Aufwandskonto	H
Aufwendungen		Saldo

S	Gewinn- und Verlustkonto	H
Salden der Aufwandskonten		Saldo

S	Eigenkapitalkonto	H
Saldo des GuV-Kontos (Verlust)		

Man kann also zusammenfassen, dass die Aufwands- und Ertragskonten und auch das Gewinn- und Verlustkonto als Sammelkonto für Aufwendungen und Erträge denselben Regeln gehorchen wie das Eigenkapitalkonto. Erträge stehen demnach im Haben, Aufwendungen im Soll.

Sind beispielsweise aufgrund vorhergehender Fehlbuchungen einmal Korrekturen ("Stornierungen") nötig, so werden sie - das gilt für alle Konten, auch für Bestandskonten - nicht durch direkte Änderung der falschen Buchung bzw. durch Überschreiben herbeigeführt, sondern indem man genau die umgekehrte Buchung zu der zu korrigierenden Buchung durchführt. Eine Ertragskorrektur wird also im Soll des entsprechenden Ertragskontos gebucht, eine Aufwandskorrektur im Haben des jeweiligen Aufwandskontos.

Eine Besonderheit der Erfolgskonten gegenüber den Bestandskonten ist, dass die *Erfolgskonten keine Anfangsbestände* haben. Erträge und Aufwendungen sind *Stromgrößen*. Die zugehörigen Konten werden erst dann eröffnet, wenn auch Erträge und Aufwendungen anfallen und zu buchen sind!

Sind alle Aufwendungen und Erträge des Geschäftsjahres gebucht, so werden die *Aufwands- und Ertragskonten* wie in nachfolgender Skizze *auf das Gewinn- und Verlustkonto (GuV-Konto)* abgeschlossen. Überwiegen nun die Erträge, so ergibt sich der übersteigende Betrag als *Saldo* auf der *Sollseite*. Es handelt sich bei diesem Saldo dann um einen *Gewinn*, der auf der Habenseite des Eigenkapitalkontos gegengebucht wird.

Überwiegen die Aufwendungen, entsteht der *Saldo auf der Habenseite* des GuV-Kontos und wird als *Verlust* auf der Sollseite des Eigenkapitalkontos gegengebucht, mindert also den Eigenkapitalbestand. Der Saldo des Eigenkapitalkontos, der sich in der Regel auf der Sollseite dieses Kontos ergibt, wird dann wiederum auf das Schlussbilanzkonto abgeschlossen. Sollte einmal der Verlust des Geschäftsjahres so groß sein, dass dadurch das vorhandene Eigenkapital aufgezehrt wird, so ergibt sich auf dem Eigenkapitalkonto der Saldo im Haben. Das Eigenkapital wird negativ und erscheint auf der Sollseite des

Schlussbilanzkontos.[35] Materiell bedeutet das Überschuldung. Das Vermögen der Unternehmung ist geringer als die Ansprüche der Fremdkapitalgeber.

Diese *buchmäßige Überschuldung* gibt Anlass zur Überprüfung, inwieweit eine Überschuldung im Sinne der §§ 92 II (2) AktG bzw. 64 I (2) GmbHG und damit ein Grund zur Eröffnung eines Insolvenzverfahrens vorliegt.

Beispiel für den Normalfall mit positivem Eigenkapital:

S	Aufwandskonto	H	S	Ertragskonto	H
Zugänge	(Abgänge bzw. Korrekturen) Saldo		(Abgänge bzw. Korrekturen) Saldo		Zugänge

S	Gewinn- und Verlustkonto	H
Aufwendungen		Erträge
Saldo „Gewinn"		Saldo „Verlust"

S	Eigenkapitalkonto	H
Verlust		Anfangsbestand
Saldo		Gewinn

S	Schlussbilanzkonto	H
		Eigenkapital

Nachdem nun der Zusammenhang und die hierarchische Verknüpfung zwischen den Erfolgskonten und dem Schlussbilanzkonto deutlich gemacht worden sind, noch einige Worte zur *Bilanzwirksamkeit von Erfolgsbuchungen*. Es ist für den Fall der Einzelunternehmung festzustellen, dass jede Buchung auf einem Aufwands- oder Ertragskonto letztlich zur Veränderung des Passivkontos[36] "Eigenkapital" führt. Je nachdem, welche Gegenbuchung vorgenommen wird, können damit die drei Grundtypen von Buchungen auftreten, bei denen mindestens eines der Konten ein Passivkonto ist:

---

35 In der zu veröffentlichenden *Schlussbilanz* müssen Kapitalgesellschaften in diesem Fall als Gegenposten zu dem aufgrund der Gliederungsvorschriften des § 266 HGB stets auf der Passivseite der Bilanz auszuweisenden Eigenkapital den Aktivposten „Nicht durch Eigenkapital gedeckter Fehlbetrag" am Schluss der Bilanz ausweisen (§ 268 III HGB).

36 Der Fall des negativen Eigenkapitals bleibt im Weiteren ausgeklammert.

Grundtyp:	Beispiel:
Bilanzverlängerung	Kasse an Mietertrag (EK+)
Bilanzverkürzung	Mietaufwand (EK-) an Kasse
Passivtausch	Mietaufwand (EK-) an Verb. L.u.L.

(EK+: Eigenkapital als Passivposten nimmt zu
 EK - : Eigenkapital als Passivposten nimmt ab)

Der Aktivtausch dagegen bleibt den erfolgsunwirksamen Buchungen auf Bestandskonten vorbehalten.

Aus dem vollständig abgeschlossenen Gewinn- und Verlustkonto kann dann die Gewinn- und Verlustrechnung erstellt werden. Betrachtet man die Vorschriften für die verschiedenen Rechtsformen, so muss man feststellen, dass Kapitalgesellschaften besondere Gliederungsvorschriften zu beachten haben (vgl. § 275 HGB), die für die Finanzbuchhaltung, bei der man mit dem GuV-*Konto* endet, aber nur abgeleitete Bedeutung besitzen. Die wichtigste Konsequenz des Gesetzes ist es, möglichst schon so zu buchen, dass sich beim Jahresabschluss die gesetzlich vorgeschriebenen Positionen ohne größere Umrechnungen aus der Buchhaltung entnehmen lassen.

So verlangt der Gesetzgeber beispielsweise von Kapitalgesellschaften einen gesonderten Ausweis außerordentlicher Aufwendungen und Erträge (vgl. § 275 II und § 277 IV HGB). Derartige in ihrer Höhe oder in ihrer Existenz ungewöhnliche Positionen (beispielsweise extrem hohe Wertminderungen des Maschinenparks durch Brandschaden), die außerhalb der gewöhnlichen Geschäftstätigkeit anfallen, werden zwar mit in den Gewinn oder Verlust einbezogen. Sind sie aber, wie der Gesetzgeber es fordert, als außerordentlich kenntlich gemacht, so kann der fachkundige Laie erkennen, inwieweit sie den Gewinn oder Verlust beeinflusst haben. Die gesetzliche Vorschrift zu ihrem gesonderten Ausweis in der Gewinn- und Verlustrechnung ist also sehr sinnvoll. Damit dem am Geschäftsjahresende ohne größere Umrechnungen genügt werden kann, ist es angebracht, von vornherein außerordentliche Aufwendungen und Erträge auf eigens dafür eingerichteten Konten zu erfassen und auch als solche deutlich von den übrigen getrennt in das GuV-Konto abzuschließen, selbst wenn der Gesetzgeber nur den Ausweis in der GuV-Rechnung selbst reglementiert hat und nicht auch die Konten und Buchungen.

Neben den außerordentlichen Erfolgsgrößen gibt es weitere Aufwendungen und Erträge, die an sich nicht zum normalen Geschäftsergebnis gerechnet werden sollten, wenn man um einen exakten Ausweis des Periodenerfolges bemüht ist. Gemeint sind alle periodenfremden Aufwendungen und Erträge. Denken wir beispielsweise an eine unerwartete Stromnachzahlung für das Vorjahr. Sie muss nach Rechnungseingang im laufenden Geschäftsjahr als Aufwand gebucht werden, der Sache nach gehörte sie aber zum Erfolg des Vorjahres, weil der Aufwand dort verursacht worden ist. Bei diesem Beispiel handelt es sich evtl. noch um einen unbedeutenden Betrag. Anders sieht es dagegen schon mit den Abschreibungen auf Forderungen aus. Diese Aufwandsart hat in letzter Zeit für international tätige Unternehmen größere Wichtigkeit erlangt und weist oft enorme Summen auf. Die Ursache dafür, dass ein Abschreibungsaufwand entsteht, liegt aber häufig nicht in der aktuellen Periode, sondern in den Vorjahren, als man das zugrundeliegende Geschäft abgeschlossen hat. Sobald also derartige Aufwendungen (oder auch Erträge) vorkommen, die periodenfremd und von nicht untergeordneter Bedeutung für die Beurteilung der Ertragslage sind, verlangt der Gesetzgeber von den Kapitalgesellschaften eine Erläuterung im Anhang (vgl. § 277 IV HGB). Ein gesonderter Ausweis in der GuV-Rechnung nach § 275 HGB ist nicht vorgesehen. Man kann sie aber beispielsweise durch einen "... davon" - Vermerk bei den Aufwands- und Ertragsarten, denen sie zugerechnet wurden, deutlich machen. Insofern ist es sinnvoll, für solche periodenfremden Aufwendungen und Erträge gesonderte Konten zu führen. Wir werden das aus Vereinheitlichungsgründen im Folgenden für alle periodenfremden Erfolgsbuchungen praktizieren, unabhängig von deren betragsmäßiger Bedeutung.

Wir beenden das Kapitel mit einem kleinen Beispiel, in dem drei erfolgswirksame Geschäftsvorfälle gebucht und anschließend die Konten abgeschlossen werden. Zu beachten ist, dass hier kein vollständiges Kontensystem dargestellt ist, sondern nur die für die Erfolgsbuchung relevanten Konten. Auf dem Kasse- und dem Eigenkapitalkonto sind Anfangsbestände vorgegeben. Die Abschlussbuchungen sind fett gedruckt.

Hier die Geschäftsvorfälle:

1) Mieteinnahmen aus der Vermietung von Lagerräumen in der laufenden Periode: 2.000 €, bar.

   Buchungssatz:
   Kasse   an   Miertrag   2.000

2) Steuernachzahlung für die Vorperiode: 1.000 €, bar.

   Buchungssatz:
   periodenfr.
   Steueraufwand   an   Kasse   1.000

3) Zinszahlungen für ein aufgenommenes Darlehen in der laufenden Periode: 300 €, bar.

   Buchungssatz:
   Zinsaufwand   an   Kasse   300

Die Buchungen auf den Konten:

S	Mietertrag			H
GuV-Konto	**2.000**	1)Kasse		2.000
	2.000			2.000

S	periodenfremder Steueraufwand		H
2)Kasse	1.000	GuV-Konto	**1.000**
	1.000		1.000

S	Zinsaufwand		H
3)Kasse	300	GuV-Konto	**300**
	300		300

S	Kasse		H
EBK	5.000	2)pfd. Steuer-	
1)Mietertrag	2.000	aufwand	1.000
		3)Zins-	
		aufwand	300
		SBK	**5.700**
	7.000		7.000

S	Gewinn- und Verlustkonto		H
pfd. Steuer-		Mietertrag	2.000
aufwand	1.000		
Zinsaufwand	300		
Eigenkapital	**700**		
	2.000		2.000

S	Eigenkapital		H
		EBK	100.000
		GuV-Konto	700

IV. Buchungen in einem reinen Dienstleistungsunternehmen

A. Löhne und Gehälter

Durch die Beschäftigung von Arbeitskräften entsteht dem Unternehmen Personalaufwand. Dazu gehören zunächst einmal die Bruttolöhne und -gehälter inklusive Provisionen, Gratifikationen und Tantiemen. Außerdem sind für die Arbeitnehmer Sozialversicherungsbeiträge (Kranken-, Pflege-, Arbeitslosen- und Rentenversicherungsbeiträge) zu zahlen. Diese sind als Grundbeiträge jeweils zur Hälfte vom Arbeitgeber und zur Hälfte vom Arbeitnehmer zu tragen. Für den Arbeitgeber hat das die Konsequenz, dass außer den Bruttolöhnen und -gehältern auch sein Anteil an den Sozialversicherungen als Personalaufwand anfällt. Außerdem können tarifvertraglich vereinbarte oder freiwillige Sozialleistungen sowie vermögenswirksame Leistungen hinzukommen. Das sind dann weitere Bestandteile des Personalaufwandes. Im Folgenden wollen wir uns damit aber nicht weiter beschäftigen. Der Personalaufwand des Unternehmens setzt sich vereinfacht wie folgt zusammen:

$$\begin{array}{l}\text{Bruttolöhne und -gehälter}\\ \underline{+\ \text{Arbeitgeberanteile zu Sozialversicherungen}}\\ =\ \text{Personalaufwand}\end{array}$$

Das Unternehmen könnte nun theoretisch seinen Anteil an der Sozialversicherung an die jeweiligen Sozialversicherungsträger abführen und die Bruttolöhne und -gehälter in voller Höhe den Arbeitnehmern auszahlen. Diese müssten dann ihrerseits davon ihren Grundbeitrag zur Sozialversicherung (Arbeitnehmeranteil) an Kranken-, Pflege-, Arbeitslosen- und Rentenversicherung zahlen, den nur von ihnen zu tragenden gesetzlichen Zusatzbeitrag zur Krankenversicherung leisten und die Lohnsteuer, den Solidaritätszuschlag und ggf. die Kirchensteuer an das Finanzamt entrichten.[37] In Deutschland gilt aber das sogenannte Quellenabzugsverfahren. Das heißt, die Arbeitnehmer führen die Steuern und Versicherungsbeiträge nicht selbst ab, sondern der Arbeitgeber ist aufgrund gesetzlicher Vorschriften verpflichtet, diese Gelder quasi als

---

[37] Falls der Arbeitnehmer keiner in das System der Kirchensteuer einbezogenen Kirche angehört, entfällt für ihn dieser Abzugsposten.
Der z.Zt. zu entrichtende Solidaritätszuschlag (SolZ), der ebenso wie die Kirchensteuer mit einem bestimmten Prozentsatz von der Lohnsteuer berechnet wird, wird hier vereinfachend ebenso wie die Kirchensteuer zusammen mit der Lohnsteuer erfasst. Die Prozentsätze sind vereinfachend so unterstellt worden, dass möglichst glatte Euro-Beträge entstehen.

"verlängerter Arm" des Finanzamtes und der Versicherungen einzubehalten und an diese weiterzuleiten. Die Unternehmen zahlen deshalb nicht die vollen Bruttolöhne und -gehälter an die Arbeitnehmer aus, sondern ziehen davon sofort die von den Arbeitnehmern zu entrichtenden Steuern und Sozialversicherungsbeiträge ab, die sie dann an Finanzamt und Sozialversicherungsträger abführen müssen. Den Arbeitnehmern werden nur noch die Restbeträge ausbezahlt, die man auch als Nettolöhne und -gehälter bezeichnet.

```
    Bruttolöhne und -gehälter
  - Lohnsteuer und Solidaritätszuschlag
  - (sofern abzuführen) Kirchensteuer
  - Arbeitnehmeranteil zu Sozialversicherungen
  = Auszahlungsbetrag
```

Die Bruttolöhne und -gehälter sind Bestandteil des Personalaufwandes und damit erfolgswirksam. Aus der Sicht des Unternehmens wird dieser dann ergänzt durch den Arbeitgeberanteil zu den Sozialversicherungen, der aber nur das Unternehmen betrifft, in dieser Berechnung des an die Arbeitnehmer auszuzahlenden Betrages deshalb nicht erscheint.

Für die Buchung des Personalaufwandes und der Zahlungen muss man sich folgendes überlegen:

Tatbestand:	Buchung:
1) Bruttolöhne und -gehälter stellen für das Unternehmen Aufwand dar:	Sollbuchung auf einem Aufwandskonto: „Löhne und Gehälter".
2) Der Arbeitgeberanteil zu Sozialversicherungen ist ebenfalls Aufwand für das Unternehmen:	Sollbuchung auf einem Aufwandskonto: „Soziale Abgaben".
3) Ausbezahlt an die Arbeitnehmer werden nur Nettolohn bzw. -gehalt:	Habenbuchung auf einem Zahlungskonto - in der Regel „Bank" - bzw., solange die Zahlung noch nicht erfolgt ist, auf einem Verbindlichkeitenkonto.

4)	Die Differenz zwischen Brutto- und Nettolohn bzw. -gehalt wird einbehalten und an Finanzamt bzw. Sozialversicherungsträger weitergeleitet:	Habenbuchung auf einem Zahlungskonto bzw., solange die Zahlung noch nicht erfolgt ist, auf einem Verbindlichkeitenkonto: „Verbindlichkeiten aus einbehaltener Lohn- und Kirchensteuer u. SolZ" sowie „Verbindlichkeiten im Rahmen der sozialen Sicherheit".
5)	Der Arbeitgeberanteil zur Sozialversicherung stellt nicht nur Aufwand für das Unternehmen dar (siehe 2), sondern muss auch an die Sozialversicherungsträger abgeführt werden:	Habenbuchung auf einem Zahlungskonto bzw., solange die Zahlung noch nicht erfolgt ist, auf einem Verbindlichkeitenkonto: „Verbindlichkeiten im Rahmen der sozialen Sicherheit".

Gehen wir davon aus, dass die Nettolöhne und -gehälter sofort durch Banküberweisung ausgezahlt werden, die Steuern und Sozialversicherungen erst später[38], so kann man für folgenden Beispielfall die Buchungen herleiten:

Beispiel: [39]

Bruttolohn:	3.000 €
Grundbeitrag Arbeitgeberanteil zur Sozialversicherung:	600 €
Grundbeitrag Arbeitnehmeranteil zur Sozialversicherung:	600 €
Zusatzbeitrag des Arbeitnehmers zur Sozialversicherung:	30 €
Lohn- und Kirchensteuer und Solidaritätszuschlag:	1.035 €

---

[38] Die Zahlung der Steuern und Sozialversicherungen könnte beispielsweise erst zum Monatsende erfolgen, auch wenn die Lohn- und Gehaltsabrechnung mit dem Mitarbeiter schon zum 15. Tag eines Monats geschieht.

[39] Die Beträge für Sozialversicherung, Steuern und Solidaritätszuschlag orientieren sich an den zurzeit gültigen Sätzen, sind zur Vereinfachung jedoch teils großzügig gerundet.

Daraus ergeben sich folgende **Rechnungen**:

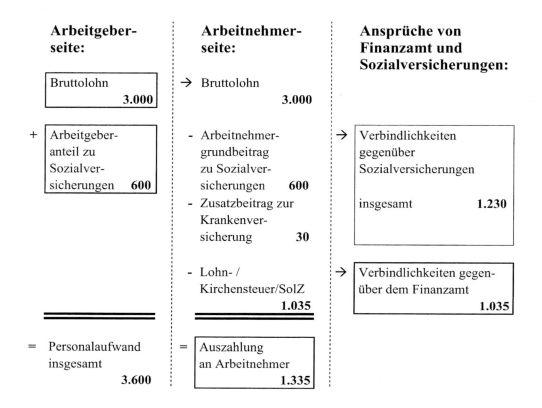

Die aus Sicht des Unternehmens zu Buchungen führenden Positionen sind eingerahmt.

Als **Buchungssatz** ergibt sich demnach für den Arbeitgeber:

Löhne und Gehälter (Aufwand)	3.000			
Soziale Abgaben (Aufwand)	600	an	Bank	1.335
			Verbindl. i.R.d. soz. Sicherheit (600 + 600 + 30 =)	1.230
			Verbindl. Lohn- u. Kirchensteuer u. SolZ	1.035

Insgesamt werden also 3.600 € im Soll und 3.600 € im Haben gebucht.

Auf Konten wird die Buchung dann wie folgt aussehen:

S	Lohn- und Gehaltsaufwand	H		S	Bank	H
Bank/Verb. soz. Sich./ Verb. L.u. Ki.steuer/SolZ 3.000					L.u.G. 1.335	

S	Soziale Abgaben	H		S	Verb. i.R.d. sozialen Sicherheit	H
Verb. soz. Sicherheit 600					L.u.G./ soz. Abgaben 1.230	

S	Verb. Lohn- u. Kirchensteuer/SolZ	H
	L.u.G. 1.035	

Bei der Notierung der Kontenrufe ist zu beachten, dass der Arbeitgeberanteil zu den Sozialversicherungen (Sollbuchung auf dem Konto "Soziale Abgaben") seine Gegenbuchung auf dem Konto "Verbindlichkeiten im Rahmen der sozialen Sicherheit" erhält.[40] Der Lohn- und Gehaltsaufwand dagegen wird für die Banküberweisung an den Arbeitnehmer, für dessen Anteil an den Sozialversicherungen bzw. Lohn- und Kirchensteuer, sowie den Solidaritätszuschlag verwendet und mit dem entsprechenden Kontenruf gebucht. Vereinfachend kann man aber auch auf diese exakte Differenzierung verzichten und stattdessen jeweils den Kontenruf "Diverse" verwenden.

Wenn dann die Zahlungen an das Finanzamt und die Sozialversicherungen erfolgen, wird schließlich gebucht:

	Verbindl. i.R.d. soz. Sicherheit	an	Bank	1.230
und				
	Verbindl. Lohn- und Kirchensteuer, Solidaritätszuschlag	an	Bank	1.035

Für den Abschluss der Konten gilt:

- Lohn- und Gehaltsaufwand und Soziale Abgaben werden auf das GuV-Konto abgeschlossen.

---

[40] Er ist dort mit den Arbeitnehmeranteilen zu einer Summe zusammengefasst worden.

- Die anderen drei Konten stellen Bestandskonten dar. Soweit sie einen Endbestand ausweisen, sind sie auf das Schlussbilanzkonto abzuschließen. Für das Bankkonto ist das der Regelfall. Die Konten "Verbindlichkeiten im Rahmen der sozialen Sicherheit" und "Verbindlichkeiten aus einbehaltener Lohn- u. Kirchensteuer / SolZ" dagegen können durch die Überweisungen an das Finanzamt und die Sozialversicherungen bereits ausgeglichen sein (siehe Buchungssätze oben). Nur wenn das noch nicht geschehen sein sollte, werden auch sie auf das Schlussbilanzkonto abgeschlossen.

In der Praxis kommt es häufiger vor, dass ein Arbeitnehmer einen **Vorschuss** auf seinen Lohn erhält. Dieser würde dann zunächst in voller Höhe als sonstige Forderung gebucht. Buchungssatz zum Beispiel:

   Sonstige Forderung   an Kasse   1.000

Es handelt sich dabei um eine Forderung gegenüber dem Arbeitnehmer auf Erbringung einer diesen Vorschuss ausgleichenden Arbeitsleistung oder auf Rückzahlung des Betrages. Bei der späteren Lohn- und Gehaltsabrechnung werden dann wie üblich zunächst von der vollen Lohn- und Gehaltssumme der Betrag zu den Sozialversicherungen und die Steuern berechnet und abgezogen. Der Rest ist dann der Betrag, der an den Arbeitnehmer auszuzahlen wäre, hätte er noch keinen Vorschuss erhalten. Da er nun aber schon im Voraus Geld bekommen hat, wird die Auszahlungssumme genau um diesen Betrag gekürzt und im Gegenzug die sonstige Forderung ausgebucht. Buchungssatz zum Beispiel:

   Löhne und Gehälter 3.000
   Soziale Abgaben   600 an Bank   335
                   Sonst. Forderung   1.000
                   Verbindl. i.R.d.
                   soz. Sicherheit   1.230
                   Verbindl. Lohn-
                   und Kirchensteuer,
                   Solidaritätszuschlag 1.035

Die auf den Vorschuss anteilig zu entrichtenden Steuern und Versicherungsbeiträge werden erst im Zeitpunkt der endgültigen Abrechnung abgezogen, indem man den vollen Lohn inklusive des bereits als Vorschuss gezahlten Betrages versteuert und die darauf entfallenden Versicherungsbeiträge berechnet und verbucht.

B. Umsatzerlöse unter Berücksichtigung der Umsatzsteuer

Durch den Verkauf von Leistungen erzielt das Unternehmen Erträge. Diese sind auf dem Erfolgskonto "Umsatzerlöse" zu erfassen. Der dafür vereinnahmte Gegenwert erscheint als Zugang beispielsweise auf dem Bank- oder Kassekonto. Erfolgt der Verkauf "auf Ziel", wird die Zahlung also erst später zu leisten sein, so bucht man auf dem Konto "Forderungen aus Lieferungen und Leistungen".

Die Umsätze eines Unternehmens unterliegen der sogenannten Umsatzsteuer (USt). Der gültige Steuersatz beträgt zurzeit 19%, der ermäßigte Satz für bestimmte Güter (zum Beispiel Bücher, Lebensmittel) 7 %. Da sich diese Sätze immer wieder ändern, werden wir zur Vereinfachung der Darstellung generell mit einem Satz von 10 % arbeiten.
Bei der Umsatzsteuer handelt es sich um eine Verkehrsteuer in Form einer allgemeinen Verbrauchsteuer. Sie ist vom Wert des Steueraufkommens her die zweitgrößte Steuer in Deutschland nach der Einkommensteuer. Zu tragen hat sie letztlich der Endverbraucher. Erhoben wird sie aber durch die Besteuerung des auf jeder einzelnen Marktstufe entstandenen (Mehr-)Wertes: In der Summe wird damit der insgesamt geschaffene Wert - gemessen am Umsatzbetrag - besteuert. Die in Deutschland angewandte Form der Umsatzsteuer heißt deswegen auch Mehrwertsteuer (MwSt).
Der von jeder Marktstufe beim Verkauf der (Teil-)Leistung zu berechnende und an das Finanzamt abzuführende Steuerbetrag auf den in der Unternehmung entstandenen Mehrwert (Differenz zwischen Auszahlungen zur Beschaffung der Vorleistungen und dem Verkaufspreis der abgesetzten Leistung) trägt nicht das verkaufende Unternehmen, sondern der Käufer, der das Produkt erwirbt. Die Verkaufsrechnung lautet über Verkaufspreis zuzüglich bzw. schon inklusive Umsatzsteuer ("MwSt"). Ist der Käufer selbst wieder ein Unternehmen, welches das Produkt seinerseits unter Hinzufügen eigener Leistungen (Mehrwert) weiterverkauft, so bleibt die Steuerlast auch nicht an ihm hängen, sondern wird in der Verkaufsrechnung wiederum weitergewälzt auf den nächsten Käufer.

Im Folgenden wird die Umsatzbesteuerung an einem Beispiel dargestellt, das - einschließlich des Letztverwenders - vier Wirtschaftsstufen enthält.

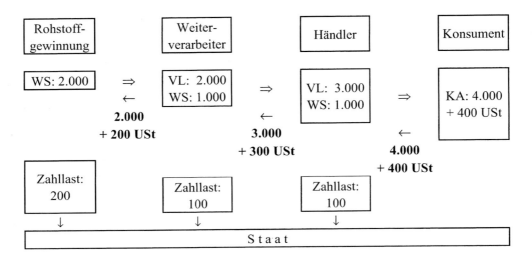

WS	Wertschöpfung
USt	Umsatzsteuer
VL	Vorleistung
KA	Konsumausgabe
Zahllast	Umsatzsteuer-Zahllast (auch als MwSt-Zahllast zu bezeichnen) = dem Kunden berechnete Umsatzsteuer minus gezahlte Vorsteuer
⇒	Güterfluss
←	Geldfluss

Gehen wir von einer ersten Stufe im Produktionsprozess aus (Rohstoffgewinnung), so soll hier - unter Vernachlässigung aller Vorleistungen dieser Stufe - eine Wertschöpfung von 2.000 € unterstellt werden. Bei einem angenommenen „Mehrwertsteuersatz" von 10 % stellt diese Stufe der nächstfolgenden 2.200 € in Rechnung und führt die Steuer in Höhe von 200 € an das Finanzamt ab. Damit hat zugleich die 2. Stufe Vorleistungen in Höhe von 2.000 € und eine "Vorsteuer" von 200 € zu zahlen. Wird ihre eigene auf der Vorleistung aufbauende Wertschöpfung mit 1.000 € angenommen, entsteht bei ihr eine Gesamtleistung in Höhe von 3.000 €, auf die sie ihrerseits wiederum 10 % (also 300 €) Umsatzsteuer berechnen muss. Sie führt aber nicht diese 300 € an das Finanzamt ab, sondern darf 200 € Vorsteuer in Anrechnung bringen, weil nur die eigene Wertschöpfung besteuert werden soll. Die Zahlung an das Finanzamt beträgt also nur 100 € und entspricht damit 10 % Besteuerung der Wertschöpfung dieser 2. Stufe. Die 3. Stufe in der Wertkette erhält von der 2. Stufe eine Rechnung über 3.000 € plus 300 €. Diese 300 € sind ihre Vorsteuer. Nimmt man ihre Wertschöpfung ebenfalls mit 1.000 € an, stellt sie der letzten Stufe, die hier der Konsument sein soll, 4.000 € plus 400 € in Rechnung, führt aber selbst nur die Differenz zwischen 400 € Umsatzsteuer und 300 € Vorsteuer, also 100 € an das Finanzamt ab. Die letzte Stufe hat schließlich 400 € Umsatzsteuer gezahlt und keine Möglichkeit mehr, diesen Betrag über eine Folgestufe zu verrechnen. Die Überweisungen an das Finanzamt setzen sich insgesamt über alle Stufen hinweg aus drei Zahlungen von 200 €, 100 € und 100 € zusammen. Die sogenannte Zahllast der drei Unternehmen betrifft auf jeder Stufe nur den dort im

Einzelnen geschaffenen Mehrwert. Die auf den Vorleistungen lastende Umsatzsteuer (Vorsteuer) ist jeweils von der dem Abnehmer berechneten Umsatzsteuer abzuziehen. Insgesamt wird über die Besteuerung der einzelnen Mehrwertleistungen (200 € plus 100 € plus 100 €) exakt einmal der letztendliche Gesamtumsatz mit dem Endverbraucher besteuert (400 €).

Im Endeffekt bezahlt dieser die gesamte Umsatzsteuer. Er entrichtet sie aber, wie jede andere Marktstufe auch, nicht direkt an das Finanzamt, sondern an den Verkäufer, der sie - wie geschildert - als berechnete Umsatzsteuer dem Finanzamt nach Abzug der wiederum selbst gezahlten Vorsteuer überweist.

Es ist nun auch denkbar, dass ein Produkt sich nur noch mit Verlust verkaufen lässt, zum Beispiel bei einem Einkaufspreis der Vorleistungen in Höhe von 3.000 € nur für 2.500 €. Dann ist aber die dem Kunden berechnete Umsatzsteuer (250 €) niedriger als die selbst gezahlte und vom Finanzamt zurückzufordernde Vorsteuer (300 €). Es ergibt sich ein *Erstattungsanspruch* gegenüber dem Finanzamt.

Für die Buchhaltung ist zusammenfassend festzuhalten, dass in der Regel bei allen Ein- und Verkaufsakten zusätzlich zu dem Netto-Umsatz (ohne Umsatzsteuer) auch noch Umsatzsteuer in Rechnung gestellt wird. Die einem Unternehmen beim Einkauf in Rechnung gestellte Umsatzsteuer (Vorsteuer) muss getrennt von der den Kunden dieses Unternehmens berechneten Umsatzsteuer ausgewiesen werden. Deshalb sind dafür auch zwei getrennte Konten zu führen. Zur Abrechnung mit dem Finanzamt wird dann die Differenz zwischen berechneter Umsatzsteuer (USt-Schuld) und gezahlter Vorsteuer ermittelt. Das werden wir auf einem Konto mit der Kontenbezeichnung "USt-Verrechnung" (auch als „MwSt-Verrechnung" zu bezeichnen) durchführen, auf das die Salden des Vorsteuer- und des USt-Schuld-Kontos abgeschlossen werden. Ergibt sich auf dem Konto "USt-Verrechnung" eine Zahllast gegenüber dem Finanzamt, so wird nun entweder das Konto durch die Überweisung des entsprechenden Betrages ausgeglichen (Buchung zum Beispiel: "USt-Verrechnung an Bank") oder aber es wird, wenn zwischenzeitlich ein Jahresabschluss fällig ist, die Zahllast (= der Saldo des Kontos) als noch zu begleichende Schuld gegenüber dem Finanzamt ins Schlussbilanzkonto übernommen (Buchung "USt-Verrechnung an Schlussbilanzkonto"). Ergibt sich auf dem Konto "USt-Verrechnung" ein Erstattungsanspruch, so wird analog dieses Konto entweder durch eine Überweisung vom Finanzamt an das Unternehmen ausgeglichen (Buchung zum Beispiel "Bank an USt-Verrechnung") oder aber es wird, wenn diese Buchungen am Periodenende erfolgen und die Zahlungen erst im nächsten Geschäftsjahr stattfinden, der Erstattungsanspruch als Forderung gegenüber dem Finanzamt auf dem Schlussbilanzkonto gebucht.

Ein kleines Buchungsbeispiel:

Die Unternehmung, für die hier gebucht werden soll, ist eine Unternehmensberatungsgesellschaft. Sie verkauft Dienstleistungen. Auf den Netto-Verkaufserlös muss sie jeweils noch beispielsweise 10 % Umsatzsteuer in Rechnung stellen.
Alle von der Unternehmung eingekauften Leistungen sind in der Regel ebenfalls mit Umsatzsteuer (aus der Sicht der Beratungsgesellschaft also Vorsteuer) zu bezahlen. Das gilt für eingekaufte Waren, Büromaterialien, Anlagen und alles andere, was zur Erstellung der eigenen betrieblichen Leistung aufzuwenden ist.
Zwei Geschäftsvorfälle sollen gebucht und dann die Umsatzsteuer-Zahllast oder der Erstattungsanspruch durch Banküberweisung an das bzw. vom Finanzamt ausgeglichen werden. Hier die Geschäftsvorfälle:

1) Der Geschäftsführer der Unternehmensberatungsgesellschaft fährt zur Projektbesprechung zum Kunden. Die Benzinrechnungen über insgesamt 100 € zuzüglich 10 % USt zahlt er durch Bankeinzug.

2) Die Unternehmensberatungsgesellschaft hat den Auftrag erledigt und stellt nun dem Kunden eine Rechnung über 25.000 € zuzüglich 10 % USt aus, die sofort durch Banküberweisung beglichen wird.

3) Es werden die USt-Schuld und die gezahlte Vorsteuer auf dem USt-Verrechnungskonto verrechnet und die Differenz durch Banküberweisung an das Finanzamt ausgeglichen:

Die Buchungen lauten:

zu (1)	Sonstiger Aufwand	100			
	Vorsteuer	10	an	Bank	110
zu (2)	Bank	27.500	an	Umsatzerlöse	25.000
				USt-Schuld	2.500
zu (3)					
a)	USt-Schuld		an	USt-Verrechnung	2.500
b)	USt-Verrechnung		an	Vorsteuer	10
c)	USt-Verrechnung		an	Bank	2.490

S	Bank		H		S	Umsatzerlöse	H
2)UE/USt-Schuld	27.500	1)so. Aufw./Vorsteuer	110			2)Bank	25.000
		3c)USt-Verrechnung	2.490				

S	Sonstiger Aufwand	H		S	USt-Schuld		H
1)Bank	100			3a)USt-Verrechnung	2.500	2)Bank	2.500
					2.500		2.500

S	Vorsteuer		H		S	USt-Verrechnung		H
1)Bank	10	3b)USt-Verrechnung	10		3b)Vorsteuer	10	3a)USt-Schuld	2.500
					3c)Bank	2.490		
	10		10			2.500		2.500

Hätte man die Zahllast in Höhe von 2.490 €, die sich auf dem USt-Verrechnungskonto ergeben hat, nicht sofort an das Finanzamt überwiesen, so wäre sie als noch offene Schuld gegenüber dem Finanzamt auf das Schlussbilanzkonto zu buchen. Buchungssatz:

    USt-Verrechnung   an   Schlussbilanzkonto   2490

Das Konto "USt-Verrechnung" ist also ein Bestandskonto, das in diesem Beispiel eine Schuld aufweist. Die Konten "Vorsteuer" und "USt-Schuld" sind Unterkonten dazu. Der Abschluss der übrigen Konten wird hier in dem Beispiel vernachlässigt. Nach dem Studium der vorangegangenen Kapitel dürfte er aber keine Schwierigkeiten bereiten: Das Bankkonto ist ebenfalls ein Bestandskonto und wird deshalb auch auf das Schlussbilanzkonto abgeschlossen. Die Konten "Sonstiger Aufwand" und "Umsatzerlöse" (Erträge) sind Erfolgskonten. Ihre Salden müssen also ins GuV-Konto übernommen werden.

C. Zinsen und Mieten

Für *Zinserträge* und *-aufwendungen* ist in der für Kapitalgesellschaften vorgeschriebenen GuV-Gliederung nach § 275 HGB jeweils ein eigener Posten vorgeschrieben. Zu beachten ist, dass Zinsen auf reine Finanzgeschäfte umsatzsteuerfrei sind.
Unterstellen wir diesen Fall, so wird ein Unternehmen bei Zinsauszahlungen, die beispielsweise über sein Bankkonto abgewickelt werden, wie folgt buchen:

   Zinsaufwand   an Bank   200

Auch bei Zinserträgen buchen wir ohne Umsatzsteuer. Sie unterliegen jedoch in Deutschland der Kapitalertragsteuer von zurzeit 25 %, die bei Privatpersonen eine Abgeltungssteuer ist, sonst eine Vorauszahlung auf die Einkommen- bzw. Körperschaftsteuer darstellt und direkt von den Banken an das Finanzamt abgeführt wird (Quellensteuerverfahren). Obwohl wir uns mit Einkommen- und Körperschaftsteuer nicht näher befassen, ist für die Kapitalertragsteuer als Vorauszahlung darauf doch die Frage der buchhalterischen Behandlung gegeben, da sie bereits zum Zeitpunkt der Zinszahlung zu einer Differenz zwischen Ertrag und Zahlung führt, die sich auch in dem zu buchenden Beleg niederschlägt.

Das heißt bei einem Zinsertrag von 1.000 € werden nur 736,25 € dem Anleger ausbezahlt, die restlichen 250 € Kapitalertragsteuer sowie noch einmal 13,75 € Solidaritätszuschlag auf diesen Betrag werden an das Finanzamt abgeführt.[41] Diese 263,75 € stellen eine Vorauszahlung auf die Einkommen- bzw. Körperschaftsteuer und den wiederum darauf zu entrichtenden Solidaritätszuschlag dar. Solange diese aber noch nicht fällig sind, ist die Vorauszahlung analog zu anderen Anzahlungen wie eine Forderung zu behandeln.[42] Sie wird auf ein aktives Bestandskonto gebucht, welches bei der später erfolgenden Steuerabrechnung dann aufzulösen ist.

Für das genannte Beispiel wird wie folgt gebucht:

   Bank   736,25
   KESt und SolZ
   (als Vorauszahlung) 263,75 an Zinserträge   1.000

---

41 Der zusätzlich zu entrichtende Solidaritätszuschlag wird z. Zt. mit 5,5 % von dem Betrag der Kapitalertragsteuer erhoben und kann zusammen mit ihr gebucht werden.

42 Eine Buchung als Aufwand halten wir nicht für sinnvoll, solange noch nicht feststeht, ob und in welcher Höhe überhaupt Einkommen- bzw. Körperschaftsteuer am Jahresende zu zahlen sein wird. Der Weg über die Buchung als Anzahlung (Forderung auf Verrechnung mit der später ermittelten gewinnabhängigen Einkommen- bzw. Körperschaftsteuer) wird hier präferiert.

Mieten für Grundstücke und Gebäude sind prinzipiell ebenfalls umsatzsteuerfrei. Ein Unternehmen kann aber zur Umsatzsteuer optieren, das heißt wahlweise auf die Befreiung verzichten, sofern es das Mietobjekt an ein anderes Unternehmen zu Zwecken der gewerblichen Nutzung vermietet und dieser Mieter das Objekt ausschließlich für Umsätze einsetzt, für die ein Vorsteuerabzug nicht ausgeschlossen ist.[43] Ein Interesse daran, Umsatzsteuer zu berechnen, ist dadurch zu begründen, dass man dann im Gegenzug selbst auch Vorsteuer für die eingesetzten Leistungen geltend machen kann.

Beispiel zur Buchung von Mieten mit und ohne Umsatzsteuer:

1) Die Firma XY bezahlt an die Firma Immobilien-GmbH für angemietete Räume 10.000 € (netto) durch Banküberweisung. Die Immobilien-GmbH stellt 10 % USt in Rechnung.

   Buchungssatz:
   Mietaufwand   10.000
   Vorsteuer   1.000   an   Bank   11.000

2) Die Firma XY hat die leerstehende Hausmeisterwohnung an einen Privatmann für 1.000 € vermietet. Zahlung der Miete erfolgt bar.

   Buchungssatz:
   Kasse   1.000   an   Mietertrag   1.000

3) Die zurzeit nicht benötigte Lagerhalle ist an das Unternehmen Z für 4.000 € zuzüglich 10 % USt vermietet worden. Zahlung erfolgt durch Banküberweisung.

   Buchungssatz:
   Bank   4.400   an   Mietertrag   4.000
                                      USt-Schuld   400

Beachte: Als Aufwand oder Ertrag wird jeweils der Nettobetrag ausgewiesen! Die Vorsteuer oder USt-Schuld werden separat erfasst.

---

[43] Siehe § 4 Nr. 12 a und § 9 UStG.

D. Einkauf von Sachanlagen

Schon mehrfach wurde im Zusammenhang mit dem Ziel der periodengerechten Erfolgsermittlung darauf hingewiesen, dass der Wert der angeschafften Vermögensgüter, zum Beispiel der Büroausstattung, zunächst in voller Höhe in die Bilanz übernommen wird. Das bezeichnet man auch als "Aktivieren" (zu einem Aktivposten in der Bilanz machen). Erst über die Verteilung der Anschaffungsausgaben über die Nutzungsdauer hinweg ("Abschreibungen") werden die Anschaffungsausgaben zu Aufwendungen.[44] Diese Abschreibungen sind Gegenstand des nächsten Kapitels. Beschränken wir uns hier auf den Zeitpunkt des Güterzuganges, so wird beispielsweise bei Anschaffung einer Büroausstattung im Werte von 8.000 € (netto) und einer Stundung des Rechnungsbetrages folgende Buchung fällig:

```
Betriebs- und
Geschäftsaus-
stattung (BGA)      8.000
Vorsteuer             800     an   Verbindl. L.u.L.    8.800
```

S Betriebs- und Geschäftsausstattung H	S Verbindlichkeiten L.u.L. H
Verb. L.u.L. 8.000	BGA/Vorst. 8.800

S Vorsteuer H
Verb. L.u.L.   800

Bei der Anschaffung von Gütern fallen in der Regel auch noch sogenannte Anschaffungsnebenkosten[45] an, zum Beispiel für Transport, Versicherungen, Montage u.ä. Auch dabei ist Umsatzsteuer zu berücksichtigen.

---

[44] Das Steuerrecht lässt bei abnutzbaren, beweglichen Wirtschaftsgütern des Anlagevermögens, die einer selbstständigen Nutzung fähig sind, die sogenannte Verbauchsfiktion zu, wenn ihr Nettowert nicht höher ist als 150 €. Das heißt, dass ihr gesamter Wert sofort als Betriebsausgabe (Aufwand) erfasst werden kann. Ist ihr Nettowert höher als 150 €, aber nicht höher als 1.000 €, so müssen diese sogenannten „geringwertigen Wirtschaftsgüter" in einem jährlichen Sammelposten zusammengefasst werden (im Jahr der Anschaffung zu bilden), der dann über 5 Jahre mit jeweils 20% abzuschreiben ist. Ab einem Anschaffungswert über 1.000 € greifen die AfA-Tabellen des Steuerrechts. Vgl. § 6 II und § 6 II a EStG, EStR 5.4 zu § 5 EStG I Satz 1.

[45] Der Begriff "Kosten" ist zwar geläufig, aus der Sicht der Finanzbuchhaltung aber nicht zutreffend. Es müsste richtiger "Anschaffungsnebenaufwendungen" heißen.

Die Rechnung könnte also beispielsweise lauten:

```
    Transport und Montage          1.000
  + USt (aus der Sicht des
    Leistungserstellers)             100
  = Rechnungsbetrag                1.100
```

Theoretisch könnte man diese Anschaffungsnebenkosten sofort als Aufwand buchen:

```
Sonstiger Aufwand    1.000
Vorsteuer              100   an   Kasse          1.100
```

Das wäre jedoch nicht sehr sinnvoll, da dann der gesamte Betrag in voller Höhe schon den Gewinn der Anschaffungsperiode als Aufwand belastet, obwohl das angeschaffte Wirtschaftsgut mehrere Jahre genutzt wird. Aus diesem Grunde ist es richtiger, auch die Anschaffungsnebenkosten (gemeinsam mit den Anschaffungsausgaben) zunächst zu aktivieren und sie dann über die Nutzungsdauer periodengerecht zu verteilen. Dem hat auch der Gesetzgeber entsprochen, indem er verbindlich vorschreibt, dass alle Anschaffungsnebenkosten, die bis zur Betriebsbereitschaft eines Gutes anfallen, aktiviert werden müssen. (Vgl. § 255 I Satz 2 HGB: "Zu den Anschaffungskosten gehören auch die Nebenkosten sowie die nachträglichen Anschaffungskosten".)

Buchhaltungstechnisch wird das so durchgeführt, dass man die Anschaffungsnebenkosten auf dasselbe Konto bringt, auf dem auch der Güterzugang gebucht wird. Also wäre zum Beispiel für den Transport und die Montage zu buchen:

```
Betriebs- und
Geschäftsaus-
stattung (BGA)       1.000
Vorsteuer              100   an   Kasse          1.100
```

Es entsteht damit nach der Anschaffung der Geschäftsausstattung folgendes Bild auf den Konten:

S	Betriebs- und Geschäftsausstattung	H		S	Verbindlichkeiten L.u.L.	H
Verb. L.u.L.	8.000				BGA/Vorst.	8.800
Kasse	1.000					

S	Vorsteuer	H		S	Kasse	H
Verb. L.u.L.	800				BGA/Vorst.	1.100
Kasse	100					

Würde die Rechnung für die Geschäftsausstattung über 8.000 € (netto) und für Transport und Montage über 1.000 € (netto) zum gleichen Zeitpunkt vorliegen, könnte beides auch sofort in einem Buchungssatz erfasst werden. Bei gleichen Zahlungsmodalitäten wie oben ergibt sich damit die Buchung:

Betriebs- und Geschäftsausstattung (BGA)	9.000			
Vorsteuer	900	an	Verbindl. L.u.L.	8.800
			Kasse	1.100

Noch ein Exkurs zum Steuerrecht:

Bei Aufwendungen, die nicht direkt zu den Anschaffungsnebenkosten bis zur Betriebsbereitschaft des Wirtschaftsgutes zählen, also zum Beispiel nachträglich anfallende Aufwendungen, gilt:

- Aufwendungen, die den Wert eines Wirtschaftsgutes erhöhen, müssen aktiviert werden.
- Aufwendungen, die den Wert eines Wirtschaftsgutes erhalten, können aktiviert werden, können aber auch sofort als Aufwand erfasst werden.

E. Abschreibungen auf Anlagen

1. Ermittlung und Buchung von Abschreibungen auf Anlagen

Eine wesentliche Aufgabe der Buchhaltung ist die periodengerechte Erfolgsermittlung. Ein großes Problem stellt dabei die Periodisierung der Anschaffungs- oder Herstellungsausgaben[46] von Vermögensgegenständen dar, die über mehrere Perioden hinweg genutzt werden und dabei einen Wertverzehr erfahren (abnutzbare Güter).[47]

---

[46] Das HGB verwendet den Begriff Anschaffungs- und Herstellungskosten. Es ist zu beachten, dass es sich dabei nicht um den Kostenbegriff des internen Rechnungswesens handelt.

[47] Von den abnutzbaren Gütern wie beispielsweise Gebäude und Maschinen sind die nicht abnutzbaren Güter zu unterscheiden (zum Beispiel Baugrundstücke), die keiner planmäßigen Abschreibung unterliegen.

Das gilt beispielsweise für Maschinen, Gebäude, Betriebs- und Geschäftsausstattung und Fuhrpark, aber auch für bestimmte immaterielle Anlagegüter, wie zum Beispiel zeitlich begrenzt erworbene langfristige Nutzungsrechte. Bei der Anschaffung dieser Güter wird zunächst der Netto-Anschaffungswert (ohne USt) - ggf. zuzüglich Anschaffungsnebenkosten - in voller Höhe aktiviert.

Buchungssatz zum Beispiel:

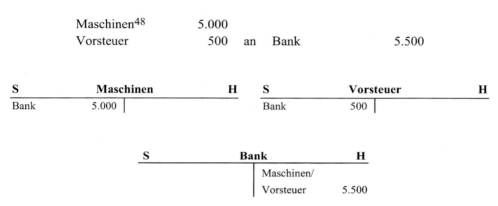

Die bezahlte Umsatzsteuer (Vorsteuer) ist für das Unternehmen bei möglichem Vorsteuerabzug nur ein durchlaufender Posten und wird in voller Höhe in der Periode des Anlagekaufs auf dem Konto "Vorsteuer" gebucht. Der auf dem Anlagekonto - hier "Maschinen" - aktivierte Nettowert bildet den bewerteten Güterzugang ab. Die Anlage besitzt nun einen gewissen Nutzenvorrat, der sich über die gesamte wirtschaftliche Nutzungsdauer dieser Anlage verteilt. Dieses Potential, das die Maschine in sich birgt, erfährt nicht nur durch den konkreten Einsatz im Leistungsprozess eine Verringerung. Auch wenn man die Maschine nicht nutzt, unterliegt sie einem Nutzenverzehr bzw. einer Wertminderung aufgrund des natürlichen Verschleißes (Verrosten usw.) sowie durch den ständig wirksamen technischen Fortschritt, der die Maschine mehr oder weniger rasch veralten lässt.

Damit haben wir einige wichtige, aber keinesfalls alle - meist additiv wirkenden - Entwertungsursachen erfasst. Ganz allgemein kann man den Wertverzehr systematisieren nach den Ursachen:

---

[48] "Maschinen" wird im Folgenden als Kurzform für die Bezeichnung "Technische Anlagen und Maschinen" verwendet.

1. Verschleiß
   a. Gebrauchsverschleiß durch Nutzung
   b. Ruhender Verschleiß
   c. Katastrophenverschleiß
2. Fristablauf (zum Beispiel bei befristeten Nutzungsrechten)
3. Technische und / oder wirtschaftliche Überholung

Je nachdem, wie viel in der einzelnen Periode von dem Nutzenvorrat der Anlage verbraucht wird, soll auch ein entsprechender Teil der zunächst aktivierten Anschaffungsausgaben zu Aufwand der Periode werden. Man bezeichnet das als die **Abschreibung** der Maschine in dieser Periode. Dieser Begriff wird dabei sowohl für die Tätigkeit der Wertverteilung als auch für den der Periode zugerechneten Betrag verwendet. In der steuerlichen Terminologie spricht man statt von Abschreibung von AfA = Absetzung für Abnutzung. Am Ende der Nutzungsdauer sind über die Abschreibungen die gesamten Anschaffungsausgaben zu Aufwand geworden. Rechnet man damit, dass die Anlagen am Ende der im eigenen Unternehmen geplanten Nutzungsdauer noch einen Verkaufserlös erbringen, so ist dieser geschätzte Wert von der Anschaffungssumme abzuziehen und nur der sich dann ergebende Wert (Abschreibungssumme) über die Nutzungsdauer zu verteilen. Dagegen werden die sogenannten Anschaffungsnebenkosten, die bis zur Inbetriebnahme der Anlage im Unternehmen anfallen (zum Beispiel Transport-, Fracht-, Montagekosten) und auch werterhöhende Aufwendungen (zum Beispiel werterhöhende Großreparaturen oder Anlagenerweiterungen) während der Nutzung in die abzuschreibende Summe einbezogen, erhöhen sie also. Die geplante Verteilung der Abschreibungssumme wird in einem sogenannten Abschreibungsplan zusammengestellt. Neben den sich daraus ergebenden planmäßigen Abschreibungen, die im voraus festgelegt werden, können auch unvorhergesehene Ereignisse zu einem plötzlichen Wertverzehr führen. Beispiele dafür sind den Wert mindernde Brand- oder Wasserschäden (Katastrophenverschleiß) oder auch die wirtschaftliche Überalterung einer Maschine, deren Produkte aufgrund von Trendänderungen am Absatzmarkt nicht mehr nachgefragt werden. In diesen Fällen sind sogenannte außerplanmäßige Abschreibungen und Korrekturen des Abschreibungsplans durchzuführen. Buchungstechnisch werden planmäßige und außerplanmäßige Abschreibungen vergleichbar behandelt. Letztere sind jedoch nach HGB separat anzugeben[49] und werden deshalb auf einem gesonderten Konto gebucht. Damit wollen wir uns später beschäftigen. Zunächst gehen wir nur von planmäßigen Abschreibungen aus.

Für die Ermittlung der planmäßigen Abschreibungsbeträge stehen leistungsabhängige Abschreibungsmethoden, die an die effektive Inanspruchnahme (zum Beispiel Kilometerleistung des Firmenfahrzeugs) anknüpfen, solchen gegenüber, die einen ganz bestimmten zeitabhängigen Verlauf des Nutzenverbrauchs über die ganze Lebensdauer des

---

[49] Vgl. § 277 III HGB.

Gutes annehmen (zeitabhängige Abschreibungsmethoden).[50] Innerhalb dieser letzten Gruppe spielt die "Methode der gleichbleibenden Abschreibung" (auch "lineare Abschreibung" genannt) eine besondere Rolle, die alle in Betracht kommenden Perioden gleichmäßig mit Abschreibungsaufwand belastet und damit einen gleichmäßigen Wertabfall des Gutes unterstellt. Außerdem sind degressive Abschreibungsmethoden, bei denen abfallende Abschreibungsbeträge pro Periode angenommen werden, handelsrechtlich zulässig.[51] Uns interessiert hier nur die buchhalterische Behandlung der Abschreibungen, die bei allen Methoden gleich bleibt.

Buchungstechnisch geschieht die Abschreibung so, dass man vom Maschinenkonto in jeder Periode den Betrag abbucht, also den Wert des Maschinenbestandes durch eine Habenbuchung auf diesem Konto um den Betrag verringert, der in dieser Periode als Aufwand im Sinne von anteiligem Verzehr des Nutzenvorrates erfasst werden soll. Dieser Betrag wird dann auf das Konto Abschreibungsaufwand gebracht, also dort im Soll gebucht. Für eine Maschine mit dem Nettoanschaffungswert 5.000 € und einer geplanten Nutzungsdauer von 5 Jahren würde bei gleichmäßiger Verteilung der Abschreibungssumme über diese 5 Jahre und bei einem Restwert von Null der Buchungssatz für die Abschreibung von 1.000 € im 1. Jahr lauten:

Abschreibungsaufwand   an   Maschinen   1.000

S	Maschinen		H	S	Abschreibungsaufwand		H
Bank	5.000	Abschreibung	1.000	Maschinen	1.000		

Dieses Verfahren der Abschreibung, bei dem der Wert der Anlage direkt durch eine Habenbuchung vermindert wird, nennt man auch *direkte Abschreibung*. Der so verringerte Wert des Anlagenbestandes geht dann am Periodenende durch den Kontenabschluss als Endbestand auf das Schlussbilanzkonto. Der Abschreibungsaufwand wird auf das GuV-Konto abgeschlossen und damit erfolgswirksam.

S	Maschinen		H	S	Abschreibungsaufwand		H
Bank	5.000	Abschreibung	1.000	Maschinen	1.000	GuV-Konto	**1.000**
		SBK	**4.000**		1.000		1.000
	5.000		5.000				

---

50 Es ist auch möglich, die beiden Methoden miteinander zu kombinieren, indem ein Teil der Abschreibungssumme leistungsabhängig abgeschrieben wird und der andere Teil zeitabhängig.

51 Ob degressive Abschreibungen steuerrechtlich erlaubt sind, hängt jeweils von der aktuellen steuerpolitischen Situation und den geltenden steuerrechtlichen Vorschriften ab.

S	Schlussbilanzkonto	H	S	Gewinn- und Verlustkonto	H
Maschinen 4.000			Abschreibung 1.000		

In der nächsten Periode ist der Anfangsbestand auf dem Maschinenkonto dann um die vorhergehende Abschreibung geringer als in der Vorperiode. Das in den Büchern ausgewiesene Nutzenpotential ist aufgrund der Nutzung im Vorjahr verringert worden. Auch in dieser zweiten Periode wird der weitere Wertverzehr wieder durch eine entsprechende Abschreibung erfasst. Gehen wir in unserem Beispiel davon aus, dass der Wertverlust gleichmäßig über 5 Jahre erfolgt, so werden erneut 1.000 € abgeschrieben.

Buchungssatz:
    Abschreibungsaufwand   an   Maschinen   1.000

S	Maschinen	H	S	Abschreibungsaufwand	H
EBK 4.000	Abschreibung 1.000		Maschinen 1.000		

Auch in den weiteren 3 Jahren der geplanten Nutzung der Anlage wird entsprechend gebucht. Man erfasst also jedes Jahr den jährlichen Abschreibungsaufwand (1.000 € im Beispiel) auf einem Aufwandskonto. Aufgrund der direkten Buchung (Gegenbuchung direkt auf dem Anlagekonto "Maschinen") vermindert man gleichzeitig den jeweils am Anfang des Jahres auf dem Konto "Maschinen" stehenden (Rest-)Buchwert (1. Jahr: 5.000 €, 2. Jahr: 4.000 €, 3. Jahr: 3.000 € etc.), bis dieser schließlich auf 0 oder 1 € (als Erinnerungswert für eine noch weiter im Unternehmen eingesetzte, aber schon abgeschriebene Anlage) gesunken ist.

Die Abschreibung kann jedoch nicht nur direkt, sondern auch indirekt gebucht werden. Bei der *indirekten Abschreibung* bleibt der Anlagewert nominell unberührt und geht in jedem Jahr in der gleichen Höhe in die Schlussbilanz ein. Ihm steht jedoch ein Korrekturposten gegenüber, der die Gegenbuchungen zu den jährlichen Abschreibungsaufwands-Buchungen aufnimmt. Man nennt diesen Posten **Wertberichtigung auf Anlagen** und bucht ihn auf einem eigens dafür einzurichtenden Passivkonto. Auf dieses Konto gehen dann in jeder Periode die zu der unverändert zum Anschaffungswert auf dem Anlagekonto ausgewiesenen Anlage erfolgenden Abschreibungen ein. Diese addieren sich dort, bis am Ende der Nutzungsdauer der Bestand an Wertberichtigungen dem des Anschaffungswertes der Anlage auf dem Aktivkonto entspricht. Der Korrekturposten ist dann also genauso hoch wie der Anschaffungswert, die Anlage damit voll abgeschrieben. Der jeweilige Restbuchwert des Vermögensgegenstandes ist bei der indirekten Abschreibung in jeder Periode durch Saldierung der Wertberichtigungen mit dem auf dem Anlagekonto ausgewiesenen Anschaffungswert zu ermitteln und entspricht dem bei der direkten Buchungsmethode auf dem Anlagekonto ausgewiesenen Restbuchwert. Für das schon oben verwendete Beispiel der Maschine mit dem Anschaffungswert von 5.000 €, der geplanten Nutzungsdauer von 5 Jahren und gleichbleibender Abschreibung ergeben sich damit im 1. und in jedem der folgenden Jahre der Abschreibungsdauer folgende Buchungen:

    Abschreibungsaufwand   an   Wertberichtigung
                                            auf Anlagen[52]   1.000

Auf den Konten stellt sich das wie folgt dar:

1. Jahr der Nutzung:

S	Maschinen		H
Bank	5.000	**SBK**	**5.000**
	5.000		5.000

S	Wertberichtigung auf Anlagen		H
SBK	**1.000**	Abschreibung	1.000
	1.000		1.000

S	Abschreibungsaufwand		H
Wertber. auf Anlagen	1.000	**GuV-Konto**	**1.000**
	1.000		1.000

S	Gewinn- und Verlustkonto		H
Abschreibung	1.000		

S	Schlussbilanzkonto		H
Maschinen	5.000	Wertber. auf Anlagen	1.000

2. Jahr der Nutzung:

S	Maschinen		H
EBK	5.000	**SBK**	**5.000**
	5.000		5.000

S	Wertberichtigung auf Anlagen		H
SBK	**2.000**	EBK	1.000
		Abschreibung	1.000
	2.000		2.000

---

[52] Je nachdem, welche Anlagenkonten man führt, wird auch dieses Wertberichtigungskonto näher spezifiziert. In unserem Fall könnte es zum Beispiel auch "Wertberichtigungen auf Maschinen" heißen.

S	Abschreibungsaufwand		H	S	Gewinn- und Verlustkonto		H
Wertber. auf Anlagen		GuV-Konto	1.000	Abschreibung	1.000		
	1.000		1.000				
			1.000				

S	Schlussbilanzkonto		H
Maschinen	5.000	Wertber. auf Anlagen	2.000

Am Ende der Nutzungsdauer (Ende 5. Jahr) schließlich sehen die Konten so aus:

S	Maschinen		H	S	Wertberichtigung auf Anlagen		H
EBK	5.000	SBK	5.000	SBK	5.000	EBK	4.000
	5.000		5.000			Abschreibung	1.000
					5.000		5.000

S	Abschreibungsaufwand		H	S	Gewinn- und Verlustkonto		H
Wertber. auf Anlagen		GuV-Konto	1.000	Abschreibung	1.000		
	1.000		1.000				
			1.000				

S	Schlussbilanzkonto		H
Maschinen	5.000	Wertber. auf Anlagen	5.000

Am Schlussbilanzkonto ist zu erkennen, dass die Maschine voll abgeschrieben ist. Wird sie aus dem Unternehmen ausgesondert (zum Beispiel verschrottet), so werden sowohl die 5.000 € vom Maschinenkonto als auch die zugehörigen Wertberichtigungen (am Ende der Nutzungsdauer ebenfalls 5.000 €) ausgebucht. Unter der Annahme, dass dabei weder zusätzliche Aufwendungen noch Erträge entstehen, würde die Buchung dann lauten:

  Wertberichtigung auf Anlagen an Maschinen 5.000

Vergleicht man direkte und indirekte Abschreibungen - beide Formen finden in der Praxis Verwendung -, so wird man unter dem Gesichtspunkt der betriebswirtschaftlichen Aussagefähigkeit der indirekten Abschreibungsform den Vorzug geben. Sie verursacht zwar mehr Buchungsaufwand und führt zu einer Aufblähung der Bilanzsumme, bietet aber auch wesentlich mehr Informationen als die direkte Abschreibung, wenn auch der aktuelle Restbuchwert jeweils erst durch Saldierung von zwei Positionen (Wert auf dem Anlagekonto und zugehörige Wertberichtigung) zu errechnen ist. So vermittelt sie bei Bilanzanalysen einen gewissen Aufschluss darüber, welche Ursprungswerte in die Anlagen investiert und welche Abschreibungen im Zeitablauf vorgenommen wurden. Aus dem Vergleich beider Zahlen lässt sich eine Vorstellung gewinnen, welchen Umfang die Anlagenabschreibungen erreicht haben. Allerdings ist die Interpretation dieser Zahlenrelation schwierig, da ein hoher Abschreibungsgrad in gleicher Weise hohe Veralterung und geringe Neuinvestitionen wie auch eine besonders günstige Situation aufgrund bewusst überhöhter Abschreibungen bedeuten kann. Die Zahlen dürfen deshalb nur im Zusammenhang mit anderen Werten gesehen und interpretiert werden. Selbst dann ist noch bei der Ableitung von Urteilen aus den Jahresabschlüssen größte Vorsicht am Platze. Zu der rechtlichen Zulässigkeit der beiden Verfahren ist zu sagen, dass grundsätzlich jedes Unternehmen Abschreibungen direkt oder indirekt buchen kann. Für Kapitalgesellschaften[53] gilt jedoch, dass sie keine passiven Wertberichtigungsposten in der Bilanz ausweisen dürfen.[54] Das bedeutet, dass diese Unternehmen entweder nur die direkte Buchungsmethode praktizieren oder aber spätestens bei der Erstellung des Jahresabschlusses die auf den Wertberichtigungskonten ausgewiesenen Endbestände mit den zugehörigen Aktivkonten verrechnen und nur noch die Restbuchwerte auf die Aktivseite der Bilanz übernehmen. Nach § 268 II HGB müssen sie aber in der Bilanz oder im Anhang die Entwicklung der einzelnen Posten des Anlagevermögens darstellen, das heißt ausgehend von den gesamten Anschaffungs- und Herstellungskosten die Zugänge, Abgänge, Umbuchungen und Zuschreibungen des Geschäftsjahres sowie die Abschreibungen in ihrer gesamten Höhe gesondert aufführen ("Anlagespiegel"). Außerdem sind die Abschreibungen des laufenden Geschäftsjahres in der Bilanz oder im Anhang anzugeben. Insofern ist also für Unternehmen dieser Rechtsformen auch bei direkter Abschreibung für ausreichende Informationstransparenz gesorgt.

2. Der Verkauf von Anlagen und seine Buchung

Im Zusammenhang mit der Darstellung der indirekten Abschreibung haben wir schon kurz die Buchung des Anlageabgangs aus der Unternehmung am Ende der Nutzungs-

---

[53] Auf unter das Publizitätsgesetz fallende Unternehmen und eingetragene Genossenschaften trifft das ebenfalls zu. Vgl. § 5 I PublG und § 336 II HGB.

[54] Vgl. §§ 266, 268 II HGB.

dauer skizziert. Berücksichtigt man, dass eine Maschine auch vor Ablauf der möglichen Nutzungsdauer verkauft werden kann, so sind verschiedene Situationen beim **Ausscheiden der Maschine** zu unterscheiden. Im einfachsten Fall entspricht die Bemessung der Abschreibungen dem effektiven Nutzenverlauf. Nehmen wir nochmals an, die Maschine wird am Ende ihrer Nutzungsdauer ausgesondert, und es ist kein Restwert mehr vorhanden. Der gesamte Anschaffungsbetrag ist dann - verteilt über die Perioden der Nutzung - zu Aufwand geworden. Im Fall direkter Abschreibung ist keine weitere Buchung notwendig. Bei indirekter Abschreibung müssen, wie oben angesprochen, Anlagen- und Wertberichtigungskonto entsprechend verringert werden, was in unserem Beispiel durch die Buchung

        Wertberichtigung
        auf Anlagen   an   Maschinen   5.000

in voller Höhe des Ausgangsbetrages erfolgt.

Unterstellen wir nun, die Maschine habe noch einen bestimmten Restwert und scheide aus der Unternehmung durch Verkauf schon am Ende des 4. Jahres aus. Dabei ist es gleichgültig, ob der Restwert sich als ein reiner Schrottwert ergibt oder weitere Nutzungsmöglichkeiten der Maschine repräsentiert. Drei mögliche Fälle sind hierbei zu unterscheiden:

    (1)   Verkauf zum Buchwert (im Beispiel also 1.000 €)
    (2)   Verkauf über Buchwert (zum Beispiel 2.000 €)
    (3)   Verkauf unter Buchwert (zum Beispiel 500 €)

In allen folgenden Fällen gehen wir wie bisher von einem Anschaffungswert von 5.000 € (ohne USt) und einer bisherigen Abschreibung von insgesamt 4.000 € aus. Der Verkaufspreis einschließlich der auf ihn entfallenden Umsatzsteuer geht auf dem Bankkonto ein.

zu (1): **Verkauf zum Buchwert**

Beim Verkauf zum Buchwert stimmen buchmäßiger Restwert und das für die Anlage erzielte Nettoentgelt (= Verkaufspreis ohne Umsatzsteuer) überein. Die Abschreibungsbemessung hat also zu dem "richtigen" Wert geführt.

a.   Bei direkter Abschreibungsbuchung und einem USt-Satz von 10 % erfolgt dann die Restwertausbuchung mittels des Buchungssatzes:

        Bank   1.100   an   Maschinen   1.000
                                                      USt-Schuld   100

S	Maschinen[55]		H		S	Bank		H
EBK	1.000	Bank	1.000		Maschinen u.			
	1.000		1.000		USt-Schuld	1.100		

S	USt-Schuld		H
		Bank	100

b. Bei indirekter Buchung der Abschreibung lautet der Buchungssatz:

    Bank   1.100
    Wertberichtigung
    auf Anlagen   4.000   an   Maschinen   5.000
                                                                  USt-Schuld   100

S	Maschinen		H		S	Wertberichtigung auf Anlagen		H
EBK	5.000	Bank/Wertber.			Maschinen	4.000	EBK	4.000
		auf Anlagen	5.000			4.000		4.000
	5.000		5.000					

S	Bank		H		S	USt-Schuld		H
Maschinen u.							Bank	100
USt-Schuld	1.100							

zu (2): **Verkauf über Buchwert**

Eine völlige Übereinstimmung zwischen geschätzter Abschreibung und sich daraus ergebendem Restwert einerseits, dem für die Anlage erzielten Nettoentgelt (= Verkaufspreis ohne USt) andererseits wird sich nur in sehr seltenen Fällen ergeben. Weit häufiger sind Abweichungen zwischen Restwert und erzieltem Netto-Verkaufspreis. Erfolgt der Verkauf zu einem Netto-Preis, der über dem Buchwert liegt, so waren die insgesamt vorgenommenen Abschreibungen zu hoch.

Da die abgelaufenen Perioden bereits abgeschlossen sind, kann die Aufwandskorrektur nur in der laufenden Periode erfolgen. Der zusätzliche Verkaufsertrag, der die Korrekturgröße darstellt, wird daher als sonstiger betrieblicher Ertrag gebucht bzw. als periodenfremder Ertrag, wenn der periodenfremde Anteil des Buchgewinns nicht nur von

---

[55] Vollständig abgeschlossene Konten sind hier durch einen abschließenden Strich und die Summe der gebuchten Beträge gekennzeichnet.

untergeordneter Bedeutung für die Beurteilung der Ertragslage der Unternehmung ist. Wir gehen davon aus, dass der Verkauf zu einem Preis von 2.000 € zuzüglich USt in Höhe von 10 % erfolgt. Der Restbuchwert der Maschine soll 1.000 € betragen.

a. Bei direkter Abschreibung lautet der Buchungssatz:

  Bank   2.200   an   Maschinen   1.000
              sonst. betr. Ertrag   1.000
              USt-Schuld   200

S	Maschinen		H		S	Bank		H
EBK	1.000	Bank	1.000		Maschinen/			
	1.000		1.000		sonst. betr. Ertrag/USt-Schuld	2.200		

S	Sonstiger betrieblicher Ertrag		H		S	USt-Schuld		H
		Bank	1.000				Bank	200

b. Bei indirekter Abschreibung heißt der Buchungssatz:

  Bank   2.200
  Wertberichtigung
  auf Anlagen   4.000   an   Maschinen   5.000
                  sonst. betr. Ertrag   1.000
                  USt-Schuld   200

S	Maschinen		H		S	Wertberichtigung auf Anlagen		H
EBK	5.000	Bank/Wertber. auf Anlagen	5.000		Maschinen	4.000	EBK	4.000
	5.000		5.000			4.000		4.000

S	Bank		H		S	Sonstiger betrieblicher Ertrag		H
Maschinen/ sonst. betr. Ertrag/USt-Schuld	2.200						Bank	1.000

S	USt-Schuld	H
	Bank	200

zu (3): **Verkauf unter Buchwert**

Oft ist der Verkauf von Anlagen nur zu einem unter dem Buchwert liegenden Preis möglich. Dann waren die bisher verrechneten Abschreibungsaufwendungen zu niedrig. Der zu gering angesetzte Aufwand muss nachgeholt werden. Nun entsteht ein sonstiger betrieblicher Aufwand bzw. ein periodenfremder Aufwand.[56]

Wir unterstellen, bei einem Restbuchwert von 1.000 € sei der Verkauf nur zu einem Preis von 500 € zuzüglich 10 % USt möglich.

a. Buchungssatz bei direkter Abschreibung:

    Bank   550
    sonst. betr. Aufwand   500   an   Maschinen   1.000
                                                  USt-Schuld   50

S	Maschinen	H		S	Bank	H
EBK	1.000	Bank/sonst. betr. Aufwand	1.000	Maschinen u. USt-Schuld	550	
	1.000		1.000			

S	Sonstiger betrieblicher Aufwand	H		S	USt-Schuld	H
Maschinen	500				Bank	50

b. Buchungssatz bei indirekter Abschreibung:

    Bank   550
    Wertberichtigung
    auf Anlagen   4.000
    sonst. betr. Aufwand   500   an   Maschinen   5.000
                                                  USt-Schuld   50

---

56 Wenn der periodenfremde Anteil des Buchverlustes nicht nur von untergeordneter Bedeutung für die Beurteilung der Ertragslage der Unternehmung ist, wollen wir auf einem separaten Konto "periodenfremder Aufwand" buchen.

S	Maschinen		H		S	Wertberichtigung auf Anlagen		H
EBK	5.000	Bank/Wertber. auf Anlagen/ sonst. betr. Aufwand			Maschinen	4.000 4.000	EBK	4.000 4.000
			5.000					
	5.000		5.000					

S	Bank		H		S	Sonstiger betrieblicher Aufwand		H
Maschinen u. USt-Schuld	550				Maschinen	500		

S	USt-Schuld		H
		Bank	50

3. Die Auswirkungen einer falsch geschätzten Nutzungsdauer auf die Erfolgsgrößen und ihr buchhalterischer Niederschlag

Da die Abschreibungen Aufwand darstellen und als solcher dem Ertrag mindernd gegenübertreten, ist über die Aufwandsbemessung auch eine Beeinflussung des Erfolgs (Gewinn oder Verlust) möglich. Ihr Ausmaß wird im Bereich der Abschreibungen durch die Schwierigkeiten einer genauen Abschreibungsbemessung noch vergrößert. Dabei muss man unterscheiden, ob die Abschreibungen aus Gründen der unvollkommenen Information über die zukünftige Entwicklung falsch angesetzt wurden oder ob die Absicht der Gewinnbeeinflussung ausschlaggebend für eine bewusst vom tatsächlichen Werteverzehr abweichende Verrechnung war. Gehen wir zunächst vom Fall der **beabsichtigten Gewinnbeeinflussung** aus. Hier wird die rechnerische Lebensdauer des Anlagegutes verkürzt, so dass jede Periode, in der Abschreibungen verrechnet werden, einen zu hohen Aufwand zu tragen hat, da die gesamte Abschreibungssumme jetzt auf weniger Perioden aufgeteilt wird. Dadurch findet eine Unterbewertung des Vermögensgutes "Anlagen" statt - es entstehen stille bzw. versteckte[57] Reserven, und der Gewinn wird in jeder Periode um die neu gebildete stille (versteckte) Reserve vermindert. Ist das Anlagegut gerade voll abgeschrieben - man geht dabei in der Praxis nie auf den Wert Null, sondern belässt einen sogenannten Erinnerungsposten, meist 1 € -, so hat die stille (versteckte) Reserve bei linearer Abschreibung und entsprechendem Nutzenverlauf

---

[57] Bei indirekter Abschreibungsbuchung spricht man statt von stillen von versteckten Reserven; man meint damit einen Ausweis von Eigenkapital, der in einem anderen Passivposten der Bilanz - hier in den Wertberichtigungen auf Anlagen - "versteckt" ist.

ihren höchsten Wert erreicht. In jeder folgenden Periode, in der die Maschine noch genutzt wird, aber kein Abschreibungsaufwand mehr verrechnet werden kann (Grundsatz der Einmaligkeit der Abschreibung), wird die stille (versteckte) Reserve gemindert, bis sie bei vollständigem Wertverzehr des Gutes wieder auf Null reduziert ist. Der Gewinn wird also in *diesen* Perioden infolge der fehlenden Abschreibungsmöglichkeiten höher ausfallen als wenn man die Abschreibung entsprechend der tatsächlichen Nutzungsdauer verteilt hätte. Wir wollen den Verlauf an einem neuen Beispiel zeigen:

A = 100.000 € (= Netto-Anschaffungspreis; die Verbuchung der Umsatzsteuer kann in diesem Zusammenhang außer acht gelassen werden).
n_1 (richtige Lebensdauer) = 10 Perioden
n_2 (falsche Lebensdauer) = 5 Perioden
lineare Abschreibung

nach der .... Periode	richtige Restwertentwicklung	falsche Restwertentwicklung	stille Reserve
1.	90.000	80.000	10.000
2.	80.000	60.000	20.000
3.	70.000	40.000	30.000
4.	60.000	20.000	40.000
5.	50.000	1	49.999
6.	40.000	1	39.999
7.	30.000	1	29.999
8.	20.000	1	19.999
9.	10.000	1	9.999
10.	0		0

Wir haben es hier mit einer sehr gefährlichen Auflösung stiller Reserven infolge Zeitablaufs zu tun, die zu erheblichen Gewinnverzerrungen führen kann. Vollzieht sich die Entwicklung unkontrolliert, so sind unter Umständen schwere Störungen der unternehmerischen Disposition und des gesamten Geschäftsablaufs die Folge.

Wenden wir uns kurz der **unbeabsichtigten Fehlschätzung** der Lebensdauer des Anlagegutes und des Abschreibungsaufwandes zu.
Hat man eine zu lange Lebensdauer angesetzt und merkt den Fehler erst bei Unbrauchbarwerden des Gutes, so ist der Restbuchwert als periodenfremder Aufwand abzuschreiben. Erkennt man schon während der Nutzungsperioden die Falschbemessung, so gibt es verschiedene Möglichkeiten der Fehlerkorrektur. Man kann sofort die gegenüber der "richtigen" Bemessung fehlenden Abschreibungsbeträge über außerplanmäßige Abschreibungen nachholen, die auf einem gesondert einzurichtenden Konto separat gebucht werden, und für den Rest der Lebensdauer mit "richtigen" Quoten rechnen. Man könnte auch den Restbuchwert auf die Restlebensdauer verteilen, was zwar zu

einer ungenauen Aufwandsrechnung aller Perioden führt, die Periode, in der man den Fehler erkennt, jedoch nicht so stark belastet. Ein solches Vorgehen ist betriebswirtschaftlich aber nicht vertretbar.

Wurde die Lebensdauer zu kurz angesetzt, so sind - wie oben dargestellt - stille bzw. versteckte Reserven entstanden. In vielen Fällen wird man den Fehler, nachdem man ihn erkannt hat, nicht korrigieren und die Selbstauflösung der stillen Reserven abwarten. Eventuell kann man den Restbuchwert auf die Restlebensdauer verteilen, also die jährlichen Abschreibungen herabsetzen, was den Fehler verkleinert, aber nicht behebt. Rein buchungstechnisch möglich sind ferner die Vornahme einer Zuschreibung bis zum "richtigen" Wert des Anlagegutes (Buchungssatz: Anlage an periodenfremden Ertrag) mit anschließender "richtiger" Abschreibung und schließlich das Aussetzen der Abschreibungsvornahme, bis die inzwischen gelegten stillen (versteckten) Reserven aufgelöst sind. Wir können hier auf die Beurteilung der Methoden nicht im einzelnen eingehen. Unter dem Gesichtspunkt einer richtigen Periodenerfolgsermittlung wäre einer solchen Zuschreibung unter den genannten Möglichkeiten der Vorzug zu geben. Um dem Grundsatz der Bewertungsstetigkeit zu genügen, beschränkt das Handelsrecht jedoch die Zuschreibungen auf den Fall, dass eine außerplanmäßige Abschreibung vorgenommen wurde, ein Anlass dazu aber nicht mehr besteht.

V. Spezifische Buchungen in einem Dienstleistungsunternehmen mit Warenverkehr

A. Wareneinkauf und Warenverkauf bei gemischten und getrennten Warenkonten

Ein Handelsbetrieb ist ein Dienstleistungsunternehmen, in dem - im Gegensatz zu der bisher betrachteten Unternehmensberatungsgesellschaft - mit Sachleistungen (Waren) gehandelt wird. Diese Waren werden in der Regel zunächst eingekauft, gelagert und schließlich verkauft. Insofern sind zusätzlich zu den Umsatzerlösen auch Warenbestände und deren Veränderungen zu buchen. Das kann auf einem einzigen Konto, dem sogenannten **gemischten Warenkonto**, oder auf zwei **getrennten Konten** (Warenbestands- und Warenerfolgskonto) geschehen. Beide Möglichkeiten wollen wir jetzt vorstellen. Die Darstellung der Buchungen auf einem gemischten Warenkonto hat hauptsächlich didaktische Bedeutung und weniger praktische Relevanz.

Der Zugang an Waren, die zunächst eingelagert werden, wird hier als Erhöhung des Warenbestandes erfasst. Die Lagerentnahme für den Verkauf stellt dann einen Aufwand dar. Eine bei Anwendung des Einzel- oder Großhandelskontenrahmens erfolgende Gleichsetzung von Wareneinkauf und Warenverbrauch und erst nachträgliche Korrektur des Warenbestandes, falls am Periodenende weniger oder sogar noch mehr verbraucht als eingekauft wurde, ist zwar historisch dadurch erklärbar, dass man früher nicht in der Lage oder aus Kostengründen nicht gewillt war, den tatsächlichen Warenverkauf laufend zu erfassen. Durch moderne Warenwirtschaftssysteme stellt das aber heute kein Problem mehr dar. Deshalb wird in diesem Buch jeder Warenzugang am Lager auch direkt als Bestandszugang gebucht und nur die Lagerentnahmen als Aufwand.

1. Das gemischte Warenkonto

Beim Wareneinkauf wird das gemischte Warenkonto im Soll belastet (Warenzugang). Beim Verkauf von Waren erfolgt die Buchung auf der Habenseite (Warenabgang). Nehmen wir in beiden Fällen kreditierte Transaktionen an, so lauten die Buchungssätze:

für den Kauf:
    Waren und Vorsteuer   an   Verbindl. L.u.L.
für den Verkauf:
    Forderungen L.u.L.   an   Waren und USt-Schuld

Während der Einkauf zu den Preisen des Beschaffungsmarktes erfolgt und gebucht wird, sind bei der Buchung des Verkaufs Verkaufspreise anzusetzen. Es entsteht also zwischen linker und rechter Seite des Warenkontos eine Wertdifferenz, die einen Erfolg darstellt. Man bezeichnet ihn als Warenbruttoerfolg oder Warenrohgewinn. Er umfasst die Differenz zwischen den Einkaufswerten[58] und den Verkaufswerten der abgesetzten Waren. Mit den Begriffen **Brutto- oder Rohgewinn** will man andeuten, dass es sich nur um einen Teil des endgültigen Unternehmenserfolges handelt, der noch durch alle anderen Aufwendungen und Erträge ergänzt werden muss. Dies erfolgt auf dem Gewinn- und Verlustkonto.

Die Schwierigkeit, die bei dem gemischten Warenkonto auftritt, beruht darauf, dass der Saldo zwischen Anfangsbestand und Zugängen einerseits und Verkäufen andererseits nur unter einer Voraussetzung den Warenbruttogewinn darstellt: Es müssen alle Warenvorräte am Ende der Periode verkauft sein, so dass kein Endbestand vorhanden ist. Nur dann ist das Warenkonto ein reines Erfolgskonto, das seinen Saldo an das Gewinn- und Verlustkonto abgibt.

Diese Voraussetzung ist in den seltensten Fällen erfüllt. Sind aber am Ende der Periode noch Endbestände vorhanden, so weist die Gleichung des Kontos zwei Unbekannte auf und ist deshalb unlösbar. Dies mag ein Beispiel verdeutlichen:

S		Waren		H
Anfangsbestand	10	Verkäufe (zu		
Zugänge (zu		Verkaufswerten)		100
Einstandswerten)	100			

Der Saldo aus 110 € auf der Sollseite (Anfangsbestand und Zugänge) und 100 € auf der Habenseite (Verkäufe) hat keinerlei Aussagewert. Als Unbekannte sind Warenbruttoerfolg und Endbestand vorhanden. Eine der beiden Unbekannten muss von außen vorgegeben werden, um dann die letzte Größe als Saldo ermitteln zu können. In der Regel ist die vorgegebene Größe der Warenendbestand, der über die **Inventur ermittelt und in die Buchführung eingeführt** wird. Der Buchungssatz dafür lautet:

    Schlussbilanzkonto   an   Waren

---

[58] Genaugenommen handelt es sich hierbei um Einstandswerte, da neben den Listenpreisen der Waren auch die Bezugsaufwendungen und Preisnachlässe zu berücksichtigen sind (vgl. dazu Abschnitte V C und D).

Nehmen wir an, der aus der Inventur ermittelte Warenendbestand betrage 60 €. Um diesen Betrag wird die Habenseite erhöht. Nun lässt sich der **Warenbruttoerfolg als Saldo** leicht feststellen. Er beträgt in unserem Fall 50 €.[59] Materiell entsteht er aus der Differenz von Umsatzerlösen durch Warenverkäufe und Wareneinsatz (Aufwendungen). Der Wareneinsatz ist zu Einstandswerten zu bewerten und beinhaltet sowohl die Waren, die tatsächlich verkauft worden sind, als auch Verderb, Schwund oder Diebstahl, die mit in Kauf genommen werden mussten. Der Warenbruttoerfolg wird auf dem Gewinn- und Verlustkonto gegengebucht. Buchungssatz:

$$\text{Waren} \quad \text{an} \quad \text{GuV-Konto} \quad 50$$

Das abgeschlossene Warenkonto zeigt - mit Kontenruf versehen - folgendes Bild:

S	Waren		H
EBK	10	Forderungen L.u.L.	
Verbindl. L.u.L.		(aus Verkäufen)	100
(aus Einkäufen)	100	**SBK (Inventurwert)**	**60**
GuV-Konto			
(Bruttogewinn)	50		
	160		160

Transformiert man die Größen in eine Gleichung, so lautet diese bei positivem Warenbruttoerfolg:

$$AB + Z + BE = V + EB$$

AB = Anfangsbestand
Z = Zugänge
BE = Bruttoerfolg
V = Verkäufe
EB = Warenendbestand

Ergibt sich ein negativer Warenbruttoerfolg - was dann der Fall ist, wenn die erzielten Verkaufspreise unter den Einstandspreisen liegen -, so heißt die Gleichung, bezogen auf die beiden Kontenseiten:

$$AB + Z = V + EB + BE$$

Der negative Warenbruttoerfolg steht also wie der Warenendbestand auf der rechten Seite des Warenkontos und erscheint in der Gegenbuchung im Soll des Gewinn- und Verlustkontos (Buchungssatz: "GuV-Konto an Waren" als Abschluss des Warenkontos, nachdem der Inventurwert gebucht worden ist).

---

[59] Wie man sich jetzt leicht klarmachen kann, ist die Ermittlung des Warenendbestandes hier zum Zweck des Kontenabschlusses unabdingbar.

Das dargestellte Warenkonto ist ein sogenanntes **gemischtes Konto**, d.h. ein Konto, das weder ein reines Bestands- noch ein reines Erfolgskonto ist. Das Konto wird, soweit es eine Bestandsgröße beim Abschluss enthält, in das Schlussbilanzkonto, soweit es eine Erfolgsgröße aufweist, in das Gewinn- und Verlustkonto abgeschlossen. In allen diesen Fällen macht der Abschluss Schwierigkeiten, weil zwei Unbekannte auf dem Konto enthalten sind (EB und BE). Immer muss eine der fehlenden Größen von außen vorgegeben werden, um die andere als Saldo ermitteln zu können.

In der Regel bedient man sich der **Inventur**, um eine der beiden Unbekannten, nämlich den Warenendbestand (EB) zu ermitteln. Wir werden außerdem in Abschnitt 4. dieses Kapitels einen weiteren, praktisch allerdings nur selten anwendbaren Weg zeigen, mit dessen Hilfe das skizzierte Dilemma gelöst werden kann. Zuvor jedoch müssen wir uns der Buchung von Retouren (Warenrücksendungen) zuwenden.

2. Die Buchung von Retouren

Man unterscheidet Kunden- und Lieferantenrücksendungen (-retouren). Bei Kundenretouren werden bereits verkaufte und gebuchte Waren an die Unternehmung zurückgegeben. Die Forderung, die aus dem Verkauf entstanden ist - wir unterstellen Kreditverkauf -, muss um den Wert der Rücksendung vermindert werden. Ebenso ist der Verkaufsbetrag zu berichtigen. Der Buchungssatz lautet demnach:

    Waren
    USt-Schuld   an   Forderungen L.u.L.

Bei den Lieferantenretouren werden Waren an den betreffenden Lieferanten zurückgegeben. Dadurch vermindert sich der Wareneinkauf und gleichzeitig - sofern die Ware auf Kredit gekauft wurde - die Verbindlichkeiten gegenüber dem Lieferanten. Der Buchungssatz heißt in diesem Fall:

    Verbindl. L.u.L.   an   Waren und
                                                  Vorsteuer

Gehen wir nun von unserem obigen Beispiel des Warenkontos aus und buchen Kundenretouren im Wert von 10 € und Rücksendungen an Lieferanten im Wert von 10 €. Das Konto gewinnt - unter Angabe der Kontenrufe - dann folgendes Aussehen:

S		Waren	H
EBK (zu Einstandswerten)	10	Forderungen L.u.L.	
Verbindl. L.u.L.		(zu Verkaufswerten)	100
(zu Einstandswerten)	100	Verbindl. L.u.L.	
Forderungen L.u.L.		(zu Einstandswerten)	10
(zu Verkaufswerten)	10		

Die **Kundenrücksendung** wird also auf dem Warenkonto wie ein Einkauf gebucht. Allerdings gehört die Buchung einer ganz **anderen Wertebene** an, denn die Rücksendung muss ja die **Verkaufswerte** korrigieren, erfolgt also zu Verkaufspreisen.

Mit der Buchung

      Waren   an   Forderungen L.u.L.   10

werden lediglich die beiden aufgrund der Retoure zu hohen Buchungen der Verkäufe auf dem Forderungs- und dem Warenkonto **berichtigt**. Die Buchung der Rücksendung stellt also keine Erfassung der durch die Rücksendung wieder in das Lager der Unternehmung gelangenden Waren zu deren Einstandswerten dar. Die Mengenveränderungen werden im System der Buchhaltung erst beim Abschluss in Gestalt der Höhe des Endbestandes berücksichtigt.

Ebenso ist es bei den **Rücksendungen an Lieferanten**. Die Lieferantenretoure erscheint zwar buchhalterisch genauso wie ein Warenverkauf im Haben des Warenkontos. Sie ist jedoch eine zu **Einstandswerten** erfolgende Berichtigung der zu hohen Zugänge auf der linken Kontoseite.

Wir sehen also, dass das gemischte Warenkonto auf beiden Seiten Eintragungen verschiedenster Art und Wertebenen enthält. Die Summen seiner Seiten sind deshalb nicht aussagefähig. Es ist unerlässlich, einen Weg zu finden, um diesen Mangel abzustellen; dies geschieht durch die Zerlegung des gemischten Warenkontos, der wir uns nun zuwenden.

3. Die Zerlegung des gemischten Warenkontos

Um die Zahlen auf dem Warenkonto aussagefähiger zu machen, zerlegt man es in ein
Warenbestands- oder Wareneinkaufskonto
und ein **Warenerfolgs- oder Warenverkaufskonto.**[60]

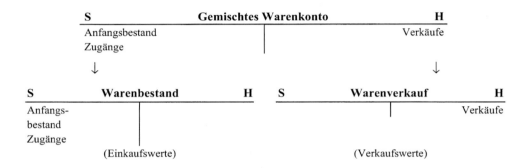

Auf diese Weise gelangt man zunächst zu einer strengen Trennung des Warenanfangsbestandes und der Zugänge einerseits, der Warenverkäufe andererseits. Werden nun Rücksendungen gebucht, so tritt der Korrektur-(Storno-)Charakter der Buchung besonders deutlich hervor. Kundenrücksendungen werden gebucht:

    Warenverkauf (Umsatzerlöse)
    USt-Schuld   an   Forderungen L.u.L.

Lieferantenrücksendungen werden gebucht:

    Verbindl. L.u.L.   an   Warenbestand (Wareneinkauf)
                                       Vorsteuer

Fasst man nun die Soll- und die Habenseite jeweils eines der beiden Konten zusammen, so hat man die Möglichkeit, die effektiven Zugänge und die effektiven Verkäufe wertmäßig feststellen zu können. Auf dem Warenbestandskonto sind alle Buchungen zu Einstandswerten erfolgt, auf dem Warenverkaufskonto zu Verkaufswerten.

---

60 Das Warenerfolgskonto ist ein spezielles Umsatzerlöse-Konto für die Umsätze mit Handelswaren. Richtiger wäre die Bezeichnung "Warenverkaufskonto" oder "Warenerlöskonto", da nur bei der noch in 3. 2) darzustellenden Nettobuchung zum Abschluss der Warenkonten dieses Konto den Warenerfolg ausweist. Bei der Bruttobuchung dagegen erscheint der Erfolg (= Ertrag - Aufwand) erst im GuV - Konto.

Am Rande sei erwähnt, dass wir - nur aus didaktischen Gründen - mit jeweils nur einem Warenbestands- und -verkaufskonto arbeiten. In der Praxis bedient man sich mehrerer solcher Konten nebeneinander, um Warenein- und -verkäufe nach Warengruppen, Bezugsquellen, Absatzgebieten o.ä. trennen zu können.

Wenden wir uns nun dem Abschluss der getrennten Warenkonten zu. Hierfür gibt es zwei Möglichkeiten, die beide nebeneinander angewendet werden.

1) Bruttobuchung zum Abschluss der Warenkonten

Der Warenabschluss beginnt wie im Falle des gemischten Warenkontos mit der Ermittlung und Vorgabe des Warenendbestandes aus dem Inventar. Es sei ausdrücklich betont, dass sich hieran durch die Zerlegung des gemischten Warenkontos nichts ändert.

Die Buchung des Endbestandes - er soll hier jetzt 50 € betragen - erfolgt mit dem Buchungssatz:

        Schlussbilanzkonto   an   Warenbestand (Wareneinkauf)

Damit ist auf dem Warenbestandskonto als Unbekannte nur noch der zum Verkauf nötige Abgang vom Warenbestand (zu Einstandswerten) offen, also genauer gesagt der Einsatz an Waren, der zum Durchführen der Verkäufe nötig war (inklusive Schwund, Verderb etc.). Dieser lässt sich jetzt als Saldo des Warenbestandskontos ermitteln und wird - da es sich materiell um einen Aufwand handelt - auf der Sollseite des GuV-Kontos gegengebucht. Buchungssatz:

        GuV-Konto   an   Warenbestand (Wareneinkauf)

Der Aufbau des Warenbestandskontos kann damit so skizziert werden:

S	Warenbestand (Wareneinkauf)		H
Anfangsbestand	10	Lieferantenretouren	10
Einkäufe	100	Inventurwert (Endbestand)	50
		Saldo (Wareneinsatz)	**50**
	110		110

Auf dem Warenverkaufskonto sind die Umsatzerlöse aus Warenverkäufen und ggf. Kundenretouren (ebenfalls zu Verkaufspreisen) gebucht. Als Saldo ergibt sich damit der in der Periode insgesamt und unter Berücksichtigung eventueller Rücksendungen entstandene Umsatz aus Warengeschäften. Er stellt einen Ertrag dar und wird deshalb auf der Habenseite des GuV-Kontos gegengebucht.

S	Warenverkauf (Umsatzerlöse)		H
Kundenretouren	10	Verkäufe	100
Saldo (Umsatzerlöse)	**90**		
	100		100

Der Buchungssatz für den Saldo des Warenverkaufskontos lautet:

    Warenverkauf (Umsatzerlöse) an   GuV-Konto   90

Im Gewinn- und Verlustkonto stehen sich dann gegenüber:

    auf der Sollseite die Einkaufswerte der verkauften Waren
    auf der Habenseite die Verkaufswerte der verkauften Waren

Wir wollen nun diese Buchungen auf Konten unter Fortsetzung unseres bisherigen Beispiels vornehmen:

S	Warenbestand (Wareneinkauf)		H	S	Warenverkauf (Umsatzerlöse)		H
EBK	10	Verb. L.u.L.	10	Ford. L.u.L.	10	Ford. L.u.L.	100
Verb. L.u.L.	100	SBK	50	**GuV-Konto**	**90**		
		GuV-Konto	**50**		100		100
	110		110				

S	Gewinn- und Verlustkonto		H
Warenbestand	50	Warenverkauf	90

Die **unmittelbare und getrennte Überleitung der Salden des Warenbestands- und des Warenverkaufskontos in das Gewinn- und Verlustkonto** ist die Kennzeichnung der Bruttobuchung beim Abschluss der Warenkonten. Der Warenrohgewinn ist hier durch Verrechnung der beiden auf dem GuV-Konto ausgewiesenen Größen zu ermitteln.

2) **Nettobuchung zum Abschluss der Warenkonten**

Auch bei der Nettobuchung wird der Endbestand durch Inventur festgestellt. Er betrage wie oben 50 € und wird gebucht:

    Schlussbilanzkonto   an   Warenbestand   50

Dann zieht man den **Saldo des Warenbestandskontos**. Er wird aber - im Gegensatz zur Bruttobuchung - nicht auf das Gewinn- und Verlustkonto, sondern **auf das Warenverkaufskonto** übertragen, welches bei der Nettomethode in der Regel auch Warenerfolgskonto heißt:

    Warenverkauf (Warenerfolg) an Warenbestand   50

Auf dem Warenerfolgskonto stehen sich nun die Verkäufe zu Verkaufswerten und der Wareneinsatz für die Verkäufe zu Einstandswerten (Saldo des Warenbestandskontos) gegenüber. Der Saldo des Warenerfolgskontos ist demzufolge schon der Warenbruttoerfolg (daher auch der Name "Warenerfolgskonto"), der auf das Gewinn- und Verlustkonto übernommen wird:

    Warenverkauf (Warenerfolg) an GuV-Konto   40

S	Warenverkauf (Warenerfolg)		H
Kundenretouren	10	Verkäufe	100
Wareneinsatz (vom Warenbestandskonto)	50		
Saldo (Warenerfolg)	**40**		
	100		100

Bei der Buchung unseres Beispiels auf Konten erhält man:

S	Warenbestand		H		S	Warenverkauf (Warenerfolg)		H
EBK	10	Verb. L.u.L.	10		Ford. L.u.L.	10	Ford. L.u.L.	100
Verb. L.u.L.	100	**SBK**	**50**		Warenbestand	50		
		Warenerfolg	**50**		**GuV-Konto**	**40**		
	110		110			100		100

S	Gewinn- und Verlustkonto		H
		Warenerfolg	40

Beide Methoden werden angewandt. Es liegt auf der Hand, dass unter dem Gesichtspunkt der Publizität die Bruttomethode vorzuziehen ist. Diese gewährt jedem, der in die Gewinn- und Verlustrechnung Einblick erhält, weit mehr Aufschlüsse als die Nettobuchung.

Die aussagekräftigere Bruttomethode ist jedoch nur für große Kapitalgesellschaften, große eingetragene Genossenschaften sowie publizitätspflichtige Unternehmen vom

Gesetzgeber vorgeschrieben (§§ 275 II, III, 276 HGB i.V.m. § 267 HGB sowie § 336 II HGB und § 5 I PublG).

Bisher haben wir bei Warenverkäufen stets nur den Umsatzerlös auf dem Warenkonto gebucht und beim einzelnen Verkaufsakt ignoriert, dass dafür auch Waren aus dem Bestand abgegangen sind. Diesen Wareneinsatz haben wir dann erst am Periodenende mit Hilfe der Inventur als Saldo des Warenbestandskontos ermittelt. Dabei war - wie schon dargelegt - nicht mehr zu klären, ob alle aus dem Warenbestand abgegangenen Güter tatsächlich auch verkauft worden sind, oder ob sie zum Teil auch verdorben oder gestohlen worden sind. Jede Art von Lagerabgang, die keine Lieferantenretoure ist, stellt Aufwand dar, der beim Handel mit Waren angefallen ist, und wird somit als Wareneinsatz gebucht. Für die Händler ist es jedoch unabhängig davon interessant zu wissen, wie hoch der Anteil der tatsächlich verkauften und der auf andere Art und Weise abzubuchenden Güter ist. Um das herauszufinden, bedarf es einer zusätzlichen Aufzeichnung über die Lagerentnahmen zu Verkaufszwecken. Mit Hilfe der auch bisher schon gebuchten Anfangsbestände, Zugänge und ggf. Lieferantenretouren kann man dann den rechnerischen Soll-Endbestand ermitteln. Eine Abgleichung mit dem in der Inventur ermittelten Ist-Endbestand zeigt, ob mehr vom Lager abgegangen ist, als rein rechnerisch festgehalten wurde. Eine solche Inventurdifferenz wäre dann - vorausgesetzt, die oben genannten Aufzeichnungen sind korrekt erfolgt - als Warenaufwand durch Diebstahl, Verderb, Schwund o.ä. zu interpretieren. Wir zeigen im folgenden Abschnitt eine Buchungsmethode, bei der die Lagerentnahmen bei jedem einzelnen Verkaufsvorfall direkt gebucht werden.

4. Buchung des Wareneinsatzes bei der Lagerentnahme

Wir gehen von folgendem neuen Fall aus, wobei wir zur Verdeutlichung ausnahmsweise auch die Mengenangaben berücksichtigen:

	1)	Anfangsbestand:	10	Einheiten à 1 €	=	10 €
	2)	Zugänge:	100	Einheiten à 1 € (zuzüglich Vorsteuer)	=	100 €
	3)	Verkauf 1:	20	Einheiten à 2 € (zuzüglich USt)	=	40 €
	4)	Verkauf 2:	30	Einheiten à 2 € (zuzüglich USt)	=	60 €

Zunächst stellen wir die Vorgehensweise vor, die sich bei Buchungen entsprechend der in 3. vorgestellten **Nettomethode** ergibt.

Die ersten Buchungssätze entsprechen den bisherigen:

1)	Warenbestand	10	an	EBK	10
2)	Warenbestand	100			
	Vorsteuer	10	an	Verbindl. L.u.L.	110
3a)	Forderungen L.u.L.	44	an	Warenverkauf	40
				USt-Schuld	4

Nun aber wird ein anderer Weg eingeschlagen: Während wir bisher die Einkaufswerte der verkauften Waren erst im Rahmen der Abschlussbuchungen unter Zuhilfenahme der Inventurwerte ermittelten, wird jetzt **bei jedem einzelnen Verkaufsakt der Einkaufspreis** der verkauften Waren festgestellt. In unserem Fall beträgt der Einkaufswert der im Verkauf 1 für jeweils 2 € verkauften 20 Mengeneinheiten je 1 € = 20 €. Dieser Wert wird jetzt sofort bei Lagerentnahme gebucht, und zwar entsprechend der Nettomethode auf der Habenseite des Warenbestandskontos und der Sollseite des Warenverkaufskontos:

3b) Warenverkauf (Warenerfolg) an Warenbestand 20

Gleiches geschieht im Anschluss an den zweiten Verkaufsakt:

4a) Forderungen L.u.L. 66 an Warenerfolg 60
USt-Schuld 6

Dort beläuft sich der Einkaufswert von 30 Mengeneinheiten à 1 € auf 30 €. Es ergibt sich folgende Buchung:

4b) Warenverkauf (Warenerfolg) an Warenbestand 30

Wenn nun der Abschluss erfolgen soll, so haben wir nur noch eine Unbekannte in den Gleichungen beider Konten.

Die Gleichung des **Warenbestandskontos** lautet:

$$AB + Z = V_E + EB$$

AB = Anfangsbestand zu Einkaufswerten
Z = Zukäufe zu Einkaufswerten
V_E = Verkäufe zu Einkaufswerten
EB = Warenendbestand

Die Unbekannte dieser Gleichung, der Warenendbestand, wird durch Saldieren errechnet und in das Schlussbilanzkonto übertragen.

5) Schlussbilanzkonto an Warenbestand 60

Die Gleichung des **Warenerfolgskontos** lautet:

$$V_E + BE = V_V$$

V_E = Verkäufe zu Einstandswerten
BE = Warenbruttoerfolg
V_V = Verkäufe zu Verkaufswerten

Hier ergibt sich also der Warenbruttoerfolg (BE) als Saldo des Warenverkaufskontos (Warenerfolgskontos). Er wird auf dem Gewinn- und Verlustkonto gegengebucht:

6) Warenverkauf (Warenerfolg) an GuV-Konto 50

In Kontenform übertragen heißt es:

S	Warenbestand		H	S	Warenverkauf (Warenerfolg)		H
1)EBK	10	3b)Waren-erfolg	20	3b)Waren-bestand	20	3a)Ford. L.u.L.	40
2)Verb. L.u.L.	100	4b)Waren-erfolg	30	4b)Waren-bestand	30	4a)Ford. L.u.L.	60
		5) SBK	**60**	GuV-Konto	50		
	110		110		100		100

S	Schlussbilanzkonto		H	S	Gewinn- und Verlustkonto		H
5)Warenbestand	60					6)Warenerfolg	50

Bei der Buchung entsprechend der **Bruttomethode**, bei der der Wareneinsatz und der Warenverkauf (Umsatzerlöse) unsaldiert direkt auf das GuV-Konto abgeschlossen werden, ist die Vorgehensweise noch etwas anders. Hier muss ein drittes Konto zwischen Warenbestands- und Warenverkaufskonto eingeschoben werden, das die Funktion hat, alle Verkäufe zu Einstandswerten zu sammeln. Wir wollen es Wareneinsatz(sammel)konto nennen.

Die Buchungssätze lauten:

Eröffnung:	1)	Warenbestand	10	an	EBK	10	
Zugänge:	2)	Warenbestand	100				
		Vorsteuer	10	an	Verbindl. L.u.L.	110	
Verkauf 1:	3a)	Forderungen L.u.L.	44	an	Warenverkauf	40	
					USt-Schuld	4	
	b)	Wareneinsatz	20	an	Warenbestand	20	
Verkauf 2:	4a)	Forderungen L.u.L.	66	an	Warenverkauf	60	
					USt-Schuld	6	
	b)	Wareneinsatz	30	an	Warenbestand	30	
Abschluss (Salden):							
	5)	Schlussbilanzkonto	60	an	Warenbestand	60	
	6)	GuV-Konto	50	an	Wareneinsatz	50	
	7)	Warenverkauf	100	an	GuV-Konto	100	

In Kontenform:

S	Warenbestand		H
1)EBK	10	3b)Waren-einsatz	20
2)Verb. L.u.L.	100	4b)Waren-einsatz	30
		5)SBK	**60**
	110		110

S	Warenverkauf (Umsatzerlöse)		H
7)**GuV-Konto**	**100**	3a)Ford. L.u.L.	40
		4a)Ford. L.u.L.	60
	100		100

S	Wareneinsatz		H
3b)Warenbestand	20	6)**GuV-Konto**	**50**
4b)Warenbestand	30		
	50		50

S	Gewinn- und Verlustkonto		H
6)Wareneinsatz	50	7)Warenverkauf	100

S	Schlussbilanzkonto		H
5)Warenbestand	60		

Unabhängig davon, ob man nun die Buchungen gemäß der Netto- oder der Bruttomethode durchgeführt hat, ergibt sich auf den Konten ein rechnerischer Waren-Endbestand von 60 €, der auf dem Schlussbilanzkonto erscheint (Soll-Endbestand). Bevor dieser rechnerische Endbestand jedoch tatsächlich gebucht wird, sollte zur Kontrolle die auch gemäß § 240 II HGB vorgeschriebene Inventur durchgeführt werden. Ergibt sich dabei ein Ist-Endbestand, der kleiner ist, zum Beispiel nur 45 € beträgt, so ist vor dem endgültigen Abschluss der Konten diese **Inventurdifferenz** in Höhe von 15 € als zusätzlicher Aufwand durch Schwund, Verderb, Diebstahl u.ä. zu buchen. Bei der **Nettomethode** müsste dann die Buchung 5) in drei Buchungen zerlegt werden:

5a)	sonst. betriebl. Aufwand	an	Warenbestand	15
5b)	Schlussbilanzkonto	an	Warenbestand	45
5c)	GuV-Konto	an	sonst. betriebl. Aufwand	15

Auf dem GuV-Konto erscheint dann also der zusätzliche Aufwand in Höhe von 15 €, der den Warenerfolg entsprechend korrigiert.[61] Das Schlussbilanzkonto weist nur noch den Ist-Endbestand auf.

S	Gewinn- und Verlustkonto	H	S	Schlussbilanzkonto	H
5c) sonst. betr. Aufwand 15	6) Warenerfolg 50		5b) Warenbestand 45		

Bei der **Bruttomethode** würde bei Auftreten einer Inventurdifferenz in Höhe von 15 € entsprechend auch die Buchung 5) zu ändern sein:

5a)	sonst. betriebl. Aufwand	an	Warenbestand	15
5b)	Schlussbilanzkonto	an	Warenbestand	45
5c)	GuV-Konto	an	sonst. betriebl. Aufwand	15

Das GuV-Konto und das Schlussbilanzkonto sehen dann wie folgt aus:[62]

---

[61] Beachte: Der Warenaufwand in Form von Schwund, Diebstahl u.ä. ist hier ganz bewusst nicht netto gebucht worden, d.h. nicht auf das Warenerfolgskonto. Der Grund dafür liegt darin, dass wir auch auf den Konten diese Position deutlich von den durch Verkäufe vom Lager abgegangenen Waren getrennt ausweisen wollten. Der Sache nach zählen sie mit zum Warenerfolg, der jetzt also tatsächlich nur noch 50 € - 15 € = 35 € beträgt.

[62] Auch hier gilt wieder, dass sich der Bruttowarenerfolg bei der gewählten Buchungsweise über den sonstigen betrieblichen Aufwand aus der Saldierung aller drei Erfolgsgrößen aus dem GuV-Konto ergibt, also nur noch 35 € beträgt.

S	Gewinn- und Verlustkonto		H	S	Schlussbilanzkonto		H
5c)sonst. betr. Aufwand		15	7)Warenverkauf 100	5b)Warenbestand		45	
6)Wareneinsatz		50					

Die Methode der Buchung des Wareneinsatzes (Aufwandes) direkt bei der Lagerentnahme wird - so elegant und einleuchtend sie zunächst erscheint - in der Praxis bisher nur bedingt angewendet. Sie setzt voraus, dass bei jedem Verkaufsakt der Einkaufswert der verkauften Güter ermittelt wird. Mit Hilfe der modernen elektronischen Datenverarbeitung (Scannerkassen) ist das jedoch problemlos möglich.

Eine Variante der dargestellten Methode ergibt sich in dem Augenblick, wenn die Buchung des Einkaufswertes der verkauften Ware nicht aufgrund effektiver, sondern aufgrund rechnerisch ermittelter Einkaufspreise vorgenommen wird. Dies geschieht in der Weise, dass man vom Verkaufswert der veräußerten Waren einen prozentualen Abschlag macht, der meist aufgrund der Kalkulationsunterlagen und aus Erfahrungen, um wie viel der Einkaufswert in der Regel unter dem Verkaufswert liegt, gewonnen wurde. Sind also zum Beispiel Waren im Wert von 1.000 € verkauft worden und beträgt der übliche prozentuale Abschlag ("die Abschlagsspanne") 30 %, so entspricht dem Warenverkaufswert ein Einkaufswert von 700 € (1.000 - 300 = 700).

Die 700 € wären also bei der Anwendung dieser Methode, die auch als "retrograde Rechnung" bezeichnet wird, bei der Nettobuchung ins Soll des Warenerfolgskontos und ins Haben des Warenbestandskontos zu bringen ("Warenerfolg an Warenbestand").

Es ist ohne weiteres erkennbar, dass die Arbeitsbelastung bei der Anwendung der rechnerischen (retrograden) Wareneinsatzermittlung erheblich geringer ist als bei der Verwendung effektiver Einkaufspreise; das gilt um so mehr, als die retrograde Wareneinsatzrechnung nicht bei jedem Verkaufsakt vorgenommen werden muss, sondern in größeren Zeitabständen - zum Beispiel monatlich - erfolgen kann. Die damit verbundene wesentliche Erleichterung wird aber mit einer noch größeren Ungenauigkeit dieser Methode erkauft. Sie beruht darauf, dass die Abschlagsspanne nicht nur durch Schwund, Verderb, Diebstahl usw., sondern auch durch alle Änderungen auf der Seite der Verkaufspreise (zum Beispiel Preissenkungen) berührt wird.

Trotz ihrer Mängel kommt der Rohgewinnermittlung ohne Inventur - und hier insbesondere der retrograden Rechnung - in der Praxis im Rahmen der kurzfristigen Erfolgsrechnung[63] im internen Rechnungswesen erhebliche Bedeutung zu. Die kurzfristige Erfolgsrechnung, die ein besonders wichtiges Führungsinstrument für die Unternehmung ist, wird allerdings oft nicht in buchhalterischer, sondern in statistischer Form durchgeführt.

---

[63] Als kurzfristig sind alle Erfolgsrechnungen zu verstehen, die einen kleineren Zeitraum als ein Jahr umfassen.

Wir werden im Folgenden aber aus Vereinfachungsgründen immer mit der unter 3. vorgestellten Methode der Buchung des Warenbestandes nach der Inventur arbeiten und unterstellen, dass keine Inventurdifferenzen vorliegen.

B. Verkäufe zum und unter dem Einstandspreis

In der Regel werden die Verkaufspreise höher als die Einkaufspreise liegen. Dies schließt nicht aus, dass trotz des sich dann ergebenden Warenrohgewinns am Ende der Periode insgesamt ein Nettoverlust entsteht. Er wird in einem solchen Fall durch die sonstigen Aufwandsarten (Miete, Löhne, Steuern usw.) bewirkt.
Gehen wir zunächst von dem Fall aus, dass ein Verkauf zu **Einstandswerten** vorgenommen wird. Buchhalterisch ergeben sich dabei keine Besonderheiten. Dies zeigt folgendes Beispiel:
Es stehe ein Warenbestand von 100 Mengeneinheiten à 1 € = 100 € zur Verfügung. Während der Periode werden 50 Einheiten zu einem Preis (ohne USt) von 1 € je Einheit auf Ziel verkauft. Die restlichen 50 Stück gehen zum Einstandspreis in das Schlussbilanzkonto ein. Die Buchung soll nach dem Bruttoprinzip erfolgen:

S	Warenbestand	H		S	Warenverkauf (Umsatzerlöse)	H
EBK	100	SBK	50	GuV-Konto	50	Ford. L.u.L.	50
		GuV-Konto	50		50		50
	100		100				

S	Forderungen L.u.L.	H		S	USt-Schuld	H
Warenverkauf/ USt-Schuld	55					Ford. L.u.L.	5

S	Schlussbilanzkonto	H		S	Gewinn- und Verlustkonto	H
Warenbestand	50			Warenbestand	50	Warenverkauf	50

Der auf dem GuV-Konto abzulesende Warenbruttoerfolg beträgt "0". Es ist somit kein Warenbruttoerfolg entstanden. Auf dem Konto "Umsatzsteuer-Schuld" ergibt sich für die verkauften 50 Stück ein Betrag von 5 €, der eine Verbindlichkeit gegenüber dem Finanzamt darstellt. Beim Bezug der insgesamt 100 Mengeneinheiten waren der Unter-

nehmung vom Lieferanten 10 € USt in Rechnung gestellt worden, die als Vorsteuer gebucht wurden.
Da die Vorsteuer in der Vorperiode mit dem Finanzamt verrechnet wurde, steht in der jetzigen Periode keine Vorsteuer mehr zur Verfügung. Die Unternehmung muss 5 € Umsatzsteuerschuld an das Finanzamt abführen. Der Vorsteuerabzug der Vorperiode war eigentlich zu hoch und wird in der aktuellen Periode "korrigiert". Hätten sich Einkauf und Verkauf in derselben Periode vollzogen, wäre folgende Abrechnung vorzunehmen:

	Umsatzsteuerschuld	5
-	Vorsteuer	10
=	Forderung an das Finanzamt	5

Wir wollen nun den Fall betrachten, dass die Verkäufe **unter dem Einstandspreis** erfolgen. Auch hierbei ändert sich am Prinzip der Buchung nichts.
Den Ausgangspunkt bildet wieder ein Bestand von 100 Mengeneinheiten à 1 € = 100 €. Für die 50 verkauften Mengeneinheiten soll ein Stückpreis von 0,50 € (ohne USt) erzielt werden. Der Endbestand werde zunächst - was sehr unrealistisch ist - noch mit 1 € pro Einheit bewertet.

S	Warenbestand		H	S	Warenverkauf (Umsatzerlöse)		H
EBK		100	**SBK** 50	GuV-Konto		25	Ford. L.u.L. 25
			GuV-Konto 50			25	25
		100	100				

S	Forderungen L.u.L.		H	S	USt-Schuld		H
Warenverkauf/ USt-Schuld		27,50					Ford. L.u.L. 2,50

S	Schlussbilanzkonto		H	S	Gewinn- und Verlustkonto		H
Warenbestand		50		Warenbestand	50	Warenverkauf	25

Es ergibt sich nun auf dem GuV-Konto ein Warenrohverlust, da der Einstandswert der verkauften Waren höher als deren Verkaufswert ist. Der Umsatzsteuerschuld von 2,50 € steht in der jetzigen Periode kein Vorsteuerabzug gegenüber, denn wir unterstellen, dass die Ware bereits in der Vorperiode gekauft wurde. Deshalb sind 2,50 € an das Finanzamt abzuführen.
Die Bewertung des Endbestandes zu 50 € ist - wie gesagt - sehr unrealistisch. Wenn der Verkaufswert einer Ware bereits unter den Einstandswert gesunken ist, darf man den Bestand höchstens zu diesem Tageswert ansetzen (§ 253 IV HGB). Nehmen wir also an,

der Endbestand von 50 Mengeneinheiten werde mit einem Preis von 0,50 € je Einheit in die Bilanz übernommen. Die Buchung auf Konten ergibt:

S	Warenbestand		H		S	Warenverkauf (Umsatzerlöse)		H
EBK	100	SBK	25		GuV-Konto	25	Ford. L.u.L.	25
		GuV-Konto	75			25		25
	100		100					

S	Forderungen L.u.L.	H		S	USt-Schuld		H
Warenverkauf/ USt-Schuld	27,50					Ford. L.u.L.	2,50

S	Schlussbilanzkonto	H		S	Gewinn- und Verlustkonto		H
Warenbestand	25			Warenbestand	75	Warenverkauf	25

Nun ist der Warenrohverlust auf 50 € angestiegen. Er setzt sich zusammen aus einem **effektiv realisierten Verlust** von 25 € an den verkauften 50 Einheiten und einem **Bewertungsverlust** am Endbestand von 25 €.

C. Die Buchung des Bezugsaufwands

Bei der Beschaffung von Waren sowie Roh-, Hilfs- und Betriebsstoffen entstehen Aufwendungen, die direkt mit diesen Vorratsgütern verbunden sind. Es handelt sich beispielsweise um Postentgelte, Frachten, Transportversicherungen, Verpackungen, Zölle, Wagenstandgelder u.v.a.. Sie werden unter dem Begriff "Bezugsaufwand" zusammengefasst (im wirtschaftlichen Sprachgebrauch - oft ungenau - als Bezugs**kosten** bezeichnet).[64] Man könnte nun alle diese Beträge als Aufwendungen ansehen, als Aufwand auf einem oder mehreren Aufwandskonten buchen und diese Konten in das Gewinn- und Verlustkonto abschließen.
Eine solche Buchung wäre falsch. Die Bezugsaufwendungen müssen vielmehr analog zur Buchung der Bezugsaufwendungen bei Sachanlagen direkt oder über ein oder meh-

---

[64] Auch bei Anlagegütern entsteht in vielen Fällen Bezugsaufwand. Das wurde bereits in Kapitel IV D behandelt.

rere Vorkonten dem Vermögensgut selbst zugerechnet werden. Sie werden - wie man häufig sagt - "aktiviert".

Die Erklärung für eine derartige Behandlung des Bezugsaufwands ist nicht - wie fälschlicherweise oft behauptet wird - in einer Werterhöhung der beschafften Güter zu sehen. Ob und in welcher Höhe eine Wertsteigerung tatsächlich eintritt, erscheint sehr fraglich. Außerdem könnte mit dieser Argumentation die gleiche Behandlung für viele andere Aufwandsarten gefordert werden. Vielmehr ist der Grund für die genannte buchhalterische Behandlung der Bezugsaufwendungen auch hier wieder in dem **Grundsatz verursachungsgemäßer Periodenrechnung** zu erblicken.

Nehmen wir zur Verdeutlichung an, in der Periode t_0 werden Waren beschafft, für die Bezugsaufwand anfällt. Die Veräußerung erfolgt aber erst in der Periode t_1. Würde man nun die Periode t_0 mit dem Bezugsaufwand belasten, so stünde ihm kein entsprechender Ertrag in t_0 gegenüber, da dieser ja erst in der Periode t_1 anfällt. Um nun im Interesse einer verursachungsgemäßen Erfolgsermittlung zueinandergehörenden Aufwand und Ertrag zu erhalten, geht man den Weg, den wir dargestellt haben: Man aktiviert den auf den Endbestand entfallenden anteiligen Bezugsaufwand gemeinsam mit dem Warenwert. Dazu ein Zahlenbeispiel:

Es werden Güter im Werte von 100 € beschafft, für die zusätzlich Bezugsaufwand von 10 € zu zahlen ist. Umsatzsteuer in Höhe von 10 % entfällt nicht nur auf den Warenwert von 100 €, sondern auch auf den Bezugsaufwand. Er stellt nämlich ebenfalls das Entgelt für eine erbrachte Leistung dar und unterliegt daher der Umsatzsteuer (10 % von 10 € = 1 €). Auf das Konto "Vorsteuer" sind also insgesamt 11 € zu buchen, die bei der Ermittlung der Zahllast von der Umsatzsteuer-Schuld abgesetzt werden.

In der Periode t_0 wird die Hälfte der Güter zum Preis von 150 € (zuzüglich Umsatzsteuer) verkauft. Der Endbestand - die Hälfte der beschafften Menge - muss dann auch die Hälfte des Bezugsaufwands zugerechnet erhalten (Warenwert 50 € + Bezugsaufwand 5 € = 55 €).[65] Die andere Hälfte des Bezugsaufwands erhöht den Wareneinsatz in t_0 und vermindert damit den Warenbruttoerfolg:

S	Warenbestand		H	S	Warenverkauf (Umsatzerlöse)		H
Verb. L.u.L.	100	SBK	55	GuV-Konto	150	Ford. L.u.L.	150
Kasse (Bezugsaufwand)	10	GuV-Konto	55		150		150
	110		110				

S	Schlussbilanzkonto		H	S	Gewinn- und Verlustkonto		H
Warenbestand	55			Warenbestand	55	Warenverkauf	150

---

[65] Beachte, dass diese Beträge netto, also ohne Umsatzsteuer gebucht sind. Die Umsatzsteuer wird auf einem eigenen Konto erfasst.

Die geschilderte Behandlung des Bezugsaufwands, die als herrschende Lehre anzusehen ist und mit dem HGB in Einklang steht (vgl. § 255 I HGB und dessen Kommentierung), zeigt erneut, in welchem Maße die Buchhaltung vom Streben nach **praktikablen** Lösungen geprägt ist und dabei sogar darauf verzichtet, bestimmte Prinzipien konsequent und lückenlos anzuwenden. Genaugenommen hat ja der bei der anteiligen Aktivierung von Bezugsaufwand zum Ausdruck kommende Grundsatz einer verursachungsgemäßen Erfolgsermittlung auch noch für zahlreiche andere Aufwandsarten Gültigkeit, bei denen die Buchhaltung jedoch von einer analogen Handhabung absieht. Man denke etwa daran, dass zum Beispiel bei der Anbahnung eines Warenverkaufs bestimmte Aufwendungen in t_0 entstehen, der Verkaufsvorgang jedoch erst in t_1 stattfindet. Auch hier könnte man konsequenterweise daran denken, anteilige Aufwendungen in t_0 zu aktivieren und dann erst in t_1 erfolgswirksam werden zu lassen, da sonst die Periode t_1 zu günstig abschneidet.

Die Buchhaltung sieht in solchen Fällen - nicht zuletzt auch aus dem Vorsichtsprinzip heraus - von einem solchen Vorgehen ab. Die Abgrenzung derartiger Aufwendungen von dem übrigen in der Periode zu verrechnenden pagatorischen Güterverzehr bereitet in der Regel zu viele Schwierigkeiten, die Aufwands-Ertragsbeziehung ist vielfach zu ungewiss, als dass es für die Buchhaltung hier einen **konkreten** Anlass gibt, eine anteilige Aufwandsaktivierung vorzunehmen.

Auch bei der Umsatzsteuer kann man für den Vorsteuerabzug die Frage nach einer verursachungsgemäßen Periodenzurechnung aufwerfen. Eine Periodisierung hätte dann zur Folge, dass für die beschafften Waren der Vorsteuerabzug nur insoweit in Betracht käme, als diese in der Beschaffungsperiode auch veräußert wurden. Von einer solchen Handhabung sieht das Umsatzsteuerrecht jedoch ab. Der Vorsteuerabzug erfolgt also unabhängig davon, wann die beschafften Waren wieder verkauft werden. Eine verursachungsgerechte Periodisierung der Umsatzsteuer erfolgt in der Praxis nicht.

D. Die buchhalterische Behandlung von Preisnachlässen

1. Rabatte

Ein Rabatt ist ein dem Käufer gewährter Nachlass, der entweder in einem absoluten Betrag oder in einem Prozentsatz des Verkaufspreises ausgedrückt wird. Man unterscheidet Mengenrabatte, Treuerabatte, Einführungs-, Export-, Saisonrabatte u.a.m.
Stehen die Rabatte bei Rechnungserteilung fest, so werden nur der Warennettobetrag (Warenbruttowert - Rabatt) und die darauf entfallende Umsatzsteuer gebucht. Als Erklärung wird angegeben, es handele sich beim Rabatt um einen preispolitischen Vorgang. Letztlich sei es von geringer Bedeutung, ob sofort ein niedrigerer Nettopreis oder ein Bruttopreis abzüglich Rabatt angesetzt werde.

Die herrschende Übung geht deshalb dahin, bei der Rechnungserteilung feststehende Rabatte nicht als gesonderte Aufwands- und Ertragsvorgänge zu berücksichtigen, sondern die Nettobuchung zu praktizieren.
Der Einstandspreis der Ware ergibt sich dann aus:

      Einkaufspreis
    - Rabatt
    + Bezugsaufwand
    = Einstandspreis (ohne Umsatzsteuer)

Die Umsatzsteuer wird dann auf diesen so ermittelten Einstandspreis berechnet. Der Zieleinkauf von Waren im Werte von 10.000 € (Betrag ohne USt angegeben), bei dem 10 % Treuerabatt gewährt werden, führt damit zu dem Buchungssatz:

    Warenbestand   9000
    Vorsteuer   900   an   Verbindl. L.u.L   9.900

2. Boni

Die Abgrenzung zwischen Rabatt und Bonus ist nicht ganz eindeutig und wird in der Praxis unterschiedlich gehandhabt. Wir wollen als Bonus alle nachträglich gewährten bzw. erhaltenen Nachlässe auf den Kaufpreis ansehen. Da sie bei Buchung der Rechnung noch nicht feststehen, ist ihre Erfassung zu diesem Zeitpunkt noch nicht möglich und macht deshalb eine separate Buchung erforderlich. Die den Kunden gewährten Boni (Kundenboni) und die von Lieferanten erhaltenen Boni (Lieferantenboni) sind getrennt zu buchen. Gleichzeitig machen sie eine Korrektur der zuvor gebuchten Umsatzsteuerbeträge erforderlich, da ja der der Umsatzsteuerberechnung zugrundezulegende Kaufpreis im nachhinein gekürzt worden ist.

Beispiel: Wareneinkauf auf Ziel für 10.000 € zuzüglich 10 % USt. Nachträgliche Gewährung eines Bonus in Höhe von 5 %.

Buchungen:

1) Bei Wareneinkauf:

   Warenbestand   10.000
   Vorsteuer   1.000   an   Verbindl. L.u.L.   11.000

2) Bei Erhalt des Bonus:

   Verbindl. L.u.L.   550   an   Lieferantenboni   500
                                       Vorsteuer (Korrektur!)   50

Der Verkäufer würde analog "Kundenboni" im Soll und eine Korrektur der berechneten Umsatzsteuer buchen.

Entsprechend § 255 I HGB bzw. § 277 I HGB sind Anschaffungspreisminderungen von den Anschaffungskosten, Erlösschmälerungen von den Umsatzerlösen abzuziehen. Deshalb führen wir den Abschluss der Boni-Konten über die zugehörigen Konten Warenbestand (für erhaltene Boni auf einen Wareneinkauf)[66] und Warenverkauf / Umsatzerlöse (für gewährte Boni beim Verkauf) durch. Damit wird der Warenbestand bzw. der nach Abschluss der erhaltenen Boni auf das Warenbestandskonto von eben diesem auf das GuV-Konto auszubuchende Wareneinsatz tatsächlich nur noch zu dem verringerten Anschaffungswert ausgewiesen. Im Falle des Warenverkaufs geht entsprechend der Umsatzerlös ebenfalls nur noch zu dem korrigierten Wert in das GuV-Konto ein.

---

[66] Boni auf Anlageneinkäufe wären analog auf das zugehörige Anlagenkonto abzuschließen.

Der *Abschluss der Boni-Konten über die zugehörigen Konten Warenbestand bzw. Warenverkauf* bewirkt, dass die Preisnachlässe jeweils der Periode zugerechnet werden, in der die eingekauften Waren verkauft bzw. die Umsätze getätigt werden.[67] Diese Vorgehensweise halten wir deshalb auch für sinnvoller als den früher üblichen direkten Abschluss der Boni-Konten auf das GuV-Konto. Zudem wird damit deutlich, dass der Bonus ein Preisnachlass ist, der zwar über den Wareneinsatz bzw. -verkauf Auswirkungen auf den Periodenerfolg hat, nie aber "von sich aus". Denn würden beispielsweise die mit nachträglichem Preisnachlass beschafften Waren zunächst nur gelagert - zum Beispiel über 2 Monate, die genau das Geschäftsjahresende einschließen - und dann aber nicht verkauft, sondern wieder an den Lieferanten zurückgegeben, so wäre es wohl nötig, den Bestand an Waren im Schlussbilanzkonto nach Abzug der erhaltenen Boni auszuweisen. Durch die Lieferantenretoure werden aber weder die Waren noch der Preisnachlass jemals einen Einfluss auf den Gewinn des Unternehmens haben, da der um den Bonus wertmäßig verringerte Warenbestand an den Lieferanten zurückgegeben und deshalb nicht als Wareneinsatz erfolgswirksam wird.

Zum Abschluss dieses Kapitels zeigen wir noch, wie die Buchung des oben genannten Beispiels auf T-Konten aussieht, wenn am Geschäftsjahresende 50 % der um den Preisnachlass reduzierten Wareneinkäufe verkauft und die restlichen 50 % noch auf Lager sind (Bewertung des Schlussbestandes und Wareneinsatzes zum Preis nach Abzug des Bonus: 5.000 € - 5 % = 4.750 €). Der Verkauf soll als Geschäftsvorfall 3) zum Wert von 8.000 € zuzüglich 10 % USt erfolgt sein. Dem Kunden wurden nachträglich 5 % Bonus gewährt (Geschäftsvorfall 4): 400 € Kundenboni und 40 € USt-Schuld-Korrektur).

S	Warenbestand		H	S	Vorsteuer		H
1)Verb. L.u.L.	10.000	Lieferanten-		1)Verb. L.u.L.	1.000	2)Verb. L.u.L.	50
		boni	500			USt-Verr.	**950**
		SBK	**4.750**		1.000		1.000
		GuV-Konto	**4.750**				
	10.000		10.000				

S	Warenverkauf (Umsatzerlöse)		H	S	USt-Schuld		H
Kundenboni	400	3)Ford. L.u.L.	8.000	4)Ford. L.u.L.	40	3)Ford. L.u.L.	800
GuV-Konto	**7.600**			USt-Verr.	**760**		
	8.000		8.000		800		800

---

[67] Das ist jedoch nicht mehr gewährleistet, wenn der Abschluss der Boni-Konten erst erfolgt, nachdem der durch den Bonus zu korrigierende Wareneinsatz bzw. Warenverkauf schon auf das GuV-Konto gegangen ist. Das kann beispielsweise passieren, wenn bei jeder Lagerentnahme direkt der Wareneinsatz gebucht wird, statt erst am Periodenende. Die sich dann ergebenden Abgrenzungsschwierigkeiten wollen wir hier nicht weiter diskutieren.

S	Verbindlichkeiten L.u.L.		H
2)Lieferanten-boni/Vorst.	550	1)Warenbe-stand/Vorst.	11.000
SBK	**10.450**		
	11.000		11.000

S	Lieferantenboni		H
Waren-bestand	**500**	2)Verb. L.u.L.	500
	500		500

S	Forderungen L.u.L.		H
3)Waren-verkauf/USt-Schuld	8.800	4)Kunden-boni/USt-Schuld	440
		SBK	**8.360**
	8.800		8.800

S	Kundenboni		H
4)Ford. L.u.L.	400	**Waren-verkauf**	**400**
	400		400

S	USt-Verrechnung		H
Vorsteuer	950	USt-Schuld	760
		SBK	**190**
	950		950

S	Gewinn- und Verlustkonto		H
Warenbestand	4.750	Warenverkauf	7.600

S	Schlussbilanzkonto		H
Warenbestand	4.750	Verb. L.u.L.	10.450
Ford. L.u.L.	8.360		
USt-Verr.	190		

3. Skonti

Ein Skonto ist ein Preisabzug, der dem Käufer für frühzeitige Zahlung gewährt wird. Typisches Beispiel ist die Gewährung eines Zahlungszieles von 60 Tagen, Rechnungsbetrag 20.000 € + 2.000 € USt, sowie dabei Gewährung eines Skontoabzuges in Höhe von beispielsweise 5 % bei Zahlung vor Ablauf der gesetzten Frist, zum Beispiel bei Zahlung bis zu 30 Tagen. Interpretiert man den Skonto als preispolitisches Instrument, so ist er ebenso wie der Bonus ein Preisnachlass, der nach § 255 I bzw. § 277 I HGB den Anschaffungswert bzw. Umsatzerlös schmälert.[68] Seine Buchung kann dann genauso erfolgen wie die des Bonus. Für dem Kunden gewährte Skonti (**Kundenskonti**) sowie für erhaltene Skonti (**Lieferantenskonti**) sind dann eigene Konten einzurichten, die wiederum auf das **Warenverkaufs-(Umsatzerlöse-) bzw. Warenbestandskonto** abgeschlossen werden.[69] Auch hier ist wieder zu beachten, dass die zunächst in Rechnung gestellte Umsatzsteuer durch den Skontoabzug nachträglich zu korrigieren ist. Nehmen wir an, der Käufer zahlt für obiges Beispiel bereits nach 20 Tagen, so wird er buchen:

1)	Warenbestand	20.000			
	Vorsteuer	2.000	an	Verbindl. L.u.L.	22.000
2)	Verbindl. L.u.L.	22.000	an	Kasse	20.900
				Lieferantenskonti	1.000
				Vorsteuer (Korrektur!)	100

S	Warenbestand	H	S	Vorsteuer	H
1)Verb. L.u.L. 20.000			1)Verb. L.u.L. 2.000	2)Verb. L.u.L. 100	

S	Verbindlichkeiten L.u.L.	H	S	Lieferantenskonti	H
2)Lieferantenskonti/Vorst./Kasse 22.000	1)Warenbestand/Vorst. 22.000			2)Verb. L.u.L. 1.000	
22.000	22.000				

---

[68] Auch der BGH hat bereits 1983 festgestellt, dass u.a. Skonto zur Bestimmung des Kaufpreises dient. Vgl. BGH-Urteil vom 13. 7. 1983 - VIII ZR 107 / 82, in NJW 1983, S. 2944.

[69] Das gilt für die Warengeschäfte. Aber auch bei anderen Ein- und Verkäufen, zum Beispiel bei Anlagen, sind Skonti möglich. Der Abschluss der Skontokonten erfolgt jeweils über das zugehörige Bestands- bzw. Umsatzkonto.

```
  S           Kasse            H
              | 2)Verb. L.u.L.  20.900
```

Bei Zahlung ohne Abzug von Skonto, also erst nach Ablauf der 30-Tage-Frist, würde die Buchung 2) entsprechend lauten:

2)   Verbindl. L.u.L.   22.000   an   Kasse   22.000

Die Darstellung eines Beispiels für den Fall des Warenverkaufs mit Kundenskonti, die den Umsatzerlös schmälern, ist hier verzichtbar. Wie bereits für die Lieferantenskonti gezeigt, ist die Buchung von Skonti und Boni vergleichbar. Das gilt auch für die Kundenskonti und Kundenboni. Es sind nur jeweils eigene Konten Lieferantenboni, Lieferantenskonti bzw. Kundenboni und Kundenskonti zu führen.

Diese Buchungsweise sowie der Abschluss der Skonti-Konten über die zugehörigen Bestands- und Umsatzerlöse-Konten entspricht den Vorschriften im HGB sowie der steuerrechtlichen Behandlung der Skonti.

Nicht nur aus diesem Grunde wollen wir es bei der Darstellung dieser Buchungstechnik belassen. Es sei jedoch erwähnt, dass es auch noch andere Theorien gibt, nach denen ein Skonto als Zinsaufwand (Lieferant als Kreditgeber für die Zeit nach Ablauf der Skontofrist) oder als Zinsertrag (Kunde als Kreditgeber gegenüber dem Lieferanten für die vorzeitige Bezahlung vor Ablauf des endgültigen Zahlungsziels) interpretiert wird. Je nachdem, welche Auslegung man zugrundelegt, muss auch anders gebucht werden. Wir verfolgen das hier nicht weiter, da unseres Erachtens eine Interpretation des Skontos als Zins für einen Kredit im Normalfall nicht der Realität entsprechen dürfte. Das wird deutlich, wenn man sich vor Augen hält, dass dieser Kredit extrem teuer ist. In unserem Beispiel sind für 30 Tage 5 % von 20.000 € = 1.000 € Zinsen fällig. Hochgerechnet auf zwölf Monate würde der Jahreszins demnach 60 % betragen! Auf diesen Kredit würde ein Lieferant (Interpretation des Skontos als Zinsertrag des Kunden) oder ein Kunde, der die Skontofrist nicht einhält (Interpretation des Skontos als Zinsaufwand des Kunden), nur in extremen Notsituationen zurückgreifen. Die Interpretation des Skontos als Instrument zur Preisgestaltung dagegen, das beide Vertragspartner gerne einsetzen, entspricht vielmehr den in der Realität zu betrachtenden Gegebenheiten.

E. Die Buchung der privaten Warenentnahmen

Eine spezielle Form der Warenbewegungen stellen die Warenentnahmen für private Zwecke des Unternehmers dar. Buchhalterisch werfen sie keine besonderen Probleme auf. Sie werden zu Lasten (das heißt im Soll) des Privatkontos gebucht. Da es sich auch bei privaten Warenentnahmen um Warenbewegungen handelt, die in wirtschaftlicher Hinsicht den Warenverkäufen an Dritte gleichen, erfolgt die Gegenbuchung im Haben des Warenverkaufskontos. Private Warenentnahmen sind umsatzsteuerpflichtig (§ 3 Abs. 1b Satz 1 Nr. 1 UStG). Es ist also außerdem die anfallende Umsatzsteuer zu buchen. Sie geht ebenfalls zu Lasten des Privatkontos:[70]

Privat	110	an	Warenverkauf	
			(Nettowarenwert)	100
			USt-Schuld	10

S	Privat	H	S	Warenverkauf	H
Warenverkauf u. USt-Schuld	110			Privat	100

S	USt-Schuld	H
	Privat	10

Statt der Buchung der Umsatzsteuer auf dem Konto "Umsatzsteuer-Schuld" ist die Führung eines besonderen Kontos "Umsatzsteuer auf den Eigenverbrauch" sinnvoll, um den Aufzeichnungspflichten des § 22 Abs. 2 Nr. 3 UStG zu entsprechen.

Je nach dem Umfang des Buchungsanfalls bei privaten Warenentnahmen kann die Umsatzsteuer auch jeweils am Ende des Veranlagungszeitraums in einer einzigen Sammelbuchung berücksichtigt werden.

Die Buchung der sonstigen Fälle des Eigenverbrauchs (zum Beispiel anteilige private Kraftfahrzeugnutzung) erfolgt analog der der Warenentnahmen (Buchungssatz: Privat an PKW-Aufwand und Umsatzsteuer-Schuld).

---

[70] Da der Abschluss des Privatkontos über das Eigenkapitalkonto erfolgt (vgl. Kapitel II D), entsteht durch die Warenentnahme letztlich eine Verminderung des Anspruchs des Eigentümers an das Unternehmen.

VI. Spezifische Buchungen in einem Produktionsbetrieb

Für einen Handelsbetrieb, in dem die eingekauften Waren ohne wesentliche Be- oder Verarbeitung weiterverkauft werden, genügen zur Erfassung der Güterbewegungen Warenbestands- und Warenverkaufskonten. Im Produktionsbetrieb kommt man damit jedoch nicht aus. Hier werden Materialien eingekauft und daraus unter Einsatz von Arbeitskraft, Fertigungsanlagen und weiteren Materialien verkaufsfähige Produkte hergestellt. Die Buchungen dieser Vorgänge erfordern deutlich mehr Kontenarten als der Handelsbetrieb. Im einzelnen sind das Konten für den Materialbestand (Roh-, Hilfs-, Betriebsstoffe[71] und Teile), den Materialverbrauch, die Umsatzerlöse für verkaufte Produkte und Konten für die Bestandsveränderungen sowie den noch am Lager befindlichen Bestand an Halb- und Fertigfabrikaten.

Zu den Buchungen im Produktionsbetrieb lässt sich folgendes festhalten:
Die **Güterzugänge** sind beim Eingang der Lieferantenrechnung zu buchen, **Verkäufe** beim Rechnungsausgang. Beispiele für Buchungssätze sind:

Materialeinkauf:

    Rohstoffe
    Vorsteuer   an   Verbindl. L.u.L.

Fertigproduktverkauf:

    Forderungen L.u.L.   an   Umsatzerlöse
                                              USt-Schuld

Der *Aufwand*, der für die Produktion der Güter angefallen ist, *kann* über Materialentnahmescheine jeweils *direkt beim Verbrauch erfasst und gebucht werden*, zum Beispiel

---

[71] Rohstoffe sind unbearbeitete Grundstoffe, wie z.B. Kohle in der chemischen Industrie, die durch die Urproduktion gewonnen werden. Hilfsstoffe gehen bei der Fertigung mit in das Produkt ein und verbinden, veredeln oder verstärken die Werkstoffe. Ein Beispiel dafür ist der Leim, der in der Möbelindustrie die Bretter verbindet. Betriebsstoffe werden zum Betreiben der Anlagen verwendet. Strom oder Benzin sind Beispiele dafür.

Rohstoffaufwand	an	Rohstoffe
L.u.G.-Aufwand		
soziale Abgaben	an	Bank
		Verbindl. i.R.d. soz. Sicherheit
		Verbindl. Lohn- und Kirchensteuer

Als Saldo auf dem Bestandskonto Rohstoffe wird sich am Periodenende dann der Endbestand ergeben.

Der Aufwand kann aber auch in einer Sammelbuchung am Ende der Periode oder zu mehreren festgelegten Terminen innerhalb der Periode *erfasst werden.* Was bis dahin insgesamt verbraucht worden ist, wird dann beispielsweise über gesammelte Materialentnahmescheine oder - wie wir schon für die Ermittlung des Warenaufwandes im Handelsbetrieb gezeigt haben - mit Hilfe der Inventurmethode festgestellt. Die Inventur gibt dabei Aufschluss über den noch vorhandenen Endbestand, mit dessen Hilfe anhand der gebuchten Anfangsbestände und Güterzugänge der Verbrauch ermittelt werden kann. Er ergibt sich nach Einbuchen des Endbestandes schließlich als Saldo auf dem Konto (vgl. auch die Ermittlung des Warenaufwandes in Kapitel V).
Diesen Weg wollen wir hier exemplarisch für die Hilfs- und Betriebsstoffe (H.u.B.) gehen.

Buchungen:
>Während des Geschäftsjahres sind nur die Güterzugänge zu erfassen, keine Aufwandsbuchungen.

>Am Ende des Geschäftsjahres:
>1) Buchen des Inventurwertes (Endbestandes)

Schlussbilanzkonto	an	H.u.B.

>2) Ermitteln des Materialverbrauchs als Saldo auf dem Bestandskonto (H.u.B.) und Erfassen als Aufwand (H.u.B.-Aufwand):

H.u.B.-Aufwand	an	H.u.B.

Anzumerken ist noch, dass jedes Unternehmen die für seinen Güterverbrauch geeignete Form der Aufwandserfassung wählen kann. Die hier vorgegebene exemplarische Vorgehensweise, den Rohstoffverbrauch permanent, den Hilfs- und Betriebsstoffverbrauch aber erst am Geschäftsjahresende mit Hilfe der Inventur zu erfassen, wird sich nicht für jedes Unternehmen anbieten. Geeignet erscheint sie uns beispielsweise für eine Schreinerei, die den Einsatz an Brettern (Rohstoffe) jeweils sofort buchen will, für die aber eine direkte Buchung jeder benötigten Schraube und jeden Nagels (Hilfsstoffe) zu aufwendig wäre. In anderen Unternehmen kann die Erfassung der Rohstoffe sowie des

Hilfs- und Betriebsstoffaufwands genau umgekehrt oder sogar für alle Materialien nur nach einer der alternativen Vorgehensweisen angebracht sein.

Des Weiteren ist darauf hinzuweisen, dass die getrennte Führung eines Rohstoffaufwands- und eines Hilfs- und Betriebsstoffaufwandskontos ebenfalls nicht zwingend ist. Es kann unter Umständen auch der gesamte Materialaufwand auf einem Konto (Roh-, Hilfs- und Betriebsstoffaufwand, kurz Materialaufwand) oder auch über drei getrennte Konten für jede Materialart separat gebucht werden.

Die Tatsache, dass durch den Produktionsprozess auch **Güter entstanden** sind, muss buchhalterisch nicht explizit erfasst werden, wenn diese Güter auch in derselben Periode wieder verkauft wurden. Dann könnte man auf die Buchung der zwischenzeitlich erfolgten Zu- und Abgänge auf dem Halbfabrikate- und Fertigfabrikatelager verzichten. Denn die Lagerzu- und -abgänge würden jeweils mit den auf den Anschaffungswerten basierenden Herstellungskosten[72] bewertet und sich damit bei Entstehung und Verkauf der Güter innerhalb derselben Periode wieder aufheben. Gebucht würde dann lediglich der Güterverkauf als Umsatzerlös (Ertrag), wie oben dargestellt.

Sind jedoch nicht alle Güter in derselben Periode verkauft worden, in der sie hergestellt wurden, dann wird nach dem Grundsatz der periodengerechten Erfolgsermittlung am Periodenende eine die **Bestandsveränderung an Halb- und Fertigerzeugnissen** berücksichtigende korrigierende Abschlussbuchung erforderlich. In dem Fall, dass mehr Güter in Periode 1 hergestellt als verkauft worden sind, ist eine Lagerbestandserhöhung erfolgt, die in der Periode 2 Verkäufe erlaubt, die die produzierte Menge dieser Periode entsprechend übersteigen. In Periode 2 wird damit ein Ertrag gebucht, der zum Teil durch die Güterproduktion der Periode 1 erzielt wurde. Damit nun nicht die eine Periode den Aufwand für die Herstellung dieser Güter trägt und die andere den Ertrag gutgeschrieben erhält, muss am Ende von Periode 1 der für die noch auf Lager liegenden Produkte gebuchte Aufwand[73] aus dieser Periode herausgenommen und erst beim Verkauf dieser gelagerten Produkte in Periode 2 tatsächlich erfolgswirksam dem Verkaufsertrag gegenübergestellt werden. Der Aufwand für hergestellte aber noch nicht verkaufte, sondern zunächst nur auf Lager genommene Produkte wird also durch eine Ertragsbuchung neutralisiert (Ertrag aus Bestandserhöhung an fertigen oder unfertigen Erzeugnissen, die dann zu Fertigerzeugnissen weiterverarbeitet werden). Materiell lässt sich der Vorgang auf zweifache Weise erklären. Zum einen kann man die Buchung als eine Aufwandskorrektur ansehen, zum anderen als einen durch die Leistungserstellung erbrachten "Ertrag" der Periode, der aber zu Aufwandspreisen verbucht wird. Da dieser "Ertrag" dem Herstellungsaufwand gegenübergestellt wird, ist die Bestandserhöhung im Endeffekt erfolgsneutral. Die in der Periode 2 erfolgende Lagerentnahme wird dann als

---

[72] Im Rahmen des externen Rechnungswesens müsste es richtiger "Herstellungsaufwand" heißen. In § 255 II und III HGB wird jedoch der Begriff "Herstellungskosten" verwendet.

[73] Herstellungsaufwand als Summe aus Rohstoffaufwand, Hilfs- und Betriebsstoffaufwand, Personalaufwand, etc.

Aufwand (Aufwand aus Bestandsverminderung an fertigen oder unfertigen Erzeugnissen) gebucht und hier tatsächlich erfolgswirksam. Zur Aufnahme dieser Buchungen führen wir ein Erfolgskonto "Bestandsveränderung eigene Erzeugnisse" ein. Wir wollen die Vorgehensweise an einem einfachen Beispiel verdeutlichen:

1) Produktion von 100 Fertigerzeugnissen unter Einsatz von Rohstoffen im Werte von 100.000 € und Personalaufwand im Werte von 200.000 €. Der Personalaufwand wird hier zur Vereinfachung pauschal in einer Summe gebucht und direkt an die Empfänger ausgezahlt. Sonstiger Herstellungsaufwand sei nicht angefallen.

    Rohstoffaufwand   an   Rohstoffe   100.000
    Personalaufwand   an   Bank   200.000

2) Die Hälfte der produzierten Güter wird bar verkauft für insgesamt 200.000 € (= 4.000 € pro Stück) zuzüglich 10 % USt.

    Kasse   220.000   an   Umsatzerlöse   200.000
                                    USt-Schuld   20.000

3) Am Periodenende stellen wir mit Hilfe der Inventur fest, dass auf dem am Anfang der Periode leeren Fertigfabrikatelager noch die nicht verkauften Güter im Werte von 150.000 € (50 Produkte zu einem Herstellungswert von je 3.000 €) lagern.

    a) Inventurwert buchen:
       Schlussbilanzkonto   an   Fertigerzeugnisse   150.000

Zu Anfang der Periode waren keine Fertigerzeugnisse auf Lager - Anfangsbestand "0" - am Ende der Periode sind für 150.000 € Fertigerzeugnisse vorhanden. Es hat also eine Bestandserhöhung stattgefunden, die sich als Saldo auf dem Fertigerzeugnissekonto ablesen lässt und als Ertrag gebucht wird.

    b) Saldo auf dem Fertigerzeugnissekonto ziehen, als Bestandserhöhung (Ertrag) buchen:

S	Fertigerzeugnisse		H
EBK (Anfangsbestand)	0	SBK (Endbestand)	150.000
Saldo (Bestandserhöhung)	150.000		

| | Fertigerzeugnisse | an | Bestandsveränderung eigene Erzeugnisse | 150.000 |

Diese Ertragsbuchung neutralisiert den bereits unter 1) gebuchten Herstellungsaufwand, soweit er auf die noch nicht verkauften Produkte entfällt.

4) Die Periode 2 beginnt mit einem Anfangsbestand an Fertigerzeugnissen im Werte von 150.000 €.

| | Fertigerzeugnisse | an | Eröffnungsbilanzkonto | 150.000 |

5) Angenommen, in der Periode 2 werden nur die gelagerten Güter aus Periode 1 für wiederum 4.000 € pro Stück verkauft, also auch für 200.000 € insgesamt (zuzügl. 10 % USt). Es sollen keine weiteren Erträge oder Aufwendungen anfallen. Zu buchen ist dann beim Verkauf der Güter:

| | Kasse | 220.000 | an | Umsatzerlöse | 200.000 |
| | | | | USt-Schuld | 20.000 |

6) Am Periodenende wird festgestellt, dass der anfangs noch aus Periode 1 vorhandene Fertigerzeugnissebestand vollständig abgebaut worden ist. Inventurwert: 0. Der Saldo des mit 150.000 € eröffneten Fertigerzeugnissekontos beträgt demnach 150.000 € und wird als aus der Verminderung des Bestandes herrührender Aufwand gebucht:

S	Fertigerzeugnisse	H
EBK (Anfangsbestand) 150.000	SBK (Endbestand)	0
	Saldo (Bestandsverminderung)	**150.000**

| | Bestandsveränderung eigene Erzeugnisse | an | Fertigerzeugnisse | 150.000 |

Aus den Buchungen 4) - 6) in Periode 2 können wir jetzt ablesen, dass in dieser Periode Güter für 200.000 € (Erlös ohne USt) verkauft worden sind, die Aufwand in Höhe von 150.000 € verursacht haben. Dieser war mit Hilfe von 3) aus der Periode 1, in welcher diese Güter hergestellt worden waren, in die Periode 2 übertragen worden.

Nachfolgend wird kurz skizziert, wie die Buchungen der Geschäftsvorfälle 1) bis 6) auf Konten aussehen. Dazu wird ein Anfangsbestand an Rohstoffen in Höhe von 200.000 € und ein Bankguthaben in Höhe von 300.000 € als gegeben vorausgesetzt.

Periode 1:

S	Rohstoffe		H		S	Bank		H
EBK	200.000	1a)Rohstoff-aufwand	100.000		EBK	300.000	1b)Personal-aufwand	200.000

S	Rohstoffaufwand		H		S	Personalaufwand		H
1a)Roh-stoffe	100.000				1b)Bank	200.000		

S	Kasse		H		S	USt-Schuld		H
2)Umsatz-erlöse/USt-Schuld	220.000						2)Kasse	20.000

S	Umsatzerlöse		H		S	Fertigerzeugnisse		H
		2)Kasse	200.000		EBK	0	3a)SBK (Inventur)	150.000
					3b)Saldo (Bestands-erhöhung)	150.000		

S	Bestandsveränd. eig. Erzeugnisse		H
		3b)Fertig-erzeugnisse	150.000

S	Schlussbilanzkonto Periode 1		H
3a)Fertigerzeugnisse (Inventur)	150.000		

Der Herstellungsaufwand wurde für die auf Lager gegangenen Produkte durch Ertragsbuchung neutralisiert.

Periode 2:

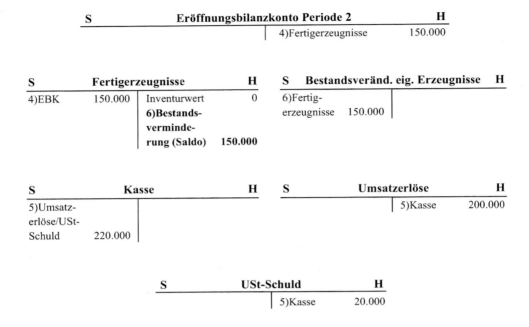

Ergänzend zu diesem Beispiel sei betont, dass jede **Bestandsveränderung** an sich immer das **Ergebnis aus vielen Zu- und Abgängen** ist *und nur ausnahmsweise*, wie bei 6), die im Endeffekt festgestellte Bestandsverminderung *eindeutig* nur aus Abgängen besteht.

Eine Veränderung des Bestandes an **unfertigen Erzeugnissen (Halbfertigfabrikaten)**, die wir in unserem Beispiel nicht berücksichtigt haben, würde genauso erfasst wie die Bestandsveränderung an Fertigerzeugnissen. Man würde dafür dann ein Bestandskonto "Unfertige Erzeugnisse" führen und die Bestandsveränderung als Ertrag oder Aufwand über ein entsprechendes Erfolgskonto für die Erhöhung oder Verminderung des Bestandes an unfertigen Erzeugnissen buchen. Dieses Erfolgskonto kann auch mit dem Erfolgskonto für Bestandsveränderungen an Fertigerzeugnissen zusammengefasst werden.

Auch eine Produktion von Gütern zu Zwecken der Nutzung im eigenen Unternehmen (z.B. Herstellung eines PCs, der dann im eigenen Verwaltungsbüro eingesetzt wird) wird analog als Bestandszugang der Aktiva (z.B. auf dem Konto "Büro- und Geschäftsausstattung") und zugleich als **Ertrag aus aktivierter Eigenleistung** erfasst. Der Buchungssatz lautet dann beispielsweise:

| | | Büro- und Geschäfts-ausstattung | 1.000 | an | andere aktivierte Eigen-leistungen (Erträge) | 1.000 |

Zum Abschluss des Kapitels folgt ein etwas umfangreicheres **Buchungsbeispiel auf T-Konten**. Für Fertigerzeugnisse werden wir dabei den Fall der Bestandserhöhung und für unfertige Erzeugnisse den Fall der Bestandsverminderung annehmen:

1)	a)	Zukauf von Rohstoffen auf Ziel				2.000
		Rohstoffe	2.000			
		Vorsteuer	200	an	Verbindl. L.u.L.	2.200
	b)	Zukauf von Hilfs- und Betriebsstoffen auf Ziel				600
		H.u.B.	600			
		Vorsteuer	60	an	Verbindl. L.u.L.	660
2)		Entnahme vom Rohstofflager zur Fertigung				1.500
		Rohstoffaufwand		an	Rohstoffe	1.500
3)		Verkauf von Fertigerzeugnissen auf Ziel				6.000
		Forderungen L.u.L.	6.600	an	Umsatzerlöse	6.000
					USt-Schuld	600
4)		Materialentnahme von Rohstoffen				500
		Rohstoffaufwand		an	Rohstoffe	500
5)	a)	Endbestand H.u.B. laut Inventur:				100
	b)	Endbestand Fertigerzeugnisse laut Inventur:				5.000
	c)	Endbestand unfertige Erzeugnisse laut Inventur:				2.800
		a) Schlussbilanzkonto		an	H.u.B.	100
		b) Schlussbilanzkonto		an	Fertigerzeugnisse	5.000
		c) Schlussbilanzkonto		an	unfertige Erzeugnisse	2.800

Aktiva	Bilanz zum 01.01.01 in Euro		Passiva
Rohstoffe	1.000	Eigenkapital	14.000
Hilfs- und Betriebsstoffe	500		
Fertigerzeugnisse	4.500		
unfertige Erzeugnisse	3.000		
Bank	5.000		
	14.000		14.000

S	Rohstoffe		H
EBK	1.000	2)Rohstoff-aufwand	1.500
1a)Verb. L.u.L.	2.000	4)Rohstoff-aufwand	500
		SBK	1.000
	3.000		3.000

S	Hilfs- und Betriebsstoffe		H
EBK	500	5a)SBK	100
1b)Verb. L.u.L.	600	H.u.B.-aufwand	1.000
	1.100		1.100

S	Fertigerzeugnisse		H
EBK	4.500	5b)SBK	5.000
Bestandsveränderung	500		
	5.000		5.000

S	Unfertige Erzeugnisse		H
EBK	3.000	5c)SBK	2.800
		Bestandsveränderung	200
	3.000		3.000

S	Bank		H
EBK	5.000	SBK	5.000
	5.000		5.000

S	Forderungen L.u.L.		H
3)Umsatzerlöse/USt-Schuld	6.600	SBK	6.600
	6.600		6.600

S	Eigenkapital		H
SBK	17.300	EBK	14.000
		GuV-Konto	3.300
	17.300		17.300

S	Verbindlichkeiten L.u.L.		H
SBK	2.860	1a)Rohstoffe/Vorsteuer	2.200
		1b)H.u.B./Vorsteuer	660
	2.860		2.860

S	Vorsteuer		H		S	USt-Schuld		H
1a)Verb. L.u.L.	200	USt-Verr.	260		USt-Verr.	600	3)Ford. L.u.L.	600
1b)Verb. L.u.L.	60					600		600
	260		260					

S	USt-Verrechnung		H		S	Rohstoffaufwand		H
Vorsteuer	260	USt-Schuld	600		2)Rohstoffe	1.500	GuV-Konto	2.000
SBK	**340**				4)Rohstoffe	500		
	600		600			2.000		2.000

S	Hilfs- und Betriebsstoffaufwand		H		S	Umsatzerlöse		H
H.u.B.	1.000	**GuV-Konto**	**1.000**		GuV-Konto	6.000	3)Ford. L.u.L.	6.000
	1.000		1.000			6.000		6.000

S	Bestandsveränd. eig. Erzeugnisse		H		S	Gewinn- und Verlustkonto		H
Unfertige Erzeugnisse	200	Fertigerzeugnisse	500		Rohstoffaufwand	2.000	Umsatzerlöse	6.000
GuV-Konto	**300**				H.u.B.-aufwand	1.000	Bestandsveränderung	300
	500		500		**Eigenkapital**	**3.300**		
						6.300		6.300

S	Schlussbilanzkonto		H
5a)Hilfs- und Betriebsstoffe	100	Verbindlichkeiten L.u.L.	2.860
5b)Fertigerzeugnisse	5.000	USt-Verrechnung	340
5c)Unfertige Erzeugnisse	2.800	Eigenkapital	17.300
Rohstoffe	1.000		
Bank	5.000		
Forderungen L.u.L.	6.600		
	20.500		20.500

VII. Der Wechselverkehr und seine Buchung

A. Wesen und Arten des Wechsels

Der Wechsel ist ein sehr altes Instrument des Wirtschaftsverkehrs. Er erlangte seine Bedeutung vor allem durch die Gefahren eines Geldtransports und die Schwierigkeiten des Geldwechselns. Ein anderer Grund lag in dem kanonischen Zinsverbot der Kirche. Wechsel waren, wie auch auf sie berechnete Gebühren, erlaubt. Das Zinsverbot ließ sich somit umgehen. Diese ursprünglichen Funktionen hat er heute eingebüßt. Andere, nicht minder wichtige Aufgaben wie Kreditierung und Absicherung einer Forderung sind an ihre Stelle getreten. Auch nach Einstellung der Rediskontpolitik der Deutschen Bundesbank Ende 1988 spielt der Wechsel entgegen aller Erwartungen laut Auskunft der Bundesbank nach wie vor eine nicht unerhebliche Rolle als Sicherungsinstrument (Pfand). Insofern ist es begründet, die Buchung des Wechselverkehrs hier weiterhin vorzustellen. Darüber hinaus muss bei der buchhalterischen Erfassung des Wechsels eine intensive gedankliche Auseinandersetzung mit den ökonomischen Hintergründen erfolgen, die in diesem Buch nicht unter den Tisch fallen sollte.

Bei der Erklärung des Wechsels, die notwendigerweise skizzenhaft und in Anbetracht unserer speziellen Frage nach seiner Buchung unvollständig bleiben muss, wollen wir von einem kleinen Beispiel ausgehen:
Nehmen wir an, ein Großhändler (G) habe an einen Einzelhändler (E) Ware geliefert, deren Kaufpreis sofort fällig ist. Dem Einzelhändler sei aus bestimmten Gründen die sofortige Zahlung nicht möglich. Er erklärt sich aber dem Großhändler gegenüber zur Zahlung nach Ablauf von drei Monaten bereit. Unterstellen wir, der Großhändler sei - überzeugt von der Bonität seines Kunden E - mit der Zahlung nach drei Monaten einverstanden. Da G selber zu diesem Zeitpunkt Verbindlichkeiten bei einem Lieferanten P abzudecken hat, weist er den Einzelhändler E an, direkt an P zu zahlen. Diese Vorgänge werden mit Hilfe des Instruments *"Wechsel"* abgewickelt.
Das Beispiel erfasst in einer einfachen Kette die drei beim Wechselverkehr auftretenden Beteiligten, die besondere Bezeichnungen tragen:

      Warenlieferung: P → G → E
In dieser Kette ist P der ***Wechselnehmer***[74],
      G der ***Aussteller*** des Wechsels und
      E der ***Bezogene***.

---

[74] "Wechselnehmer" ist also der Begünstigte, auch wenn der Wechsel sich beispielsweise noch im Besitz des Ausstellers befindet.

Steht bei der Abgabe des Zahlungsversprechens der Wechselnehmer noch nicht fest, so kann der Aussteller das Papier "an eigene Order" stellen, so dass die Zahlung, sofern er den Wechsel behält, an ihn selbst erfolgt.

Nicht jedes Zahlungsversprechen ist aber bereits ein Wechsel. Unsere Rechtsordnung stellt sehr strenge Anforderungen an ein Papier, wenn es zum Wechsel werden soll. Ohne diese Punkte alle aufzählen zu wollen, sei hier nur darauf hingewiesen, dass die Wechsel ein bestimmtes Format aufweisen, dass die Worte "Wechsel" und "Zahlen Sie" im Text vorkommen und dass genaue Angaben über Aussteller und Bezogenen enthalten sein müssen.

Hat der Bezogene schließlich durch seine Unterschrift auf der Schmalseite des Wechselformulars - auch "Querschreiben" genannt - die Annahme des Wechsels vollzogen, so ist er zum *Akzeptanten* und der Wechsel zum *Akzept* geworden (der noch nicht quergeschriebene Wechsel wird *Tratte* genannt). Ein derartiges Akzept ist der ganzen Strenge des Wechselgesetzes unterworfen.

Bevor wir auf die gesetzlichen Bestimmungen näher eingehen, soll der Wechsel definiert werden:

Ein Wechsel ist eine ganz bestimmten Formvorschriften genügende Urkunde, die eine Geldforderung verbrieft. Der Aussteller des Wechsels weist darin den Bezogenen (Wechselschuldner) an, eine bestimmte Geldsumme zu einem bestimmten Termin an den Zahlungsempfänger (Wechselnehmer oder Remittent) zu zahlen.

Kennzeichen eines Wechsels ist es weiterhin, dass er - ausreichende Bonität des Akzeptanten und / oder Ausstellers vorausgesetzt - in Umlauf gebracht werden kann. Der Wechsel lässt sich also als ein *Zahlungsmittel* verwenden und überbrückt die Fristen von der Krediteinräumung bis zur Zahlung. Verzichtet der Wechselnehmer darauf, den Wechsel bis zum Verfall (dem Zahlungstermin) bei sich (in seinem "Portefeuille") zu halten, wozu er selbstverständlich berechtigt ist, so kann er versuchen, den Wechsel zu verkaufen, und zwar an sein Kreditinstitut oder an einen beliebigen Dritten. Zu diesem Zweck versieht er den Wechsel auf der Rückseite mit einem sogenannten *Indossament*, im Falle des sogenannten *Vollindossamentes* zum Beispiel "Für mich an die Order des..." mit Unterschrift und Datum. Die Orderklausel kann fehlen, man spricht dann von einem *Teil-* oder *Blankoindossament*. Während der Wechsellaufzeit kann der Wechsel beliebig oft weitergegeben und damit als Zahlungsmittel verwendet werden.

| Nr. d. Zahl.-Ortes | Zahlungsort | Verfalltag |

Vermerke in diesen Spalten sind nur für Kreditinstitute bestimmt. Sie gehören nicht zum Wechseltext.

Gegen diesen **Wechsel** - erste Ausfertigung - zahlen Sie am _____

Tag, Monat und Jahr der Fälligkeit (Monat in Buchstaben, Jahr mit Jahrhundertangabe)

an _____
Name des Zahlungsempfängers oder dessen Order

Euro _____ EUR _____ | Cent wie oben
Betrag in Buchstaben | Betrag in Ziffern

Bezogener _____

in _____
Straße und Ort (genaue Anschrift)

Zahlbar in _____ _____
Zahlungsort   Bankleitzahl

bei _____ z.L. Konto Nr. _____
Name des Kreditinstituts

Ort, Tag, Monat und Jahr der Ausstellung (Monat in Buchstaben, Jahr mit Jahrhundertangabe)

Genaue Anschrift des Ausstellers.
Unmittelbar unterhalb der Anschrift: Unterschrift des Ausstellers.

Zweckform Einheitswechsel

Angenommen

Für den so entstandenen Wechsel sind vor allem folgende Punkte entscheidend:

1. Die Forderung aus dem Wechsel auf Zahlung besteht **unabhängig** von dem zugrunde liegenden Warengeschäft und seiner Erfüllung (Wechsel = ***abstraktes Zahlungsversprechen***). Ist also ein Wechsel in seinen Formvorschriften erfüllt, so wird die Berechtigung der ursprünglichen Forderung, aus der heraus der Wechsel entstanden ist, für die Verpflichtung zur Einlösung irrelevant.

2. Bei Nichteinlösung des Wechsels durch den Bezogenen geht der Wechsel *"zu Protest"*, das heißt die Nichteinlösung wird durch Protestvermerk eines Notars oder Gerichtsbeamten (Art. 79 Wechselgesetz) bestätigt und damit öffentlich beurkundet. Bei Protest ist eine besonders beschleunigte Wechselklage möglich.

3. Jeder, der den Wechsel unterschrieben hat, haftet voll für die Einlösung des Wechsels und kann bei Nichtzahlung durch den Akzeptanten von dem letzten Inhaber unter beliebiger Überspringung der Reihenfolge der Indossanten in Anspruch genommen werden (***"Regress"***).[75] Da jeder Indossant bei seinem Vorgänger Regress nehmen kann, wird letztlich der Aussteller bei Protest die Zahlung erbringen müssen.

Diese Gesichtspunkte fasst man unter dem Begriff der ***Wechselstrenge*** zusammen. Leitet man aus dem Gesagten die ***Funktionen des Wechsels*** ab, so kann man drei Aspekte unterscheiden:

1. Der Wechsel ist ein Kreditinstrument: ***Kreditfunktion*** des Wechsels (der Wechsel bringt dem Einzelhändler E einen Kredit von drei Monaten).

2. Der Wechsel dient der Mobilisierung von Forderungen und kann zum Zahlungsmittel werden (***Zahlungsmittelfunktion*** des Wechsels).

3. Der Wechsel hat kraft seiner Ausstattung ***Sicherungsfunktion*** (Wechselstrenge).

Alle Ausführungen bezogen sich auf den sogenannten ***Warenwechsel***. Wir verstehen darunter Wechsel, die aus einem Warengeschäft erwachsen sind.

Daneben gibt es die sogenannten ***Finanzwechsel***. Sie treten dann auf, wenn Wechsel allein zur Schaffung von Kredit ausgestellt werden. Eine andere Form der Finanzwechsel entsteht, wenn Bankkredite durch die Hingabe von Wechseln - die ja der Wechselstrenge unterliegen - abgesichert werden sollen. In diesem Fall tritt die Sicherungsfunktion des Wechsels in den Vordergrund, denn die Wechsel werden nur bei Nichterfüllung der Kreditrückzahlungsbedingungen eingesetzt.

---

75   Als Ausnahme dazu siehe Art. 15 II WG.

Abschließend sei noch erwähnt, dass wir **Besitz- und Schuldwechsel** unterscheiden. Während die Besitzwechsel Vermögensgüter darstellen und im Besitz der Unternehmung befindliche Zahlungsversprechen Dritter umfassen, sind die Schuldwechsel solche, die von der Unternehmung akzeptiert wurden und deshalb Verbindlichkeiten darstellen. Besitz- und Schuldwechsel dürfen nicht saldiert werden. Sie verlangen getrennte Konten.[76]

Sind die Besitzwechsel einmal weitergegeben, werden sie in der Buchhaltung nicht mehr erfasst, obwohl - wie oben dargestellt - im Falle des Wechselprotestes für jeden, der während der Laufzeit einmal Wechselinhaber war, das Risiko besteht, zur Zahlung herangezogen zu werden. Man vermerkt jedoch bei verschiedenen Rechtsformen der Unternehmung **unter der Bilanz** das sogenannte **Wechselobligo**. Hierunter versteht man die aus weitergegebenen Wechseln möglicherweise erwachsende Haftung.

Der Wechsel ist - wie wir gesehen haben - ein Mittel der Kreditgewährung. In unserem Beispiel wird drei Monate lang dem Einzelhändler E ein Kredit besonderer Art eingeräumt. Für diesen Kredit ist ein Preis zu entrichten. Er setzt sich aus einem Zinsbetrag (= Diskont) und den Spesen zusammen, die zum Beispiel aus Bearbeitungs- und Einzugsgebühren, Protestgebühren usw. bestehen. Eine Zinsangabe auf einem Wechsel mit fester Laufzeit gilt als nicht geschrieben (Art. 5 I Wechselgesetz). Diskont und Spesen können dem Bezogenen aber gesondert in Rechnung gestellt und von ihm gesondert bezahlt werden. Aus Gründen der Vereinfachung wollen wir im Folgenden davon absehen, bei der Buchung des Wechselverkehrs neben dem Diskont auch noch Spesen zu berücksichtigen.

Eine andere Variante der Zinsberechnung besteht darin, die Wechselsumme so zu dimensionieren, dass nach Abzinsung der ursprüngliche Forderungsbetrag gerade ausgeglichen ist. Hierbei werden die Diskonte also in den Wechselbetrag eingerechnet. Das macht eine Rechnung im Hundert erforderlich. Die Fragestellung lautet dann: Wie hoch muss ein Wechselbetrag sein, wenn sich nach Abzinsung um beispielsweise 6 % p.a. ein Grundbetrag von 10.000 € ergeben soll? Bei einer Laufzeit von drei Monaten würde der Nennwert dann 10.152,28 €[77] ausmachen.

Erhält man von einem Schuldner einen Wechsel, so ist er aufgrund der späteren Fälligkeit der Zahlung erst am Zahltag genau den Wechselbetrag wert. Zum Zeitpunkt des Erhalts vermindert man den Wert um den Diskont und erhält so den Tageswert des Wechsels. Der am Ende der Laufzeit fällige Wechsel hat also am Tage seiner Herein-

---

[76] In der Bilanz nach § 266 HGB werden Besitzwechsel nicht als eigener Gliederungspunkt geführt, sondern stehen mit unter den zugehörigen Forderungen. Für Schuldwechsel dagegen ist ein eigener Passivposten vorgesehen.

[77] Der Betrag berechnet sich wie folgt: $X - X\left(\dfrac{0{,}06 \cdot 3}{12}\right) = 10.000$

nahme einen um den Diskont verringerten Wert: Der Nennwert des Wechsels muss diskontiert, das heißt abgezinst werden, wobei dieser Abzinsungsfaktor gleichzeitig den Preis für die Kreditleistung darstellt, den man in der Regel dem Schuldner in Rechnung stellt. Das geschah in dem vorstehenden Beispiel dadurch, dass die Wechselsumme bereits um 152,28 € erhöht wurde.

Dieser Tatbestand ist auch bei der Buchung zu berücksichtigen. Aus Besitzwechseln erwachsen Diskonterträge, aus Schuldwechseln Diskontaufwendungen, die beide der Gewinn- und Verlustrechnung zuzuführen sind.

Für das Prinzip der Buchung ist es unerheblich, ob der Diskont tatsächlich schon in die Wechselsumme einbezogen oder getrennt in Rechnung gestellt wird. Weil die effektiven Abzüge (Diskonte und Spesen) bei der Ausstellung des Wechsels oft noch nicht bekannt sind, gehen wir im Folgenden stets von einer getrennten Diskontberechnung aus.

Die Diskontsätze sind in der Regel auf das Jahr bezogen angegeben (p.a.) und müssen auf die jeweilige Laufzeit des Wechsels umgerechnet werden. Beträgt also beispielsweise der Diskont 6 % p.a., so entspricht das einem Monatszins von 0,5 %.

Die umsatzsteuerliche Behandlung der Wechseldiskonte und -spesen ist differenziert zu betrachten. Sofern es sich um einen **Finanzwechsel** handelt, sind Diskont und Spesen umsatzsteuerfrei (§ 4 Nr. 8 UStG). Im Falle des **Warenwechsels** kommt es dagegen darauf an, ob die Kreditgewährung durch den Wechsel und die Warenlieferung gemeinsam als eine einheitliche Leistung angesehen werden. Diskont und Spesen sind dann ein untrennbarer Teil des Entgelts für die Warenlieferung und in diesem Fall auch umsatzsteuerpflichtig.

Sind dagegen die Warenlieferung und die Kreditgewährung durch den Wechsel als zwei getrennte Leistungen ausgestaltet, für die auch die Entgelte jeweils getrennt abgerechnet werden, so geht man heutzutage davon aus, dass es sich bei dem Wechselgeschäft um eine eigenständige und nicht umsatzsteuerpflichtige Kreditgewährung handelt.[78] Voraussetzung dafür ist gemäß Abschnitt 29a UStR, dass die Lieferungen oder sonstigen Leistungen und die Kreditgewährung mit den dafür aufzuwendenden Entgelten bei Abschluss des Umsatzgeschäftes gesondert vereinbart werden, in der Vereinbarung über die Kreditgewährung der Jahreszins angegeben wird und die Entgelte für die beiden Leistungen getrennt abgerechnet werden. Auf diese Steuerbefreiung kann jedoch gemäß § 9 UStG auch verzichtet werden.

Da die Buchung eines Wechsels mit Umsatzsteuer der schwierigere Fall ist, werden wir im Folgenden stets unterstellen, dass beim Warenwechsel keine Umsatzsteuerbefreiung

---

[78] Die frühere Auffassung des BFH, dass Warenkredite generell umsatzsteuerpflichtig sind, hat sich insofern gewandelt. Vgl. auch Vogel, Alfred / Schwarz, Bernhard: Kommentar zum Umsatzsteuergesetz (Loseblattsammlung), Freiburg i. Br. 2001, zu § 4 Nr. 8, Rd-Nr. 11.

gegeben sein soll. Beim Finanzwechsel dagegen sind Diskont und Spesen stets umsatzsteuerfrei.

Probleme treten auf, wenn ein Wechsel weitergegeben (verkauft) wird. Geht er zur Diskontierung an ein Kreditinstitut, so entsteht - gleichgültig, ob es sich um einen Waren- oder Finanzwechsel handelt - grundsätzlich keine Umsatzsteuerpflicht. Für das Kreditinstitut stellen Wechseldiskonte und -spesen stets das Entgelt für eine Kreditgewährung dar, und diese wurde im Gesetz ausdrücklich als steuerfreie Leistung bezeichnet. Stellt also eine Bank einer anderen Unternehmung bei Ankauf eines Wechsels Diskonte und Spesen in Rechnung, so entfallen darauf keine Umsatzsteuerbeträge. Deshalb hätte auch das den Wechsel an die Bank weiterleitende Unternehmen seinem Kunden, von dem es den Wechsel hereingenommen hat, zumindest für den letztlich an die Bank gezahlten Diskontbetrag (beispielsweise den Diskont für einen Monat Restlaufzeit, für die die Bank die Kreditleistung erbringt) keine Umsatzsteuer in Rechnung zu stellen brauchen. Das gilt auf jeden Fall, selbst wenn die oben genannten Voraussetzungen für eine Steuerbefreiung des Wechsels ursprünglich nicht erfüllt waren. Die insofern höher als nötig ausgewiesene USt-Schuld gegenüber dem Finanzamt könnte also gekürzt werden. Voraussetzung dafür ist, dass die Unternehmung ihrem Kunden eine entsprechende Mitteilung über den Diskontabzug der Bank macht und evtl. schon gezahlte Umsatzsteuer zurückerstattet, wonach der Kunde dann verpflichtet ist, die von ihm gebuchte Vorsteuer zu kürzen. Unterlässt der Unternehmer diese Mitteilung (im Sinne von § 17 UStG), bewirkt die Diskontierung durch die Bank keine Umsatz- bzw. Vorsteuerminderung. Die gebuchten Beträge müssen unverändert bleiben.

Wir wollen in diesem Buch von der Möglichkeit einer Entgeltsminderung und der Rückerstattung der Umsatzsteuer an alle früheren Wechselinhaber bis zum Akzeptanten absehen, da eine derartige Handhabung in der Praxis sehr aufwendig ist und es sich dabei in der Regel um sehr geringfügige Korrekturposten handelt. Die Tatsache, dass durch den Verzicht der Umsatzsteuer-Korrektur an das Finanzamt mehr Umsatzsteuer zu zahlen ist als eigentlich nötig, belastet das Unternehmen selbst nicht, da es diese sowieso seinem Kunden in Rechnung stellt.

Anders als von der Bank berechnete Diskonte sind in Rechnung gestellte Spesen generell nicht als Minderung des umsatzsteuerpflichtigen Entgelts der Leistung des Unternehmens anzusehen. Eine Kürzung der Umsatzsteuer durch sie kommt daher nicht in Betracht.

Wird der Warenwechsel nicht an ein Kreditinstitut, sondern zum Beispiel an einen Lieferanten weitergegeben, so wollen wir hier unterstellen, dass dieser Diskont und Spesen zuzüglich Umsatzsteuer berechnet. Die Frage einer Umsatzsteuerrückerstattung stellt sich dann nicht.

B. Die Buchung des Wechselverkehrs

Die zum Forderungsbestand zählenden **Besitzwechsel** werden - getrennte Diskontberechnung vorausgesetzt - zum **Nominalwert** auf dem Wechselbestandskonto gebucht. Gleichzeitig wird dem Erfolgskonto der durch Kreditgewährung entstehende Ertrag (Diskont) gutgeschrieben.[79]

Für die Buchung ergeben sich formal zwei verschiedene Möglichkeiten, die aber zum gleichen Ergebnis führen. Sie sollen an folgendem Beispiel dargestellt werden:

Eine Kundenforderung einschließlich Umsatzsteuer in Höhe von insgesamt 11.000 € soll durch einen Wechsel ausgeglichen werden. Der Wechsel hat eine Laufzeit von drei Monaten, der Diskont beträgt 6 % p.a.

Kundenforderung einschließlich Umsatzsteuer:	11.000,00 €
Ausgleich durch Hereinnahme eines Besitzwechsels zahlungshalber:	- 11.000,00 € [80]
6 % p.a. = 1,5 % für 3 Monate Diskont:	165,00 €
zuzüglich 10 % Umsatzsteuer:	16,50 €
Forderung gegenüber dem Kunden:	181,50 €

Es verbleibt also eine Restforderung in Höhe von 181,50 €. Entweder wird nun von vornherein bei der Annahme des Wechsels die Kundenforderung nur um 10.818,50 € gekürzt (man kann auch sagen: Der Besitzwechsel ist am Tage der Ausstellung noch 181,50 € weniger Wert als am Tage seiner Fälligkeit, nämlich nur 10.818,50 € (= abgezinster Wert)) oder aber die Forderung wird in der gesamten Höhe (11.000 €) ausgebucht und gleichzeitig aber in Höhe des Diskonts zuzüglich Umsatzsteuer eine neue Forderung gebucht.

1) Bei der ersten Art der Buchung ergibt sich:

---

[79] Analog verfährt man bei der Buchung von Schuldwechseln. Dem Diskontertrag bei Besitzwechseln entspricht hier ein Diskontaufwand, der den Preis für die Kreditinanspruchnahme darstellt.

[80] Beachte: Der Nominalwert (Nennwert) des Wechsels kann an sich beliebig sein. Hier ist angenommen worden, dass die gesamte Forderung (11.000 €) in einem Wechselgeschäft kreditiert wird. Es hätten aber zum Beispiel auch nur 5.000 € oder 7.500 € sein können. Die Kreditierung stellt eine neue Nebenleistung zu dem Warengeschäft dar. Ihre gesamte Höhe ist umsatzsteuerpflichtig, die Umsatzsteuer wird hier also auf 11.000 € berechnet. Vgl. auch Fußnote 78.

S	Forderungen L.u.L.			H		S		Besitzwechsel	H
EBK		11.000	Besitz- wechsel	10.818,50		Ford. L.u.L./ Diskontertrag u. USt-Schuld	11.000		

S	Diskontertrag		H		S		USt-Schuld	H
		Besitzwechsel	165				Besitzwechsel	16,50

Man teilt dem Kunden die Diskontspesen sowie die darauf entfallende Umsatzsteuer mit und bittet ihn gleichzeitig um Überweisung dieses Betrages.

Buchungssätze:

    Besitzwechsel   11.000   an   Ford. L.u.L.   10.818,50
                                                 Diskontertrag   165,00
                                                 USt-Schuld   16,50

Sofern die Zahlung des Diskonts per Bank erfolgt, wird gebucht:

    Bank   an   Forderungen L.u.L.   181,50

Damit ist die Kundenforderung buchmäßig ausgeglichen.

2) Bei der zweiten Buchungsart wird die Kundenforderung bei Hereinnahme des Wechsels voll ausgeglichen, zugleich wird aber der Kunde mit den Diskonten sowie der darauf entfallenden Umsatzsteuer erneut belastet.

S	Forderungen L.u.L.			H		S		Besitzwechsel	H
EBK	11.000		Besitzwechsel	11.000		Ford. L.u.L.	11.000		
Diskontertrag u. USt-Schuld	181,50								

S	Diskontertrag		H		S		USt-Schuld	H
		Ford. L.u.L.	165				Ford. L.u.L.	16,50

Buchungssätze:

    Besitzwechsel   an   Forderungen L.u.L.   11.000
    Forderungen L.u.L.   181,50   an   Diskontertrag   165
                                                  USt-Schuld   16,50

Bei der Überweisung des Diskonts wird ebenso wie bei 1) gebucht:

       Bank   an   Forderungen L.u.L.   181,50

Die zweite Art der Buchung hat gewisse Vorteile. Sie bestehen insbesondere darin, dass die vollen Umsätze mit dem Kunden erfasst werden. Der Kunde zahlt bei Einlösung des Wechsels 11.000 € und hat bereits 181,50 € Diskonte und Umsatzsteuer beglichen. Insgesamt beläuft sich der Zahlungsumsatz auf 11.181,50 €. Dies geht aus dem Forderungskonto - bzw. aus dem betreffenden Kundenkonto bei Einschaltung eines Kontokorrents - im Fall der ersten Buchungsart nicht hervor. Allerdings ist bei der Vorgehensweise 2) eine zusätzliche Buchung (Eintrag der 181,50 €) erforderlich.

Es sind nun *verschiedene Möglichkeiten der Wechselverwendung* und ihr buchhalterischer Niederschlag zu untersuchen. Wir verwenden wiederum unser obiges Beispiel und betrachten verschiedene Alternativen:

1) *Nach drei Monaten* wird der Wechsel, der bis zu diesem Zeitpunkt im Portefeuille der Unternehmung blieb, *dem Kunden zum Inkasso vorgelegt*. Die Zahlung erfolgt bar.

Buchungssatz:
       Kasse   an   Besitzwechsel   11.000

S	Besitzwechsel		H	S	Diskontertrag		H
Ford. L.u.L.	11.000	Kasse	11.000			Ford. L.u.L.	165
	11.000		11.000				

S	Kasse		H
Besitzwechsel	11.000		

Der Diskontertrag ist in voller Höhe Periodenertrag und wird beim Abschluss auf das Gewinn- und Verlustkonto übertragen ("Diskontertrag an GuV-Konto").

2) Der Wechsel wird *nach drei Monaten einer Bank zum Einzug übergeben*.
Als Einzugsgebühr berechnet das Kreditinstitut eine Inkassoprovision von beispielsweise 5 € und schreibt den Restbetrag dem Bankkonto gut. Die Inkassoprovision stellt einen Aufwand dar, der auf dem Konto "Wechselspesen" erfasst werden soll.

Buchungssatz:
    Bank   10.995
    Wechselspesen   5   an   Besitzwechsel   11.000

S	Besitzwechsel	H		S	Diskontertrag	H
Ford. L.u.L.	11.000	Bank/Wech-				Ford. L.u.L. 165
		selspesen 11.000				
	11.000	11.000				

S	Bank	H		S	Wechselspesen	H
Besitzwechsel 10.995				Besitzwechsel 5		

Wie oben bereits erwähnt, werden wir die Einzugsgebühr im Folgenden vernachlässigen.

3) Der Wechsel wird **nach zwei Monaten einer Bank zum Diskont eingereicht**.
Das Kreditinstitut kauft den Wechsel an. Der Kaufpreis ist gleich dem Tageswert des Wechsels. Die Differenz zum Nominalwert, die sich durch die Abzinsung ergibt, stellt für die Bank einen Diskontertrag dar. Der Wechsel hat noch eine Laufzeit von einem Monat. Sein Tageswert ist also:

       Nominalwert   11.000
   -   0,5 %[81] Diskont für 1 Monat Laufzeit   55
   =   Tageswert   10.945

Wir haben bereits darauf hingewiesen, dass die Leistungen der Banken im Kreditgeschäft nicht der Umsatzsteuer unterliegen, Kreditinstitute also keine Umsatzsteuer in Rechnung stellen. Es war außerdem problematisiert worden, inwieweit von der Bank berechnete Diskonte und Spesen umsatzsteuerlich eine Entgeltsminderung (der ursprünglich von der Unternehmung ihrem Kunden in Rechnung gestellten Beträge) bewirken. Wir gehen hier und in den folgenden Beispielen davon aus, dass die Unternehmen auf die Berichtigung der Umsatzsteuer verzichten. Durch die Weitergabe des Wechsels an die Bank geschieht dann folgendes:
Der dem Diskontertragskonto des Unternehmens zunächst gutgeschriebene Betrag von 165 € erweist sich infolge des Wechselverkaufs als zu hoch. Für einen Monat Laufzeit des Wechsels wird die Kreditleistung von der Bank erbracht. Deshalb muss der Ertrag korrigiert werden. Nur 110 € stehen dem Unternehmen für die ersten beiden Monate der

---

[81]   Der Diskontsatz kann bei jeder Wechselweitergabe neu zwischen den beteiligten Parteien festgelegt werden und kann vom vorhergehenden Wert abweichen. Wir gehen vereinfachend davon aus, dass er erneut genau auf 6 % p.a. festgelegt wird.

Laufzeit zu. In Höhe von 55 € ist der Diskontertrag an die Bank weiterzuleiten.[82] Die Bank berechnet keine Umsatzsteuer; auf eine Korrektur der dem Kunden berechneten USt wird - wie schon erwähnt - verzichtet.

Buchungssatz:
    Bank   10.945
    Diskontertrag   55   an   Besitzwechsel   11.000

S	Besitzwechsel	H		S	Diskontertrag	H
Ford. L.u.L.	11.000	Bank und Diskontertrag	11.000	Besitzwechsel	55	Ford. L.u.L. 165
	11.000		11.000			

S	Bank	H
Besitzwechsel	10.945	

4) Der Wechsel wird *nach zwei Monaten an einen Vorlieferanten weitergegeben*. Dieser nimmt ihn zahlungshalber für einen Teil der von ihm gelieferten Rohstoffe an. Die restlichen Lieferantenverbindlichkeiten (wir unterstellen hier ursprünglich 22.000 €) bleiben noch offen. Die Buchung ist ähnlich zu der bei der Einreichung des Wechsels bei einer Bank. Statt einer Bankgutschrift erfolgt nun aber eine (anteilige) Tilgung einer Lieferantenverbindlichkeit. Eine wichtige Änderung gegenüber 3) besteht außerdem darin, dass bei dem Vorlieferanten das Wechselgeschäft als Nebenleistung eines Warengeschäfts interpretiert wird, er also auf den Diskont auch Umsatzsteuer berechnen muss. Insofern wird das Unternehmen, welches durch die Weitergabe des Wechsels an den Lieferanten einen Teil seiner Schulden begleicht, für den einen Monat Restlaufzeit unter der Voraussetzung, dass der Vorlieferant ebenfalls 6 % p.a. Diskont berechnet, nicht nur 55 € Diskontertrag an den Vorlieferanten abgeben müssen, sondern auch

---

[82] In der Literatur wird häufig keine Diskontertragskorrektur, sondern ein Diskontaufwand gebucht. Das führt zwar zu demselben Periodenerfolg, ist u.E. aber betriebswirtschaftlich nicht korrekt, da dann zu hohe Erträge ausgewiesen würden. Denn nur für die Zeit, in der die Unternehmung den Wechsel im eigenen Bestand hatte, hat sie die Leistung erbracht und den Ertrag erwirtschaftet. Bei der Buchung des an die nachfolgende Stufe weiterzuleitenden Diskonts als Ertragskorrektur handelt es sich somit nicht um einen Verstoß gegen das Saldierungsverbot des § 246 II HGB, sondern um eine Berichtigung eines ansonsten zu hoch ausgewiesenen Ertrages. Vgl. dazu auch Adler, Hans / Düring, Walther / Schmaltz, Kurt, Rechnungslegung und Prüfung der Unternehmen, Band V, 6. Aufl., Stuttgart 2005, Kommentierung zu § 275 HGB, Rd.-Nr. 161. Nur wenn die Bank mit einem höheren Diskontsatz rechnet, als die Unternehmung ihrem Kunden in Rechnung gestellt hat, fällt u.E. tatsächlich ein zusätzlicher Aufwand an. Man hat dann sowohl Diskontertragskorrektur als auch Diskontaufwand zu buchen. Anders sehen das Adler / Düring / Schmaltz, die auch bei unterschiedlichen Zinssätzen saldieren wollen.

Umsatzsteuer in Höhe von 5,50 € (USt-Satz 10 %). Die Umsatzsteuer, die ein Unternehmen selbst zahlt, wird in der Regel als Vorsteuer erfasst. Unseres Erachtens ist es aber hier logisch konsequenter, im Zusammenhang mit der Diskontertragskorrektur auch eine Korrektur der berechneten Umsatzsteuer vorzunehmen,[83] wobei die Korrektur nicht in der Rückerstattung an den Kunden liegt, sondern vielmehr als Korrektur der Person des Umsatzsteuerberechnenden und damit des gegenüber dem Finanzamt zur Zahllast Verpflichteten zu interpretieren ist. Die Stornobuchung macht deutlich, dass die Umsatzsteuer jetzt nicht mehr von diesem Unternehmen, sondern von einem anderen (dem Vorlieferanten) geschuldet wird. Wir gehen davon aus, dass Diskont und Umsatzsteuer vom Vorlieferanten gesondert in Rechnung gestellt werden. Es ergeben sich damit folgende Buchungen:

Verbindl. L.u.L.		an	Besitzwechsel	11.000
Diskontertrag	55			
USt-Schuld	5,50	an	Verbindl. L.u.L.	60,50

S	Besitzwechsel		H
Ford. L.u.L.	11.000	Verb. L.u.L.	11.000

S	Diskontertrag		H
Verb. L.u.L.	55	Ford. L.u.L.	165

S	Verbindlichkeiten L.u.L.		H
Besitzwechsel	11.000	EBK	22.000
		Diskontertrag u. USt-Schuld	60,50

S	USt-Schuld		H
Verb. L.u.L.	5,50	Ford. L.u.L.	16,50

5) Der Wechsel wird nicht verkauft. ***Nach zwei Monaten Laufzeit*** ist jedoch der ***Zeitpunkt des Abschlusses*** gekommen.

Hier entsteht nun ein Problem, das ausführlicher erst in Kapitel VIII C behandelt werden wird. Wir müssen uns deshalb an dieser Stelle mit wenigen vorgreifenden Bemerkungen und einem Verweis auf die spätere umfassende Darstellung begnügen.

---

[83] In der Praxis findet man aber in der Regel die Buchung der Umsatzsteuer als Vorsteuer, da im allgemeinen alle eingehenden Rechnungen von Vorlieferanten in dieser Art erfasst werden. Insofern vermeidet die Praxis eine Abweichung von den durchgängigen Buchungen der an Lieferanten zu zahlenden Umsatzsteuer. Wenn sie aber Diskontertragskorrekturen bucht, jedoch keine Korrektur der berechneten Umsatzsteuer, nimmt sie dafür aber einen logischen Bruch innerhalb der Buchung in Kauf. Die Alternative, statt dessen Diskontaufwand und Vorsteuer zu buchen und somit auch innerhalb der Buchung konsistent zu verfahren und so zu buchen, wie es bei eingehenden Rechnungen die Regel ist (Aufwand, Vorsteuer), kann jedoch nicht akzeptiert werden, da - wie bereits dargelegt - der Sache nach kein neuer Aufwand entsteht, sondern lediglich Erträge weitergegeben werden. Von dem Ausnahmefall, dass der Vorlieferant insgesamt mehr Diskont berechnet als das Unternehmen selbst vom Kunden erhalten hat, sei dabei abgesehen. In diesem Fall wäre tatsächlich auch die (anteilige) Buchung von Diskontaufwand und Vorsteuer korrekt.

Auf dem Diskontkonto wurden als Ertrag 165 € gebucht. Dieser Betrag stellt den Preis für die gewährte Kreditleistung von drei Monaten dar. Erfolgt ein Abschluss vor Ablauf dieser Kreditfrist, zum Beispiel nach zwei Monaten, so können wir der abzuschließenden Periode nicht den vollen Ertrag zurechnen, weil die Kreditleistung in die nächste Periode hineinreicht. Sie muss also - dem Prinzip verursachungsgemäßer Erfolgsermittlung entsprechend - ebenfalls einen Anteil des Ertrages erhalten. Auch darf der Wechsel nicht mit seinem vollen Nominalwert von 11.000 € bilanziert werden, hat er doch am Abschlusstag nur einen verminderten Wert (10.945 €).

Man kann nun durch Einrichtung eines Kontos **"Wertberichtigungen auf Wechsel"**[84], das ein reines *Korrekturkonto* darstellt, den Wert des Wechsels und gleichzeitig den Diskontertrag berichtigen. Wir werden im VIII. Kapitel auch noch eine andere Korrekturmöglichkeit kennen lernen. Geht man aber den hier beschriebenen Weg, so lauten die Buchungssätze:

1.	Diskontertrag	an	Wertberichtigung auf Wechsel	55
2.	Schlussbilanzkonto	an	Besitzwechsel	11.000
3.	Wertberichtigung auf Wechsel	an	Schlussbilanzkonto	55
4.	Diskontertrag	an	GuV-Konto	110

S	Besitzwechsel	H		S	Diskontertrag	H	
Ford. L.u.L.	11.000	SBK	11.000	Wertber. auf Wechsel	55	Ford. L.u.L.	165
	11.000		11.000	GuV-Konto	110		
					165		165

S	Wertber. auf Besitzwechsel	H		S	Gewinn- und Verlustkonto	H
SBK	55	Diskontertrag	55		Diskontertrag	110
	55		55			

S	Schlussbilanzkonto	H
Besitzwechsel	11.000	Wertber. auf Wechsel 55

---

[84] Zur Zulässigkeit der Buchung auf Wertberichtigungs*konten* bei Kapitalgesellschaften vgl. Kapitel IV E 1.

Im Schlussbilanzkonto ist nun zu erkennen, dass der Wert des Besitzwechsels am Bilanzstichtag noch um 55 € geringer ist als auf der Sollseite ausgewiesen. Eine Abgrenzung der Umsatzsteuer erfolgt - wie bereits dargelegt[85] - nicht!

In der neuen Periode ist das Wertberichtigungskonto auf Wechsel zu eröffnen und sein Anfangsbestand auf das Diskontkonto zu übertragen ("Wertberichtigungen auf Wechsel an Diskonterträge"). Dadurch hat die neue Periode den auf sie entfallenden Diskontertrag gutgeschrieben erhalten. Gleichzeitig ist die Wertberichtigung aufgelöst und damit steht der Wechsel mit vollen 11.000 € in den Büchern, also mit dem Wert, den er in der neuen Periode am Ende der Laufzeit tatsächlich hat.

6) *Wechselprolongation*

In einem weiteren Beispiel sei noch kurz auf einen besonderen Fall im Rahmen des Wechselverkehrs, die sogenannte Prolongation, eingegangen. Von einer Wechselprolongation spricht man, wenn die Laufzeit des Wechsels über die ursprünglich vorgesehene Dauer hinaus verlängert werden soll. Die praktische Handhabung geschieht in der Weise, dass der alte Wechsel gegen einen neuen ausgetauscht wird, dessen Laufzeit durch die neue Kreditfrist gegeben ist. Je nachdem, ob sich der alte Wechsel noch im Besitz des Ausstellers befindet oder nicht, sind zwei Fälle zu unterscheiden:

a. Der zu prolongierende Wechsel ist noch im Besitz des Ausstellers.

Ein Dreimonatsakzept über 11.000 € (einschließlich Umsatzsteuer) soll um weitere zwei Monate prolongiert werden. Der Wechsel sei noch im Besitz des Ausstellers. Dieser erhält dann vom Schuldner gegen Hergabe des alten Wechsels ein neues Akzept (6 % Diskont p.a.).

Buchungssätze:

Forderungen L.u.L.	an	Besitzwechsel (altes Akzept)	11.000
Besitzwechsel (neues Akzept)	an	Forderungen L.u.L.	11.000
Forderungen L.u.L. 121	an	Diskontertrag	110
		USt-Schuld	11

S	Besitzwechsel		H		S	Forderungen L.u.L.		H
EBK	11.000	Ford. L.u.L.	11.000		Besitzwechsel	11.000	Besitzwechsel	11.000
Ford. L.u.L.	11.000				Diskontertrag u. USt-Schuld	121		

---

[85] Siehe Kapitel V C.

S	Diskontertrag	H	S	USt-Schuld	H
	Ford. L.u.L. 110			Ford. L.u.L. 11	

Sieht man von der Buchung des Diskonts ab, so hat sich auf den Konten zahlenmäßig nichts geändert. Man könnte also daran denken, auf die Ausbuchung des alten und die Einbuchung des neuen Akzeptes zu verzichten und es von vornherein bei dem ursprünglichen Bestand auf dem Wechselkonto (11.000 €) zu belassen. Dies ist jedoch nicht zu empfehlen, da der Prolongationsvorgang dann in der Buchhaltung nicht wiedergegeben würde. Eine Ausbuchung des alten und Einbuchung des neuen Wechsels ist in der Praxis allein schon aufgrund des in den Textspalten der Bücher[86] eingebuchten Textes unumgänglich.[87]

b. Der zu prolongierende Wechsel ist bereits weitergegeben.

Ist der Wechsel bereits weitergegeben, so geschieht die Prolongation in der Weise, dass der Aussteller dem Bezogenen gegen einen neuen Wechsel die entsprechenden finanziellen Mittel zur Verfügung stellt, damit dieser den alten Wechsel einlösen kann.

Unter Verwendung der obigen Zahlen ergeben sich folgende Buchungssätze:

```
Besitzwechsel              an  Bank              11.000
Forderungen L.u.L.    121  an  Diskontertrag        110
                               USt-Schuld            11
```

S	Besitzwechsel	H	S	Bank	H
Bank 11.000				Besitzwechsel 11.000	

S	Forderungen L.u.L.	H	S	Diskontertrag	H
Diskontertrag u. USt-Schuld 121				Ford. L.u.L. 110	

S	USt-Schuld	H
	Ford. L.u.L. 11	

---

86 Vgl. hierzu Kapitel X A.

87 Eine Buchung von Prolongationswechseln nicht auf dem Konto "Besitzwechsel", sondern auf einem eigenen Konto ist möglich, aber nicht nötig, wenn die Prolongation durch den Austausch der Wechsel wie dargestellt auf dem Konto "Besitzwechsel" erscheint.

7) *Wechselprotest und Rückgriff*

Wird der Wechsel am Fälligkeitstag weder eingelöst noch prolongiert, so geht er zu Protest. Dabei kann der Wechselinhaber von jedem, der auf der Wechselurkunde unterschrieben und sich damit zur Haftung verpflichtet hat, die Bezahlung des Wechsels verlangen. Er ist also nicht gezwungen, sich an den direkten Vorbesitzer zu wenden. Der Rückgriff ist jedem an dem Wechselgeschäft Beteiligten möglich. Letztlich bleiben dann der Akzeptant, bzw. wenn dieser endgültig ausfällt, der Aussteller haftbar. Wird ein Wechsel zu einem Protestwechsel (Beurkundung durch Notar oder Gerichtsbeamten), so ist er aufgrund des damit verbundenen höheren Risikos, ob die Zahlung dafür noch erfolgen wird, von den übrigen Besitzwechseln zu trennen. Der Wechselinhaber würde ihn also auf ein Konto "Protestwechsel" umbuchen bzw. derjenige, der in Regress genommen wird, ihn nach Bezahlung und Quittierung durch den Regressnehmer auf einem Konto "Protestwechsel" einbuchen. Dort wird er erfasst, solange ihm noch ein Wert zugemessen wird, weil der Besitzer seinerseits wieder bei einem anderen Rückgriff nehmen kann. Ist das nicht mehr der Fall, so verliert er seinen Wert als Forderung und muss demnach abgeschrieben werden.[88] Dabei ist jedoch zu bedenken, dass die Forderungssumme bei einem Warenwechsel sich ja ursprünglich aus einem Warennettobetrag plus Umsatzsteuer zusammengesetzt hat (im Beispiel oben waren das Umsatzerlöse in Höhe von 10.000 € plus 1.000 € USt-Schuld beim Aussteller des Wechsels). Wird also die Wechselforderung nicht bezahlt, so lebt die ursprüngliche Warenforderung wieder auf, die abzuschreiben ist, wenn keine Aussicht auf Bezahlung mehr existiert. Als Abschreibungsaufwand, der den Periodenerfolg belastet, werden dann die 10.000 € Nettoerlös gebucht. Die nicht mehr eingehenden 1.000 € Umsatzsteuer dagegen belasten nicht die Unternehmung, sondern werden nur von der dem Finanzamt zu zahlenden Umsatzsteuer abgezogen.

Der Wechselprotest verursacht regelmäßig Nebenkosten, so zum Beispiel Notargebühren, Zinsen und sonstige Auslagen. Der Wechselinhaber, dem die Kosten entstehen, kann die dabei anfallende Umsatzsteuer als Vorsteuer buchen. Im Wege des Rückgriffs wird er die Nebenkosten dem Regresspflichtigen in Rechnung stellen. Zu beachten ist dabei jedoch, dass sie umsatzsteuerrechtlich dann aber als Schadensersatz zu behandeln sind und demnach nicht der Umsatzsteuer unterliegen (BdF-Mitteilung vom 01.04.1986, BStBl. I 1986, S. 149 - 151, hier S. 150). Der Rückgriff erfolgt dann also nur in Höhe der Nettobeträge ohne Umsatzsteuer (diese lässt sich der Wechselinhaber im Wege des Vorsteuerabzugs vom Finanzamt erstatten).

Wir verdeutlichen die Buchung beim Wechselprotest und Rückgriff nun an einem Beispiel:
Der Wechsel sei am Ende der Laufzeit im Besitz des Vorlieferanten des Wechselausstellers. Er wird am Fälligkeitstag vom Akzeptanten nicht eingelöst, woraufhin der Vorlieferant durch einen Notar Protest erheben lässt. Der Notar berechnet dafür 100 €

---

[88] Zur Abschreibung auf Forderungen vgl. ausführlicher Kapitel VIII B.

zuzüglich 10 € Umsatzsteuer. Sonstige Protestkosten (Porto und andere Auslagen) seien in Höhe von 20 € plus 2 € Umsatzsteuer angefallen. Der Wechselinhaber bucht zunächst den Besitzwechsel auf Protestwechsel um und die sofort von ihm bar bezahlten Nebenkosten:

Protesterhebung durch den Vorlieferanten (Wechselinhaber):

Protestwechsel	11.000	an	Besitzwechsel	11.000
Nebenkosten des Zahlungsverkehrs (sonst. betriebl. Aufwand)	120			
Vorsteuer	12	an	Kasse	132

Dann nimmt der Vorlieferant Rückgriff auf den Wechselaussteller. Dieser bezahlt sowohl die 11.000 € für den Wechsel als auch den Nettobetrag der Protestnebenkosten in Höhe von 120 € durch Banküberweisung. Sonstige eigene Aufwendungen durch die Protestabwicklung stellt der Vorlieferant ihm kulanterweise nicht in Rechnung.

Der Vorlieferant bucht beim Rückgriff:

Bank	11.120	an	Protestwechsel	11.000
			Nebenkosten des Zahlungsverkehrs (sonst. betriebl. Aufwand)	120

Der Aussteller des Wechsels hofft zunächst noch auf Erstattung der Ausgaben durch den Akzeptanten - seinen Kunden. Er bucht deshalb den Wechsel, den er sich mit dem beurkundeten Protest und einer Quittung über seine Zahlung vom Vorlieferanten hat aushändigen lassen (vgl. auch Art. 50 Wechselgesetz), als Protestwechselbestand ein. Die von ihm bezahlten Nebenkosten betrachtet er ebenfalls nur als durchlaufenden Posten, da er sie direkt dem Akzeptanten weiterbelastet.

Der Aussteller bucht:

Protestwechsel	11.000			
sonst. betr. Aufwand	120	an	Bank	11.120
sonstige Forderungen	120	an	sonst. betr. Aufwand	120

Muss der Wechselaussteller nun aber feststellen, dass vom Akzeptanten tatsächlich keinerlei Zahlung mehr zu erwarten ist, so wird er sowohl die im Wechsel enthaltene Forderung als auch die Forderung aus den Protestnebenkosten abschreiben, also als Aufwand buchen. Wie schon dargelegt, wird der im Warenwechsel ursprünglich mitkreditierte Umsatzsteuerbetrag herausgerechnet und als Umsatzsteuerkorrektur erfasst.

Die Buchung beim Aussteller lautet dann:

Abschreibung auf Forderungen (Aufwand)	10.120			
USt-Schuld	1.000	an	Protestwechsel	11.000
			sonst. Forderungen	120

Wir kommen nun zur Betrachtung der **Schuldwechsel**. Dabei handelt es sich um von der Unternehmung akzeptierte Wechsel, die sich noch im Umlauf befinden.

Der von der Unternehmung zu zahlende Diskont stellt einen Aufwand dar und ist als solcher zu buchen. Erstreckt sich die Laufzeit des Wechsels über mehr als eine Rechnungsperiode, so muss der Diskontaufwand verursachungsgerecht auf die betreffenden Perioden verteilt werden. Wir werden uns im Kapitel VIII C ausführlich mit diesen Fragen auseinandersetzen und können uns hier mit der Verweisung begnügen. Die Tatsache, dass der Diskontaufwand in der Praxis auch im Falle seiner Erstreckung auf mehrere Perioden häufig in der ersten Periode voll gebucht wird, kann die grundsätzliche Unrichtigkeit eines solchen Vorgehens nicht verdecken.

Liegt dem Wechsel ein Warengeschäft zugrunde und ist der Aussteller kein Kreditinstitut, so sind die Diskonte mit Umsatzsteuer belastet, und dem Akzeptanten wird die Gesamtsumme in Rechnung gestellt. Die Umsatzsteuer stellt dann eine Vorsteuer dar. Im Gegensatz zum Diskont wird dieser Betrag nicht abgegrenzt, wenn der Wechsel in die folgende Periode hinüberreicht. Ein Beispiel zur Buchung von Schuldwechseln liefert uns das schon zu Anfang vorgestellte Beispiel, wenn wir es aus Sicht des Kunden betrachten:

Der Kunde hatte Waren im Wert von 11.000 € (inklusive Umsatzsteuer) erhalten und auch schon eine entsprechende Verbindlichkeit gebucht. Diese soll nun durch einen Wechsel über denselben Betrag, Laufzeit drei Monate und darauf berechneten Diskont in Höhe von 6 % p.a., ausgeglichen werden. Diskont und darauf entfallende Umsatzsteuer werden gesondert in Rechnung gestellt. Der Kunde akzeptiert und bucht:

Verbindl. L.u.L.	11.000	an	Schuldwechsel	11.000
Diskontaufwand	165			
Vorsteuer	16,50	an	Verbindl. L.u.L.	181,50

S	Verbindlichkeiten L.u.L.		H		S	Schuldwechsel	H
Schuldwechsel 11.000		EBK	11.000			Verb. L.u.L.	11.000
		Diskontaufwand und					
		Vorsteuer	181,50				

S	Diskontaufwand	H		S	Vorsteuer	H
Verb. L.u.L.	165			Verb. L.u.L.	16,50	

Wenn der Kunde den Diskontaufwand und die Vorsteuer überweist, bucht er:

    Verbindl. L.u.L.   an   Bank   181,50

Entsprechend wird bei Bezahlung der Wechselschuld gebucht:

    Schuldwechsel   an   Bank   11.000

Ob und wie oft der Wechsel zwischenzeitlich den Besitzer gewechselt hat, interessiert den Akzeptanten buchhalterisch nicht. Die einzige Ausnahme davon würde bestehen, wenn der Wechsel von einer Bank diskontiert würde und dabei eine Rückerstattung der Umsatzsteuer auf den Diskont erfolgte, wovon wir - wie bereits ausgeführt - jedoch bewusst absehen wollten.

VIII. Vorbereitende Abschlussbuchungen und Hauptabschlussübersicht

A. Außerplanmäßige Abschreibungen und Zuschreibungen

Im Kapitel IV haben wir uns bereits mit den planmäßigen Abschreibungen auf das abnutzbare Anlagevermögen beschäftigt. Nun kann der Fall eintreten, dass zusätzlich zu den im Abschreibungsplan erfassten Wertminderungen unerwartete außerplanmäßige Wertminderungen zu verzeichnen sind. Das kann beispielsweise aufgrund eines Brandschadens oder eines anderen Unfalls geschehen. Solche Wertminderungen können außerdem nicht nur das abnutzbare Anlagevermögen, sondern auch nicht abnutzbares Anlagevermögen (zum Beispiel ein Baugrundstück) und auch Umlaufvermögen (zum Beispiel Material) treffen. Nach § 253 III HGB gilt bei nicht im Abschreibungsplan berücksichtigten unerwarteten Wertminderungen im *Anlagevermögen* generell, dass sie außerplanmäßige Abschreibungen erforderlich machen, wenn sie von Dauer sind. Bei nur vorübergehender Wertminderung besteht nur für Finanzanlagen ein Abwertungswahlrecht. Bei Sachanlagen ist in diesem Fall eine außerplanmäßige Abschreibung verboten, wodurch das Bilden "stiller Reserven" möglichst verhindert werden soll. Für *Umlaufvermögen* gilt nach § 253 IV HGB generell die Pflicht zur Durchführung einer (außerplanmäßigen) Abschreibung,[89] wenn eine Wertminderung gegenüber dem bilanziellen Wert eingetreten ist. Gemäß § 277 III HGB müssen Kapitalgesellschaften außerplanmäßige Abschreibungen nach § 253 III Satz 3 und 4 HGB jeweils gesondert ausweisen[90] oder im Anhang angeben. Auch für Nichtkapitalgesellschaften, die nicht dazu verpflichtet sind, ist die Information von Interesse, wie hoch die außerplanmäßigen Aufwendungen der Periode sind. Aus diesem Grund ist generell das Führen eines gesonderten Kontos für die Buchung der außerplanmäßigen Abschreibungen angebracht. Die Buchungstechnik unterscheidet sich nicht von der bei planmäßigen Abschreibungen (vgl. Kapitel IV E). Sie können ebenfalls direkt oder indirekt gebucht werden, wobei Kapitalgesellschaften im Jahresabschluss selbst aber keine passiven Wertberichtigungsposten ausweisen dürfen. Bei indirekter Abschreibung wären also noch eine entsprechende Abschlussbuchung und die Verrechnung der Wertberichtigungskonten mit den dazugehörigen Vermögenskonten erforderlich.

---

[89] Das Umlaufvermögen kennt nur außerplanmäßige Abschreibungen.

[90] Nach Adler / Düring / Schmaltz kann das wahlweise in einem Extraposten in der GuV-Rechnung oder in einem "davon"-Unterposten zu dem jeweiligen Aufwandsposten geschehen. Vgl. Adler, Hans / Düring, Walther / Schmaltz, Kurt, Rechnungslegung und Prüfung der Unternehmen, Band V, 6. Aufl., Stuttgart 2005, Kommentierung zu § 277 HGB, Rd.-Nr. 48f.

Beispiel: Ein Baugrundstück steht mit 100.000 € zu Buche. Es wird bekannt, dass in unmittelbarer Nähe des Grundstücks eine Chemiefabrik errichtet werden soll. Das Bauland verliert dadurch enorm an Wert. Es wird nur noch auf 40.000 € geschätzt.

Buchungssatz bei direkter Abschreibung:

   außerplanmäßige
   Abschreibungen auf
   Sachanlagen 60.000 an Grundstücke 60.000

S	Grundstücke		H		S	außerplanm. Abschr. auf SA	H
EBK	100.000	apl. Abschr. auf SA	60.000		Grundstücke	60.000	

Am Periodenende wird das Konto "außerplanmäßige Abschreibungen auf Sachanlagen" dann auf das GuV-Konto und das Konto "Grundstücke" auf das Schlussbilanzkonto abgeschlossen.

Bei indirekter Buchung ist ein drittes Konto einzurichten. Dieses Konto "Wertberichtigungen auf Grundstücke" ist am Periodenende auf die Habenseite des Schlussbilanzkontos abzuschließen.[91] Die Buchung der Abschreibung lautet dann:

   außerplanmäßige
   Abschreibungen auf
   Sachanlagen 60.000 an Wertber. auf
                 Grundstücke 60.000

S	Grundstücke	H		S	Wertber. auf Grundstücke	H
EBK	100.000				apl. Abschr. auf SA	60.000

S	außerplanm. Abschr. auf SA	H
Wertber. auf Grundstücke	60.000	

---

[91] Für die Schlussbilanz der Kapitalgesellschaften müsste es dann noch mit dem Konto "Grundstücke" saldiert werden; siehe oben.

Wertschwankungen können aber auch in umgekehrter Richtung auftreten, also als Werterhöhung. In diesem Fall gilt, dass der niedrigere Wertansatz, der sich aus vorangegangenen, außerplanmäßigen Abschreibungen ergeben hat, nicht beibehalten werden darf, wenn die Gründe dafür nicht mehr bestehen.[92] Wird eine **_außerplanmäßige Abschreibung wieder rückgängig_** gemacht, so nennt man diesen Vorgang eine **_Zuschreibung_**. Planmäßige Abschreibungen dürfen nicht wieder zugeschrieben werden. Der höchstmögliche Wertansatz beim abnutzbaren Anlagevermögen ist damit der um bisherige planmäßige Abschreibungen verminderte Anschaffungs- bzw. Herstellungswert, beim nicht abnutzbaren Anlagevermögen sowie beim Umlaufvermögen der Anschaffungs- oder Herstellungswert.

Die Zuschreibung führt zu einem Ertrag, der auf einem eigenen Konto im Haben gebucht wird. Als Gegenbuchung erscheint die Werterhöhung auf der Sollseite des Vermögenskontos bzw. bei vorheriger indirekter Buchung der Abschreibungen auf der Sollseite des zugehörigen Wertberichtigungskontos.

Nehmen wir als Fortsetzung des oben angeführten Beispiels an, dass sich eine Bürgerinitiative gebildet hat, die erreichen konnte, dass die Chemiefabrik auf dem besagten Nachbargrundstück nicht errichtet wird. Statt dessen wird das Gelände zu einem Naturschutzgebiet erklärt, wodurch der Wohnwert des umliegenden Geländes erheblich steigt. Das ursprünglich einmal für 100.000 € eingekaufte Baugrundstück hätte bei Verkauf nun einen Marktwert von 150.000 €. Es soll eine Zuschreibung erfolgen.
Die Zuschreibung ist nur bis zu einer Höhe von 100.000 € (Anschaffungswert) erlaubt. Die Differenz bis zum erzielbaren Marktwert, die 50.000 € beträgt, stellt einen unrealisierten Gewinn dar und darf somit nicht in den Büchern erscheinen. Erst wenn tatsächlich durch einen Verkauf des Grundstücks über dem Buchwert ein Gewinn realisiert würde, würde dieser auch im externen Rechnungswesen ausgewiesen werden (vgl. Kapitel IV).

Die Buchung bei vorheriger direkter Abschreibung lautet:

> Grundstücke 60.000 an Zuschreibungs-
> erträge auf
> Sachanlagen 60.000

---

[92] Ausschließlich für einen niedrigeren Wertansatz eines entgeltlich erworbenen Geschäfts- oder Firmenwertes gibt es eine Ausnahme: Dieser muss gemäß § 253 V HGB sogar beibehalten werden.

S	Grundstücke		H		S	Zuschreibungserträge auf SA	H
EBK	100.000	apl. Abschr.				Grundstücke	60.000
Zuschrei- bungserträge auf SA	60.000	auf SA	60.000				

Die Buchung bei vorheriger indirekter Abschreibung lautet:

    Wertber. auf
    Grundstücke   60.000 an Zuschreibungs-
                                      erträge auf
                                      Sachanlagen   60.000

S	Grundstücke	H		S	Wertberichtigung auf Grundstücke	H
EBK	100.000			Zuschreibungs- erträge auf SA 60.000	apl. Abschr. auf SA 60.000	

S	Zuschreibungserträge auf SA	H
	Wertber. auf Grundstücke 60.000	

In der für Kapitalgesellschaften geltenden Gliederung der GuV-Rechnung gehören die Zuschreibungserträge zu den sonstigen betrieblichen Erträgen, sofern sie nicht als außerordentliche Erträge separat auszuweisen sind. In beiden Fällen können sie dort mit ebenfalls unter diesen Posten auszuweisenden anderen Erträgen wie zum Beispiel ordentlichen oder außerordentlichen Mieterträgen wertmäßig zusammengefasst sein. Insofern ist es zumindest eine kleine Hilfe für den Leser des Jahresabschlusses, dass der Gesetzgeber in § 268 II HGB für das Anlagevermögen einen Ausweis der in der jeweiligen Periode vorgenommenen Zuschreibungen im Anlagespiegel zur Bilanz oder im Anhang vorschreibt. Für die Buchhaltung finden wir aber zur besseren Information einen separaten Ausweis der Zuschreibungserträge auf einem eigenen Ertragskonto sinnvoll. Da in diesem Buch stets nur der Kontenabschluss bis zum GuV-Konto durchgeführt wird, gilt hier unabhängig von der Gesellschaftsform, dass das Konto "Zuschreibungserträge" dann direkt in das GuV-Konto abgeschlossen werden soll.[93]

---

[93] Kapitalgesellschaften könnten das Konto "Zuschreibungserträge" schon im Hinblick auf die nach § 275 HGB geforderte Gliederung der GuV-Rechnung als ein Unterkonto zu den sonstigen betrieblichen Erträgen behandeln und darüber in das GuV-Konto abschließen.

B. Abschreibungen auf Forderungen

Die Abschreibungen auf Forderungen unterscheiden sich in ihrem Wesen grundsätzlich von den Abschreibungen auf Anlagen. Während es bei letzteren an erster Stelle um die verursachungsgemäße Verteilung eines größeren Nutzungsvorrates auf die Perioden der Nutzung geht,[94] bilden die Forderungen keinen solchen verteilungsbedürftigen Bestand. Auch das Verursachungsprinzip wird im Falle der Forderungsabschreibungen nur teilweise berührt.

Bei den Abschreibungen auf Forderungen handelt es sich vielmehr um einen Problemkreis, der in hohem Maße vom Vorsichtsprinzip beherrscht ist. Man hat am Ende einer Periode die Frage zu stellen, welche Verluste den noch vorhandenen Forderungsbestand bedrohen. Soweit mit dem Nichteingang von Forderungen gerechnet werden muss, sind Abschreibungen vorzunehmen, um in der Schlussbilanz keinen zu hohen Vermögenswert[95] und - meist als Sekundäreffekt - in der GuV-Rechnung keinen überhöhten Gewinn auszuweisen. Das Vorsichtsprinzip deckt sich nur dann mit einer verursachungsgerechten Erfolgsermittlung, wenn man bereits in der Periode, aus der die Forderungen stammen, Abschreibungen vornimmt.[96] Werden Abschreibungen auf Forderungen der Vorperiode vorgenommen, so ist der ausgewiesene Erfolg dieser Vorperioden nicht mehr zu verändern. Um in der Periode, in der die Abschreibung durchgeführt wird, zu dokumentieren, dass die Verursachung in einer anderen Periode liegt, bleibt daher nur der Weg, den Abschreibungsaufwand als periodenfremd zu buchen.

1. Die Einzelabschreibung von Forderungen

Um die drohenden Forderungsverluste feststellen zu können, kann man verschiedene Wege gehen, die in der Praxis zum Teil nebeneinander beschritten werden. So ist es zunächst möglich, jede Forderung individuell auf das in ihr liegende spezielle Risiko zu prüfen, um dann zu entscheiden, ob sie gefährdet ist und in welcher Höhe gegebenenfalls eine Abschreibung erfolgen soll. Spezielle Risiken sind unmittelbar mit der einzelnen Forderung verbunden und liegen in der Person des Schuldners bzw. in den besonde-

---

[94] Ausnahmen davon bilden die im vorherigen Abschnitt besprochenen außerplanmäßigen Abschreibungen auf Sachanlagen.

[95] Derselbe Gedanke liegt den außerplanmäßigen Abschreibungen auf Sachanlagen zugrunde.

[96] Dabei wird vorausgesetzt, dass zwischen einer einzelnen Forderung und dem sich bei ihr ergebenden Forderungsverlust überhaupt ein hinreichender Kausalzusammenhang besteht.

ren Gegebenheiten des Schuldverhältnisses. Zu ihnen zählen das Risiko einer ausfallenden oder verzögert eingehenden Forderung, das Risiko der Kostenentstehung im Falle der Eintreibung einer Forderung und das Wechselkursrisiko einzelner Forderungen.

Die Prüfung der Forderungen auf deren Bonität führt zu einer Unterscheidung zwischen drei Forderungsgruppen. Die erste Gruppe umfasst alle Forderungen, bei denen man keine Zahlungsausfälle erwartet und die deshalb auf dem **Forderungskonto** verbleiben. Die gefährdeten, zweifelhaften ("dubiosen") Forderungen sondert man in voller Höhe - also inklusive Umsatzsteuer - aus und überträgt sie auf ein gesondertes Konto **"Dubiose"**. Sie bilden die zweite Gruppe der Forderungen.[97] Den Teil der dubiosen Forderungen, den man aufgrund auch objektiv nachprüfbarer Kriterien über die Zahlungsschwierigkeiten des Schuldners, wie zum Beispiel bei mehrfacher erfolgloser Mahnung oder sogar Eröffnung eines Insolvenzverfahrens als uneinbringlich ansieht, schreibt man ab (dritte Gruppe).[98] Man spricht in einem solchen Fall von einer **Einzelabschreibung** oder **Einzelwertberichtigung** der Forderungen. Der Begriff Einzelwertberichtigung ist hier jedoch nicht ganz glücklich, weil nicht die Bildung eines bilanziellen Wertberichtigungspostens gemeint ist, sondern der ursprüngliche Wortsinn, nämlich die Berichtigung von Vermögenswerten auf direkte oder indirekte Weise. Nur wenn man den indirekten Weg der Abschreibung wählt, entsteht tatsächlich auch eine Position "Wertberichtigung" in der Bilanz.

Um die Buchung der Einzelabschreibung von Forderungen zeigen zu können, gehen wir von folgendem Beispiel aus: Es bestehen Forderungen in Höhe von 80.000 € netto, auf dem Konto "Forderungen aus Lieferungen und Leistungen" ist demnach ein Bestand von 88.000 € (inklusive USt) ausgewiesen. Im Rahmen der Abschlussarbeiten werden 7.700 € derselben (= 7.000 € netto + 700 € USt) als dubios ausgesondert. Von diesen 7.700 € werden wiederum 4.400 € als uneinbringlich angesehen. Zu beachten ist, dass sich aufgrund der Uneinbringlichkeit von Forderungen auch die Bemessungsgrundlage der Steuer vermindert.[99] Der zunächst gebuchte und demnach auch als Schuld gegenüber dem Finanzamt auszuweisende Umsatzsteuerbetrag wird bei einem endgültigen Forderungsausfall ebenfalls nicht bezahlt werden. Deshalb wird er korrigiert, wodurch die Schuld dem Fiskus gegenüber entsprechend angepasst wird. Die Umsatzsteuerschuld reduziert sich bei uneinbringlichen Forderungen um den in ihnen enthaltenen Umsatzsteueranteil.

---

[97] Anhaltspunkte für das Erkennen gefährdeter, zweifelhafter Forderungen sind zum Beispiel negative Auskünfte über die Zahlungsverhältnisse des Kunden, erfolglose Mahnungen, die Nichteinlösung von Schecks oder Wechseln.

[98] Die Abschreibung erfolgt vom Nettobetrag. Umsatzsteuer darf erst bei Uneinbringlichkeit einer Forderung, z.B. bei dokumentierter langfristiger Zahlungsunwilligkeit oder Insolvenzverfahren, korrigiert werden. Vgl. BFH-Urteil vom 31.5.2001.

[99] Vgl. § 17 II Nr. 1 UStG.

Wichtig ist, dass die Umsatzsteuerschuld aber tatsächlich erst dann korrigiert werden darf, wenn der Ausfall der Forderung (bzw. eines Teils der Forderung) sicher ist. Davon ist bei einer objektiv festgestellten Uneinbringlichkeit einer Forderung, z.B. bei mehrfacher erfolgloser Mahnung, nach erfolgloser Zwangsvollstreckung, bei Eröffnung eines Insolvenzverfahrens oder auch bei eigenem Forderungsverzicht auszugehen. Anderenfalls wird man aus Vorsichtsgründen wohl den entsprechenden Betrag vom Nettowert der Forderung abschreiben (im Beispiel 4.000 €; die dubiosen Forderungen stehen dann nur noch mit netto 7.000 € - 4.000 € = 3.000 € zu Buche); die Umsatzsteuer wird aber zunächst weiter mit 8.000 € in der ursprünglichen Höhe ausgewiesen (also für die abgeschriebenen dubiosen Forderungen anteilig nach wie vor mit 700 €, da ja keine Korrektur darauf erfolgt). Im obigen Beispiel ist also wie folgt zu buchen:

a. Direkte Abschreibungen auf Forderungen

Buchungssätze zu den Zahlen des obigen Beispiels:

1. Umbuchen auf Dubiose:
   Dubiose   an   Forderungen L.u.L.   7.700

2. Abschreiben der uneinbringlichen Forderungsbeträge, USt-Korrektur bei sicherer Uneinbringlichkeit:
   Abschreibungen auf
   Forderungen   4.000
   USt-Schuld   400   an   Dubiose   4.400

   Abschlussbuchungen:

3. Schlussbilanzkonto   an   Forderungen L.u.L.   80.300

4. Schlussbilanzkonto   an   Dubiose   3.300

5. GuV-Konto   an   Abschreibungen
                                           auf Forderungen   4.000

6. USt-Schuld   an   Schlussbilanzkonto   7.600

S	Forderungen L.u.L.	H		S	Dubiose		H
Warenverkauf		1)Dubiose	7.700	1)Ford. L.u.L.	7.700	2)Abschr. auf	
u. USt-Schuld	88.000	3)SBK	**80.300**			Forderungen	
	88.000		88.000			u. USt-Schuld	4.400
						4)SBK	**3.300**
					7.700		7.700

S	Abschreibungen auf Forderungen	H		S	USt-Schuld		H
2)Dubiose	4.000	**5)GuV-Konto**	**4.000**	2)Dubiose	400	Ford. L.u.L.	8.000
	4.000		4.000	**6)SBK**	**7.600**		
					8.000		8.000

S	Gewinn- und Verlustkonto	H		S	Schlussbilanzkonto		H
5)Abschr. auf				3)Ford. L.u.L.	80.300	6)USt-Schuld	7.600
Forderungen	4.000			4)Dubiose	3.300		

Ist der Forderungsausfall in Höhe von 4.000 € netto nur wahrscheinlich, aber noch nicht sicher, so darf - wie oben ausgeführt - die Umsatzsteuer noch nicht korrigiert werden. Dann reduziert sich der Buchungssatz 2. auf:

    2.   Abschreibungen
          auf Forderungen   4.000   an   Dubiose   4.000

und die berechnete Umsatzsteuer ist zum Schluss noch um 400 € höher ausgewiesen. Alle anderen Buchungssätze bleiben unverändert.

    b.   Indirekte Abschreibungen auf Forderungen

Sehr häufig bedient man sich der indirekten Abschreibung auf Forderungen.[100] Hierbei bleibt der Wert der dubiosen Forderung voll erhalten, und es tritt dem Konto auf der Passivseite der Bilanz ein Korrekturkonto "Wertberichtigung auf Forderungen" oder "Delkredere-Wertberichtigungen" gegenüber. Die Buchungssätze zu obigem Beispiel lauten:

    1.   Dubiose   an   Forderungen L.u.L.   7.700

---

[100] Auch für die Forderungsabschreibungen gilt, dass Kapitalgesellschaften sie zwar indirekt buchen können, in der Bilanz aber keine passiven Wertberichtigungsposten ausweisen dürfen. Bei indirekter Buchung müssen sie für den Jahresabschluss deshalb die Wertberichtigung mit den dazugehörigen Forderungen (Dubiose) saldieren.

2.	Abschreibungen auf				
	Forderungen	4.000			
	USt-Schuld	400	an	Delkredere-	
				Wertberichtigungen	4.400
3.	Schlussbilanzkonto		an	Forderungen L.u.L.	80.300
4.	Schlussbilanzkonto		an	Dubiose	7.700
5.	Delkredere-				
	Wertberichtigungen		an	Schlussbilanzkonto	4.400
6.	GuV-Konto		an	Abschreibungen	
				auf Forderungen	4.000
7.	USt-Schuld		an	Schlussbilanzkonto	7.600

S	Forderungen L.u.L.		H	S	Dubiose		H
Warenverkauf		1)Dubiose	7.700	1)Ford. L.u.L.	7.700	**4)SBK**	**7.700**
u. USt-Schuld	88.000	**3)SBK**	**80.300**		7.700		7.700
	88.000		88.000				

S	Delkredere-Wertberichtigungen		H	S	Abschreibungen auf Forderungen		H
5)SBK	**4.400**	2)Abschr. auf		2)Delkredere-		**6)GuV-Konto**	**4.000**
		Forderungen		Wertbericht.	4.000		
		u. USt-Schuld	4.400		4.000		4.000
	4.400		4.400				

S	USt-Schuld		H	S	Gewinn- und Verlustkonto		H
2)Delkredere-		Ford. L.u.L.	8.000	6)Abschr. auf			
Wertbericht.	400			Forderungen	4.000		
7)SBK	**7.600**						
	8.000		8.000				

S	Schlussbilanzkonto		H
3)Ford. L.u.L.	80.300	**5)Delkredere-**	
4)Dubiose	**7.700**	Wertbericht.	4.400
		7)USt-Schuld	7.600

Bei nur wahrscheinlichem, aber noch nicht sicherem Forderungsausfall gilt auch hier wieder, dass die Umsatzsteuerkorrektur dann noch nicht möglich ist. Buchungssatz 2. würde dann lauten:

    2. Abschreibungen auf
       Forderungen   4.000   an   Delkredere-
                                                        Wertberichtigungen   4.000

Die Umsatzsteuerschuld wäre in diesem Fall mit 8.000 € ins Schlussbilanzkonto zu übernehmen.

Bei direkter und indirekter Buchung der Abschreibungen gilt gleichermaßen: Sollte die **Forderung**, die unsicher geworden ist und die es abzuschreiben gilt, **aus der Vorperiode** stammen, so wäre es hinsichtlich der Verursachung richtig, den Abschreibungsaufwand als periodenfremd zu kennzeichnen (siehe dazu die Ausführungen zu Anfang dieses Kapitels).[101]

Gehen schließlich Forderungsbeträge ein, so sind sie auszubuchen. Der einfachste Fall ergibt sich, wenn die *geschätzten Forderungsverluste mit den effektiv realisierten übereinstimmen*. In unserem Beispiel ist das der Fall, wenn bei erwartetem sicheren Forderungsausfall tatsächlich auch 4.400 € der dubiosen Forderungen verloren gehen und 3.300 € eingezahlt werden.
Der Buchungssatz lautet dann bei direkter Buchung:

    Bank   3.300   an   Dubiose   3.300

Bei indirekter Buchung ist zu buchen:

    Bank   3.300
    Delkredere-
    Wertberichtigungen   4.400   an   Dubiose   7.700

---

[101] Auch wenn der Gesetzgeber keinen gesonderten Posten für periodenfremde Aufwendungen oder Erträge in der GuV-Rechnung vorsieht (vgl. § 275 HGB) und eine Erläuterung ihres Betrages und ihrer Art nur im Anhang vorgeschrieben ist, wenn sie hinsichtlich der Beurteilung der Ertragslage nicht von untergeordneter Bedeutung sind, halten wir es hinsichtlich eines periodengerechten Erfolgsausweises für sinnvoll, für diese *periodenfremden Forderungsabschreibungen* ein separates Konto zu führen. Für die GuV-Rechnung der Kapitalgesellschaft würde dann zum Jahresabschluss der dort ausgewiesene Betrag den sonstigen, periodenzugehörigen Abschreibungen auf Forderungen (Position 8 bzw. 7b) nach § 275 II HGB, Position 7 oder 15 nach § 275 III HGB) zugerechnet. Bei einer relativ unbedeutenden Forderung ist diese Vorgehensweise aus Gründen der Praktikabilität evtl. nicht zu empfehlen, da eine Unterscheidung zwischen periodenzugehörigem und periodenfremdem Abschreibungsaufwand unter Umständen sehr arbeitsintensiv sein kann. Im Falle größerer Forderungsverluste, wie sie beispielsweise bei exportorientierten Unternehmen häufiger auftreten können, zeigt sich aber, wie wichtig eine genaue Periodenbezeichnung für den Informationsgehalt des Jahresabschlusses sein kann.

Bei Realisierung des Forderungsverlustes darf dieser also nicht nochmals auf einem Abschreibungskonto als Aufwand gebucht werden. Das wäre deshalb falsch, weil ja die buchhalterische Berücksichtigung des erfolgswirksamen Vorgangs bereits stattgefunden hat.

Ähnlich wie bei den Abschreibungen auf Anlagen führen die unvollkommene Information und unter Umständen der Wunsch nach Gewinnmanipulierung jedoch meist zu einer ungenauen Schätzung der Forderungsverluste.
Ist der **Verlust geringer als erwartet**, so war die Aufwandsbelastung in der Abschreibungsperiode zu hoch. Es entstand im Vermögensgut "Forderungen" bzw. "Dubiose" eine stille bzw. versteckte Reserve. Die stille (versteckte) Reserve wird durch den Eingang des Betrages aufgelöst. Je nachdem, wann die **zu hohe Abschreibung** erfolgt war, ist unterschiedlich zu buchen: Ist sie erst in dieser laufenden Periode vorgenommen worden, so ist das Abschreibungskonto noch offen und man kann die zu hohe Abschreibung korrigieren. Für obiges Beispiel würde die Buchung in dem Fall, dass statt der erwarteten 3.300 € doch 5.500 € eingehen, so lauten:

Bank	5.500	an	Dubiose	3.300
			Abschreibungen	
			auf Forderungen	2.000
			USt-Schuld	200

Es wird also der zu hohe Abschreibungsaufwand durch eine Habenbuchung korrigiert und die aufgrund des unterstellten sicheren Forderungsausfalls[102] zunächst reduzierte Umsatzsteuer wieder um 200 € erhöht. Die dubiose Forderung ist auszubuchen.

Bei indirekter Buchung würde der Forderungsausfall so erfasst:

Bank	5.500			
Delkredere-Wertberichtigungen	4.400	an	Dubiose	7.700
			Abschreibungen	
			auf Forderungen	2.000
			USt-Schuld	200

Sollte der erwartete Forderungsausfall nicht sicher, sondern wahrscheinlich gewesen sein, so wäre bislang noch keine Umsatzsteuerkorrektur vorgenommen worden. Die den dubiosen und teilweise bereits abgeschriebenen Forderungen zuzurechnende Umsatzsteuer würde noch in voller Höhe mit 700 € zu Buche stehen (siehe Beispiel oben). Der

---

[102] Sicherer Forderungsausfall könnte zum Beispiel infolge eines Forderungsverzichts gebucht worden sein. Für unser Beispiel nehmen wir an, dass nach erfolgreicher Sanierung des Schuldnerunternehmens die bereits abgeschriebenen Forderungen doch noch bezahlt werden.

Nettoforderungsbetrag wäre durch die vorangegangene Abschreibung jedoch bereits auf 3.000 € gekürzt worden. Gehen nun 5.500 € (= 5.000 € netto + 500 € USt) auf die Forderung ein, so wäre zum einen der Abschreibungsaufwand um 2.000 € zu korrigieren, zum anderen die noch unverändert mit 700 € ausgewiesene Umsatzsteuer jetzt tatsächlich zu kürzen. Sehen wir uns diese Forderungsentwicklung nochmals im Zusammenhang an, so können wir folgende Buchungssätze zusammenstellen:

1. Forderung über 7.700 € (= 7.000 + 700 USt) wird dubios:

    Dubiose   an   Forderungen L.u.L.   7.700

2. Erwarteter, aber noch nicht sicherer Forderungsausfall in Höhe von 4.000 € netto:

    Abschreibungen auf
    Forderungen   4.000   an   Dubiose   4.000
    Keine Umsatzsteuerkorrektur!

3. Auf die auf dem Dubiosekonto mit 3.700 € (= 3.000 netto + 700 USt) ausgewiesene Forderung gehen 5.500 € (= 5.000 netto + 500 USt) ein. Der um 2.000 € zu hohe Abschreibungsaufwand wird durch eine Habenbuchung korrigiert. Die Umsatzsteuer wird von bislang unveränderten 700 € auf 500 € reduziert:

    Bank   5.500
    USt-Schuld   200   an   Dubiose   3.700
                                    Abschreibungen auf
                                    Forderungen   2.000

Wäre indirekt gebucht worden, so wären auf dem Dubiosekonto noch volle 7.700 €, dazu aber als Korrektur auf einem Wertberichtigungskonto 4.000 € ausgewiesen. Bei endgültigem Forderungseingang in Höhe von 5.500 € würde demnach gebucht:

    Bank   5.500
    Delkredere-
    Wertberichtigungen 4.000
    USt-Schuld   200   an   Dubiose   7.700
                                    Abschreibungen auf
                                    Forderungen   2.000

Geht die Zahlung jedoch auf eine *in der Vorperiode* zu hoch abgeschriebene Forderung ein, so ist das Abschreibungskonto der abgelaufenen Periode schon geschlossen. Die Aufwandskorrektur wirkt sich in der laufenden Periode erfolgserhöhend aus. Sie geschieht dann über ein Ertragskonto, da negativer Aufwand nicht zu buchen ist. Im Hinblick auf einen verursachungsgerechten Erfolgsausweis sollte die Ertragsbuchung jedoch als periodenfremd deutlich gemacht werden, auch wenn Kapitalgesellschaften sie im Jahresabschluss nicht mehr getrennt ausweisen.[103] Wir buchen sie deshalb auf einem gesonderten Konto "periodenfremder Ertrag".[104] Auf eine ausführliche Darstellung der Buchungssätze kann hier verzichtet werden, da sie mit denen für den Forderungseingang auf Forderungen der laufenden Periode bis auf eine Ausnahme identisch sind. Beim Forderungseingang würde jeweils statt der Habenbuchung auf dem Konto "Abschreibungen auf Forderungen" eine Habenbuchung auf dem Konto "periodenfremder Ertrag" erfolgen.

Ist der eingetretene **Verlust größer als erwartet**, so war die Aufwandsbuchung zu niedrig. Sie wird in der fehlenden Höhe nachgeholt. Ist die **Forderung** erst in **dieser Periode**, in der sie auch eingeht, entstanden und zu wenig abgeschrieben worden, erfolgt die Korrektur durch eine weitere Buchung auf dem noch offenen Abschreibungsaufwandskonto. Tritt der Fall ein, dass die zu niedrige Abschreibung das Vorjahr betrifft, wird sie auf dem Konto "periodenfremder Abschreibungsaufwand" nachgeholt. Nehmen wir an, es gehen auf die ursprüngliche Forderung über 7.700 € bei zuvor sicher erwartetem Forderungsausfall in Höhe von 4.400 € (USt war also auch bereits korrigiert worden) sogar nur 2.200 € ein. Der tatsächliche Forderungsausfall beträgt also 1.100 € mehr als erwartet. Wenn die vorausgegangenen Abschreibungen in der laufenden Periode durchgeführt worden sind, werden jetzt weiterer Abschreibungsaufwand und eine zusätzliche Umsatzsteuerkorrektur gebucht:

Bank	2.200			
Abschreibungen auf Forderungen	1.000			
USt-Schuld	100	an	Dubiose	3.300

Sollte die zu geringe Abschreibung bereits in der Vorperiode stattgefunden haben, ist jetzt zu buchen:

Bank	2.200			
periodenfremde Abschreibungen auf Forderungen	1.000			
USt-Schuld	100	an	Dubiose	3.300

---

[103] Siehe auch die Anmerkung zur periodenfremden Aufwandsbuchung zwei Fußnoten weiter vorn.

[104] Dieses Konto "periodenfremder Ertrag" wird hier direkt ins GuV-Konto abgeschlossen. Für den Jahresabschluss und die GuV-Rechnung einer Kapitalgesellschaft wäre sein Saldo aber den sonstigen betrieblichen Erträgen oder - sofern sie außerordentlich sind - den außerordentlichen Erträgen zuzurechnen.

Anmerkung: Die erfolgswirksamen Buchungen werden möglichst periodengerecht erfasst. Auf eine Periodisierung der Umsatzsteuer kann jedoch, wie auch schon früher dargelegt, verzichtet werden.

Für den Fall, dass der erwartete Forderungsausfall zunächst nur als wahrscheinlich, aber noch nicht als sicher angesehen worden war, wäre erst jetzt, im Zeitpunkt des Zahlungseinganges, die Umsatzsteuer zu korrigieren. Sie steht für die dubiosen und teilweise bereits abgeschriebenen Forderungen noch mit vollen 700 € zu Buche, ist also um 500 € zu verringern. Auf dem Dubiosekonto werden statt 3.300 € noch 3.700 € ausgewiesen. Es müssen daher entsprechende Buchungen erfolgen.

Auf die Darstellung der Buchung eines größeren Verlustes als erwartet in Form der indirekten Buchung wird hier verzichtet. Der Leser sollte sie selbst herleiten können.

2. Pauschale Abschreibungen auf Forderungen

Die *speziellen Kreditrisiken* der Einzelforderungen können zur Arbeitserleichterung und Kostenersparnis auch im Wege einer sogenannten *pauschalen Abschreibung* auf den Gesamtbestand an Forderungen berücksichtigt werden. Dieses Vorgehen wird insbesondere dann praktiziert, wenn Forderungsbestände vorliegen, die sich aus einer Vielzahl betragsmäßig wenig ins Gewicht fallender Einzelforderungen zusammensetzen. Dabei wird der Abschreibungsbetrag nach einem an Erfahrungswerten der Branche und der Unternehmung festzulegenden Prozentsatz bestimmt. Die Buchung kann - wie bei der individuellen Abschreibung einzelner Forderungen - direkt oder indirekt erfolgen. Die Buchungssätze entsprechen insoweit denen des vorherigen Abschnitts.

Neben den speziellen Kreditrisiken haftet Forderungen generell auch noch das *allgemeine Kreditrisiko* an. Dazu zählen zum Beispiel das Ausfallrisiko durch Konjunktureinbrüche oder allgemeine politische bzw. wirtschaftspolitische Risiken bei Auslandsforderungen. Da diese Risiken dem Forderungsbestand allgemein anhaften und nicht auf einzelne Forderungen bezogen sind, kommt für sie nur eine Berücksichtigung durch eine pauschale Abschreibung in Frage. Unabhängig davon, ob tatsächlich auch indirekt, das heißt über ein Wertberichtigungskonto, abgeschrieben wird oder direkt, spricht man hier stets von *"Pauschalwertberichtigungen"*. Beide Buchungsarten sind prinzipiell möglich.[105] Die in der Praxis vorherrschende Methode hinsichtlich der Pauschalwert-

---

[105] Kapitalgesellschaften müssten nur bei der indirekten Buchungsmethode für den offiziellen Jahresabschluss die Wertberichtigungen noch mit den Forderungen verrechnen.

berichtigungen ist die indirekte Buchung. Es ist zweckmäßig, für die Gegenbuchung zu dem ebenfalls über das Konto "Abschreibungen auf Forderungen" zu buchenden Aufwand ein eigenes Wertberichtigungskonto "Pauschalwertberichtigungen auf Forderungen" einzurichten, so dass die Abschreibungen aufgrund des allgemeinen Kreditrisikos von denen zu speziellen Kreditrisiken[106] getrennt ausgewiesen werden.

Die Pauschalwertberichtigung erfolgt aus Vorsichtsgründen, ohne dass ein sicherer Forderungsausfall gegeben ist. Deshalb gilt auch hier wieder, dass nur vom Nettobetrag des Forderungsendbestandes abgeschrieben werden darf. Der Umsatzsteuerbetrag bleibt in der gegebenen Höhe erhalten und wird ggf. später, bei tatsächlichem Forderungsausfall, korrigiert. Zu den Nettoforderungen, auf die eine pauschale Abschreibung erfolgen soll, zählen alle Forderungen, denen das allgemeine Kreditrisiko anhaftet. In der Regel ist das der Endbestand des Forderungskontos mit Ausnahme von Forderungen gegenüber öffentlich-rechtlichen Körperschaften, wie zum Beispiel Bund, Land oder Gemeinde, die als sicher gelten.[107] Auch bereits aufgrund spezieller Risiken teilweise abgeschriebene Forderungen können zusätzlich noch in die Pauschalwertberichtigung mit einbezogen werden, wenn das allgemeine Kreditrisiko bei ihnen bisher noch nicht berücksichtigt worden ist. Der Prozentsatz für die Pauschalwertberichtigung ergibt sich als Erfahrungswert aus der Vergangenheit.

Bei der für Pauschalwertberichtigungen zu präferierenden indirekten Abschreibung würde für den Fall eines Nettoforderungsbestandes von 100.000 € und einem Wertberichtigungssatz von 3 % die Buchung lauten:[108]

Abschreibungen auf
Forderungen   3.000   an   Pauschalwertberichtigungen auf
Forderungen (PWB)   3.000

Der Forderungsbestand geht dann mit 100.000 € netto ins Schlussbilanzkonto. Auf der Habenseite stehen ihm dort als Korrekturposten 3.000 € Pauschalwertberichtigungen gegenüber.

---

[106] Die Gegenbuchung zu speziellen Kreditrisiken erscheint bei direkter Buchung auf der Habenseite des Forderungskontos, bei indirekter Buchung sinnvollerweise auf einem eigenen Konto "Wertberichtigungen auf Forderungen" bzw. "Delkredere-Wertberichtigungen". Das ist auch der Fall, wenn die speziellen Risiken im Wege einer pauschalen Abschreibung berücksichtigt werden.

[107] Vgl. Freidank, Carl-Christian / Eigenstetter, Hans, Finanzbuchhaltung und Jahresabschluss, Bd. 1: Einzelkaufmännisch geführte Handels- und Industriebetriebe, Stuttgart 1992, S. 320 sowie das BFH-Urteil vom 25.09.1968, BStBl. II 1969, S. 18 - 26.

[108] Bei direkter Buchung der Pauschalwertberichtigung wäre dagegen kein Unterschied zu einer Einzelabschreibung erkennbar, die direkt vom Forderungskonto erfolgt:
Abschreibungen auf Forderungen   an   Forderungen L.u.L.   3.000

In der nächsten Periode werden in der Regel Zahlungseingänge auf diesen Forderungsbestand erfolgen. Man muss dann beachten, dass für ihn aufgrund erwarteter Forderungsausfälle Pauschalwertberichtigungen gebildet worden sind.

Gehen überraschenderweise die gesamten Forderungen ein (also für unser Beispiel 100.000 € netto + 10.000 € USt), so war die vorsorgliche Abschreibung gar nicht notwendig. Die Pauschalwertberichtigungen sind aufzulösen, wobei es sich materiell um eine Korrektur des in der Vorperiode zu hoch gebuchten Abschreibungsaufwandes handelt. Nachträglich kann auf dem Vorjahreskonto aber nichts mehr verändert werden, so dass man deshalb statt der Aufwandskorrektur einen periodenfremden Ertrag bucht.

Beispiel: Bank   an   Forderungen L.u.L.   110.000
           PWB   an   periodenfremden
                                          Ertrag   3.000

Sollte dagegen der erwartete Forderungsausfall genauso eintreffen wie erwartet (also 3.000 € netto), dann war der in der Bildung der Pauschalwertberichtigungen erfasste Aufwand exakt richtig gebucht. Die zugehörigen Forderungen sind durch die Zahlungseingänge erloschen und die zugehörigen PWB werden ausgebucht. Das geschieht in diesem Fall völlig erfolgsneutral, da sie ja gerade die ausfallenden Forderungsbeträge auffangen. Die einzige Korrekturbuchung, die erforderlich ist, betrifft die noch auf den ursprünglichen Nettoforderungsbetrag berechnete Umsatzsteuer (im Beispiel 10.000 € USt). Da nun der Forderungsausfall (3.000 €) sicher ist, wird auch die Umsatzsteuer entsprechend reduziert.

Die Buchung lautet:

           Bank   106.700
           PWB   3.000
           USt-Schuld   300   an   Forderungen L.u.L.   110.000

Es wird jedoch viel eher vorkommen, dass der in den Pauschalwertberichtigungen vorweggenommene Forderungsausfall zu hoch oder zu niedrig bemessen war. Sollte er beispielsweise um 1.000 € zu niedrig bemessen worden sein, so sind diese als periodenfremder Aufwand zu buchen. Sind dagegen zum Beispiel 2.000 € zu hohe PWB gebildet worden, so ergibt sich ein entsprechender periodenfremder Ertrag. In beiden Fällen muss die noch vom originären Forderungsbetrag berechnete Umsatzsteuer (10.000 €) auf die tatsächlich erhaltene (Annahme: 10 % vom eingehenden Nettobetrag) korrigiert werden.

Die Buchung lautet demnach beispielsweise bei Forderungseingang in Höhe von 99.000 € + 9.900 € USt und damit um 2.000 € zu hoher PWB (statt 3.000 € PWB sind tatsächlich nur 1.000 € benötigt worden):

Bank	108.900			
PWB	1.000			
USt-Schuld	100	an	Forderungen L.u.L.	110.000

und Auflösung der PWB

PWB	2.000	an	periodenfremden Ertrag	2.000

(oder zusammengefasst:

Bank	108.900			
PWB	3.000			
USt-Schuld	100	an	Forderungen L.u.L.	110.000
			periodenfremden Ertrag	2.000)

Gehen dagegen zum Beispiel nur 96.000 € netto (also 4.000 € Forderungsausfall netto) und 9.600 € USt ein, so waren die PWB (in Höhe von 3.000 €) zu niedrig. Es ist ein zusätzlicher periodenfremder Aufwand angefallen.
Zu buchen ist:

Bank	105.600			
PWB	3.000			
periodenfremder Abschreibungsaufwand	1.000			
USt-Schuld	400	an	Forderungen L.u.L.	110.000

Diese Vorgehensweise stößt nun aber auf einige Umsetzungsschwierigkeiten. In der Praxis werden nicht die gesamten Forderungen der Vorperiode (100.000 € + 10.000 € USt) auf einmal eingehen oder ausfallen, sondern vielmehr über die nächste(n) Periode(n) verteilt. Dann muss aber noch viel stärker differenziert werden als es bisher geschehen ist:
Bei bereits eingegangenen Vorjahresforderungen sind anteilig auch PWB aufzulösen. Abhängig davon, ob der erwartete Forderungsausfall genau eingetroffen ist, über- oder unterschritten wurde, geschieht das erfolgsneutral oder mit zusätzlichem periodenfremden Abschreibungsaufwand oder periodenfremden Ertrag.
Für ins Folgejahr zu übertragende Forderungen müssen weiterhin die zugehörigen PWB bestehen bleiben.

Zusätzlich sind für ganz neu entstandene Forderungen neue PWB zu bilden. Das erfolgt aber zur periodengerechten Erfolgsermittlung über das Konto "Abschreibungsaufwand auf Forderungen". Der Aufwand für im Geschäftsjahr neu entstandene Forderungen ist damit deutlich getrennt von dem für Vorjahresforderungen.

Die in der Literatur ebenfalls als Möglichkeit genannte Methode der bloßen Anpassung des PWB-Bestandes an den jeweils am Geschäftsjahresende gegebenen Forderungsendbestand empfiehlt sich dagegen nicht. Sie erfolgt, indem man einfach nur für den Differenzbetrag des aktuellen Forderungsbestandes gegenüber dem aus dem Vorjahr über "Abschreibungen auf Forderungen" oder "periodenfremden Ertrag" eine Aufstockung oder Verringerung der PWB vornimmt, statt alle für alte Forderungen nicht mehr benötigten PWB zunächst komplett aufzulösen (ggf. mit zusätzlichem periodenfremden Aufwand oder periodenfremden Ertrag) und dann für alle neu hinzugekommen Forderungen PWB auch neu zu bilden (Abschreibungen auf Forderungen). Eine solche Anpassungsbuchung führt zu keiner klaren Periodenabgrenzung von Aufwand und Ertrag. Sie ist aus diesem Grund eindeutig abzulehnen.

C. Rechnungsabgrenzungsposten (RAP)

1. Das Wesen der Rechnungsabgrenzung

Ein Teil der Aufwands- und Ertragsarten bezieht sich auf mehr oder weniger lange Zeiträume. Löhne und Gehälter werden beispielsweise für Leistungen während einer Woche oder eines Monats gezahlt, Mietaufwand, Zinsaufwand, Provisionen für die monatliche, vierteljährliche oder andere Zeiträume umfassende Nutzung von Einsatzfaktoren. Ähnlich ist es bei bestimmten Erträgen. Auch bei diesen handelt es sich vielfach um Entgelte für zeitraumbezogene Leistungen.

Sind die Zeiträume der Nutzung mit dem Zeitraum der Periodenabrechnung identisch oder liegen sie innerhalb der abzurechnenden Periode, ohne mit dieser überein zu stimmen, so treten bei der Buchung keine besonderen Probleme auf. Anders verhält es sich jedoch dann, wenn die Aufwands- und Ertragsvorgänge über den Abschlusszeitpunkt hinausreichen, so dass zwei oder mehr Perioden tangiert sind.

Eine der Aufgaben der Buchhaltung besteht darin, den Periodenerfolg zu ermitteln. Es ist also jeder Periode der Aufwand und Ertrag zuzurechnen, der ihr zukommt bzw. den sie verursacht hat. Reichen demnach Aufwands- und Ertragsvorgänge über den Abrechnungszeitraum hinaus, so ist eine Abgrenzung und anteilige Verrechnung vorzunehmen.

Wie wir schon mehrfach erwähnten, knüpft die Buchung im Rahmen der Finanzbuchhaltung grundsätzlich an die Zahlungen an. Übertragen wir diese Tatsache auf das Abgrenzungsproblem, so ergeben sich zwei Möglichkeiten:

a) Die *Zahlungen* für Aufwendungen und Erträge liegen *innerhalb des abzurechnenden Zeitraums*, gehen in ihrer *Erfolgswirksamkeit* jedoch *über diesen hinaus*.

b) Die *Zahlungen* erfolgen *erst in der folgenden Periode*, obwohl *Aufwands- und Ertragsvorgänge* bereits *in die abzurechnende Periode* hineinreichen.

Der Einfachheit halber wollen wir annehmen, dass die Zahlungen im Fall a) zu Beginn und im Fall b) zum Ende der Aufwands- und Ertragszeiträume liegen.

Ist die Zahlung bereits erfolgt (Fall a), so ist auch die Buchung vorgenommen worden. Die Zahlung betrifft aber teilweise die folgende(n) Periode(n), geht bezüglich ihrer Erfolgswirksamkeit also in diese hinüber. Man spricht daher hier von *transitorischen Rechnungsabgrenzungsposten (RAP)*. Ein solcher Fall kann sich auf gezahlte (= Ausgaben) und erhaltene Beträge (= Einnahmen) beziehen. Ein Beispiel dafür ist die im voraus bezahlte Miete für Oktober bis März, wobei das Geschäftsjahresende beispielsweise am 31. Dezember liegt. Die Beträge müssen *anteilig*, in unserem Beispiel also, soweit sie schon für die Monate Januar bis März des nächsten Jahres geleistet worden sind, in die Zeiträume ihrer Erfolgswirksamkeit - hier also ins nächste Geschäftsjahr - verschoben werden.

Liegen die Zahlungstermine am Ende der Aufwands- und Ertragszeiträume (Fall b), so ist in der abzurechnenden Periode noch keine Buchung erfolgt. Dennoch ist ein Teil der Leistung (zum Beispiel die Vermietung) schon in dieser Periode erbracht worden. Im Hinblick auf eine periodengerechte Erfolgsermittlung muss dieser Teil deshalb auch diesem Geschäftsjahr zugerechnet werden, obwohl noch keine Zahlungen erfolgt sind. Man wird insofern also schon Ertrag (aus der Sicht des Vermieters) bzw. Aufwand (aus der Sicht des Mieters) für den in die abzurechnende Periode entfallenden Zeitraum buchen und damit die erst später erfolgende Zahlung antizipieren (vorwegnehmen). Da die

Bezahlung aber noch offen ist, wird man gleichzeitig in derselben Höhe eine Forderung (Vermieter) bzw. Verbindlichkeit (Mieter) buchen.[109]

Bestimmend für die Antizipation von Zahlungen (nicht von Aufwendungen und Erträgen!) sind die Vorgänge des Güterverzehrs bzw. der Güterentstehung in der abzurechnenden Periode. Um sie verursachungsgemäß zu erfassen, werden die Zahlungsvorgänge vorweggenommen. Damit ist der Grundsatz einer stets an Zahlungen ansetzenden Buchung zugunsten einer periodengerechten Erfolgsermittlung hier durchbrochen.

Sowohl bei den transitorischen als auch bei den antizipativen Buchungen handelt es sich der Sache nach um eine Rechnungsabgrenzung, was an sich für jeden anderen Bilanzposten auch gilt. Ausschließlich die transitorischen Rechnungsabgrenzungsposten (Zahlung in dieser Periode, Erfolgswirksamkeit reicht bis in eine spätere Periode) werden aber unter dieser vorgenannten Bezeichnung in der Bilanz aufgeführt (Rechnungsabgrenzungsposten nach § 250 I, II HGB). Zu beachten ist ferner, dass diese Rechnungsabgrenzungsposten für einen bestimmten Zeitraum nach dem Geschäftsjahresende gebildet werden und der Betrag ebenfalls feststehen muss.[110]

Wir unterscheiden somit:

      a. Rechnungsabgrenzungsposten nach § 250 I, II HGB
          (1) transitorische Ausgaben
          (2) transitorische Einnahmen

      b. Verbindlichkeiten und Forderungen
          (3) antizipative Ausgaben
          (4) antizipative Einnahmen

Wie wir bereits mehrfach betonten, kennt die als durchlaufender Posten zu buchende Umsatzsteuer keine Periodisierung im Sinne der Grundsätze ordnungsmäßiger Bilanzierung und der "richtigen" Erfolgsermittlung. Sind also transitorische Posten umsatzsteuerpflichtig, so erfolgt die Buchung der Umsatzsteuer mit dem Geschäftsvorfall in der alten Periode, ohne dass bestimmte Teilbeträge des Steuerbetrages in die neue Periode transferiert werden. Auf der anderen Seite werden zwar im Rahmen der antizipa-

---

[109] Die früher gebräuchliche Vorgehensweise, diese ausstehenden Zahlungen nicht unter den Forderungen und Verbindlichkeiten, sondern unter der Bezeichnung "Rechnungsabgrenzungsposten" in die Bilanz aufzunehmen (man sprach hier auch von *antizipativen Rechnungsabgrenzungsposten*), ist eine im Vergleich zu den üblichen Forderungen und Verbindlichkeiten aus Lieferungen und Leistungen komplett abgeschlossener Liefervorgänge nicht begründbare Andersbehandlung, die nach geltendem Recht auch nicht mehr zulässig ist (vgl. § 250 HGB).

[110] Durch diese Sicherheit unterscheiden sich also beispielsweise RAP von Rückstellungen, die im nächsten Abschnitt behandelt werden.

tiven Posten Zahlungsanteile vorweggenommen, nicht aber die erst in der neuen Periode fällig werdende Umsatzsteuer.

Das Umsatzsteuerproblem wird in dem hier behandelten Bereich jedoch deshalb nicht so häufig relevant, weil viele Aufwands- und Ertragsarten umsatzsteuerfrei sind (zum Beispiel Mieten an private Vermieter, Versicherungen, Zinsen). Es gibt aber durchaus eine Reihe von Posten, wo Umsatzsteuer anfällt und gebucht werden muss.

2. Die Buchung der Rechnungsabgrenzungsposten

Wir wollen die Buchung der besprochenen Rechnungsabgrenzungsposten an Beispielen darstellen.

a) RAP nach § 250 I, II HGB

(1) Transitorische Ausgaben

Sind beispielsweise am 1. 7. eines Jahres (Geschäftsjahr = Kalenderjahr) Versicherungsprämien in Höhe von 3.000 € vorschüssig für ein ganzes Jahr durch Banküberweisung gezahlt worden, so wurden diese Beträge bei Zahlung in voller Höhe als Versicherungsaufwand gebucht.

Es wäre nun falsch, beim Abschluss den Versicherungsaufwand voll in das Gewinn- und Verlustkonto zu übernehmen. Die Hälfte der gebuchten 3.000 € betrifft die nächstfolgende Periode; sie stellt Ausgabe des laufenden Jahres, aber noch keinen Aufwand dar ("Ausgabe, noch nicht Aufwand"). Diese Hälfte der Aufwandsbuchung ist deshalb auf ein Konto "RAP" (Rechnungsabgrenzungsposten) zu übertragen, das auf die Aktivseite der Bilanz eingeht.[111] In der folgenden Periode wird der Betrag vom Konto "RAP" auf das neue Versicherungsaufwandskonto übernommen. Damit ist es gelungen, jede Periode mit dem Aufwandsanteil zu belasten, der ihr zukommt. Die Bilanz nimmt den Charakter eines Speichers an: Das Konto "RAP" speichert diejenigen erfolgswirksamen Ausgaben, die erst die nachfolgende(n) Periode(n) betreffen.

---

[111] Es handelt sich damit um einen aktiven Rechnungsabgrenzungsposten. Der Sache nach stellt er eine Realforderung gegenüber der Versicherung (Forderung auf Erbringung des Versicherungsschutzes) dar. Er steht damit logischerweise auf derselben Bilanzseite wie die Geldforderungen.

Die Buchungssätze lauten:

Zahlung: Versicherungsaufwand an Bank 3.000

vorbereitende Abschlussbuchung:
aktive RAP an Versicherungsaufwand 1.500

Abschlussbuchungen:
Schlussbilanzkonto an aktive RAP 1.500
GuV-Konto an Versicherungs-
aufwand 1.500

In der neuen Periode wird das RAP-Konto eröffnet:
aktive RAP an EBK 1.500

Auflösung und Übertragung:
Versicherungsaufwand an aktive RAP 1.500

S	Versicherungsaufwand	H
Bank	3.000	akt. RAP 1.500
		GuV-Konto **1.500**
	3.000	3.000

S	Bank	H
		Versiche-rungsaufwand 3.000

S	akt. Rechnungsabgrenzungsposten	H
Versicherungs-aufwand	1.500	**SBK** **1.500**
	1.500	1.500

S	Gewinn- und Verlustkonto	H
Versicherungs-aufwand	1.500	

S	Schlussbilanzkonto	H
akt. RAP	1.500	

Neue Periode:

S	akt. Rechnungsabgrenzungsposten	H
EBK	1.500	Versicherungs-aufwand 1.500
	1.500	1.500

S	Versicherungsaufwand	H
akt. RAP	1.500	

(2) Transitorische Einnahmen

Am 1. 10. eines Jahres erhielt die Unternehmung für vermietete Räume vorschüssige Zahlungen für ein halbes Jahr in Höhe von 6.000 €.[112] Die auf dem Bankkonto eingehende Zahlung wurde voll als Ertrag gebucht. Im Rahmen der vorbereitenden Abschlussbuchungen ist die Hälfte des Betrages auf ein passives RAP-Konto zu übertragen, um über die Bilanz eine Verrechnung auf die neue Periode vornehmen zu können. Die Mieteinnahme ist zwar in voller Höhe im laufenden Jahr erfolgt, stellt aber nur zur Hälfte Ertrag der laufenden Periode dar ("Einnahme, noch nicht Ertrag"). Die Unternehmung schuldet dem Mieter noch die Erbringung der restlichen Leistung (Vermietung).

Die Buchungssätze lauten:

Bank	an	Mieterträge	6.000
Mieterträge	an	passive RAP	3.000
passive RAP	an	Schlussbilanzkonto	3.000
Mieterträge	an	GuV-Konto	3.000

In der neuen Periode wird der RAP-Posten übertragen:

passive RAP	an	Mieterträge	3.000

S	Mieterträge		H		S	Bank	H
pass. RAP	3.000	Bank	6.000		Mieterträge	6.000	
GuV-Konto	**3.000**						
	6.000		6.000				

S	pass. Rechnungsabgrenzungsposten	H		S	Gewinn- und Verlustkonto	H
SBK	**3.000**	Mieterträge	3.000			Mieterträge	3.000
	3.000		3.000				

S	Schlussbilanzkonto	H
		pass. RAP	3.000

---

[112] Wir gehen davon aus, dass die Vermietung umsatzsteuerfrei erfolgte.

Neue Periode:

S pass. Rechnungsabgrenzungsposten H			S Mieterträge H	
Mieterträge	3.000	EBK 3.000	pass. RAP	3.000
	3.000	3.000		

b) Antizipative Buchungen

(3) Antizipative Ausgaben

Die Unternehmung leistet Mietzahlungen in Höhe von 10.000 € am 31. 3. jeden Jahres, die jeweils rückwirkend für ein halbes Jahr erbracht werden. Bis zum Abschluss der vorhergehenden Periode ist noch keine Buchung erfolgt, weil noch keine Zahlung vorgenommen wurde. Dennoch liegt schon ein dieser Vorperiode zuzurechnender Aufwand vor ("Aufwand jetzt, Ausgabe später"). Die Ausgabe muss anteilig antizipiert werden, was mit Hilfe der Buchung einer sonstigen Verbindlichkeit[113] geschieht.

Die Buchungssätze lauten:

	Mietaufwand	an	sonst. Verbindl.	5.000
	sonst.Verbindl.	an	Schlussbilanzkonto	5.000
	GuV-Konto	an	Mietaufwand	5.000

In der neuen Periode wird das Konto "sonstige Verbindlichkeiten" eröffnet. Später (31. 03.) wird die Zahlung gebucht.

31.3.:	sonst. Verbindl.	5.000			
	Mietaufwand	5.000	an	Bank	10.000

S	Mietaufwand	H	S	Sonstige Verbindlichkeiten	H
sonst. Verb.	5.000	GuV-Konto 5.000	SBK	5.000	Mietaufwand 5.000
	5.000	5.000		5.000	5.000

S	Gewinn- und Verlustkonto	H	S	Schlussbilanzkonto	H
Mietaufwand	5.000				sonst. Verb. 5.000

---

113 Wir buchen hier eine sonstige Verbindlichkeit, um die Mietschuld von den Lieferantenverbindlichkeiten zum Beispiel für Rohstoffe und Materialien zu unterscheiden.

Neue Periode:

S	Sonstige Verbindlichkeiten	H		S	Mietaufwand	H
Bank	5.000	EBK	5.000	Bank	5.000	
	5.000		5.000			

S	Bank	H
	sonst. Verb./ Mietaufwand	10.000

(4) Antizipative Einnahmen

Für einen zur Zeit nicht benötigten Raum erhält die Unternehmung Mieteinnahmen in Höhe von 5.000 €, zahlbar halbjährlich am 31. 3. für das abgelaufene Halbjahr.[114]

Es liegt ein Ertrag des laufenden Jahres vor, der noch nicht gebucht wurde, da der Zahlungsvorgang erst in der nächstfolgenden Periode stattfindet ("Ertrag, noch nicht Einnahme"); zwecks richtiger Erfolgsermittlung muss die im laufenden Jahr fehlende Einnahme antizipiert werden.

Buchungssätze:

sonst. Forderungen[115]		an	Mieterträge	2.500
Schlussbilanzkonto		an	sonst. Forderungen	2.500
Mieterträge		an	GuV-Konto	2.500

In der neuen Periode neutralisiert die Auflösung der sonstigen Forderung einen Teil der am 31.3. erfolgenden und zu buchenden Zahlung:

31.3.: Bank 5.000 an sonst. Forderungen 2.500
                                                                                   Mieterträge 2.500

---

[114] Die Vermietung wird wiederum als umsatzsteuerfrei unterstellt.

[115] Wir buchen hier eine sonstige Forderung, um sie von den Forderungen aus dem Hauptgeschäft der Unternehmung zu unterscheiden. Es ist aber durchaus auch denkbar, dass der Erfolg einer Hauptleistung periodengerecht abgegrenzt werden muss. Als Beispiel dafür kann die erst nachschüssig zu bezahlende Vermietung von Räumlichkeiten durch ein Immobilienleasing-Unternehmen dienen. In diesem Fall wären "Forderungen aus Lieferungen und Leistungen" zu buchen.

S	sonstige Forderungen		H		S	Mieterträge		H
Mieterträge	2.500	SBK	2.500		GuV-Konto	2.500	sonst. Ford.	2.500
	2.500		2.500			2.500		2.500

S	Gewinn- und Verlustkonto		H		S	Schlussbilanzkonto		H
		Mieterträge	2.500		sonst. Ford.	2.500		

Neue Periode:

S	sonstige Forderungen		H		S	Mieterträge		H
EBK	2.500	Bank	2.500				Bank	2.500
	2.500		2.500					

S	Bank		H
sonst. Ford./ Mieterträge	5.000		

Damit haben wir die genannten Fälle der Rechnungsabgrenzungsposten erfasst.

Die materiell sehr verschiedenartigen Tatbestände sollen im Folgenden kurz interpretiert werden, wobei wir die Bilanz als Ausgangspunkt unserer Betrachtung wählen.

(1) Transitorische Ausgaben (Aktive RAP)

Hier ist bereits eine Zahlung erfolgt und die entsprechende Bestandsgröße der Bilanz (Bank, Postgiro, Kasse) dadurch gemindert. Da der Aufwand in die nächste Periode hineinreicht, muss er teilweise aktiviert werden, um auf der Vermögensseite einen Ersatz für die zu stark verminderte Bestandsgröße zu schaffen. (**Korrektur** einer zu hohen **Vermögensminderung**.) Die Auflösung des RAP-Kontos in der nächsten Periode ist *erfolgswirksam*.

(2) Transitorische Einnahmen (Passive RAP)

In diesem Fall hat die abzurechnende Periode bereits eine Zahlung erhalten, die ihr verursachungsgemäß noch nicht in voller Höhe zusteht. Die zu hohe **Vermögensmehrung** in der Bilanz wird durch einen Passivposten **korrigiert** (RAP), der in der nächsten Periode *erfolgswirksam* aufgelöst wird.

(3) Antizipative Ausgaben ([sonstige] Verbindlichkeiten)

Die abzurechnende Periode hat eine Leistung empfangen, ohne dass die Zahlung hierfür bereits fällig ist. Ihr erwächst daraus eine **Verbindlichkeit**, die erst in der neuen Periode erfüllt wird. Der die abzurechnende Periode betreffende Teil der zukünftigen Zahlung wird als Aufwand dieser Periode verbucht und gleichzeitig passiviert. Die dadurch entstandene Verbindlichkeit wird in der nächsten Periode *erfolgsunwirksam* über ein Zahlungskonto aufgelöst.

(4) Antizipative Einnahmen ([sonstige] Forderungen)

Eine Zahlung, die erst in der folgenden Periode als Einnahme anfällt, wird zerlegt. Soweit sie aus einer Leistung der abzurechnenden Periode abgeleitet wird, stellt sie Ertrag der Periode und eine Forderung mit einem späteren Fälligkeitsdatum dar. Die Forderung ist ein **Vermögensgut** und wird in der nächsten Periode *erfolgsunwirksam* über ein Zahlungskonto aufgelöst.

	Transitorisch	Antizipativ
Aktivum	Auszahlung jetzt - Aufwand später „aktive RAP"	Ertrag jetzt - Einzahlung später „(sonstige) Forderung"
Passivum	Einzahlung jetzt - Ertrag später „passive RAP"	Aufwand jetzt - Auszahlung später „(sonstige) Verbindlichkeit

c) Weitere Fälle der Rechnungsabgrenzung

Zum Abschluss seien noch einige Fälle erwähnt, bei denen ebenfalls Abgrenzungsprobleme auftreten:

(1) Buchhalterische Behandlung von Disagio und Damnum

Das Disagio entsteht insbesondere bei Schuldverschreibungen (Obligationen), die unter dem späteren Rückzahlungskurs emittiert (ausgegeben) werden, zum Beispiel:

Ausgabekurs der Obligationen	98 %
Rückzahlungskurs	100 %
Anleihenhöhe	100 Millionen Euro
Laufzeit	20 Jahre

Die Obligation ist als Verbindlichkeit gemäß § 253 I Satz 2 HGB zum Rückzahlungswert von 100 Millionen Euro zu passivieren und das, obwohl man nur 98 Millionen Euro erhalten hat. Der Unterschiedsbetrag in Höhe von 2 Millionen Euro, welcher als Disagio bezeichnet wird, darf bei richtiger Periodenerfolgsermittlung nicht einer einzigen Periode als Aufwand zugerechnet werden, sondern muss über die Laufzeit der Obligation verteilt werden. Insofern sollte also das Wahlrecht nach § 250 III HGB ausgeübt werden. Jede Periode hat dann 100.000 € als Aufwand zu tragen. Man bucht das Disagio auf einem aktiven Rechnungsabgrenzungskonto und überträgt die jährlichen Teilbeträge jeweils von diesem Konto auf ein Aufwandskonto. Werden die mit der Emission verbundenen Aufwendungen nicht sofort abgeschrieben, so sind sie zu dem Disagio zu addieren und ebenfalls zu verteilen.

Eine enge Verwandtschaft zum Disagio zeigt das Damnum, das bei Hypotheken auftritt. Auch hier handelt es sich um eine Differenz zwischen (niedrigerem) erhaltenem und (höherem) zurückzuzahlendem Betrag. Die buchhalterische Behandlung erfolgt analog zum Disagio.

(2) Abgrenzung von Instandsetzungen und Reparaturen

Abgrenzungsprobleme können auch bei Instandsetzungen und Reparaturen auftreten. Dabei denken wir nicht an werterhöhende Veränderungen, zum Beispiel an Gebäuden (Einbau von Fahrstühlen, Heizungen usw.), die dem Gebäudewert zuzuschlagen und in die Abschreibung einzubeziehen sind (Herstellungsaufwand).
Werden jedoch werterhaltende Reparaturen durchgeführt (Erhaltungsaufwand), so erstrecken sich diese möglicherweise über den Abschlusszeitraum hinaus, und die Zahlung erfolgt erst nach Beendigung der Reparaturarbeiten. Hier handelt es sich um antizipative Vorgänge, die buchhalterisch entsprechend berücksichtigt werden müssen (sonstige Verbindlichkeiten).[116]

---

[116] Bei unbestimmter Höhe des Reparaturaufwands sind Rückstellungen zu bilden (vgl. folgenden Abschnitt).

(3) Abgrenzung von Werbeaufwand

Wurden in einer Periode größere Ausgaben für Werbeaufwand getätigt, von dem man annimmt, dass er in die Folgeperiode hineinwirkt, so wäre unter dem Gesichtspunkt exakter Periodenerfolgsermittlung ebenfalls ein RAP-Posten zu bilden. Da Rechnungsabgrenzungsposten nach § 250 HGB aber nur dann gebildet werden dürfen, wenn die Erfolgswirksamkeit einem klar umrissenen Zeitraum nach dem Abschlussstichtag zuzurechnen ist ("bestimmte Zeit"), ist das hier nicht möglich.

D. Rückstellungen

1. Das Wesen der Rückstellungen

Rückstellungen schließen sich einerseits sehr eng an die Rechnungsabgrenzungsposten an, führen andererseits jedoch weit über diese hinaus. Die Rückstellungen haben mit den antizipativen Ausgaben gemeinsam, dass es sich bei ihnen um die Berücksichtigung von Aufwendungen einer abzurechnenden Periode handelt, die noch nicht zu Ausgaben geführt haben. Bei den Rechnungsabgrenzungsposten stehen die zu antizipierenden Zahlungen und der Zeitraum, für den sie anfallen, fest, bei den Rückstellungen handelt es sich dagegen um **Antizipationen von Ausgaben**, die **in einer oder mehrerer Hinsicht ungewiss** sind, für deren Eintreffen aber schon konkrete Anhaltspunkte gegeben sind. Diese betreffen entweder Aufwand der abzurechnenden Periode oder solchen früherer Jahre, der erst jetzt erkennbar geworden ist.

Mitunter wird die Auffassung vertreten, dass es sich bei Rückstellungen um die Berücksichtigung ungewisser Schulden handelt. Eine solche Interpretation der Rückstellungen ist jedoch zu eng.[117]

Sind beispielsweise in einer Periode Reparaturen unterlassen worden, die von der Unternehmung selbst ausgeführt werden, deren Werthöhe aber noch nicht feststeht, so wird man die zu bildende Rückstellung kaum als ungewisse Schuld bezeichnen können. Auch trägt der Begriff "ungewisse Schulden" der erfolgsrechnerischen Bedeutung der

---

[117] Dem hat man bereits im Aktiengesetz von 1965 Rechnung getragen. Statt der früheren Bezeichnung "Rückstellungen für ungewisse Schulden" spricht der Gesetzgeber seitdem lediglich von "Rückstellungen" und nennt neben den Rückstellungen für ungewisse Verbindlichkeiten ausdrücklich solche Fälle, die nicht mit ungewissen Schulden verbunden sind (vgl. § 249 HGB).

Rückstellungen zu wenig Rechnung. Daneben sind Rückstellungen auch für drohende Verluste aus schwebenden Geschäften zu bilden, ebenfalls ein Fall, auf den die Bezeichnung "Schulden" nicht zutrifft.

Bei Rückstellungen handelt es sich demnach um aufwandsmäßig in die abzurechnende Periode oder in davor liegende Jahre gehörende antizipative Ausgaben und um beim Abschluss erkennbare drohende Verluste aus schwebenden Geschäften, die in ihrem Bestand und / oder ihrer Höhe unsicher sind.

Damit ist bereits ausgedrückt, dass sich die **Unsicherheit** auf verschiedene Aspekte erstrecken kann, die alternativ und additiv wirksam werden. Die wesentlichen sind die Unsicherheit im Hinblick auf die Existenz und die Höhe der Ausgabe (zum Beispiel beim anhängigen Gerichtsverfahren). Unsicherheit kann aber auch hinsichtlich des Empfängers herrschen (zum Beispiel bei Rückstellungen für Gewährleistungen ohne rechtliche Verpflichtung). Besteht Ungewissheit lediglich in bezug auf den Fälligkeitstermin, so sind die nur in ihrer Fälligkeit ungewissen Beträge als "sonstige Verbindlichkeiten" zu buchen.

Aus der großen Zahl der Anlässe zur Bildung von Rückstellungen seien hier nur einige wenige charakteristische Fälle genannt:

- Rückstellungen für Zahlungen für anhängige Prozesse
- Rückstellungen für evtl. umstrittene oder aus anderen Gründen zu erwartende Steuernachzahlungen
- Rückstellungen für Pensionszusagen
- Rückstellungen für unterlassene Instandhaltung und Reparaturen
- Rückstellungen für Garantieverpflichtungen und Gewährleistungen ohne rechtliche Verpflichtung
- Rückstellungen für Bergschäden
- Rückstellungen für Eventualverbindlichkeiten (Wechselobligo, Bürgschaften)
- Rückstellungen für drohende Verluste aus schwebenden Geschäften.[118] (Es handelt sich um Verträge, bei denen noch kein Vertragspartner geleistet hat, jedoch abzusehen ist, dass man Verluste erleiden wird, zum Beispiel durch unerwartete Preissenkungen bei mit Festpreisen abgeschlossenen Einkaufsverträgen.)

Diese Fälle sind alle von § 249 HGB erfasst. Für andere als die in diesen Paragraphen genannten Zwecke dürfen keine Rückstellungen gebildet werden.

---

[118] Steuerrechtlich sind Rückstellungen für drohende Verluste aus schwebenden Geschäften nicht mehr zulässig. Handelsrechtlich müssen sie jedoch gebildet werden, wenn die Voraussetzungen dafür gegeben sind.

Eine wichtige Frage, die bei den Rückstellungen - einem der interessantesten Bilanzposten überhaupt - auftritt, ist die nach ihrem Kapitalcharakter. Vielfach werden die Rückstellungen - wie oben bereits angeführt - den Schulden, also dem Fremdkapital zugeordnet. Das wird ohne Zweifel dem komplexen Charakter der Rückstellungen nicht gerecht. Denken wir dabei nur an die selbst auszuführenden, bisher unterlassenen Reparaturen, an Prozesse, deren Ausgang effektiv ungewiss ist, so dass der Bestand der Rückstellungen als solcher in Frage steht, oder an Rückstellungen, die infolge Überdotierung versteckte Reserven enthalten. Bei Auflösung sind sie erfolgswirksam und erhöhen das Eigenkapital. Man wird deshalb manche Rückstellungsarten keiner der beiden Kapitalgruppen eindeutig zuordnen können oder sie gelegentlich sogar als besondere Form des Eigenkapitals ansehen müssen.

Vor allem aber sei davor gewarnt, in den Rückstellungen zurückgelegte bare Mittel oder Guthaben zu sehen. Das ist nicht der Fall. Die Rückstellungen sind reine Kapitalposten, denen keine entsprechende Vermögensreservierung in einzelnen Vermögenspositionen (zum Beispiel in Form von Kassenbestand) gegenübersteht. Sie haben erfolgsrechnerisch die Aufgabe, über ihre Gegenbuchungen den Aufwand der Periode zu vervollständigen und damit den Erfolg zu beeinflussen (dynamischer Charakter der Rückstellungen). Andererseits sollen sie bilanziell zu einem umfassenden und aussagekräftigen Bilanzbild beitragen (statischer Charakter der Rückstellungen).

2. Die Buchung der Rückstellungen

Die Rückstellungen selbst sind Positionen auf der Passivseite der Bilanz. Sie nehmen die Gegenbuchungen zu den antizipativen ungewissen Ausgaben auf, soweit diese Aufwand der abzurechnenden Periode oder vorhergehender Jahre betreffen. Bei der Rückstellungsbuchung wird also stets ein Aufwandsartenkonto[119] belastet und das Konto "Rückstellungen" erkannt.

---

[119] Man wird das Aufwandskonto belasten, das man bei tatsächlich erfolgter Auszahlung in der laufenden Periode auch belastet hätte. Herrscht noch Unklarheit darüber, welche Aufwandsart das sein wird (zum Beispiel bei Gewährleistungen könnte es sich insbesondere um Personal- und / oder Materialaufwand handeln), so wird auf dem Konto "sonstige betriebliche Aufwendungen" gebucht. Beim Eintreten des Geschäftsvorfalls wird später dann die tatsächliche Aufwandsart gebucht und der sonstige betriebliche Aufwand über einen gleich hohen sonstigen betrieblichen Ertrag erfolgsmäßig neutralisiert. Ein Sonderfall ist der Kauf von Vermögensgegenständen auf Rentenbasis. Die ungewisse Rentenverbindlichkeit erfährt dann ihre Gegenbuchung nicht auf einem Aufwands-, sondern auf einem aktiven Bestandskonto.

Ist zum Beispiel mit einer Steuernachzahlung zu rechnen, die auf 3.000 € geschätzt wird, so muss im Rahmen der Abschlussbuchungen gebucht werden:

    Steueraufwand   an   Rückstellungen   3.000

Der Steueraufwand geht in das Gewinn- und Verlustkonto ein, die Rückstellungen werden auf die Passivseite der Bilanz eingestellt.

In der neuen Periode erfolgt die Eröffnung des Rückstellungskontos. Kommt es dann zu der Steuernachzahlung, so kann sie die gleiche Höhe wie der Rückstellungsbetrag aufweisen, darüber oder darunter liegen.

Im ersten Fall (Rückstellung und Zahlung haben die gleiche Höhe) heißt der Buchungssatz:

    Rückstellungen   an   Bank   3.000 [120]

Wir wollen diesen in sich geschlossenen Fall einer Rückstellungsbildung und -auflösung zunächst auf Konten buchen:

S	Steueraufwand		H
Rückstellungen	3.000	GuV-Konto	3.000
	3.000		3.000

S	Rückstellungen		H
SBK	3.000	Steueraufwand	3.000
	3.000		3.000

S	Gewinn- und Verlustkonto		H
Steueraufwand	3.000		

S	Schlussbilanzkonto		H
		Rückstellungen	3.000

---

[120] Man könnte daran denken, bei den Buchungen in der neuen Periode genauso zu verfahren, wie wir es bei den RAP getan haben. Hier wurde zu Beginn der neuen Periode das RAP-Konto sofort durch eine Belastung des entsprechenden Aufwandskontos (bzw. Gutschrift auf dem entsprechenden Ertragskonto) aufgelöst. Gemäß § 249 II Satz 2 HGB dürfen Rückstellungen aber erst dann aufgelöst werden, wenn der Grund dafür entfallen ist.

Bei endgültiger Zahlung:

S	Rückstellungen		H		S	Bank		H
Bank	3.000	EBK	3.000			Rückstel-lungen	3.000	

In Anbetracht der die Rückstellungen charakterisierenden Ungewissheit wird sich die Schätzung des zurückzustellenden Betrages nur in seltenen Fällen mit den tatsächlichen Ausgaben decken und eine Fehlschätzung die Regel sein. Liegt eine Überdotierung der Rückstellungen vor, so ist die Aufwandsrechnung der abzuschließenden Periode zu stark belastet und der Gewinn unrichtigerweise gemindert worden; es entsteht eine versteckte Reserve (Überbewertung eines Postens auf der Passivseite). Spätestens bei Vollzug des Zahlungsvorgangs in einer der nächsten Perioden wird diese versteckte Reserve aufgelöst und muss als periodenfremder Ertrag in die neue Rechnung eingehen.[121] Er stellt materiell einen Korrekturposten zu dem zu hohen Aufwand der Vorperiode dar.

Wir nehmen an, dass die Steuernachzahlung, die mit 3.000 € angesetzt war, nur zu Zahlungen in Höhe von 2.000 € führt.

Da die Buchungen in der alten Periode unverändert bleiben, interessiert nur die buchhalterische Behandlung in der neuen Periode.

Buchungssatz:

Rückstellungen 3.000 an Bank 2.000
periodenfremde
Erträge 1.000

S	Rückstellungen		H		S	Bank		H
Bank und pfd. Erträge	3.000	EBK	3.000			Rückstel-lungen	2.000	
	3.000		3.000					

---

[121] Bezüglich der Bildung und Auflösung versteckter Reserven entstehen hier ähnliche Probleme, wie wir sie bei der Behandlung der Anlagenabschreibungen kennen gelernt haben. Dieser periodenfremde Ertrag wird in der GuV-Rechnung nach § 275 HGB zu den sonstigen betrieblichen Erträgen gehören, es sei denn, er wäre ausnahmsweise als außerordentlich zu bezeichnen.

S	periodenfremde Erträge	H
	Rückstellungen	1.000

Die Notwendigkeit einer Auflösung des Rückstellungskontos ergibt sich in dem Augenblick, in dem nach Begleichung der Steuerschuld der Anlass zur Rückstellungsbildung weggefallen ist.

Wird die Rückstellung zu knapp bemessen, so war der Aufwand in der abgerechneten Periode zu gering, der Erfolg zu günstig. In der neuen Periode muss deshalb ein periodenfremder Aufwand nachgeholt werden. Die Steuernachzahlung möge 4.000 € betragen.
Buchungssatz in der neuen Periode:

Rückstellungen 3.000
pfd. Aufwendungen 1.000 an Bank 4.000

S	Rückstellungen	H
Bank	3.000	EBK	3.000
	3.000		3.000

S	periodenfremde Aufwendungen	H
Bank	1.000	

S	Bank	H
	Rückstellungen u. pfd. Aufwand	4.000

Betreffen die Rückstellungen zukünftige Ausgaben, die der Umsatzsteuer unterliegen (zum Beispiel Reparaturen), so sind derartige Umsatzsteuerbeträge erst im Zeitpunkt des Rechnungserhalts zu buchen. Der Ausweis der Rückstellungen in der Bilanz erfolgt also netto, das heißt ohne Umsatzsteuer. Würde man Rückstellungen einschließlich der zu erwartenden Umsatzsteuer passivieren, müsste der Umsatzsteuerbetrag als Vorsteuer aktiviert werden.[122] In Anbetracht der ohnehin mit Rückstellungen verbundenen Unsicherheiten erweist sich demgegenüber der Nettoausweis als die zweckmäßigere Lösung.

---

[122] Eine andere Behandlung der Umsatzsteuer tritt dann ein, wenn die Unternehmung nicht zu einem vollständigen Vorsteuerabzug berechtigt ist. Diese Sonderfälle sollen hier nicht weiter verfolgt werden.

3. Exkurs: Eventualverbindlichkeiten und ihre Buchung

Ein wesentlicher Teil der Rückstellungen war dadurch gekennzeichnet, dass generell Unsicherheit über das Entstehen einer Zahlungsverpflichtung bestand. Daneben gibt es ähnliche Fälle, in denen fraglich ist, ob die Unternehmung überhaupt zu Zahlungen herangezogen wird, und nur nach Eintritt weiterer Bedingungen Verbindlichkeiten entstehen. Den recht heterogenen Kreis der dadurch charakterisierten Vorgänge fasst man unter dem Begriff der *Eventualverbindlichkeiten* zusammen.

Einen der bekanntesten Teilbereiche dieses Komplexes bildet das *Wechselobligo*, d.h. die Zahlungsverpflichtungen, die der Unternehmung aus der Weitergabe von Wechseln erwachsen können. Wie bereits erwähnt, besteht der Wechselregress, wonach jeder, der den Wechsel einmal innehatte, im Falle der Zahlungsunfähigkeit des Akzeptanten in Anspruch genommen werden kann. Bis zur endgültigen Einlösung des Wechsels muss die davon betroffene Unternehmung also mit einer möglichen Inanspruchnahme rechnen.

Ein anderer wichtiger Fall der Eventualverbindlichkeiten ist der der *Bürgschaft*. Solange die Bürgschaft besteht, ist die Gefahr gegeben, dass Zahlungen zu leisten sind, sobald derjenige, für den man sich verbürgt hat, dazu nicht in der Lage ist.

Neben den beiden genannten Anlässen nennt § 251 HGB noch als Teil der Eventualverbindlichkeiten *Verbindlichkeiten aus Gewährleistungsverträgen und die Haftung aus der Bestellung von Sicherheiten für fremde Verbindlichkeiten.*

Allen Eventualverbindlichkeiten ist gemeinsam, dass sie *"unter dem Strich der Bilanz"* vermerkt werden müssen. Das bedeutet, dass die möglichen Verpflichtungen zwar ausgewiesen werden, nicht jedoch unter einer "normalen" Verbindlichkeitsposition, sondern infolge ihrer *erheblichen Unsicherheit* außerhalb des Bilanzvolumens (der Bilanzsumme) bleiben. Ihr Wert wird gleichsam unter dem Schlussstrich - daher der Name - vermerkt.

Da es sich um mögliche Verbindlichkeiten handelt, hat der Ausweis auf der Passivseite zu erfolgen. In Anbetracht der in gleicher Höhe bestehenden Rückgriffsforderungen - beim Wechselobligo also zum Beispiel gegenüber dem Bezogenen und gegebenenfalls gegenüber dem Wechselaussteller -, könnte man auf der Aktivseite einen entsprechenden Vermerk machen. Teilweise wird praktisch auch so verfahren. Da jedoch vor allem die mögliche Belastung der Unternehmung deutlich werden soll und außerdem die Rückgriffsforderungen im Ernstfall meist von zweifelhaftem Wert sein werden, kann der Vermerk auf der Aktivseite fehlen. Zumindest aber sollte er sehr vorsichtig erfolgen, das heißt alle Risiken berücksichtigen.

Die buchhalterische Erfassung der Eventualverbindlichkeiten wird in der Mehrzahl der Fälle außerhalb der Doppik auf statistischem Wege erfolgen. Es ist jedoch auch eine Einbeziehung in die Buchhaltung möglich. Dies soll am Beispiel einer Bürgschaft dargestellt werden.

Verbürgt man sich zum Beispiel für einen Kunden, so entsteht gegenüber diesem eine sogenannte Avalforderung, der eine Avalverbindlichkeit in gleicher Höhe gegenübersteht, die ihrerseits die mögliche Zahlungsverpflichtung ausdrückt. Beläuft sich die Bürgschaft zum Beispiel auf 10.000 €, so heißt der Buchungssatz:

    Avalforderungen   an   Avalverbindl.   10.000

Nach Ablauf der Bürgschaft sind die Positionen aufzulösen. Lassen Anzeichen darauf schließen, dass der Bürge eventuell in Anspruch genommen wird, so muss eine Umbuchung "in" die Bilanz erfolgen, um den drohenden Verlust zu berücksichtigen. Erst jetzt handelt es sich um eine ungewisse Verbindlichkeit gemäß § 249 HGB, und erst jetzt ist dafür eine Rückstellung zu bilden. Gehen wir davon aus, dass der drohende Verlust etwa die Hälfte des verbürgten Betrages ausmacht, so ist zu buchen:

    sonst. betriebl.
    Aufwendungen   an   Rückstellungen   5.000
    Avalverbindlichkeiten   an   Avalforderungen   5.000

Gegebenenfalls wird so die gesamte Position unter dem Strich aufgelöst und in die Bilanz überführt. Eine solche vollständige oder teilweise Umwandlung von Eventualverbindlichkeiten in Rückstellungen oder gar Verbindlichkeiten ist nicht nur bei der Bürgschaft, sondern bei allen zu ungewissen Verbindlichkeiten gewordenen Eventualverbindlichkeiten notwendig, und zwar gleichgültig, ob die Erfassung vorher doppisch oder statistisch erfolgte.

E. Die Hauptabschlussübersicht

Nachdem wir nun - mit Ausnahme der endgültigen Erfolgsbuchung bei bestimmten Unternehmensformen - alle wichtigen Buchungsprobleme unter systematischen Gesichtspunkten behandelt haben, wenden wir uns jetzt dem Abschluss der Buchhaltung am Periodenende zu.

Sind alle Buchungen in einer Periode vorgenommen, so muss sich als Endergebnis eine Schlussbilanz erstellen lassen, in der die Grundgleichungen der Bilanz und Buchhaltung: Soll = Haben; Vermögen = Kapital; Aktiva = Passiva erfüllt sind. Mit dem Einsetzen des durch die Salden des Privat- und des Gewinn- und Verlustkontos ergänzten Eigenkapitalkontos in die Bilanz erhält man den Schlussstein für das umfangreiche Gebäude einer Jahresrechnung.

In vielen Fällen wird der Abschluss nicht beim ersten Anlauf den gewünschten Ausgleich bringen. Vielfältige Buchungs- und Erfassungsfehler können auftreten und müssen dann korrigiert werden. Die EDV-Buchführungssysteme bieten durch automatische Kontrollmechanismen dabei schon gute Unterstützung.
Darüber hinaus kann aus bilanzpolitischen Erwägungen von Interesse sein, wie sich die Wahrnehmung von Wahlrechten - z.B. bei Abschreibungen oder Rückstellungen - auf die Bilanz und Gewinn- und Verlustrechnung auswirkt. Zur Beantwortung solcher Fragen ist ein Probeabschluss angebracht, der *neben* dem eigentlichen und offiziellen Abschluss der Konten quasi "probehalber" durchgeführt wird. Bei EDV-Buchhaltung könnte man ihn auf ausschließlich zu diesem Zweck angelegten Kontenkopien durchführen oder in tabellarischer Form als Hauptabschlussübersicht gestalten. Die **Hauptabschlussübersicht (HAÜ)**, die früher üblich war, ist heute nur noch als formeller Bestandteil der Buchführung anzusehen und aufzubewahren, wenn statt des Abschlusses der Konten durch Salden die Konten durch doppeltes Unterstreichen als abgeschlossen gekennzeichnet werden und die Soll- und Haben*summen* in die Hauptabschlussübersicht übernommen und dort erst die Salden ermittelt werden. Insofern hat die Hauptabschlussübersicht kaum noch Bedeutung für die Praxis. Jedoch bietet sich ihre tabellarische Form dazu an, Buchungen in Tabellen darzustellen und als Technik zu vermitteln. Da in der Praxis die Buchführung überwiegend tabellarisch und nicht auf den in der Ausbildung und für das Verständnis auch in diesem Buch verwendeten T-Konten erfolgt, sollte man in der Lage sein, Buchungen in Spaltentableaus zu verstehen und vorzunehmen. Aus diesem Grund wird nun der Probeabschluss in Form einer Hauptabschlussübersicht vorgestellt.

Die erste Stufe einer **Hauptabschlussübersicht** (Abschlussübersicht, Betriebsübersicht, Abschlusstableau) bildet die sogenannte *Summenbilanz*. Man versteht darunter nichts anderes als die Übernahme der sich nach Durchführung aller Verkehrsbuchungen des abzuschließenden Geschäftsjahres auf den Konten ergebenden unsaldierten Summen der beiden Kontenseiten. Der Begriff **Summenbilanz** ist deshalb missverständlich, weil auch die Erfolgskonten erfasst werden, die als solche keine Bilanzkonten im engeren Sinne sind. Außerdem handelt es sich bei der Summenbilanz um keine Bilanz in formalem Sinne, sondern lediglich um eine Addition sämtlicher Kontensummen.

Die Aufsummierung der Summenbilanz muss Wertgleichheit ergeben, da ja jeder Sollbuchung im Verlauf der Periode eine Habenbuchung entspricht. Man hat also hier eine erste Möglichkeit der Kontrolle. Stimmen die Endsummen in Soll und Haben nicht überein, so ist entweder der Grundsatz Sollbuchung = Habenbuchung bei den Eröffnungs- bzw. Verkehrsbuchungen verletzt worden oder die Aufsummierung selbst weist Fehler auf. Erst nachdem die Gleichheit beider Seiten der Summenbilanz hergestellt ist, kann man einen Schritt weitergehen.

Die zweite Stufe der Hauptabschlussübersicht bildet die **Saldenbilanz I**. Auch hier ist der Ausdruck genauso missverständlich. Auf allen Konten wird die Differenz zwischen Soll- und Habenseite gebildet. Sofern sich die beiden Seiten nicht aufheben, ergibt sich also ein Saldo. Dieser wird in der Hauptabschlussübersicht in der Soll- oder Habenseite der Saldenbilanz eingesetzt. Im Gegensatz zu der Saldenbuchung auf den Konten, die ja deren Ausgleich dient und deshalb auf der kleineren Kontoseite erfolgt, werden die Salden in der Saldenbilanz auf der Seite eingesetzt, die in der Summenbilanz den höheren Betrag aufweist. Ist also in der Summenbilanz beispielsweise die Sollseite eines Kontos größer als die Habenseite (ein typischer Fall dafür ist das Kassekonto), so ergibt sich auf der Habenseite der sogenannte Sollsaldo, der auch in die Sollspalte der Saldenbilanz eingeht. Die Tatsache, dass dieser Saldo also nicht - wie im Bestandskonto - auf der Habenseite eingesetzt wird, sondern vielmehr auf der Sollseite erscheint, rührt daher, dass man sich bei der Hauptabschlussübersicht schon auf der Ebene von Schlussbilanz- bzw. GuV-Konto befindet und nicht mehr auf der Ebene der einzelnen Bestands- bzw. Erfolgskonten. Schlussbilanz- und GuV-Konto nehmen beim Kontenabschluss jeweils die Gegenbuchung der Kontensalden auf. Der auf der Habenseite eines Bestandskontos entstehende Saldo wird auf die Sollseite des Schlussbilanzkontos und damit im Probeabschluss auf die Sollseite der Saldenbilanz I übertragen.
Die Aufsummierung der beiden Spalten der Saldenbilanz muss ebenfalls wieder zu gleichen Wertsummen führen. Ist dies nicht der Fall, sind bei der Saldierung Fehler unterlaufen.

Es schließen sich nun in dem dritten Stadium der Hauptabschlussübersicht die **Korrektur- und vorbereitenden Abschlussbuchungen** an. Sie werden in einer nach Soll und Haben aufgespaltenen sogenannten Korrektur- oder Umbuchungsspalte erfasst. Selbstverständlich ist stets das doppische System zu wahren, demzufolge die Buchung in der Sollspalte derjenigen in der Habenspalte wertmäßig entsprechen muss. Hier erfolgen nun die Umbuchungen auf den Waren- und Wechselkonten, es werden die Abschreibungen auf Anlagen und Forderungen vorgenommen, es sind die sich aus der Inventur ergebenden buchungsmäßigen Korrekturen zu berücksichtigen, die Periodenabgrenzung ist durchzuführen, indem RAP-Posten und Rückstellungen gebildet werden, der Saldo des Privatkontos wird auf das Eigenkapitalkonto übertragen, die Zahllast der Umsatzsteuer wird ermittelt usw.

Sind alle Umbuchungen erfolgt, kann man einen Schritt weitergehen. Die Ergebnisse der vorbereitenden Abschlussbuchungen werden mit den Beträgen der Saldenbilanz I saldiert. Daraus entsteht die *Saldenbilanz II*, deren Summen im Soll und Haben sich ausgleichen müssen.

Nun erfolgt der eigentliche Abschluss. Man schließt an die Saldenbilanz II eine nach Soll und Haben gegliederte *Abschlussbilanzspalte* an und überträgt in diese die Salden aller *Bestandskonten* aus der Saldenbilanz II. Die Abschlussbilanzspalte entspricht materiell völlig der Bilanz, wenn auch nicht in formaler Hinsicht. Eine Ausnahme bildet das Eigenkapitalkonto, das noch nicht vollständig ist, da der Periodenerfolg noch fehlt.

In einer letzten Spalte werden die *Aufwands- und Ertragskonten* gebucht *(Erfolgsübersicht)*. Auch sie erhalten ihre Salden aus der Saldenbilanz II. Die Spalte entspricht dem Gewinn- und Verlustkonto, allerdings ohne Ausgleich (Erfolg). Summiert man nämlich die Soll- und Habenspalte auf, so gleichen sich die beiden Seiten wertmäßig nicht, sofern die Periode mit einem Gewinn oder Verlust abschließt. Eine der beiden Seiten ist größer. Die Differenz ist gleich dem Gewinn, wenn Ertrag > Aufwand, das heißt Habenspalte > Sollspalte ist. Ein Verlust liegt vor, wenn Sollspalte > Habenspalte ist. Unterhalb der Addition der Erfolgsübersicht pflegt man den Erfolg auf der kleineren Seite einzusetzen und erhält so den Ausgleich.

Dann überträgt man diesen Erfolg auf die entsprechende Spalte der Abschlussbilanz (Gewinn - Habenspalte; Verlust - Sollspalte) und erhält nun auch dort einen Ausgleich.

Da der Erfolg der Periode nach der vorläufigen Aufsummierung der Abschlussbilanzspalten eingeführt wird, ist sein Niederschlag auf den Eigenkapitalkonten (einschließlich eventueller Rücklagenkonten) nicht Bestandteil der Hauptabschlussübersicht im engeren Sinne. Die Eigenkapitalkonten werden zwar im Rahmen der vorbereitenden Abschlussbuchungen um die auf den Privatkonten gebuchten Beträge verändert, nicht aber durch den Erfolg der Periode und die Art seiner Verwendung. Um einen vollständigen Überblick über Stand und Entwicklung im Eigenkapitalbereich zu erhalten, fügt man eine Nebenrechnung an, in der alle die Eigenkapitalkonten berührenden Veränderungen entsprechend vermerkt werden. Es ist aber festzuhalten, dass die gesamte *Erfolgsverwendung* buchhalterisch in der Hauptabschlussübersicht noch *nicht enthalten* ist.

Erst wenn die Hauptabschlussübersicht aufgestellt und von der Geschäftsleitung genehmigt wurde, geht man dazu über, alle auf den einzelnen Konten noch fehlenden Buchungen nachzuholen und den Abschluss in seiner endgültigen Form zu erstellen. Hierbei handelt es sich nur noch um Übertragungs- und formale Abschlussarbeiten. Da sie keinerlei Probleme aufwerfen, können wir sie unberücksichtigt lassen.

Zusammenfassend sei der Aufbau einer Hauptabschlussübersicht dargestellt.

	HAUPTABSCHLUSSÜBERSICHT											
Konten	Summen-bilanz		Salden-bilanz I		Korrektur-buchungen u. vorbereitende Abschluss-buchungen		Salden-bilanz II		Ab-schluss-bilanz		Erfolgs-übersicht	
	S	H	S	H	S	H	S	H	S	H	S	H
									+Verl.	+Gew	+Verl.	+Gew
	x		x		x		x		x		x	

x = Summengleichheit

IX. Die Erfolgsbuchung bei ausgewählten Rechtsformen der Unternehmung

Den vielfältigen Anforderungen, die das Wirtschaftsleben an die Unternehmung stellt, muss auch die Rechtsform der Unternehmungen gerecht werden. Eine einheitliche Form ist dabei undenkbar, weshalb auch der Gesetzgeber verschiedene Typen von Rechtsformen entwickelt hat. Jedem dieser Typen liegt eine bestimmte Vorstellung, ein Leitbild des Gesetzgebers, zugrunde. Angesichts der Gestaltungsfreiheit, die unsere Rechtsordnung den Unternehmungen lässt, werden diese Leitbilder keineswegs immer eingehalten. Es kommt also unter ein und derselben Rechtsform zu sehr vielgestaltigen wirtschaftlichen Ausprägungen der Unternehmungen, die oft bis zu einer Pervertierung dessen gehen, was der Gesetzgeber ursprünglich im Auge hatte.

Wir können hier auf diese Formen und die sich aus ihnen ergebenden Probleme nicht im einzelnen eingehen. Selbst die Darstellung der gesetzlichen Grundtypen sprengt den Rahmen unserer Untersuchung. Wir sind deshalb auf die Erwähnung einiger weniger charakteristischer Grundzüge der Unternehmensformen angewiesen, um uns dem Kernproblem dieses Abschnitts, der Erfolgsbuchung bei den verschiedenen Rechtsformen, zuzuwenden.

Wir stellen unseren Ausführungen einen Katalog der wichtigsten Rechtsformen voran:

    I.   Einzelunternehmung
    II.   Gesellschaftsunternehmungen
        1. Personengesellschaften
            a)   Offene Handelsgesellschaft (OHG)
            b)   Kommanditgesellschaft (KG)
        2. Kapitalgesellschaften
            a)   Aktiengesellschaft (AG)
            b)   Gesellschaft mit beschränkter Haftung (GmbH)
        3. Genossenschaft
    III. sonstige Gesellschaftsformen
        1. Stille Gesellschaft
        2. Gesellschaft des bürgerlichen Rechts (BGB-Ges.)
        3. Bergrechtliche Gewerkschaft

Aus diesem Katalog wollen wir einige wichtige Formen, insbesondere aus den Gruppen I und II, herausgreifen und im einzelnen auf die Art ihrer Erfolgsbuchung untersuchen.

A. Die Erfolgsbuchung bei der Einzelunternehmung

In allen bisher behandelten Beispielen ist in der Regel eine Einzelunternehmung zugrunde gelegt worden. Sie ist dadurch gekennzeichnet, dass *ein Eigentümer* der Unternehmung gegeben ist, der mit seinem gesamten Vermögen (Geschäfts- und Privatvermögen) für die Schulden der Unternehmung haftet. *Seine Eigentumsrechte an der Unternehmung* schlagen sich im *Eigenkapitalkonto* nieder. Diesem Konto werden die Geschäftsgewinne zugebucht, Verluste werden in Abzug gebracht. Auch Privateinlagen und -entnahmen wirken sich auf das Eigenkapital aus. Das Eigenkapitalkonto ist also in seiner Höhe variabel.

Beispiel: Anfangsbestand des Eigenkapitals: 75.000 €
Entnahmen des Eigentümers in einer
Gesamthöhe von: 12.000 €
erwirtschafteter Gewinn: 20.000 €

S	Privatkonto		H
Bank	2.000	EK	**12.000**
Bank	7.000		
Bank	3.000		
	12.000		12.000

S	Gewinn- und Verlustkonto		H
Aufwendungen	80.000	Erträge	100.000
EK	**20.000**		
	100.000		100.000

S	Eigenkapitalkonto		H
Privat	12.000	EBK	75.000
SBK	**83.000**	GuV-Konto	20.000
	95.000		95.000

Ist anders als in vorstehendem Beispiel aufgrund von Verlusten und / oder Entnahmen des Eigentümers kein Eigenkapital mehr vorhanden und ergibt sich weiterhin ein das Eigenkapital mindernder Verlust, so erscheint ein "negatives" Eigenkapitalkonto auf der Aktivseite der Bilanz.[123]

---

[123] Diesen Fall nennt man auch buchmäßige Überschuldung. Für Kapitalgesellschaften wäre das - anders als bei der hier betrachteten Einzelunternehmung oder den später behandelten Personengesellschaften - ein Anlass zur Überprüfung, ob Grund zur Eröffnung eines Insolvenzverfahrens vorliegt.

B. Die Erfolgsbuchung bei der Offenen Handelsgesellschaft

Bei der Offenen Handelsgesellschaft (OHG - vgl. §§ 105-160 HGB) gibt es **mehrere Eigentümer**, die mit ihrem vollen Vermögen für die Schulden der Gesellschaft haften.[124] Für *jeden* dieser Gesellschafter wird ein **Eigenkapitalkonto** und ggf. auch ein eigenes **Privatkonto** geführt, welches in seiner Höhe variabel ist. Es nimmt also alle Veränderungen durch Gewinne, Verluste, Privatentnahmen und Einlagen auf.

In seltenen Fällen finden sich bei der OHG Eigenkapitalkonten, die in ihrer Höhe fixiert sind, und daneben variable Konten - manchmal als Darlehen bezeichnet -, auf denen die Kapitalveränderungen gebucht werden. Weder wirtschaftlich noch rechtlich handelt es sich dabei jedoch um Darlehenskonten. Vielmehr müssen diese Konten materiell mit den Eigenkapitalkonten zusammen gesehen werden. Es handelt sich lediglich um eine formal getrennte Buchung.

Über die Gewinn- und Verlustverteilung gibt der Gesellschaftsvertrag Auskunft (dispositives Recht). Nur in Fällen, in denen der Gesellschaftsvertrag darüber keine Bestimmungen enthält (vgl. § 109 HGB) oder wenn er auf das Gesetz verweist, wird die in § 121 HGB festgelegte Regelung der Gewinn- und Verlustverteilung wirksam. Sie sieht bei Gewinnerzielung eine 4 %-ige Verzinsung der Kapitalanteile und eine Verteilung des Restgewinns nach Köpfen auf die Gesellschafter vor. Verluste sollen zu gleichen Teilen getragen werden.

Bei dieser Regelung ergeben sich einige Probleme. So kann man die Frage stellen, auf welche Größe sich die Kapitalverzinsung beziehen soll. Fasst man die Kapitalbestände am Anfang der Periode ins Auge, so vernachlässigt man, dass der Gewinn, soweit er einigermaßen gleichmäßig über die Periode anfällt, teilweise bereits an der weiteren Gewinnerzielung beteiligt war und deshalb in einer bestimmten Höhe mitverzinst werden müsste. Ferner sind die Privatentnahmen ebenso bei der Festlegung der zu verzinsenden Kapitalgröße zu berücksichtigen wie während der Periode erfolgte Einlagen. Die Einbeziehung beider Größen führt zu einer *gestaffelten Berechnung* der Verzinsung.

In allen diesen Fragen muss eine Einigung zwischen den Gesellschaftern erfolgen, wobei die Entscheidungen oft weittragende Auswirkungen zeitigen werden. Auch die unterschiedliche Verwendung des Gewinns (Entnahme oder Selbstfinanzierung) kann zu

---

[124] Auf OHGs, bei denen nicht wenigstens ein persönlich haftender Gesellschafter eine natürliche Person oder eine OHG, KG oder andere Personengesellschaft mit einer natürlichen Person als persönlich haftendem Gesellschafter ist, finden die Vorschriften der §§ 264 ff. HGB für Kapitalgesellschaften Anwendung. Insofern muss auch die Erfolgsbuchung dieser Unternehmen entsprechend ausgestaltet werden.

erheblichen Veränderungen der Eigentums- und Machtverhältnisse in der Unternehmung führen.

In unserem nun folgenden Beispiel werden wir davon ausgehen, dass der relativ kontinuierlich erfolgenden Gewinnerzielung regelmäßige Privatentnahmen in Höhe von insgesamt 8.000 € pro Gesellschafter gegenüberstehen. Aus diesem Grunde sei die Verzinsung auf das Anfangskapital bezogen. Einlagen seien während der Periode nicht vorgenommen worden. Die OHG habe drei Gesellschafter, A, B und C. Der Periodengewinn betrage 25.000 €.

Man stellt nun eine *Gewinnverteilungsübersicht* auf:

Gesell-schafter	Anfangs-kapital	Gewinnverteilung			Privat-entnahmen	Kapital-veränderung	End-kapital
		Kapital-verzinsung 4 %	Kopf-anteil	Gesamter Gewinn-anteil			
A	10.000	400	7.000	7.400	8.000	- 600	9.400
B	25.000	1.000	7.000	8.000	8.000	0	25.000
C	65.000	2.600	7.000	9.600	8.000	+ 1.600	66.600
insgesamt	100.000	4.000	21.000	25.000	24.000	+ 1.000	101.000

Die Buchungssätze der Erfolgsbuchungen lauten:

1. Abschlussbuchungen des Gewinn- und Verlustkontos:

    GuV-Konto / Gewinn A   an   Eigenkapitalkonto A   7.400
    GuV-Konto / Gewinn B   an   Eigenkapitalkonto B   8.000
    GuV-Konto / Gewinn C   an   Eigenkapitalkonto C   9.600

2. Abschluss der Privatkonten:

    Eigenkapitalkonto A   an   Privatkonto A   8.000
    Eigenkapitalkonto B   an   Privatkonto B   8.000
    Eigenkapitalkonto C   an   Privatkonto C   8.000

3. Abschluss der Eigenkapitalkonten:

    Eigenkapitalkonto A   an   SBK / Eigenkapital A   9.400
    Eigenkapitalkonto B   an   SBK / Eigenkapital B 25.000
    Eigenkapitalkonto C   an   SBK / Eigenkapital C 66.600

S	Eigenkapitalkonto A		H		S	Privat A		H
Privat A	8.000	EBK	10.000		Kasse	8.000	Eigenkapital A	8.000
SBK	9.400	GuV-Konto	7.400			8.000		8.000
	17.400		17.400					

S	Eigenkapitalkonto B		H		S	Privat B		H
Privat B	8.000	EBK	25.000		Kasse	8.000	Eigenkapital B	8.000
SBK	25.000	GuV-Konto	8.000			8.000		8.000
	33.000		33.000					

S	Eigenkapitalkonto C		H		S	Privat C		H
Privat C	8.000	EBK	65.000		Kasse	8.000	Eigenkapital C	8.000
SBK	66.600	GuV-Konto	9.600			8.000		8.000
	74.600		74.600					

S	Gewinn- und Verlustkonto		H		S	Schlussbilanzkonto		H
Aufwandsarten	175.000	Ertragsarten	200.000				Eigenkapital A	9.400
Gewinn:							Eigenkapital B	25.000
EK A	7.400						Eigenkapital C	66.600
EK B	8.000							
EK C	9.600							
	200.000		200.000					

Weist ein Eigenkapitalkonto einen Saldo auf der Habenseite ("Sollsaldo") aus (negatives Eigenkapital), so ist es auf der Aktivseite der Bilanz einzustellen. Dieser Fall ist bei der Offenen Handelsgesellschaft weit realistischer als bei der Einzelunternehmung. Dem jeweiligen Gesellschafter bleiben dann zwar die Gesellschaftsrechte erhalten, eine Kapitalverzinsung erhält er aber erst dann wieder, wenn sein Eigenkapitalkonto durch den Verzicht auf Entnahme seines Gewinnanteils oder durch zusätzliche freiwillige Einlagen wieder einen positiven Bestand ausweist.

In unserem Beispiel haben wir die Gewinnverteilung direkt auf dem GuV-Konto durchgeführt. Um die Übersichtlichkeit der Buchungen zu erhöhen, kann man auch ein Gewinnverteilungskonto zwischenschalten. Der Gewinn wird dann in einem Betrag vom GuV-Konto auf dieses Konto umgebucht (Buchungssatz: "GuV-Konto an Gewinnverteilungskonto") und erst von dort auf die Eigenkapitalkonten der Gesellschafter verteilt.

C. Die Erfolgsbuchung bei der Kommanditgesellschaft

Bei den Anteilseignern der Kommanditgesellschaft (KG) unterscheidet man Komplementäre und Kommanditisten.[125] Während der oder die Komplementär(e) die Stellung eines voll haftenden Gesellschafters - analog zur OHG - einnehmen, beschränkt sich die Haftung der Kommanditisten auf deren Kapitaleinlage.

Der Gesetzgeber wollte mit dieser Konstruktion die Stellung der die Unternehmung führenden Eigentümer von derjenigen reiner Kapitalgeber trennen. Es ist offenkundig, dass sich zwischen beiden Gruppen Übergänge finden lassen und dass die tatsächlichen Verhältnisse dem Leitbild des Gesetzgebers oft in keiner Weise entsprechen. Hingewiesen sei hier insbesondere auf den Fall der GmbH & Co. KG, eine Kommanditgesellschaft, in der eine Gesellschaft mit beschränkter Haftung als Komplementär auftritt. Die folgenden Ausführungen gelten uneingeschränkt nur für KGs, bei denen eine natürliche Person als Gesellschafter persönlich haftet bzw. bei denen ein persönlich haftender Gesellschafter eine OHG, KG oder andere Personengesellschaft mit einer natürlichen Person als haftendem Gesellschafter ist. Anderenfalls gelten gemäß § 264a HGB die Vorschriften für Kapitalgesellschaften bzw. besondere Vorschriften im ersten bis fünften Unterabschnitt des zweiten Abschnitts zum dritten Buch des HGB.

Die Erfolgsverteilung richtet sich wiederum nach dem Gesellschaftsvertrag. Die gesetzliche Regelung (§ 168 HGB) ist unbestimmter als bei der OHG. Sie sieht nämlich im Gewinnfall nur eine 4 %-ige Verzinsung der Kapitalanteile vor und eine Verteilung eines darüber hinaus gehenden Gewinnbetrages bzw. eines Verlustes "in angemessenem Verhältnis" vor.

Der auf den oder die Komplementäre entfallende Erfolg wird auf dem oder den Eigenkapitalkonten gebucht. Ebenso werden deren Privatkonten auf das Eigenkapitalkonto abgeschlossen. Bei den Komplementären besteht also kein Unterschied gegenüber der Erfolgsbuchung für die Gesellschafter der OHG.

Bei den Kommanditisten muss man unterscheiden, ob die Einlagen voll geleistet wurden oder nicht. Im ersten Fall werden Gewinne auf einem besonderen Gewinngutschriftskonto - also nicht auf dem Konto des Kommanditkapitals - gebucht (entsprechend § 167 II HGB). Das Gewinngutschriftskonto stellt für die Unternehmung ein Verbindlichkeitskonto dar. Im Fall des Insolvenzverfahrens zählt der Kommanditist mit dem "Gewinndarlehen" ebenso zu den Gläubigern wie andere Fremdkapitalgeber. Bei Auszahlung der Gewinne wird das Gewinngutschriftskonto aufgelöst. Haben die Kommanditisten ihre Einlagen noch nicht voll geleistet, so sind die Kapitalanteile, zu

---

[125] Vgl. hierzu und zum Folgenden §§ 161 ff HGB.

deren Zahlung sie sich verpflichtet haben, dennoch in voller Höhe zu passivieren. Auf der Aktivseite der Bilanz wird ein Korrekturposten "Noch ausstehende Einzahlungen auf das Kommanditkapital" eingeführt. Entstehende und im Unternehmen belassene Gewinne werden auf dieses Konto gebucht und vermindern so die Einzahlungsverpflichtungen der Kommanditisten.

Fallen Verluste an, so sind sie von den Kapitalkonten der Kommanditisten abzubuchen (§ 167 i.V.m. § 120 HGB). Ist der Kommanditanteil durch frühere Verluste gemindert, kann der Kommanditist solange keine Auszahlung von Gewinnen fordern (§ 169 I HGB), bis der Kommanditanteil aufgefüllt ist. Übersteigt der Verlustanteil des Kommanditisten seine Einlage, so wird ein entsprechendes Korrekturkonto (Verlustanteilskonto) auf der Aktivseite der Bilanz eingerichtet. Eine Erhöhung der Einzahlungsverpflichtung über den Kommanditanteil und etwaige Rückstände auf die Einlage hinaus ergibt sich daraus jedoch nicht (vgl. § 167 III HGB). Das Verlustanteilskonto hat also, anders als das Konto "Noch ausstehende Einzahlungen auf das Kommanditkapital", keinen Forderungscharakter. Über das Korrekturkonto werden lediglich die in späteren Jahren anfallenden Gewinne zum Ausgleich der verlorenen Einlage gebucht (vgl. § 169 I Satz 2 HGB).

Selbstverständlich sind die Kommanditanteile nicht völlig unbeweglich. Sie können auf Gesellschafterbeschluss herauf- und herabgesetzt werden.

D. Die Erfolgsbuchung bei der Aktiengesellschaft

Wir wollen die Buchung des Erfolges bei den Kapitalgesellschaften zunächst für die Aktiengesellschaft (AG) durchführen, die, wenn auch nicht der Zahl, so doch ihrer wirtschaftlichen Bedeutung nach, in der Gruppe der Kapitalgesellschaften besonders hervorragt. Im Falle der AG ist der Gedanke einer fixierten Kapitaleinlage und beschränkter Haftung, der uns bereits bei der Kommanditeinlage entgegentrat, konsequent weiterverfolgt. Die Anteilseigner der Aktiengesellschaft (Aktionäre) besitzen einen nominell begrenzten Anteil (Aktien) an dem insgesamt nominell festgelegten Grundkapital der Unternehmung und haften nur in der Höhe ihrer Einlage. Das *Grundkapital ("gezeichnetes Kapital")* ist ein wichtiger, jedoch nicht der einzige Eigenkapitalposten in der Bilanz. Die Aktien sind grundsätzlich übertragbar, wobei der Preis (Kurs) vom Nominalwert relativ unabhängig ist.

Die Aktiengesellschaft als eine besonders wichtige Erscheinungsform der entwickelten kapitalistischen Wirtschaft hat - außer den für Kapitalgesellschaften im allgemeinen geltenden Vorschriften im HGB (§§ 264 – 335 b) - im Aktiengesetz (AktG) eine ins einzelne gehende rechtliche Regelung gefunden. Allerdings ist auch hier die wirtschaftliche Entwicklung über die Leitvorstellungen des Gesetzgebers weit hinausgegangen. Es sind so die verschiedensten Typen von Aktiengesellschaften entstanden, die keineswegs alle dem gesetzgeberischen Leitbild entsprechen. Beispielhaft weisen wir auf die Familien-AG, die Ein-Mann-AG, die AG mit Großaktionären oder die AG im Konzernverbund hin, ohne damit alle Formen genannt zu haben.

Wie wir bereits erwähnten, ist das in Aktien aufgespaltete gezeichnete Kapital fixiert und wird durch die jährliche Erfolgsbuchung nicht berührt. Zu seiner Veränderung bedarf es des Beschlusses der Hauptversammlung der Aktionäre. Das gezeichnete Kapital der Aktiengesellschaft, das mindestens 50.000 € betragen muss (§ 7 AktG), ist auch dann in voller Höhe auszuweisen, wenn die Einzahlungen noch nicht voll geleistet wurden. Die noch ausstehenden Einlagen sind gemäß § 272 I HGB auszuweisen.

Nach § 266 III HGB unterscheidet man beim Eigenkapital von Kapitalgesellschaften auf der Passivseite der Bilanz noch weitere Positionen:

Eigenkapital:

    I.   Gezeichnetes Kapital
    II. Kapitalrücklage
    III. Gewinnrücklagen
        1. gesetzliche Rücklage
        2. Rücklage für Anteile an einem herrschenden oder mehrheitlich beteiligten Unternehmen
        3. satzungsmäßige Rücklagen
        4. andere Gewinnrücklagen
    IV. Gewinnvortrag / Verlustvortrag
    V. Jahresüberschuss / Jahresfehlbetrag[126]

Neben dem Grundkapital stehen somit die Positionen *"Kapitalrücklage"* und *"Gewinnrücklagen"*. Sie stellen die in ihrer Höhe veränderlichen Konten dar. Die Gewinnrücklagen werden aus dem Erfolg der AG gebildet. Ein Beispiel für in Kapitalrücklagen auszuweisende Beträge sind die Agiobeträge, die bei Kapitalerhöhungen anfallen, soweit sie über pari, das heißt über dem Nominalwert der Aktien, erfolgen

---

[126] Für die Positionen IV und V gilt: Wird die Bilanz schon unter Berücksichtigung der Verwendung des Jahresergebnisses (Jahresüberschuss oder -fehlbetrag) aufgestellt, so tritt an diese Stelle von IV und V der Posten Bilanzgewinn / -verlust. Ein vorhandener Gewinn- oder Verlustvortrag ist darin einzubeziehen und in der Bilanz oder im Anhang gesondert anzugeben (vgl. § 268 I HGB).

(vgl. § 272 II HGB). Bei einer Kapitalerhöhung zu 150 % wird also beispielsweise bei jeder Aktie von 100 € die Rücklage um 50 € vermehrt.[127]

Innerhalb der Gewinnrücklagen - die nicht mit Rückstellungen verwechselt werden dürfen - unterscheidet man noch die oben bereits genannten Arten:

Bezüglich der **gesetzlichen Rücklagen** bestimmt das Aktiengesetz in § 150, dass von dem - gegebenenfalls um einen Verlustvortrag aus dem Vorjahr zu vermindernden - Jahresüberschuss $1/_{20}$ = 5 % diesen Rücklagen zugeführt werden muss, bis in der Summe aus gesetzlichen Rücklagen und Kapitalrücklage nach § 272 II Nr. 1-3 HGB der zehnte oder der in der Satzung bestimmte höhere Teil des Grundkapitals erreicht ist. Es besteht also für die Aktiengesellschaft ein gewisser Zwang zur Gewinnthesaurierung (Selbstfinanzierung). Soweit die gesetzlichen Rücklagen zusammen mit den Kapitalrücklagen nach § 272 II Nr. 1-3 HGB nicht 10 % des Grundkapitals oder den in der Satzung bestimmten höheren Teil übersteigen, dürfen nur Beträge zur Deckung von Verlusten oder Verlustvorträgen verwendet werden, die nicht durch einen Gewinnvortrag aus dem Vorjahr bzw. einen Jahresüberschuss oder durch Auflösung anderer Gewinnrücklagen auszugleichen sind (§ 150 III AktG). Auch wenn die 10 %-Grenze überschritten ist, gibt es noch strenge Vorschriften, wie der übersteigende Betrag verwendet werden darf (siehe dazu § 150 IV AktG).

Zu der **Rücklage für Anteile an einem herrschenden oder mit Mehrheit beteiligten Unternehmen** vgl. § 272 IV HGB. **Satzungsmäßige Rücklagen** sind solche, die nach *zwingenden* Bestimmungen in der Satzung gebildet werden müssen.[128] Sie können zweckgebunden oder zweckfrei sein. Beispiele für zweckgebundene Rücklagen sind die Substanzerhaltungsrücklage, die Rücklage für Rationalisierungsarbeiten oder die Rücklage für Währungsrisiken.

Die **anderen Gewinnrücklagen** sind in § 58 AktG soweit gesetzlich normiert, als insbesondere die jährlichen Rücklagenzuweisungen aufgrund von Satzungsbestimmungen oder durch Vorstand und Aufsichtsrat in ihrer Höhe eingeschränkt sind.[129] Nicht berührt wird dadurch das Recht der Hauptversammlung, weitere Beträge den anderen Ge-

---

[127] Von den bei der Kapitalerhöhung entstehenden Kosten, die das Agio vermindern, wurde in diesem Beispiel abgesehen.

[128] Vgl. Adler, Hans / Düring, Walther / Schmaltz, Kurt, Rechnungslegung und Prüfung der Unternehmen, Band V, 6. Aufl., Stuttgart 2005, Kommentierung zu § 272 HGB, Rd.-Nr. 151-156 sowie Förschle, Gerhardt / Kofahl, Günther in: Beck'scher Bilanz-Kommentar, Handels- und Steuerrecht, 6. Aufl., München 2005, § 272, Rd.-Nr. 95f.

[129] § 58 II AktG bestimmt u.a., dass Vorstand und Aufsichtsrat - sofern die Satzung nichts anderes vorsieht - höchstens die Hälfte des um einen evtl. Verlustvortrag und den in die gesetzlichen Rücklagen einzustellenden Betrag verminderten Jahresüberschusses in die anderen Rücklagen einstellen dürfen.

winnrücklagen zuzuweisen.[130] Auch bezüglich der Auflösung anderer Rücklagen bestehen keine bindenden Verpflichtungen, soweit mit ihrer Bildung keine besondere Zweckbestimmung verbunden war. Auf weitere Bestandteile der anderen Gewinnrücklagen wollen wir hier nicht eingehen.

Ein *Gewinnvortrag* entsteht, wenn nach der Einstellung in die Rücklagen und der Gewinnausschüttung an die Aktionäre noch ein Restbetrag verbleibt.
Ein *Verlustvortrag* ergibt sich, wenn ein Geschäftsjahr mit einem Bilanzverlust abschließt und dieser in das neue Geschäftsjahr übernommen wird.
Das Jahresergebnis (Jahresüberschuss oder -fehlbetrag) ist der Saldo aller Aufwendungen und Erträge. Er ist direkt aus dem abgeschlossenen GuV-Konto ablesbar.

Im Fall der Überschuldung, wenn also das Eigenkapital durch Verluste aufgebraucht ist, ergibt sich ein Überschuss der Passivposten über die Aktivposten der Bilanz. Dieser Betrag muss dann am Schluss der Bilanz auf der Aktivseite unter der Bezeichnung "Nicht durch Eigenkapital gedeckter Fehlbetrag" ausgewiesen werden (§ 268 III HGB).[131]

Bei der *Abschlussbuchung der AG* ist von folgenden Größen und Berechnungen auszugehen:

Der Saldo aus Erträgen und Aufwendungen auf dem Gewinn- und Verlustkonto ergibt ohne Berücksichtigung der Steuern vom Einkommen und vom Ertrag zunächst den unversteuerten handelsrechtlichen Periodengewinn.[132]

Der Abzug der Gewerbesteuer und der Körperschaftsteuer, bei deren Bemessung von der voraussichtlichen Gewinnverwendung auszugehen ist, führt zum versteuerten handelsrechtlichen Periodengewinn, dem sogenannten Jahresüberschuss des § 275 HGB.[133]
Dieser Jahresüberschuss, ggf. vermindert um einen Verlustvortrag des Vorjahres, bildet die Bemessungsgrundlage für die Zuweisung zur gesetzlichen Rücklage. Neben der obligatorischen Gewinnzuweisung zur gesetzlichen Rücklage bis zu deren vorgeschriebe-

---

[130] Eine Begrenzung dieser Befugnis ergibt sich lediglich aufgrund des § 254 AktG. Eine kaufmännisch unvernünftige Rücklagendotierung, die den Aktionären nicht einmal eine Mindestdividende von 4 % sichert, berechtigt zur Anfechtung des Beschlusses über die Gewinnverwendung.

[131] Ob diese buchmäßige Überschuldung zugleich eine Überschuldung im Sinne der §§ 92 AktG bzw. 64 GmbHG bedeutet und damit ein Grund zur Eröffnung eines Insolvenzverfahrens ist, bedarf jeweils einer gesonderten Überprüfung. Vgl. auch Beck´scher Bilanzkommentar, Handels- und Steuerrecht, 6. Aufl., München 2005, § 268, Rd-Nr. 76.

[132] Hier und im Folgenden wird von einem positiven Erfolg = Gewinn ausgegangen.

[133] Von entsprechenden ausländischen Steuern sei hier ebenso abgesehen wie von den Besonderheiten bei der Gewinnabführung aufgrund von Gewinngemeinschaften oder Gewinnabführungsverträgen.

ner Höhe haben Vorstand und Aufsichtsrat das Recht, weitere Teile des Jahresüberschusses in die anderen Gewinnrücklagen einzustellen.[134]

Andererseits sind auch Gewinnvortrag und ggf. Entnahmen aus Rücklagen zu berücksichtigen. So errechnet sich schließlich der verteilungsfähige **Bilanzgewinn oder Bilanzverlust** nach folgendem stark vereinfachten Schema:

	Jahresüberschuss / Jahresfehlbetrag
+/-	Gewinnvortrag / Verlustvortrag aus dem Vorjahr
+	Entnahmen aus Rücklagen
-	Einstellungen in Rücklagen
=	Bilanzgewinn / Bilanzverlust

Es handelt sich beim Bilanzgewinn also nicht - wie vom Ausdruck her zu vermuten - um den gesamten Periodenerfolg, sondern nur um das ausschüttbare Residuum.

Entsprechend muss auch in der Buchhaltung aus dem Jahresergebnis, das sich nach Berücksichtigung der Steuern vom Einkommen und vom Ertrag als Saldo auf der linken Seite des GuV-Kontos ablesen lässt, das Bilanzergebnis entwickelt werden. Dazu bedient man sich sinnvollerweise eines *Bilanzergebniskontos*.
Dieses nimmt zunächst den versteuerten handelsrechtlichen Periodengewinn bzw. -verlust vom GuV-Konto auf (= Jahresüberschuss oder -fehlbetrag). Bei einem Gewinn lautet die Buchung:

GuV-Konto an Bilanzergebniskonto

Sodann ist ein auf einem separaten Konto "zwischengespeicherter" Gewinn- oder Verlustvortrag auf das Bilanzergebniskonto umzubuchen. Bei einem Gewinnvortrag geschieht das durch die Buchung:

Gewinnvortrag an Bilanzergebniskonto

Mögliche Entnahmen aus Rücklagen würden nun ebenso wie die Einstellungen in Rücklagen ebenfalls über dieses Bilanzergebniskonto abgewickelt. Der Buchungssatz für Einstellungen in gesetzliche Rücklagen und andere Gewinnrücklagen lautet:

Bilanzergebniskonto an gesetzliche Rücklagen und
andere Gewinnrücklagen

---

[134] Bezüglich der hier geltenden Beschränkungen siehe oben.

Der Saldo des Bilanzergebniskontos ist dann schließlich der ausschüttbare Bilanzgewinn oder Bilanzverlust. Er wird auf das Schlussbilanzkonto abgeschlossen. Bei einem Bilanzgewinn wird gebucht:

          Bilanzergebniskonto   an   Schlussbilanzkonto

Zur Verdeutlichung der Buchungen auf Konten bedienen wir uns folgenden Beispiels (die Anfangsbestände "gezeichnetes Kapital", "gesetzliche Rücklagen", "andere Gewinnrücklagen" und "Gewinnvortrag" seien vorgegeben).

Feststellung des Bilanzergebnisses:

	Jahresüberschuss (Saldo des GuV-Kontos)	4.000.000
+	Gewinnvortrag	200.000
-	Zuweisungen zu gesetzlichen Rücklagen	200.000
-	Zuweisungen zu anderen Gewinnrücklagen	1.000.000
=	Bilanzgewinn	3.000.000

Die Zahlenangaben auf den folgenden Konten beziehen sich jeweils auf Tausend Euro.

S	Gewinn- und Verlustkonto		H
Aufwendungen (inkl. Körperschaftsteuer)	46.000	Erträge	50.000
BEK	**4.000**		
	50.000		50.000

S	Gewinnvortragskonto		H
BEK	**200**	EBK	200
	200		200

S	gesetzliche Rücklagen		H
SBK	1.200	EBK	1.000
		BEK	200
	1.200		1.200

S	Bilanzergebniskonto (BEK)		H
gesetzliche Rücklagen	200	GuV-Konto	4.000
andere Gewinnrücklagen	1.000	Gewinnvortragskonto	200
SBK	**3.000**		
	4.200		4.200

S	andere Gewinnrücklagen	H		S	Schlussbilanzkonto	H
SBK	6.000	EBK	5.000		gezeichnetes Kapital	40.000
		BEK	1.000		gesetzliche Rücklagen	1.200
	6.000		6.000		andere Gewinnrücklagen	6.000
					BEK (Bilanzgewinn)	3.000

Im neuen Geschäftsjahr wird dann die Hauptversammlung über die Verwendung des Bilanzgewinns beschließen. Zur buchhalterischen Erfassung dieser Entscheidungen ist ein *Gewinnverwendungskonto* einzurichten, welches den *Bilanzgewinn* aufnimmt. Gebucht wird:

　　　　Bilanzergebniskonto　　　an　　Gewinnverwendungskonto

Gehen wir davon aus, dass ein Teil des Bilanzgewinns an die Aktionäre ausgeschüttet wird (Dividende, die bis zur Bezahlung als sonstige Verbindlichkeit zu buchen ist), ein anderer Teil zur weiteren Aufstockung der anderen Gewinnrücklagen verwendet wird und dann noch ein Rest als Gewinnvortrag für das nächste Jahr stehen bleibt, so lautet die Buchung:

　　　　Gewinnverwendungskonto　　an　　sonst. Verbindl.
　　　　　　　　　　　　　　　　　　　　andere Gewinnrücklagen
　　　　　　　　　　　　　　　　　　　　Gewinnvortragskonto

Damit ist das Gewinnverwendungskonto ausgeglichen.

Zur Verdeutlichung der Buchungen auf Konten führen wir das obige Beispiel fort:

Verwendung des Bilanzgewinns nach Hauptversammlungsbeschluss:

	weitere Zuführungen zu anderen Gewinnrücklagen	850.000
+	Ausschüttung 5 % auf das gezeichnete Kapital (Dividende)	2.000.000
+	Gewinnvortrag	150.000
		3.000.000

Die Zahlenangaben auf den folgenden Konten beziehen sich wieder auf Tausend Euro.

S	Bilanzergebniskonto (BEK)		H
Gewinnverwen-dungskonto	3.000	EBK	3.000
	3.000		3.000

S	Gewinnverwendungskonto		H
andere Gewinn-rücklagen	850	BEK	3.000
sonst. Verb.	2.000		
Gewinnvor-tragskonto	150		
	3.000		3.000

S	andere Gewinnrücklagen		H
		EBK	6.000
		Gewinnverwen-dungskonto	850

S	sonstige Verbindlichkeiten		H
		Gewinnverwen-dungskonto	2.000

S	Gewinnvortragskonto		H
Gewinnverwen-dungskonto	150		

Die zur Ausschüttung bestimmten Beträge sind für die Unternehmung zu Verbindlichkeiten geworden. Werden sie ausgezahlt, erfolgt deren Tilgung durch die Buchung:

    sonst. Verbindl.   an   Bank

Der Gewinnvortrag wird bei der Ermittlung des nächsten Bilanzgewinns wiederum dem dann ermittelten Jahresergebnis zugeschlagen. Das Konto wird also durch die Buchung:

    Gewinnvortragskonto   an   Bilanzergebniskonto

am Ende des folgenden Geschäftsjahres aufgelöst. Ebenso würde ein mit in das neue Geschäftsjahr übernommener Verlustvortrag dann auf das Bilanzergebniskonto abgeschlossen.

E. Die Erfolgsbuchung bei der Gesellschaft mit beschränkter Haftung

Bei der Gesellschaft mit beschränkter Haftung (GmbH) können wir in vielen Punkten auf die Regelungen bei der Aktiengesellschaft verweisen.

Das *Stammkapital* der GmbH entspricht seinem Wesen nach dem Grundkapital der AG. Ist es nicht voll eingezahlt, so erscheint ein Korrekturposten auf der Aktivseite der Bilanz ("Ausstehende Einlagen"). Das Stammkapital muss mindestens 25.000 € betragen und ist in seiner Höhe von den Erfolgsbuchungen freizuhalten. Gewinne werden also - soweit sie in der Unternehmung verbleiben sollen - einem *Gewinnrücklagenkonto* bzw. einem Konto *"Gewinnvortrag"* zugeführt. Allerdings gibt es bei der GmbH keine gesetzliche Rücklagenpflicht.

Bezüglich der Buchung können wir auf die Aktiengesellschaft verweisen. Im Gegensatz zur AG sind bei einer GmbH jedoch auch Konten für die Gewinnanteile der Gesellschafter zu finden, die den Privatkonten bei Personengesellschaften ähneln.

X. Die Organisation der Buchführung

A. Bestandteile der Buchführung und Aufzeichnungstechniken

Die bisher in diesem Buch betrachtete Erfassung der Geschäftsvorfälle unter systematischen Gesichtspunkten auf Konten stellt nicht die einzige Erfassung des Buchhaltungsstoffes dar. Genau genommen sind für die Organisation der doppelten Buchführung vier Bestandteile zu unterscheiden.

Als erstes ist hier die *geordnete Belegablage*[135] zu nennen. Neben den externen Belegen, die bei Geschäftsvorfällen zwischen der Unternehmung und Dritten beispielsweise in Form von Rechnungen, Quittungen, Schecks, Wechseln oder Bankauszügen anfallen, gehören zu dieser Ablage die selbst zu erstellenden internen Belege wie zum Beispiel Materialentnahmescheine, Lohn- und Gehaltsabrechnungen sowie Belege über vorgenommene Abschreibungen und andere Abschlussbuchungen. Es bietet sich an, diese Belege sachlich geordnet (zum Beispiel in Bankauszüge, Lieferantenrechnungen etc.) und entsprechend ihres zeitlichen Anfalls zu sammeln. Auf den Belegen selbst ist zur Vorbereitung der anschließenden Erfassung des Geschäftsvorfalls eine Vorkontierung vorzunehmen. Dazu werden die bei der Buchung anzusprechenden Konten (ausgedrückt durch die Nummern der Konten gemäß verwendetem Kontenplan[136]), der Buchungstext und der zu buchende Betrag auf dem mit der Belegnummer versehenen Beleg notiert.

Die Geschäftsvorfälle sind anschließend im *Grundbuch* in chronologischer Reihenfolge ihrem zeitlichen Anfall entsprechend zu erfassen. Dabei werden außer dem Datum des Geschäftsvorfalls die Nummer des zugehörigen Belegs, der Buchungstext und der zu buchende Betrag notiert. Das Grundbuch kann auch in mehrere Grundbücher zerlegt sein, wenn die Erfassung der Buchungen in zeitlicher Reihenfolge bereits mit einer sachlichen Differenzierung verbunden werden soll. Solche dann parallel nebeneinander zu führenden Grundbücher sind beispielsweise das Kassenbuch, das Wareneingangs- und Warenausgangsbuch sowie gegebenenfalls noch ein Bankbuch. Statt der Bezeichnung Grundbuch verwendet man häufig auch die Bezeichnung *Journal*.

---

[135] Vgl. § 257 I Nr. 4 HGB sowie § 147 I Nr. 4 AO.

[136] Vgl. zum Kontenplan Abschnitt B dieses Kapitels.

Der dritte Bestandteil der Buchführung ist das *Hauptbuch* mit den Sachkonten (Bestands- und Erfolgskonten). In ihm werden die Geschäftsvorfälle entsprechend der sachlichen Systematik erfasst, die durch den Kontenplan gegeben ist. Hier werden Buchung und Gegenbuchung vorgenommen, wie wir sie in den vorausgegangenen Kapiteln dargestellt haben. Insofern stellt der in diesem Buch behandelte Stoff vor allem eine Erläuterung der Buchungen im Hauptbuch dar.

Zusätzlich werden als vierter Bestandteil der Buchführung noch verschiedene *Nebenbücher* geführt. Hier ist insbesondere das bis auf wenige Ausnahmen steuerrechtlich verbindliche Kontokorrentbuch (Geschäftsfreundebuch) zu nennen. Weitere Nebenbücher sind das Wechselbuch, das Waren- und Lagerbuch sowie die Bücher für die Lohn- und die Anlagenbuchführung. Sie dienen der besseren Information und zur Überwachung der Geschäftsvorgänge. So ist beispielsweise das oben genannte Kontokorrentbuch eine wesentliche Voraussetzung für die Überwachung der noch offenen Rechnungen und für ein funktionierendes Mahnwesen, da der Geschäftsverkehr mit den Lieferanten (Kreditoren) und Kunden (Debitoren) auf den Konten des Hauptbuchs in der Regel nicht in der nötigen Tiefe und Differenzierung ausgewiesen wird. Eintragungen in den Nebenbüchern erfolgen zusätzlich zu den Buchungen im Hauptbuch, üblicherweise in Form einer einfachen Übertragung ohne Gegenbuchung. Die Vorgehensweise in der Praxis ist aufgrund der Menge des Buchungsstoffes dabei in der Regel folgende:
Einzelbuchungen (z.B. Zahlungseingang eines Kunden) werden zunächst in den Nebenbüchern vorgenommen. Die sich daraus ergebenden Veränderungen der Konten werden in den Hauptbüchern der Finanzbuchhaltung dann summenmäßig gebucht (z.B. Summe der Forderungsveränderungen, die sich aus den Einzelaufzeichnungen der Debitorenkonten ergeben).

Die Aufzeichnungen in den Büchern können nun mit ganz verschiedenen *Techniken* erfolgen.
Hier ist zunächst das Führen gebundener Bücher zu nennen. Dazu ist es erforderlich, neben der Belegablage nacheinander die Eintragungen in Grund-, Haupt- und Nebenbüchern vorzunehmen. Das geschieht durch die sogenannte *Übertragungsbuchführung*. Diese sehr aufwendige Technik findet allenfalls noch in Kleinbetrieben mit wenigen Konten Anwendung.

Statt in gebundenen Büchern ist auch eine Buchhaltung auf losen Blättern erlaubt. Diese ermöglicht dann eine Reduzierung des Schreibaufwandes durch die Anwendung der *Durchschreibebuchführung*. Dazu legt man Kontenblätter und Grundbuchblatt (Journalblatt) übereinander und füllt durch die Verwendung von Farbblättern oder auch von selbstdurchschreibendem Papier bei einmaliger Notierung des Buchungstextes und der Beträge gleichzeitig sowohl das Grundbuch als auch die Soll- und Habenkonten des Hauptbuches aus. Übertragungsfehler sind damit ausgeschlossen. Mit der Einführung der elektronischen Datenverarbeitung ist aber auch diese Technik quasi bedeutungslos geworden.

Eine andere Buchführungstechnik wird durch eine geordnete Ablage von Belegkopien erzielt (Beleg- oder Offene-Posten-Buchführung).[137] Dazu werden von jedem Beleg zwei Kopien angefertigt. Die ersten Kopien werden als sogenannte Nummerkopien in chronologischer Reihenfolge abgelegt und ersetzen somit das Grundbuch. Die zweiten Kopien werden als Namenskopien bezeichnet. Sie werden nach Geschäftspartnern getrennt abgelegt und ersetzen die Kontokorrentbuchhaltung in den Nebenbüchern. Sobald eine Rechnung beglichen ist, wird der Beleg mit einem Zahlungsvermerk versehen, aus der Offenen-Posten-Kartei entnommen und dann in der Registratur nach Kunden bzw. Lieferanten getrennt aufbewahrt. Diese Vorgehensweise ermöglicht jederzeit einen Überblick über die noch offenen Rechnungen. Eintragungen auf Konten sind nur noch im Hauptbuch nötig, sofern man das beschriebene Prinzip nicht sogar noch auf die dort zu führenden Sachkonten ausdehnt und damit zu einer *kontenlosen Buchführung*[138] gelangt.

Die am Beispiel der Kontokorrentbuchführung beschriebene Beleg- oder Offene-Posten-Buchführung lässt sich auch auf alle anderen Nebenbücher anwenden.

Ein entscheidender Fortschritt sowohl hinsichtlich der Rationalisierung der Buchungsarbeiten als auch der mit Hilfe der Buchhaltung zu gewinnenden Informationen ist durch die Einführung der *EDV-gestützten Buchhaltung* erreicht worden. Damit sind alle Eintragungen in Grund-, Haupt- und Nebenbüchern im Wege einer einmaligen Eingabe der Buchung in die EDV-Anlage und anschließender maschineninterner Verarbeitung der Daten auf ein Minimum manueller Erfassungsarbeit zu reduzieren. Berechnungen der Umsatzsteuer und Skontibeträge können automatisch erfolgen und müssen nicht separat gebucht werden, da die EDV das übernehmen kann. Je nach verwendeter Software können die Daten anschließend nach ganz verschiedenen Kriterien bearbeitet und ausgewertet werden, wodurch innerhalb kürzester Zeit eine Fülle von Informationen abrufbar ist. Die Offene-Posten-Überwachung und das Mahnwesen sind nur einige Beispiele dafür. Darüber hinaus können per EDV eine Überprüfung der erzielbaren Lieferantenrabatte oder -skonti vorgenommen und daraus Vorschläge für die Terminierung der zu leistenden Zahlungen erstellt werden.

Alle hier vorgestellten Aufzeichnungstechniken sind handels- und steuerrechtlich zulässig. "Buchführung" ist insofern nicht wörtlich zu nehmen. Auch die Belegordner und die Datenträger der EDV-Buchführung gelten als Bücher im rechtlichen Sinne, soweit sie bestimmten Anforderungen genügen. Hinsichtlich der Handelsbücher und sonstigen erforderlichen Aufzeichnungen ist es zulässig, dass sie mit Ausnahme der Jahresabschlüsse und der Eröffnungsbilanzen auf Datenträgern gespeichert werden, wenn gewährleistet ist, dass dieses den Grundsätzen ordnungsmäßiger Buchführung entspricht.

---

[137] Vgl. § 239 IV HGB, § 146 V AO.

[138] Vgl. § 146 V AO und § 239 IV HGB sowie die Ausführungen bei Eisele, Wolfgang, Technik des betrieblichen Rechnungswesens, 7. Aufl., München 2002, S. 515f.

Auch die viel Platz beanspruchende Aufbewahrung von Originalbelegen ist unter strengen Voraussetzungen durch optische Archivierung ersetzbar (z.B. Mikroverfilmung oder Scannen).[139]

Insbesondere ist sicherzustellen, dass die Wiedergabe oder die Daten mit den empfangenen Handelsbriefen und den Buchungsbelegen bildlich und mit den anderen Unterlagen inhaltlich übereinstimmen, dass sie während der Dauer der Aufbewahrungsfrist verfügbar sind und jederzeit innerhalb angemessener Frist lesbar gemacht werden können.[140]

Die *Aufbewahrungsfrist* beträgt für Handelsbücher, Inventare, Eröffnungsbilanzen, Jahresabschlüsse (Bilanzen, Gewinn- und Verlustrechnungen, Anhänge) und Lageberichte sowie für die Buchungsbelege 10 Jahre. Handelsbriefe und sonstige für die Besteuerung bedeutsame Unterlagen sind 6 Jahre aufzubewahren.[141]

B. Kontenrahmen und Kontenplan

Die Praxis bedient sich nicht der umständlichen verbalen Kontenbezeichnungen, sondern verwendet Ziffern. Es wäre nun denkbar, dass jede Unternehmung ein eigenes System der Kontenbezifferung entwickelt. Weithin war das auch früher der Fall.

Die Bemühungen um eine Vereinheitlichung der Kontensystematik und -bezeichnung, die von Praxis und Wissenschaft in wechselseitiger Befruchtung vorangetrieben wurden, haben eine relativ lange Geschichte. Im deutschen Sprachraum sind insbesondere die Vorschläge Schärs und Schmalenbachs zu diesem Fragenkomplex Anregungen, die weit über Deutschland hinaus gewirkt haben. Auch der Verein Deutscher Maschinenbau-Anstalten (VDMA) hat sich um die Kontensystematik besonders verdient gemacht.

In der Zeit des "Dritten Reiches" griff der Staat - ausgehend von seinem Konzept der Wirtschaftslenkung - die vorliegenden Ansätze auf und betraute das Reichskuratorium für Wirtschaftlichkeit (RKW) mit der Entwicklung eines Kontenrahmens. Daraus entstand der sogenannte Erlasskontenrahmen (Reichskontenrahmen) von 1937, der einen verbindlichen Rahmen für alle Wirtschaftsgruppen bildete. Innerhalb der so abgesteck-

---

[139] Vgl. Zepf, Günter, Ordnungsmäßige Archivierung – Die handels- und steuerrechtlichen Anforderungen an das Brutto- und Netto-Imaging, in: Die Wirtschaftsprüfung, 52. Jg. (1999), Heft 15, S. 569 – 572. Zur weitern Vertiefung des Themas „Organisation der Buchführung" siehe auch Eisele, Wolfgang, Technik des betrieblichen Rechnungswesens, 7. Aufl., München 2002, S. 500ff. und insbesondere zur Ordnungsmäßigkeit der EDV-Buchführung ebenda, S. 547ff.

[140] Vgl. §§ 239 IV, 257 III HGB, §§ 146 V, 147 II und V AO

[141] Vgl. § 257 IV HGB und § 147 III AO.

ten Grenzen wurden für die einzelnen Wirtschaftsgruppen (Branchen) auf ihre speziellen Verhältnisse abgestellte **Branchenkontenrahmen** entwickelt.

Wie schon sein Name sagt, bildet der **Kontenrahmen** nur einen Rahmen, also eine recht weit gefasste Ordnung der Konten, die auf möglichst viele Wirtschaftszweige und Wirtschaftsgruppen anwendbar sein soll. Innerhalb dieses Rahmens müssen die einzelnen Unternehmen Ausgestaltungen suchen und festlegen, die ihren speziellen Verhältnissen gerecht werden. Das führt dann zum sogenannten (unternehmens-individuellen) **Kontenplan**, einer systematischen Übersicht über alle in der Unternehmung verwendeten Konten.

Nach 1945 blieb zunächst die alte Regelung in Kraft, bis dann 1949/50 der sogenannte **Gemeinschafts-Kontenrahmen** der Industrie (GKR) vorgelegt wurde, den der Bundesverband der deutschen Industrie (BDI) seinen Mitgliedern zur Anwendung empfahl. Der Gemeinschafts-Kontenrahmen unterscheidet sich vom Erlasskontenrahmen materiell nur geringfügig, allerdings ist seine Anwendung nicht mehr obligatorisch, sondern freigestellt. Der GKR hat sich jedoch nicht überall durchgesetzt. Viele Wirtschaftsverbände haben in der Folgezeit wieder ihre eigenen Branchenkontenrahmen entwickelt, die den Branchenmitgliedern empfohlen wurden.
Eine wesentliche Neuerung gab es schließlich 1971, als vom Bundesverband der Industrie der **Industrie-Kontenrahmen** (IKR) vorgestellt wurde. Dieser wurde mit der Einführung des Bilanzrichtlinien-Gesetzes 1985 überarbeitet und 1986 in neuer Form vorgestellt. Seit dieser Zeit hat er stark an Bedeutung gewonnen.
Den Warenhandel betreffend sind der **Einzelhandels-Kontenrahmen** (EKR) und der **Kontenrahmen für den Groß- und Außenhandel** entwickelt und empfohlen worden.

Mit speziellen Kontenrahmen, die ebenfalls an die Vorschriften des neuen HGB angepasst sind, arbeitet die DATEV e.G. (Datenverarbeitungsorganisation des steuerberatenden Berufes in der Bundesrepublik Deutschland). Diese erlangen über die DATEV-Buchführung Verbreitung bei den Unternehmungen, vor allem des Mittelstandes, die ihre Buchführung von einem Steuerberater durchführen lassen.

Festzuhalten ist, dass heute mehrere Kontenrahmen nebeneinander Anwendung finden. Es gibt keine gesetzliche Vorschrift, welchen davon ein Unternehmen anzuwenden hat. Auch die Wirtschaftsverbände können nur Empfehlungen dazu aussprechen.

Versucht man, Wesen und Aufgaben eines Kontenrahmens zu umschreiben, so stößt man auf zwei grundlegende Tatbestände.

Zum ersten soll der Unternehmung mit dem Abstecken eines Rahmens und einer **groben Gliederung** für die individuelle Anordnung der Konten und dann auch für die Buchung der Geschäftsvorfälle eine Hilfe gewährt werden.

Zum zweiten bewirkt die Rahmengebung eine *Vereinheitlichung* des Aufbaus und der Durchführung der Buchhaltung. Dadurch wird die Vergleichbarkeit der Betriebe untereinander erhöht und damit die Möglichkeit zu Wirtschaftlichkeitsvergleichen der verschiedensten Art geschaffen.

Die *Systematisierung der Konten* kann nach verschiedenen Gesichtspunkten erfolgen. Man wird zunächst diejenigen Konten zusammenfassen, die wesensmäßig eng zueinander gehören und verwandten Buchungsstoff aufzunehmen haben. Solche *Kontengruppen* sind beispielsweise durch alle Lohn- und Gehaltskonten, alle Bankkonten oder alle Warenbestands- bzw. -erfolgskonten gegeben.

Schwieriger ist das Problem zu lösen, übergeordnete Gesichtspunkte für die Zusammenfassung und Trennung von Kontengruppen zu finden. Sehen wir von einigen unwesentlichen Vorschlägen ab, so gibt es dafür vor allem zwei Möglichkeiten:

>   das Bilanzgliederungsprinzip   (Abschlussprinzip)
>   das Prozessgliederungsprinzip (oder genauer: das Prinzip der
>   Abrechnungsfolge)

Beim *Bilanzgliederungsprinzip*, das beim EKR und IKR angewendet wird, bedient man sich der Bilanz im weitesten Sinne, um Kontengruppen zu systematisieren. Es ließen sich also beispielweise vier bzw. fünf Kontenklassen[142] bilden und zwar für

>   die Vermögenskonten
>   die Kapitalkonten
>   die Aufwandskonten
>   die Ertragskonten

Eine fünfte Klasse könnte dann die Abschlusskonten aufnehmen. Selbstverständlich wäre auch noch eine weitergehende Differenzierung der Klassen möglich.

Beim GKR und beim Groß- und Außenhandelskontenrahmen dagegen folgt man nicht dem Bilanzgliederungsprinzip, sondern dem *Prozessgliederungsprinzip*. Es beruht weitgehend auf den Vorschlägen Schmalenbachs aus dem Jahre 1927 und versucht, die Konten so anzuordnen, wie es dem Betriebsablauf entspricht. Besser ist die von Kosiol vorgeschlagene Bezeichnung *Prinzip der Abrechnungsfolge*, weil weniger der Betriebsablauf selbst als vielmehr die Reihenfolge der Abrechnung im Kontenrahmen gespiegelt wird.

Selbstverständlich gilt dies nur annäherungsweise. In vielen Fällen erfolgt die Buchung nicht konsequent "von den ersten bis hin zu den letzten Kontenklassen". Auch ist die

---

[142] Kontenklassen entstehen durch Zusammenfassung ähnlicher und zusammengehöriger Kontengruppen.

Gliederung ganz einseitig auf den Industriebetrieb abgestellt und wird Unternehmungen anderer Wirtschaftszweige nur sehr unvollkommen gerecht (zum Beispiel wäre das Bilanzgliederungsprinzip in vielen Punkten den Warenhandelsbetrieben adäquater). Selbst bei den Industriebetrieben wird das Prozessgliederungsprinzip nicht mehr eingehalten. Es ist auf die Einbeziehung der Kostenrechnung in das Kontensystem abgestellt, die heute in zunehmendem Maße nicht mehr buchhalterisch geführt wird.

Wenden wir uns zunächst dem GKR[143] näher zu, bevor wir dann auch noch kurz auf die anderen in der Praxis geläufigen Kontenrahmen zu sprechen kommen.

Trotz all dieser Mängel und Einwände gilt für den GKR immer noch das Prinzip der Abrechnungsfolge. Der GKR bedient sich, wie die anderen Kontenrahmen auch, der *dekadischen (numerischen) Gliederung* und umfasst daher 10 Kontenklassen (von 0 bis 9). Es kann nun nicht unsere Aufgabe sein, die Kontengruppen der 10 Klassen im einzelnen zu besprechen. Wir begnügen uns deshalb mit der kurzen Charakterisierung der Klassen und nennen beispielhafte, zu ihnen gehörende Kontengruppen.

Der Gemeinschafts-Kontenrahmen der Industrie (GKR)

Klasse 0: Anlagevermögen und langfristiges Kapital

Hier werden die sogenannten "ruhenden Konten" erfasst, also Konten, die während der Periode nicht oder nur selten berührt werden.

Dazu gehören Grundstücke und Gebäude, Maschinen und Anlagen, Fahrzeuge, Werkzeuge, Betriebs- und Geschäftsausstattung, bewertbare Rechte, Finanzanlagevermögen und dergleichen sowie langfristiges Fremdkapital und Eigenkapital.

Auch Rückstellungen sowie Rechnungsabgrenzungsposten werden in dieser Klasse systematisiert. Dafür ist vor allem die Tatsache ausschlaggebend, dass auf diesen Konten nur relativ selten Bewegungen erfolgen.

Klasse 1: Finanz-Umlaufvermögen und kurzfristige Verbindlichkeiten

Hierhin gehören vor allem alle Zahlungsmittelkonten, Schecks, Besitzwechsel, Wertpapiere des Umlaufvermögens, Forderungen und Verbindlichkeiten, Schuldwechsel sowie die Privatkonten.

---

[143] Vgl. Anhang.

Klasse 2: Neutrale Aufwendungen und Erträge

Die Kontenklasse 2 dient der Abgrenzung der Aufwands- von der Kostenrechnung und der Trennung des Ergebnisses nach einem Betriebs- und einem neutralen Ergebnis (Erfolgsspaltung). Dazu werden Konten geführt für betriebsfremde Aufwendungen und Erträge, für Aufwendungen und Erträge für Grundstücke und Gebäude, für bilanzmäßige Abschreibungen, für Zinsaufwendungen und -erträge, für betriebliche außerordentliche Aufwendungen und Erträge sowie für die Gegenposten der Kosten- und Leistungsrechnung und die das Gesamtergebnis betreffenden Aufwendungen und Erträge.

Der Grund dazu liegt in der Zwecksetzung des Kontenrahmens, auch die Kostenrechnung in das Rechnungssystem einzugliedern (Einkreissystem). Wie bereits erwähnt, gehen in die Kostenrechnung (Betriebsbuchhaltung) andere Werte ein (Kosten und Erlöse) als in die Periodenrechnung der Finanzbuchhaltung (Aufwendungen und Erträge). Der Kontenrahmen bietet deshalb eine Möglichkeit der Abgrenzung beider Bereiche.

Klasse 3: Stoffe - Bestände

Hier werden die Bestände der Roh-, Hilfs- und Betriebsstoffe, Teile und Handelswaren gebucht.

Klasse 4: Kostenarten

Die Klasse 4 erfasst den Güterverzehr zur Erstellung der Betriebsleistung, also Stoffkosten, Personalkosten, Kosten der Instandhaltung, Steuern, Gebühren, Beiträge, Versicherungsprämien, Mieten, Verkehrs-, Büro- und Werbekosten sowie kalkulatorische Kosten. Außerdem werden dort Konten für die innerbetriebliche Kostenverrechnung, Sondereinzelkosten und Sammelverrechnungen geführt.

Klassen 5 und 6: Kostenstellen

Die Klassen 5 und 6 sind der Durchführung der kalkulatorischen Leistungsrechnung mit Kostenstellen vorbehalten und können von den Unternehmungen nach Bedarf ausgestaltet werden.

Klasse 7: Kostenträger - Bestände an halbfertigen und fertigen Erzeugnissen

Klasse 8: Kostenträger - Erträge

Hier sind die Verkaufskonten zu führen. Außer den Konten für Erlöse, Erlösberichtigungen, Eigenleistungen und Bestandsveränderungen besteht die Möglichkeit der Einrichtung von Konten für die Kostenträger-Leistungs-Kontierung (Umsatzkosten, Erlöse, Bestandsveränderungen) der Betriebsabrechnung.

Klasse 9: Abschluss

In der Klasse 9 werden in der Regel zunächst Sammelkonten eingerichtet, die das Betriebsergebnis und das neutrale Ergebnis zusammenführen. Wichtigste Konten sind jedoch das Gewinn- und Verlustkonto und das Bilanzkonto.

Die Kontenklassen 0, 1, 3 und 9 gehören also zur Finanzbuchhaltung, während sich die Klassen 4 - 8 der Kostenrechnung zurechnen lassen. Die Abgrenzungskonten der Klasse 2 sind beiden Bereichen zuzuordnen. Bei dem **Gemeinschafts-Kontenrahmen der Industrie (GKR)** (dessen Konten dem *Prozessgliederungsprinzip* entsprechend systematisiert sind, s.o.) handelt es sich um ein *Einkreissystem*. Das heißt, Finanz- und Betriebsbuchhaltung sind in einem geschlossenen Abrechnungskreis verbunden und aufeinander abgestimmt. Dafür muss man aber auch den Nachteil in Kauf nehmen, dass selbst für die Ermittlung des Betriebsergebnisses in der kurzfristigen Erfolgsrechnung der Abschluss der gesamten Buchführung nötig ist. Außerdem ist festzuhalten, dass die Aufstellung der Bilanz und GuV-Rechnung in der Struktur, die nach Einführung des Bilanzrichtlinien-Gesetzes nach HGB für Kapitalgesellschaften vorgeschrieben ist, aus einer nach diesem Kontenrahmen geführten Buchhaltung noch einige Schwierigkeiten verursacht. Einfacher ist das dagegen bei dem nach dem Abschlussprinzip aufgebauten IKR, dem wir uns jetzt zuwenden.

Der **Industrie-Kontenrahmen (IKR)**[144] orientiert sich bei der Kontenklassengliederung an den nach HGB für Kapitalgesellschaften vorgeschriebenen Bilanz- und GuV-Positionen (§ 266 und § 275 HGB). Die Kontenklassen 0 - 8 sind dabei der Finanzbuchhaltung vorbehalten, deren Abschluss unabhängig von der Kosten- und Leistungsrechnung erfolgt. Letztere wird in einem eigenen zweiten Kreis in der Kontenklasse 9 ermöglicht, sofern das Unternehmen sie überhaupt noch kontenmäßig praktiziert. Die Abgrenzung zur Geschäftsbuchhaltung findet innerhalb der Kontenklasse 9 selbst statt. Der entsprechend dem *Bilanzgliederungsprinzip* aufgebaute IKR stellt damit einen typischen Kontenrahmen im *Zweikreissystem* dar, bei dem Finanz- und Betriebsbuchhaltung getrennt voneinander abgewickelt werden.

Der für Einzelhandelsbetriebe empfohlene Kontenrahmen **(EKR)** ist - wie der IKR - ebenfalls nach dem Bilanzgliederungsprinzip aufgebaut, der **Groß- und Außenhandelskontenrahmen** dagegen wieder überwiegend nach dem Prinzip der Abrechnungsfolge und im Einkreissystem. Beide Kontenrahmen sind ansonsten viel spezieller

---

[144] Vgl. Anhang.

als der GKR oder IKR auf die Erfordernisse der Handelsunternehmen zugeschnitten, wie ein Studium der im Anhang abgedruckten Kontenrahmen verdeutlicht.

An der Kontenrahmengliederung lässt sich relativ leicht Kritik üben. Insbesondere ist der im Groß- und Außenhandelskontenrahmen und im GKR herrschende Grundgedanke einer Leistungs- oder Prozessabrechnung nach der weitgehenden Ausgliederung der Kostenrechnung aus dem buchhalterischen System fragwürdig geworden. Man neigt heute immer mehr dazu, die Buchhaltung zu entlasten, möglichst viele Nebenrechnungen außerhalb des doppischen Systems durchzuführen und nur deren Ergebnisse in die Buchhaltung zu übernehmen. Demzufolge könnte der Kontenrahmen stärker auf die Belange des Abschlusses abgestellt werden. Allerdings spricht das Argument der Vergleichbarkeit dafür, die jetzige Regelung weitgehend beizubehalten.

Bei all dem darf nicht verkannt werden, dass der Kontenrahmen selbst nur eine begrenzte Aufgabe besitzt. Die Ordnung der Konten ist gewiss bedeutsam, wichtiger aber ist die Vereinheitlichung der materiellen Buchung. Von ihr sind bessere Ergebnisse zu erwarten als von einer Kontenumgruppierung.

Auch hier zeigt sich die Grundregel, die uns oft begegnet ist: Die Buchhaltung strebt weniger voll befriedigende als praktikable Lösungen an und kann nur aus ihrer praktischen Zielsetzung erkannt und beurteilt werden.

Übungsaufgaben

Übungsaufgabe 1   (zu II B: Grundtypen von Buchungen)

Ihnen sind die Bilanz der Firma Kaufgut zum 31.12.01 sowie die schon eröffneten Konten des Jahres 02 vorgegeben. Nennen Sie die Buchungssätze zu nachfolgenden Geschäftsvorfällen des Jahres 02. Stellen Sie fest, um welchen Grundtyp von Buchung es sich handelt. Führen Sie dann die Buchungen auf den T-Konten aus.

Aktiva	Bilanz der Firma Kaufgut zum 31.12.01 in Euro		Passiva
Grundstücke	200.000	Eigenkapital	200.000
Gebäude	100.000	Darlehen	300.000
BGA	150.000	Verbindlichkeiten L.u.L.	120.000
Waren	100.000		
Bank	70.000		
	620.000		620.000

S	Grundstücke	H	S	Eigenkapital	H
AB	200.000			AB	200.000

S	Gebäude	H	S	Darlehen	H
AB	100.000			AB	300.000

S	Betriebs- und Geschäftsausstattung	H	S	Verbindlichkeiten L.u.L.	H
AB	150.000			AB	120.000

S	Waren	H
AB	100.000	

S	Bank	H
AB	70.000	

Geschäftsvorfälle:

1) Die Firma Kaufgut kauft weitere Betriebs- und Geschäftsausstattung (BGA) im Wert von 20.000 €. Die Lieferung erfolgt sofort, Zahlung erst in 30 Tagen.

2) Einer ihrer Lieferanten wandelt seine Forderungen in Höhe von 15.000 €, die er der Firma gegenüber hat, in ein langfristiges Darlehen um.

3) Kaufgut verkauft ein Grundstück zu dessen Buchwert von 80.000 €. Die Zahlung erfolgt sofort auf das Bankkonto der Firma.

4) Eine Verbindlichkeit über 20.000 € wird von der Firma Kaufgut durch Banküberweisung beglichen.

5) Da Waren für 10.000 € aus der letzten Lieferung fehlerhaft waren, schickt Kaufgut sie jetzt dem Lieferanten zurück, der daraufhin auch sofort seine entsprechenden Forderungen um 10.000 € kürzt.

Übungsaufgabe 2 (zu II C: Eröffnungs- und Abschlussbuchungen)

Gegeben sei die Bilanz der Firma Pulver zum 31.12.01:

Aktiva	Bilanz der Firma Pulver zum 31.12.01 in Euro		Passiva
Grundstücke		Eigenkapital	100.000
und Gebäude	100.000	Anleihen	150.000
BGA	80.000	Bank	50.000
Waren	100.000	Verbindlichkeiten L.u.L.	50.000
Kasse	70.000		
	350.000		350.000

a) Eröffnen Sie die Konten für das Geschäftsjahr 02. Notieren Sie auch die Buchungssätze dazu.

```
S                    H   S                    H



S                                             H

```

b) Notieren Sie die Buchungssätze zu den folgenden Geschäftsvorfällen des Jahres 02. Führen Sie die Buchungen auf den T-Konten aus und notieren Sie zu jedem Geschäftsvorfall, um welchen Buchungstyp es sich handelt (Aktivtausch, Passivtausch, Bilanzverlängerung, Bilanzverkürzung).

1) Die Firma Pulver begleicht 20.000 € der Verbindlichkeiten aus Lieferungen und Leistungen (VLL) durch Barzahlung.

2) Weitere 10.000 € der Verbindlichkeiten aus Lieferungen und Leistungen werden durch Banküberweisung beglichen.

3) Pulver kauft Waren im Wert von 10.000 €. Die Bezahlung erfolgt erst in einem Monat.

4) Die Betriebs- und Geschäftsausstattung (BGA) wird um einige Personalcomputer im Wert von insgesamt 5.000 € erweitert, die sofort geliefert werden. Die Firma Pulver bezahlt bar.

c) Schließen Sie die Konten ab und notieren Sie die dazugehörigen Buchungssätze.

Übungsaufgabe 3 (zu II D: Eigenkapital, Privatkonto und Ermittlung des Periodenerfolges durch Distanzrechnung)

Sie sehen unten für die Firma Kopp & Bauch die Bilanz zum 31.12.01 und die Bilanz zum 31.12.02. Außerdem sind die Privatkonten der beiden Gesellschafter für das Geschäftsjahr 02 angegeben.

a) Ermitteln Sie den Erfolg der Periode 02 mit Hilfe der Distanzrechnung.

Bilanz der Firma Kopp & Bauch
zum 31.12.01 in Euro

Aktiva		Passiva	
Grundstücke und Gebäude	100.000	Eigenkapital	80.000
		Anleihen	100.000
BGA	50.000	Bank	15.000
Waren	50.000	Verbindlichkeiten L.u.L.	10.000
Kasse	5.000		
	205.000		205.000

Bilanz der Firma Kopp & Bauch
zum 31.12.02 in Euro

Aktiva		Passiva	
Grundstücke und Gebäude	140.000	Eigenkapital	115.000
		Anleihen	80.000
BGA	60.000	Bank	30.000
Waren	40.000	Verbindlichkeiten L.u.L.	20.000
Kasse	5.000		
	245.000		245.000

S	Privatkonto Kopp		H
Bank	20.000	**Eigenkapital**	**20.000**
	20.000		20.000

S	Privatkonto Bauch		H
Bank	10.000	Grundstücke und Gebäude	40.000
Eigenkapital	**30.000**		
	40.000		40.000

b) Interpretieren Sie den Kontenruf "Grundstücke und Gebäude" auf der Habenseite des Privatkontos Bauch.

c) Nachdem Sie in a) den Periodenerfolg ermittelt haben, können Sie nun auch die Buchungen auf dem Eigenkapitalkonto im Geschäftsjahr 02 wiedergeben. Vervollständigen Sie das hier vorgegebene und bereits eröffnete Eigenkapitalkonto der Firma Kopp & Bauch.

S	Eigenkapital		H
		EBK	80.000

Übungsaufgabe 4 (zu III: Erfolgswirksame Geschäftsvorfälle)

Formulieren Sie die Buchungssätze zu nachfolgenden Geschäftsvorfällen und geben Sie an, um welchen Grundtyp von Buchung es sich handelt. Führen Sie dann die Buchungen auf den schon eröffneten T-Konten aus, und schließen Sie die Konten ab.

1) Für von der Unternehmung angemietete Lagerräume werden 3.000 € per Postgiro überwiesen. Das Postgirokonto ist ein Guthabenkonto.

2) Die Unternehmung bezahlt Versicherungsprämien in Höhe von 4.000 € bar.

3) Für die Vermittlung eines Kredits erhält sie 1.000 € Provisionen, zahlbar in 30 Tagen.

4) Die Zinsen für ein aufgenommenes Darlehen sind fällig. Es werden dafür 2.000 € vom Bankkonto abgebucht, das bereits ein Schuldenkonto ist.

S	Postgiro	H	S	Eigenkapital	H
EBK	16.000			EBK	15.000

S	Kasse	H	S	Darlehen	H
EBK	5.000			EBK	5.000

S	Sonstige Forderungen	H	S	Bank	H
				EBK	1.000

S	Mietaufwand	H	S	Provisionsertrag	H

S	Versicherungsaufwand	H		S	Gewinn- und Verlustkonto	H

S	Zinsaufwand	H		S	Schlussbilanzkonto	H

Übungsaufgabe 5 (zu IV A: Löhne und Gehälter)

Notieren Sie für die Firma Immobilien-Leasing die Buchungssätze zu folgenden Geschäftsvorfällen. Buchen Sie dann auf den schon eröffneten und teilweise bereits mit Buchungen versehenen Konten, die nur einen Ausschnitt aus der gesamten Buchhaltung des Unternehmens darstellen. Auf das GuV- und das Schlussbilanzkonto sind einige hier nicht im Einzelnen dargestellte Konten bereits abgeschlossen worden. Vervollständigen Sie den Abschluss.

1) Der Mitarbeiter Fleißig erhält ein Bruttogehalt von 3.500 € pro Monat. Sein Lohnsteuersatz liegt bei 18 %, der Kirchensteuersatz bei 9 % und der Solidaritätszuschlag bei 5,5 % von der Lohnsteuer.
Die vollen Sätze zum Grundbeitrag zur Sozialversicherung belaufen sich auf 40 %[1].
Außerdem ist der gesetzliche Zusatzbeitrag zur Krankenversicherung in Höhe von 1 % vom Arbeitnehmer zu tragen.[2] Steuern und Versicherungen werden erst später (zum Monatsende) bezahlt, das Nettogehalt aber direkt per Bank überwiesen.

2) Der Mitarbeiter Emsig arbeitet nur an drei Tagen in der Woche. Mitte des Monats erhält er einen Vorschuss in Höhe von 1.000 € in bar.

3) Ende des Monats bekommt Herr Emsig sein noch ausstehendes Gehalt bar ausgezahlt. Insgesamt stehen ihm pro Monat 2.000 € brutto zu, wobei diesmal der Vorschuss gemäß Geschäftsvorfall 2) zu berücksichtigen ist. Die Berechnung von Lohnsteuer, Kirchensteuer und Solidaritätszuschlag (für Emsig 20 %, 9 % und 5,5 %) und der Sozialabgaben erfolgt mit der Monatsabrechnung.

---

[1] Vereinfachte Prozentsätze, die annähernd mit den derzeit gültigen übereinstimmen.
[2] Ebenso.

S	Löhne und Gehälter	H

S	Verbindlichkeiten soz. Sicherheit	H

S	Soziale Abgaben	H

S	Verb. Lohnst./KiSt/Sol.zuschlag	H

S	Sonstige Forderungen	H

S	Eigenkapital	H
	EBK	70.000

S	Bank		H
EBK	85.000		

S	Gewinn- und Verlustkonto		H
sonstiger Aufwand	45.000	Mieterträge	80.000
		sonstige Erträge	30.000

S	Kasse		H
EBK	5.000		

S	Schlussbilanzkonto		H
Grundstücke und Gebäude	100.000	Darlehen	105.000
BGA	50.000		

Übungsaufgabe 6 (zu IV B: Umsatzerlöse unter Berücksichtigung der USt und IV C: Zinsen und Mieten)

Notieren Sie für die Unternehmensberatung Grün die Buchungssätze zu folgenden Geschäftsvorfällen. Buchen Sie die Vorgänge auf den schon eröffneten Konten und schließen Sie diese dann ab. Rechnen Sie zur Vereinfachung mit einem USt-Satz von 10 %. Ermitteln Sie die USt-Zahllast bzw. den -Erstattungsanspruch.

1) An den Vermieter der Büroräume werden 30.000 € zuzüglich Umsatzsteuer durch Banküberweisung gezahlt.[3]

2) Für erbrachte Beratungsleistungen stellt die Firma Grün Ende des Jahres ihrem Kunden eine Rechnung über 70.000 € netto. Die Zahlung erfolgt erst im nächsten Geschäftsjahr.

3) Die Firma Grün erhält für die Vermittlung von Aufträgen an eine befreundete Unternehmung Provisionen in Höhe von 10.000 € netto in bar.

4) Am 31.12. kauft die Firma Grün neue Schreibtische zum Preis von 20.000 € netto. Sie werden noch am letzten Tag des Geschäftsjahres ausgeliefert und sind ab diesem Zeitpunkt dem Vermögen des Unternehmens zuzurechnen. Die Nutzung beginnt erst mit Beginn des nächsten Jahres. Auch die Bezahlung der bereits am 31.12. erhaltenen Rechnung wird erst im neuen Jahr erfolgen.

5) Die Firma Grün erhält Zinsen in Höhe von 20.000 €. Davon werden 14.725 € dem betrieblichen Bankkonto gutgeschrieben. Der Rest wird als Kapitalertragsteuer und Solidaritätszuschlag von der Bank einbehalten und an das Finanzamt abgeführt.[4]

6) An einen Darlehensgeber muss die Firma Grün 12.000 € Zinsen zahlen. Der Betrag wird am 31.12. vom betrieblichen Bankkonto abgebucht.

---

[3] Beachte: Mieten sind in der Regel umsatzsteuerfrei, es sei denn, ein Unternehmen vermietet an ein anderes Unternehmen, welches die Räume gewerblich nutzt und zum Vorsteuerabzug berechtigt ist. In diesem Fall kann auf die Umsatzsteuer-Befreiung verzichtet werden.

[4] Hier ist für die Kapitalertragsteuer ein Satz von 25 % und für den Solidaritätszuschlag ein Satz von 5,5 % (bezogen auf die Kapitalertragsteuer) angesetzt worden.

S Betriebs- und Geschäftsausstattung H	S Forderungen L.u.L. H
EBK 90.000	EBK 60.000

S Bank H	S Kasse H
EBK 50.000	EBK 10.000

S Eigenkapital H	S Darlehen H
EBK 70.000	EBK 140.000

S Verbindlichkeiten L.u.L. H	S Umsatzerlöse H

S Mietaufwand H	S Zinserträge H

S Zinsaufwand H	S Kapitalertragsteuer –KESt- und SolZ (Vorauszahlung) H

S Sonstige Erträge H	S Vorsteuer H

| S   USt-Schuld   H | S   USt-Verrechnung   H |

| S   Gewinn- und Verlustkonto   H | S   Schlussbilanzkonto   H |

Übungsaufgabe 7 (zu IV D: Einkauf von Sachanlagen und IV E: Abschreibungen auf Anlagen)

Ihnen sind unten die bereits eröffneten Konten der Firma Herl gegeben. Notieren Sie zunächst die Buchungssätze zu den genannten Geschäftsvorfällen und buchen Sie dann auf den Konten. Für die Umsatzsteuer gehen Sie vereinfachend von einem Satz in Höhe von 10 % aus. Die Abschreibungen des abnutzbaren Anlagevermögens sollen gleichmäßig über die Nutzungsdauer erfolgen.

Teil 1: Direkte Abschreibung

1) Die Firma Herl kauft mehrere neue PCs nebst Laserdruckern zum Nettopreis von 8.000 €. Die Lieferung erfolgt sofort, bezahlt wird durch Banküberweisung.

2) Für Transport, Versicherung und Installation der Geräte fallen nochmals 1.000 € netto an. Bezahlung erfolgt sofort bar.

3) Vier alte PCs werden zu einem Preis von insgesamt 1.000 € netto an einige Studenten bar verkauft, die im vergangenen Sommer aushilfsweise in der Firma Herl tätig waren. In den Büchern sind die Geräte noch mit 1.800 € erfasst.

4) Eines der Gebäude mit einem Restbuchwert von 50.000 € kann noch vor Jahresende günstig an einen Nachbarn verkauft werden. Der Kaufpreis in Höhe von 70.000 € wird sofort auf dem Bankkonto gutgeschrieben. Umsatzsteuer fällt nicht an. Sonstige Steuern und Nebenkosten sind zu vernachlässigen.

5) Zum Geschäftsjahresende sind die noch erforderlichen Abschreibungen durchzuführen. Der jährliche Abschreibungsbetrag für die Gebäude beträgt 12.000 €. Die Betriebs- und Geschäftsausstattung ist, soweit sie nicht neu angeschafft wurde, mit insgesamt 10.000 € abzuschreiben. Für die neu angeschafften Geräte muss der Abschreibungsbetrag erst noch ermittelt werden. Gehen Sie von einer geplanten dreijährigen Nutzungsdauer aus. Alle Abschreibungen sollen direkt gebucht werden.

S	Grundstücke	H	S	Gebäude	H
100.000			150.000		

S	Betriebs- und Geschäftsausstattung	H	S	Waren	H
50.000			50.000		

S	Kasse	H	S	Eigenkapital	H
5.000					150.000

S	Darlehensschulden	H	S	Bank	H
		120.000			15.000

S	Verbindlichkeiten L.u.L.	H	S	Umsatzerlöse	H
		10.000			60.000

S		H	S		H

S		H	S		H

S	H	S	H

S	H	S	H

Teil 2: Indirekte Abschreibungen

Lösen Sie nun die Aufgabe unter der Annahme, dass alle Abschreibungen indirekt erfolgen. Folgende Zusatzinformationen sind dabei zu beachten:

zu Geschäftsvorfall:

3) Die EDV-Anlage war vor drei Jahren zu einem Gegenwert von 7.000 € netto gekauft worden.

4) Der Anschaffungswert des Gebäudes betrug umgerechnet 100.000 €.

Erklären Sie den Unterschied bei den Eröffnungswerten auf den Konten "Gebäude" und "BGA" zwischen Teil 1 und Teil 2.

S	Grundstücke	H	S	Gebäude	H
100.000			350.000		

S	Betriebs- und Geschäftsausstattung	H	S	Waren	H
77.000			50.000		

S	Kasse	H	S	Eigenkapital	H
5.000					150.000

S	Darlehensschulden	H	S	Bank	H
		120.000	15.000		

S	Verbindlichkeiten L.u.L.	H		S	Umsatzerlöse	H
		10.000				60.000

S	Wertberichtigungen auf Anlagen	H		S		H
		227.000				

S		H		S		H

S		H		S		H

S		H		S		H

S		H		S		H

S		H

Übungsaufgabe 8 (zu V: Dienstleistungsunternehmen mit Warenverkehr
hier: Ermittlung des Warenerfolges mit Hilfe der Inventur)

Der Großhändler Superkauf hat nachfolgend genannte Geschäftsvorfälle zu buchen.

a) Notieren Sie die zugehörigen Buchungssätze, nehmen Sie die Buchungen auf den T-Konten vor und schließen Sie die Konten ab. (Abschluss der Warenkonten durch Bruttobuchung.) Gehen Sie vereinfachend von einem USt-Satz in Höhe von 10 % aus.

1) Der Großhändler verkauft und liefert an einen seiner Stammkunden Waren im Werte von 40.000 €. Zahlung erfolgt per Banküberweisung.

2) Die Miete in Höhe von 5.000 € (zuzügl. USt) wird von Superkauf bar bezahlt.

3) Ein Kunde, an den Superkauf vor 2 Wochen Waren auf Ziel verkauft hatte, schickt heute aufgrund einer von Superkauf als berechtigt angesehenen Reklamation Waren im Wert von 5.000 € zurück. Die noch offene Rechnung wird entsprechend korrigiert.

4) Superkauf erhält von einem Lieferanten Waren im Wert von 10.000 € geliefert. Die Zahlung erfolgt durch Banküberweisung.

5) Bei der Einlagerung der gekauften Waren stellt Superkauf fest, dass ein Teil der Lieferung große Mängel aufweist. Nach Rücksprache mit seinem Lieferanten schickt er diesem Waren im Wert von 2.000 € zurück und bekommt den entsprechenden Betrag per Banküberweisung erstattet.

6) Der Warenbestand beträgt laut Inventur 58.000 €.

b) Zeigen Sie alternativ den Abschluss der Warenkonten nach der Nettomethode. Die Geschäftsvorfälle 1) - 6) sind wie unter a) zuvor auf den nachfolgend gegebenen Konten Warenbestand und Warenverkauf zu buchen.

S	Warenbestand	H	S	Warenverkauf (Warenerfolg)	H

S	Gewinn- und Verlustkonto	H

c) Wie hoch sind der Warenrohgewinn und der auf dem GuV-Konto ablesbare Reingewinn?

S	Betriebs- und Geschäftsausstattung	H	S	Warenbestand	H
EBK	50.000		EBK	70.000	

S	Forderungen L.u.L.	H	S	Kasse	H
EBK	20.000		EBK	10.000	

S	Bank	H	S	Eigenkapital	H
	EBK	20.000		EBK	50.000

S	Darlehensschuld	H	S	Verbindlichkeiten L.u.L.	H
	EBK	50.000		EBK	30.000

S	Mietaufwand	H		S	Warenverkauf (Umsatzerlöse)	H

S	Vorsteuer	H		S	USt-Schuld	H

S	USt-Verrechnung	H		S	Gewinn- und Verlustkonto	H

S	Schlussbilanzkonto	H

Übungsaufgabe 9: (zu V: Dienstleistungsunternehmen mit Warenverkehr
hier: Ermittlung des Warenerfolges ohne Inventur)

a) Ihnen liegen die eröffneten Konten der Boutique "First Hand" vor. Notieren Sie die Buchungssätze zu folgenden Geschäftsvorfällen, buchen Sie sie dann auf den entsprechenden Konten und erstellen Sie die Schlussbilanz. (Abschluss der Warenkonten brutto.)

1) Verkauf eines Kostüms für 165 € (inkl. 10 % USt), Einstandspreis 66 € (inkl. 10 % USt).

2) Kauf einer Kollektion Blusen. Der Einstandspreis von 7.000 € zuzüglich 10 % USt ist binnen 90 Tagen zahlbar.

3) Verkauf zweier Designer-Anzüge für 1.320 € (inkl. 10 % USt), Einstandspreis zusammen 550 € (inkl. 10 % USt).

4) Kauf der Kollektion des Fabrikanten Superchic. Der Einstandspreis beläuft sich auf 15.000 € zuzüglich 10 % USt und wird vom Bankkonto überwiesen.

b) Wie hoch ist der Warenrohgewinn?

S	Bank	H	S	Kasse	H
EBK	5.500		EBK	500	

S	Warenbestand	H	S	Wareneinsatz	H
EBK	6.000				

S	Eigenkapital	H	S	Verbindlichkeiten L.u.L.	H
	EBK	7.000		EBK	5.000

S	Warenverkauf (Umsatzerlöse)	H	S	Vorsteuer	H

S	USt-Schuld	H	S	USt-Verrechnung	H

S	Gewinn- und Verlustkonto	H	S	Schlussbilanzkonto	H

Übungsaufgabe 10 (zu V C: Bezugsaufwand und V D: Preisnachlässe)

Die Firma Hochstrom ist im Elektrogerätegroßhandel tätig. Sie hat einige Geschäftsvorfälle zum Ein- und Verkauf unter Berücksichtigung von Bezugsaufwendungen und Preisnachlässen zu buchen. Der USt-Satz soll vereinfachend mit 10 % angenommen werden.

a) Notieren Sie die Buchungssätze zu nachfolgenden Geschäftsvorfällen, buchen Sie sie auf T-Konten und schließen Sie diese dann ab.

1) Die Firma Hochstrom kauft für ihr Büro neue Schreibtische und Aktenschränke. Der Nettobetrag lautet insgesamt über 6.000 € und ist spätestens nach 60 Tagen zu zahlen. Bei Zahlung innerhalb von 14 Tagen wird man Skonto in Höhe von 2 % erhalten können.

2) Für den Transport und die Installation der Möbel sind weitere 1.000 € netto als Bezugsaufwand bar bezahlt worden.

3) Nach Ablauf von 10 Tagen bezahlt Hochstrom die Rechnung aus 1) unter Abzug von 2 % Skonto.

4) Hochstrom verkauft Elektrogeräte im Wert von 60.000 € an einen Einzelhändler. Dieser erhält 5 % Rabatt und bezahlt die Rechnung sofort durch Banküberweisung.

5) Von einem Warenlieferanten erhält Hochstrom einen Treuebonus in Höhe von 2.200 € per Banküberweisung.

6) An einen Kunden verkauft Hochstrom Elektrogeräte im Wert von 40.000 €. Auslieferung erfolgt sofort. Bezahlt werden soll innerhalb von 30 Tagen mit Abzug von 2 % Skonto bzw. in 60 Tagen ohne Skontoabzug.

7) Einem anderen guten Kunden gewährt Hochstrom einen Treuebonus in Höhe von 1.100 € mittels Banküberweisung.

8) Der Kunde aus 6) bezahlt die Rechnung bereits nach 28 Tagen unter Abzug von 2 % Skonto.

9) Der Warenbestand laut Inventur beträgt 85.000 €.

b) Wie hoch sind die in das GuV-Konto zu übernehmenden Beträge für Wareneinsatz und Warenverkauf (Umsatzerlöse)?

S	Betriebs- und Geschäftsausstattung	H		S	Bank	H
EBK	90.000			EBK	50.000	

S	Warenbestand	H		S	Kasse	H
EBK	150.000			EBK	10.000	

S	Forderungen L.u.L.	H		S	Eigenkapital	H
EBK	50.000				EBK	100.000

S	Darlehensschuld	H		S	Verbindlichkeiten L.u.L.	H
	EBK	190.000			EBK	60.000

S	USt-Schuld	H		S	USt-Verrechnung	H

S	Vorsteuer	H		S	Warenverkauf (Umsatzerlöse)	H

S	Kundenskonti (KSk)	H		S	Lieferantenskonti (LSk)	H

S Lieferantenboni (LBo) H	S Kundenboni (KBo) H

S Gewinn- und Verlustkonto H	S Schlussbilanzkonto H

Übungsaufgabe 11 (zu VI: Spezifische Buchungen in einem Produktionsbetrieb)

Bilden Sie für die nachfolgenden Geschäftsvorfälle der Firma Neu die Buchungssätze und buchen Sie auf den vorgegebenen Konten. Zur Vereinfachung rechnen Sie mit einem Steuersatz von 10 %. Schließen Sie alle Konten ab.

1) Die Firma Neu kauft Rohstoffe im Wert von 50.000 € sowie Hilfs- und Betriebsstoffe im Wert von 20.000 € ein, die sofort geliefert werden. Die Zahlung erfolgt durch Banküberweisung.

2) Die Firma Neu verkauft Fertigerzeugnisse für 20.000 € netto auf Ziel.

3) Für die Produktion werden laut Materialentnahmeschein Rohstoffe im Wert von 5.000 € verbraucht.

4) Fertigerzeugnisse werden für 10.000 € netto gegen Banküberweisung verkauft.

5) Es werden erneut Hilfs- und Betriebsstoffe im Wert von 8.000 € gegen Banküberweisung eingekauft und sofort eingelagert.

6) Für die Produktion werden Rohstoffe im Wert von 36.000 € verbraucht.

7) Am Periodenende ergibt die Inventur folgende Endbestände:

    a) Hilfs- und Betriebsstoffe: 20.000
    b) Unfertige Erzeugnisse: 30.000
    c) Fertigerzeugnisse: 20.000

S	Rohstoffe	H	S	Hilfs- und Betriebsstoffe	H
EBK	10.000		EBK	2.000	

S	Fertigerzeugnisse	H	S	Forderungen L.u.L.	H
EBK	25.000		EBK	10.000	

S	Bank	H		S	Unfertige Erzeugnisse	H
EBK	50.000					

S	Eigenkapital	H		S	Verbindlichkeiten L.u.L.	H
	EBK	50.000			EBK	47.000

S	Umsatzerlöse	H		S	Vorsteuer	H

S	USt-Schuld	H		S	USt-Verrechnung	H

S	Bestandsveränd. eigene Erzeugnisse	H		S	RHB-Aufwand	H

S	Gewinn- und Verlustkonto	H		S	Schlussbilanzkonto	H

Zusatzfrage: Hat sich insgesamt der Bestand an eigenen Erzeugnissen (fertige und unfertige Erzeugnisse) erhöht oder verringert?

Übungsaufgabe 12 (zu VII: Wechselverkehr)

Die Firma Flink & Fleißig hat unter anderem mehrere Geschäftsvorfälle zum Wechselverkehr zu buchen. Da alle weiteren Geschäftsvorfälle hier nicht interessieren, erhalten Sie auch nur einen Ausschnitt aus dem gesamten Kontenplan, der lediglich die Konten enthält, die Sie für die Buchung der nachfolgenden Geschäftsvorfälle benötigen. Rechnen Sie mit einem USt-Satz in Höhe von 10 %.

1) Ein Kunde hatte von Flink & Fleißig bereits eine Rechnung in Höhe von 33.000 € erhalten. Da er erst in drei Monaten zahlen möchte, stellt Flink & Fleißig einen Wechsel über diesen Betrag aus, den der Kunde auch sofort akzeptiert. Der daraufhin von Flink & Fleißig berechnete Diskont in Höhe von 6 % p.a. soll in 14 Tagen bezahlt werden.

2) Einer der Lieferanten hatte Flink & Fleißig angeboten, für eine noch offene Schuld einen Wechsel hereinzunehmen. Flink & Fleißig akzeptiert den Wechsel mit der Summe von 88.000 €. Die Laufzeit beträgt 3 Monate, der in 14 Tagen zu zahlende Diskont 5 % p.a. (Achtung: 3 Monate = 1/4 Jahr!)

3) Ein guter Geschäftsfreund bezahlt am Fälligkeitstag seine Wechselschuld in Höhe von 10.000 € durch Banküberweisung.

4) Der in 1) erhaltene Wechsel wird von Flink & Fleißig 2 Monate vor Fälligkeit zur Diskontierung an die Hausbank gegeben. Diese berechnet 5 % Diskont p.a. und schreibt den Restbetrag dem betrieblichen Bankkonto gut.

5) Da Flink & Fleißig eine ebenfalls noch offene Lieferantenverbindlichkeit begleichen möchte, gibt sie einen Besitzwechsel in Höhe von 20.000 € einen Monat vor Fälligkeit an ihren Lieferanten weiter. Dieser rechnet wie Flink & Fleißig mit 6 % Diskont p.a. Die sich daraus ergebende Belastung begleicht Flink & Fleißig sofort durch Banküberweisung.

6) Ein Kunde, der noch einige vorübergehende Zahlungsschwierigkeiten hat, bittet um Prolongation des noch im Besitz von Flink & Fleißig befindlichen Wechsels um weitere 3 Monate. Flink & Fleißig ist einverstanden und bittet Sie, die Buchung durchzuführen. Der Diskont braucht erst in 10 Tagen bezahlt zu werden. Die Wechselsumme beträgt 5.000 €, der Diskont 6 % p.a.

7) Am Fälligkeitstag löst Flink & Fleißig einen Schuldwechsel über 22.000 € durch Banküberweisung ein.

8) Da ein Schuldner nicht zahlen kann, geht ein noch im Besitz von Flink & Fleißig befindlicher Wechsel über 11.000 € zu Protest. Flink & Fleißig bezahlt für die Beurkundung des Protestes 100 € netto durch Banküberweisung.

9) Wie Flink & Fleißig erfährt, wird der zu Protest gegangene Wechsel nie mehr eingelöst werden, da sich der Schuldner ins Ausland abgesetzt hat.

Zusatzfrage:

Über welche Konten werden folgende Konten abgeschlossen?

- Besitzwechsel
- Protestwechsel
- Schuldwechsel
- Diskontaufwand
- Diskontertrag
- Protestkosten
- Abschreibungen auf Forderungen

S	Besitzwechsel	H	S	Forderungen L.u.L.	H
EBK	198.000		EBK	165.000	

S	Bank	H	S	Schuldwechsel	H
EBK	50.000			EBK	110.000

S	Verbindlichkeiten L.u.L.	H	S	Vorsteuer	H
	EBK	121.000	EBK	11.000	

S	USt-Schuld	H	S	Abschreibungen auf Forderungen	H
	EBK	15.000			

S	Diskontaufwand	H	S	Diskontertrag	H

S	Protestwechsel	H	S	Protestkosten	H

Übungsaufgabe 13 (zu VIII A: Außerplanmäßige Abschreibungen und Zuschreibungen)

Geben Sie für nachfolgende Geschäftsvorfälle die Buchungssätze an:

1) Durch das letzte Hochwasser wurde das Verwaltungsgebäude sehr stark beschädigt. Buchen Sie die dauerhafte Wertminderung in Höhe von 80.000 €
   a) direkt
   b) indirekt.

2) Ein für umgerechnet 200.000 € angeschafftes Grundstück war vor drei Jahren außerplanmäßig um umgerechnet 50.000 € abgeschrieben worden. Der Grund für den niedrigeren Wertansatz besteht nicht mehr. Heute könnte man das Grundstück für mindestens 300.000 € verkaufen.
   a) Gehen Sie davon aus, dass die Abschreibung direkt gebucht wurde, und schreiben Sie entsprechend zu.
   b) Gehen Sie davon aus, dass die Abschreibung indirekt erfolgte. Wie ändert sich der Buchungssatz für die Zuschreibung?

Geben Sie an, über welche Konten die in den Buchungssätzen vorkommenden Konten abgeschlossen werden.

Übungsaufgabe 14 (zu VIII B: Forderungsabschreibungen)

Im Rahmen der Abschlussarbeiten haben Sie folgende Informationen zum Forderungsbestand der Firma Hope zu berücksichtigen und die sich daraus ergebenden Buchungen vorzunehmen. Buchen Sie auf den vorgegebenen Konten, die nur einen unvollständigen Ausschnitt aus der gesamten Finanzbuchhaltung der Firma Hope darstellen. Einzelwertberichtigungen sind direkt und Pauschalwertberichtigungen in Höhe von 3 % indirekt über das Konto "Pauschalwertberichtigungen (PWB)" zu buchen.

1) Zu einer auf dem Konto "Dubiose" ausgewiesenen Forderung über 2.200 € gehen 1.100 € auf dem betrieblichen Bankkonto ein. Mehr ist nicht zu erwarten.

2) Die Firma Hope hört von den Zahlungsschwierigkeiten eines Kunden. Ihre Forderung gegenüber diesem Kunden beträgt 5.500 €. Vorsichtshalber schreibt sie 50 % ab.

3) Ein anderer Kunde hat ebenfalls Zahlungsschwierigkeiten. Nach wirksam gewordenem Vergleich schreibt Hope 40 % der Forderung ab (sicherer Forderungsausfall). Die Forderung betrug insgesamt 10.000 € netto und war noch auf dem Konto "Forderungen aus Lieferungen und Leistungen" ausgewiesen.

   a) Wie ist zu buchen, wenn die Forderung aus dieser Periode stammt?
   b) Wie buchen Sie, wenn es sich um eine Forderung der Vorperiode handelt?

   Bitte erfassen Sie auf den Konten nur den Buchungssatz 3b)!

4) Eine wegen wahrscheinlichen Forderungsausfalls bereits von 5.500 € auf 3.500 € abgeschriebene Forderung geht doch noch in Höhe von 4.400 € durch Banküberweisung ein.

   a) Wie lautet der Buchungssatz für den Fall, dass die Forderung erst in dieser Periode entstanden ist?
   b) Wie lautet die Buchung, wenn es sich um eine bereits in der Vorperiode entstandene und ebenfalls in der Vorperiode abgeschriebene Forderung handelt?

   Buchen Sie nur den Fall 4a) auf den Konten!

5) 110.000 € der jetzt noch auf dem Konto "Forderungen aus Lieferungen und Leistungen" stehenden Forderungen sind in dieser Periode neu entstanden. Bilden Sie dafür Pauschalwertberichtigungen in Höhe von 3 %.

S	Forderungen L.u.L.	H	S	Dubiose	H
346.500			50.000		

S	Pauschalwertberichtigungen	H	S	Abschreibungen auf Forderungen	H
	6.600		4.000		

S	Bank	H	S	USt-Schuld	H
				7.000	

Übungsaufgabe 15 (zu VIII C: Rechnungsabgrenzungsposten und
VIII D: Rückstellungen)

Nachfolgend finden Sie einige Geschäftsvorfälle, die im Jahr 01 und / oder im Jahr 02 zu Buchungen führen. Bilden Sie zu jedem Geschäftsvorfall die Buchungssätze

a) für das Jahr 01
b) für das Jahr 02.

(Geschäftsjahr = Kalenderjahr)

1) Im Oktober 01 wird für ein halbes Jahr im voraus die Versicherungsprämie in Höhe von 6.000 € per Banküberweisung gezahlt.

2) Für angemietete Räume wird im März 02 eine USt-freie Mietzahlung in Höhe von 48.000 € fällig. Der Mietzeitraum erstreckt sich von Oktober 01 bis März 02. Die Zahlung erfolgt durch Banküberweisung.

3) An einen guten Geschäftspartner ist bereits zum 1. Juli 01 ein Kredit mit Laufzeit bis 30. Juni 02 vergeben worden. Dafür sind insgesamt Zinsen in Höhe von 1.000 € vereinbart worden, die am Ende der Laufzeit durch Banküberweisung gezahlt werden.

4) Für eine zur Zeit nicht benötigte und an einen benachbarten Großbauern vermietete Lagerhalle werden im August 01 Mieten in Höhe von 6.000 € im voraus für ein halbes Jahr auf das betriebliche Bankkonto überwiesen (USt-frei).

5)a) Ein Kunde verklagt die Unternehmung auf Schadensersatz in Höhe von 50.000 € für Schäden, die angeblich durch von ihr in 01 fehlerhaft gelieferte Produkte hervorgerufen worden sind. Das Gerichtsverfahren wird erst in 02 entschieden werden. Der Rechtsanwalt weist die Unternehmung aber darauf hin, dass sie sehr wahrscheinlich die Schadensersatzzahlung wird leisten müssen.

b) Im Geschäftsjahr 02 wird der Prozess entschieden. Sie muss insgesamt 40.000 € zahlen (Banküberweisung).

Übungsaufgabe 16 (zu VIII E: Hauptabschlussübersicht)

Nachfolgend finden Sie eine Hauptabschlussübersicht, die von Ihnen vervollständigt werden soll. Berücksichtigen Sie dabei folgende Angaben:

1) Die jährlichen Abschreibungen auf Grundstücke und Gebäude sind bisher noch nicht erfasst worden. Sie belaufen sich auf 10.000 €.

2) Die Summe der für das abzuschließende Geschäftsjahr zu zahlenden gewinnabhängigen Steuern steht noch nicht fest. Die Unternehmung rechnet mit einem Betrag in Höhe von etwa 18.000 €.

3) In den sonstigen Erträgen sind Mieterträge in Höhe von 2.000 € enthalten, die der Mieter bereits im voraus für das nächste Geschäftsjahr gezahlt hat.

4) Laut Inventur liegen folgende Endbestände vor:

    a) Roh-, Hilfs- und Betriebsstoffe   5.000 €
    b) Unfertige Erzeugnisse   8.000 €
    c) Fertige Erzeugnisse   15.000 €

HAUPTABSCHLUSSÜBERSICHT

Konten	Summenbilanz		Saldenbilanz I		Korrekturbuchungen u. vorbereitende Abschlussbuchungen		Saldenbilanz II		Abschlussbilanz		Erfolgsübersicht	
	S	H	S	H	S	H	S	H	S	H	S	H
Grundstücke und Gebäude	50	0										
Maschinen	60	20										
Darlehensschuld	0	40										
Darlehensforderung	50	10										
Eigenkapital	0	175										
sonst. Rückstellung.	0	5										
Forderungen L.u.L.	155	65										
Verbindl. L.u.L.	110	130										
RHB-Bestand	39	29										
LuG-Aufwand	20	0										
Abschr. Sachanlagen	5	0										
sonst. Aufwand	20	0										
unfert. eig. Erzeugn.	5	0										
fertige eig. Erzeugn.	25	0										
Umsatzerlöse	10	95										
sonst. Erträge	0	9										
Kasse	75	45										
Vorsteuer	5	0										
USt-Schuld	1	7										
Vorläufige Summe Umbuchung Gewinn												
Summe	630	630										

Aufgabenlösungen

Lösung zu Aufgabe 1:

1) BGA an Verb. L.u.L. 20.000
   Buchungstyp: Bilanzverlängerung

2) Verb. L.u.L. an Darlehen 15.000
   Buchungstyp: Passivtausch

3) Bank an Grundstücke 80.000
   Buchungstyp: Aktivtausch

4) Verb. L.u.L. an Bank 20.000
   Buchungstyp: Bilanzverkürzung

5) Verb. L.u.L. an Waren 10.000
   Buchungstyp: Bilanzverkürzung

S	Grundstücke		H		S	Eigenkapital		H
AB	200.000	3)Bank	80.000				AB	200.000

S	Gebäude		H		S	Darlehen		H
AB	100.000						AB	300.000
							2)VLL	15.000

S	Betriebs- und Geschäftsausstattung		H		S	Verbindlichkeiten L.u.L.		H
AB	150.000				2)Darlehen	15.000	AB	120.000
1)VLL	20.000				4)Bank	20.000	1)BGA	20.000
					5)Waren	10.000		

S	Waren		H
AB	100.000	5)VLL	10.000

S	Bank		H
AB	70.000	4)VLL	20.000
3)Grundstück	80.000		

Lösung zu Aufgabe 2:

a) Buchungssätze für die Eröffnungsbuchungen:

1)	Grundstücke und Gebäude	an	EBK	100.000
2)	BGA	an	EBK	80.000
3)	Waren	an	EBK	100.000
4)	Kasse	an	EBK	70.000
5)	EBK	an	Eigenkapital	100.000
6)	EBK	an	Anleihen	150.000
7)	EBK	an	Bank	50.000
8)	EBK	an	Verb. L.u.L.	50.000

oder alternativ

    alle Aktiva   an   alle Passiva   350.000

Dann wäre der Kontenruf "EBK" jeweils durch "alle Passiva" (bei Aktivkonten) bzw. "alle Aktiva" (bei Passivkonten) zu ersetzen.

b) Buchungssätze für die angegebenen Geschäftsvorfälle:

1) Verb. L.u.L.   an   Kasse   20.000
   Buchungstyp: Bilanzverkürzung

2) Verb. L.u.L.   an   Bank   10.000
   Buchungstyp: Passivtausch (Bankkonto hier Schuldenkonto!)

3) Waren   an   Verb. L.u.L.   10.000
   Buchungstyp: Bilanzverlängerung

4) BGA   an   Kasse   5.000
   Buchungstyp: Aktivtausch

S	Eröffnungsbilanzkonto			H
Eigenkapital	100.000	Grundstücke		
Anleihen	150.000	und Gebäude		100.000
Bank	50.000	BGA		80.000
Verbindlichkeiten L.u.L.	50.000	Waren		100.000
		Kasse		70.000
	350.000			350.000

S	Grundstücke und Gebäude		H	S	Eigenkapital		H
EBK	100.000	SBK	100.000	SBK	100.000	EBK	100.000
	100.000		100.000		100.000		100.000

S	Betriebs- und Geschäftsausstattung		H	S	Anleihen		H
EBK	80.000	SBK	85.000	SBK	150.000	EBK	150.000
4)Kasse	5.000				150.000		150.000
	85.000		85.000				

S	Waren		H	S	Bank		H
EBK	100.000	SBK	110.000	SBK	60.000	EBK	50.000
3)VLL	10.000					2)VLL	10.000
	110.000		110.000		60.000		60.000

S	Kasse		H	S	Verbindlichkeiten L.u.L.		H
EBK	70.000	1)VLL	20.000	1)Kasse	20.000	EBK	50.000
		4)BGA	5.000	2)Bank	10.000	3)Waren	10.000
		SBK	45.000	SBK	30.000		
	70.000		70.000		60.000		60.000

S	Schlussbilanzkonto		H
Grundstücke		Eigenkapital	100.000
und Gebäude	100.000	Anleihen	150.000
BGA	85.000	Bank	60.000
Waren	110.000	Verbindlichkeiten L.u.L.	30.000
Kasse	45.000		
	340.000		340.000

c) Buchungssätze für die Abschlussbuchungen:

1)	Schlussbilanzkonto	an	Grundstücke und Gebäude	100.000
2)	Schlussbilanzkonto	an	BGA	85.000
3)	Schlussbilanzkonto	an	Waren	110.000
4)	Schlussbilanzkonto	an	Kasse	45.000
5)	Eigenkapital	an	Schlussbilanzkonto	100.000
6)	Anleihen	an	Schlussbilanzkonto	150.000
7)	Bank	an	Schlussbilanzkonto	60.000
8)	Verb. L.u.L.	an	Schlussbilanzkonto	30.000

Lösung zu Aufgabe 3:

zu a) $EK_{02} - EK_{01}$ - Einlagen + Entnahmen = Erfolg

115.000 - 80.000 - 40.000 + (20.000 + 10.000) = 25.000

zu b) Der Kontenruf "Grundstücke und Gebäude" auf der Habenseite des Privatkontos Bauch zeigt, dass es sich um eine Sacheinlage in Form von Grundstücken oder Gebäuden handelt.

zu c)

S	Eigenkapital		H
Privat Kopp	20.000	EBK	80.000
SBK	115.000	Privat Bauch	30.000
		GuV-Konto	25.000
	135.000		135.000

Lösung zu Aufgabe 4:

1) Mietaufwand an Postgiro 3.000

   * Mietaufwand verringert ceteris paribus (c.p.) das Eigenkapital als Passivkonto

   * Postgirobestand verringert (Aktivkonto)

   = *Bilanzverkürzung*

2) Versicherungsaufwand an Kasse 4.000

   * Eigenkapital c.p. verringert

   * Kassenbestand verringert

   = *Bilanzverkürzung*

3) Sonstige Forderungen an Provisionsertrag 1.000

   * Forderungsbestand vergrößert

   * Eigenkapital c.p. vergrößert

   = *Bilanzverlängerung*

4) Zinsaufwand an Bank 2.000

   * Eigenkapital c.p. verringert

   * Bankschulden vergrößert (Passivkonto)

   = *Passivtausch*

S	Postgiro			H
EBK	16.000	1)Mietaufw.		3.000
		SBK		**13.000**
	16.000			16.000

S	Eigenkapital			H
GuV-Konto	8.000	EBK		15.000
SBK	**7.000**			
	15.000			15.000

S	Kasse			H
EBK	5.000	2)Versicherungsaufwand		4.000
		SBK		**1.000**
	5.000			5.000

S	Darlehen			H
SBK	5.000	EBK		5.000
	5.000			5.000

S	Sonstige Forderungen			H
3)Provisionsertrag	1.000	SBK		**1.000**
	1.000			1.000

S	Bank			H
SBK	3.000	EBK		1.000
		4)Zinsaufw.		2.000
	3.000			3.000

S	Mietaufwand			H
1)Postgiro	3.000	GuV-Konto		**3.000**
	3.000			3.000

S	Provisionsertrag			H
GuV-Konto	1.000	3)sonst. Ford.		1.000
	1.000			1.000

S	Versicherungsaufwand			H
2)Kasse	4.000	GuV-Konto		**4.000**
	4.000			4.000

S	Gewinn- und Verlustkonto			H
Mietaufwand	3.000	Provisionsertrag		1.000
Versicherungsaufwand	4.000	Eigenkapital		**8.000**
Zinsaufwand	2.000			
	9.000			9.000

S	Zinsaufwand			H
4)Bank	2.000	GuV-Konto		**2.000**
	2.000			2.000

S	Schlussbilanzkonto			H
Postgiro	13.000	Eigenkapital		7.000
Kasse	1.000	Darlehen		5.000
FLL	1.000	Bank		3.000
	15.000			15.000

Lösung zu Aufgabe 5:

1) Rechnung:

    Löhne und Gehälter: 3.500 €

    Grundbeitrag zur Sozialversicherung:
    40% = 20 % Arbeitgeber, 20 % Arbeitnehmer

    20 % von 3.500 = soziale Abgaben Arbeitgeber   700 €
    20 % von 3.500 = einbehaltener Arbeitnehmeranteil   700 €

    Zusatzbeitrag des Arbeitnehmers zur Krankenversicherung:
    1 % von 3.500   =   35 €

    Lohnsteuer: 18 % von 3.500   =   630 €

    Kirchensteuer: 9 % von 630   =   56,70 €

    Solidaritätszuschlag: 5,5 % von 630   =   34,65 €

    Banküberweisung an Arbeitnehmer:

	Bruttogehalt	3.500,--
−	soziale Abgaben Arbeitnehmer	735,--
−	Lohnsteuer	630,--
−	Kirchensteuer	56,70
−	Solidaritätszuschlag	34,65
=	Banküberweisung	2.043,65

Buchungssatz:

LGA	3.500			
soziale Abgaben	700	an	Bank	2.043,65
			Verbindl. soz. Sicherheit	1.435,--
			Verb. Lohnsteuer	630,--
			Verb. Kirchensteuer	56,70
			Verb. Sol.zuschlag	34,65

2) Der Vorschuss wird bar ausbezahlt und führt zu einer sonstigen Forderung gegenüber dem Arbeitnehmer.
Die Berechnung der Versicherungsbeiträge und Steuern erfolgt erst dann, wenn auch die Arbeit geleistet wurde und dadurch ein Gehaltsanspruch entstanden ist, also am Monatsende und noch nicht bei Zahlung des Vorschusses.
Buchungssatz:

   Sonstige Forderungen an Kasse 1.000

3) Die Berechnung der Sozialabgaben und Steuern erfolgt vom Gesamtbruttogehalt aus. Bei Auszahlung an den Arbeitnehmer muss jedoch noch der Vorschuss berücksichtigt werden. Es kommt also zu einer Auflösung der sonstigen Forderung und einer entsprechend niedrigeren Auszahlung an Emsig.

Rechnung:

Löhne und Gehälter:	2.000 €
Grundbeitrag zur Sozialversicherung: 40 % von 2.000 =	800 €
= 400 € Arbeitgeberanteil und 400 € Arbeitnehmeranteil	
Zusatzbeitrag des Arbeitnehmers zur Krankenversicherung:	
1 % von 2.000 =	20 €
Lohnsteuer: 20 % von 2.000 =	400 €
Kirchensteuer: 9 % von 400 =	36 €
Solidaritätszuschlag: 5,5 % von 400 =	22 €
Minderung des Auszahlungsbetrages durch Vorschuss:	1.000 €

Auszahlung:

Bruttogehalt	2.000
- soziale Abgaben Arbeitnehmer	420
- Lohnsteuer	400
- Kirchensteuer	36
- Solidaritätszuschlag	22
- Vorschuss	1.000
= Auszahlung	122

Buchungssatz:

LGA	2.000				
soziale Abgaben	400	an	Kasse		122
			sonst. Forderungen		1.000
			Verbindl.		
			soz. Sicherheit		820
			Verb. Lohnsteuer		400
			Verb. Kirchensteuer		36
			Verb. SolZ		22

S	Löhne und Gehälter		H	S	Verbindlichkeiten soz. Sicherheit		H
1)	3.500	GuV-Konto	5.500	SBK	2.255	1)	1.435
3)	2.000					3)	820
	5.500		5.500		2.255		2.255

S	Soziale Abgaben		H	S	Verb. Lohnst./KiSt/SolZ		H
1)	700	GuV-Konto	1.100	SBK	1.179,35	1)	630
3)	400						56,70
	1.100		1.100				34,65
						3)	400
							36
							22
					1.179,35		1.179,35

S	Sonstige Forderungen		H	S	Eigenkapital		H
2)	1.000	3)	1.000	SBK	128.400	EBK	70.000
	1.000		1.000			GuV-Konto	58.400
					128.400		128.400

S	Bank		H	S	Gewinn- und Verlustkonto		H
EBK	85.000	1)	2.043,65	sonst. Aufw.	45.000	Mieterträge	80.000
		SBK	82.956,35	LGA	5.500	sonst. Erträge	30.000
	85.000		85.000,00	soz. Abgaben	1.100		
				Eigenkapital	**58.400**		
					110.000		110.000

S	Kasse			H		S	Schlussbilanzkonto		H
EBK	5.000	2)		1.000		Grundstücke		Darlehen	105.000
		3)		122		und Gebäude	100.000	Verb. soz.	
		SBK		**3.878**		BGA	50.000	Sicherheit	2.255
	5.000			5.000		Bank	**82956,35**	Verb. L.u.	
						Kasse	3.878	KiSt/SolZ	1.179,35
								Eigenkapital	128.400
							236834,35		236834,35

Beachte: Wir verzichten hier und im Folgenden weitestgehend auf die vollständige Notierung der Kontenrufe und begnügen uns nur mit den Nummern der Geschäftsvorfälle, um die Übersicht zu erleichtern.

Lösung zu Aufgabe 6:

Buchungssätze:

1)	Mietaufwand	30.000				
	Vorsteuer	3.000	an	Bank	33.000	
2)	Ford. L.u.L.	77.000	an	Umsatzerlöse	70.000	
				USt-Schuld	7.000	
3)	Kasse	11.000	an	Sonstige Erträge	10.000	
				USt-Schuld	1.000	
4)	BGA	20.000				
	Vorsteuer	2.000	an	Verb. L.u.L.	22.000	
5)	Bank	14.725				
	Kapitalertragsteuer und SolZ (Vorauszahlung)	5.275	an	Zinserträge	20.000	
6)	Zinsaufwand	12.000	an	Bank	12.000	

S	Betriebs- und Geschäftsausstattung		H
EBK	90.000	SBK	110.000
4)	20.000		
	110.000		110.000

S	Forderungen L.u.L.		H
EBK	60.000	SBK	137.000
2)	77.000		
	137.000		137.000

S	Bank		H
EBK	50.000	1)	33.000
5)	14.725	6)	12.000
		SBK	19.725
	64.725		64.725

S	Kasse		H
EBK	10.000	SBK	21.000
3)	11.000		
	21.000		21.000

S	Eigenkapital		H
SBK	128.000	EBK	70.000
		GuV-Konto	58.000
	128.000		128.000

S	Darlehen		H
SBK	140.000	EBK	140.000
	140.000		140.000

S	Verbindlichkeiten L.u.L.		H		S	Umsatzerlöse		H
SBK	22.000	4)	22.000		GuV-Konto	70.000	2)	70.000
	22.000		22.000			70.000		70.000

S	Mietaufwand		H		S	Zinserträge		H
1)	30.000	GuV-Konto	30.000		GuV-Konto	20.000	5)	20.000
	30.000		30.000			20.000		20.000

S	Zinsaufwand		H		S	Kapitalertragsteuer –KESt- und SolZ (Vorauszahlung)		H
6)	12.000	GuV-Konto	12.000		5)	5.275	SBK	5.275
	12.000		12.000			5.275		5.275

S	Sonstige Erträge		H		S	Vorsteuer		H
GuV-Konto	10.000	3)	10.000		1)	3.000	USt-Verrechnung	5.000
	10.000		10.000		4)	2.000		
						5.000		5.000

S	USt-Schuld		H		S	USt-Verrechnung		H
USt-Verrechnung	8.000	2)	7.000		Vorsteuer	5.000	USt-Schuld	8.000
		3)	1.000		SBK	3.000		
	8.000		8.000			8.000		8.000

S	Gewinn- und Verlustkonto		H		S	Schlussbilanzkonto		H
Mietaufwand	30.000	Umsatzerlös	70.000		BGA	110.000	Darlehen	140.000
Zinsaufwand	12.000	Zinserträge	20.000		Ford. L.u.L.	137.000	Verb. L.u.L.	22.000
Eigenkapital	58.000	sonst. Erträge	10.000		Bank	19.725	USt-Verrechnung	3.000
	100.000		100.000		Kasse	21.000	Eigenkapital	128.000
					KESt und SolZ	5.275		
						293.000		293.000

Die USt-Zahllast beträgt 3.000 €. Sie wird erst im nächsten Geschäftsjahr an das Finanzamt überwiesen. Die Kapitalertragsteuer stellt eine Vorauszahlung auf die Einkommensteuer bzw. Körperschaftsteuer dar, der anteilige Solidaritätszuschlag eine Vorauszahlung auf den für die Abrechnungsperiode zu entrichtenden Gesamtbetrag des Solidaritätszuschlages.

Lösung zu Aufgabe 7:

Teil 1: Buchungssätze:

1)	BGA	8.000			
	Vorsteuer	800	an	Bank	8.800
2)	BGA	1.000			
	Vorsteuer	100	an	Kasse	1.100
3)	Kasse	1.100			
	sonst. betr. Aufwand	800	an	BGA	1.800
				USt-Schuld	100
4)	Bank	70.000	an	Gebäude	50.000
				sonst. betr. Ertrag	20.000
5) a)	Abschr.-Aufwand		an	Gebäude	12.000
b)	Abschr.-Aufwand		an	BGA	10.000
c)	Abschr.-Aufwand		an	BGA	3.000

S	Grundstücke		H
	100.000	SBK	**100.000**
	100.000		100.000

S	Gebäude		H
	150.000	4)	50.000
		5a)	12.000
		SBK	**88.000**
	150.000		150.000

S	Betriebs- und Geschäftsausstattung		H
	50.000	3)	1.800
1)	8.000	5b)	10.000
2)	1.000	5c)	3.000
		SBK	**44.200**
	59.000		59.000

S	Waren		H
	50.000	SBK	**50.000**
	50.000		50.000

S	Kasse		H
	5.000	2)	1.100
3)	1.100	SBK	**5.000**
	6.100		6.100

S	Eigenkapital		H
SBK	**204.200**		150.000
		GuV-Konto	54.200
	204.200		204.200

S	Darlehensschulden		H
SBK	120.000		120.000
	120.000		120.000

S	Bank		H
4)	70.000		15.000
		1)	8.800
		SBK	46.200
	70.000		70.000

S	Verbindlichkeiten L.u.L.		H
SBK	10.000		10.000
	10.000		10.000

S	Umsatzerlöse		H
GuV-Konto	60.000		60.000
	60.000		60.000

S	Abschreibungsaufwand		H
5a)	12.000	GuV-Konto	25.000
5b)	10.000		
5c)	3.000		
	25.000		25.000

S	Sonstiger betrieblicher Aufwand		H
3)	800	GuV-Konto	800
	800		800

S	Sonstiger betrieblicher Ertrag		H
GuV-Konto	20.000	4)	20.000
	20.000		20.000

S	Vorsteuer		H
1)	800	USt-	
2)	100	Verrechnung	900
	900		900

S	USt-Schuld		H
USt-Verrechnung	100	3)	100
	100		100

S	USt-Verrechnung		H
Vorsteuer	900	USt-Schuld	100
		SBK	800
	900		900

S	Gewinn- und Verlustkonto		H
Abschreib.-aufwand	25.000	Umsatzerlöse	60.000
sonst. betr. Aufwand	800	sonst. betr. Ertrag	20.000
Eigenkapital	54.200		
	80.000		80.000

S	Schlussbilanzkonto		H
Grundstücke	100.000	Darlehen	120.000
Gebäude	88.000	Verb. L.u.L.	10.000
BGA	44.200	Eigenkapital	204.200
Waren	50.000		
Kasse	5.000		
Bank	46.200		
USt-Verrechnung	800		
	334.200		334.200

Teil 2: Buchungssätze:

1) unverändert zu Teil 1

2) unverändert zu Teil 1

3) Kasse   1.100
    Wertberichtigungen
    auf Anlagen   5.200
    sonst. betr. Aufwand   800   an   BGA   7.000
                                                 USt-Schuld   100

Die PCs stehen noch zum Anschaffungswert von 7.000 auf dem Konto "BGA". Dafür sind die bisher erfolgten Abschreibungen auf dem Konto "Wertberichtigungen auf Anlagen" kumuliert worden. Sie müssen sich bei den PCs auf insgesamt 5.200 belaufen, da der Restbuchwert nur noch 1.800 beträgt (siehe Teil 1). Beim Ausscheiden der PCs sind sowohl der Anschaffungswert auf dem BGA-Konto als auch die zugehörigen Wertberichtigungen auszubuchen. Der Rest unterscheidet sich nicht von Teil 1.

4) Bank   70.000
    Wertberichtigungen
    auf Anlagen   50.000   an   Gebäude   100.000
                                                sonst. betr. Ertrag   20.000

Die Ausführungen zu 3) gelten hier analog.

5) Abschr.-Aufwand   an   Wertberichtigungen
                                           auf Anlagen   12.000

    Abschr.-Aufwand   an   Wertberichtigungen
                                           auf Anlagen   10.000

    Abschr.-Aufwand   an   Wertberichtigungen
                                           auf Anlagen   3.000

S	Grundstücke		H		S	Gebäude		H
	100.000	SBK	100.000			350.000	4)	100.000
	100.000		100.000				SBK	250.000
						350.000		350.000

S	Betriebs- und Geschäftsausstattung		H		S	Waren		H
	77.000	3)	7.000			50.000	SBK	50.000
1)	8.000	SBK	79.000			50.000		50.000
2)	1.000							
	86.000		86.000					

S	Kasse		H		S	Eigenkapital		H
	5.000	2)	1.100		SBK	204.200		150.000
3)	1.100	SBK	5.000				GuV-Konto	54.200
	6.100		6.100			204.000		204.200

S	Darlehensschulden		H		S	Bank		H
SBK	120.000		120.000		4)	70.000		15.000
	120.000		120.000				1)	8.800
							SBK	46.200
						70.000		70.000

S	Verbindlichkeiten L.u.L.		H		S	Umsatzerlöse		H
SBK	10.000		10.000		GuV-Konto	60.000		60.000
	10.000		10.000			60.000		60.000

S	Abschreibungsaufwand		H		S	Sonstiger betrieblicher Aufwand		H
5a)	12.000	GuV-Konto	25.000		3)	800	GuV-Konto	800
5b)	10.000					800		800
5c)	3.000							
	25.000		25.000					

S	Sonstiger betrieblicher Ertrag		H		S	Vorsteuer		H
GuV-Konto	20.000	4)	20.000		1)	800	USt-Verrechnung	900
	20.000		20.000		2)	100		
						900		900

S	USt-Schuld		H
USt-Verrechnung	100	3)	100
	100		100

S	USt-Verrechnung		H
Vorsteuer	900	USt-Schuld	100
		SBK	**800**
	900		900

S	Gewinn- und Verlustkonto		H
Abschreib.-aufwand	25.000	Umsatzerlöse	60.000
sonst. betr. Aufwand	800	sonst. betr. Ertrag	20.000
Eigenkapital	**54.200**		
	80.000		80.000

S	Wertberichtigungen auf Anlagen		H
3)	5.200		227.000
4)	50.000	5a)	12.000
SBK	**196.800**	5b)	10.000
		5c)	3.000
	252.000		252.000

S	Schlussbilanzkonto		H
Grundstücke	100.000	Wertbericht. auf Anlagen	196.800
Gebäude	250.000	Darlehen	120.000
BGA	79.000	Verb. L.u.L.	10.000
Waren	50.000	Eigenkapital	204.200
Kasse	5.000		
Bank	46.200		
USt-Verrechnung	800		
	531.000		531.000

Der Unterschied bei den Eröffnungswerten zwischen Teil 1 und Teil 2 kommt dadurch zustande, dass in Teil 2 aufgrund der indirekten Abschreibung die Gebäude und die Betriebs- und Geschäftsausstattung noch mit den vollen Anschaffungswerten auf diesen Konten ausgewiesen werden. Ihnen stehen dafür entsprechende Wertberichtigungen gegenüber.

In der Summe der Wertberichtigungen in Höhe von 227.000 € sind sowohl die bis dahin für die in Geschäftsvorfall 3 verkauften PCs angefallenen Wertberichtigungen in Höhe von 5.200 € als auch Wertberichtigungen für das in Vorfall 4 veräußerte Gebäude in Höhe von 50.000 € enthalten. Die restlichen vorgegebenen Wertberichtigungen in Höhe von 227.000 - 5.200 - 50.000 = 171.800 sind für sonstige Gebäude und BGA angefallen. Dadurch lassen sich auch die gegenüber Teil 1 höheren Anfangsbestände auf den Konten "Gebäude" und "Betriebs- und Geschäftsausstattung" erklären.

Lösung zu Aufgabe 8:

a) 1) Bank   44.000 an Warenverkauf
                 (Umsatzerlöse) 40.000
                 USt-Schuld   4.000

 2) Mietaufwand 5.000
   Vorsteuer   500 an Kasse   5.500

 3) Warenverkauf
   (Umsatzerlöse) 5.000
   USt-Schuld   500 an Ford. L.u.L.   5.500

 4) Warenbestand 10.000
   Vorsteuer   1.000 an Bank   11.000

 5) Bank   2.200 an Warenbestand 2.000
                 Vorsteuer   200

 6) Schlussbilanzkonto   an Warenbestand 58.000

Abschluss der Warenkonten (Bruttomethode):

  GuV-Konto   20.000 an Warenbestand 20.000

  Warenverkauf 35.000 an GuV-Konto   35.000

S	Betriebs- und Geschäftsausstattung		H
EBK	50.000	SBK	50.000
	50.000		50.000

S	Warenbestand		H
EBK	70.000	5)	2.000
4)	10.000	6)SBK	58.000
		GuV-Konto	20.000
	80.000		80.000

S	Forderungen L.u.L.		H
EBK	20.000	3)	5.500
		SBK	14.500
	20.000		20.000

S	Kasse		H
EBK	10.000	2)	5.500
		SBK	4.500
	10.000		10.000

S	Bank		H
1)	44.000	EBK	20.000
5)	2.200	4)	11.000
		SBK	15.200
	46.200		46.200

S	Eigenkapital		H
SBK	60.000	EBK	50.000
		GuV-Konto	10.000
	60.000		60.000

S	Darlehensschuld		H
SBK	50.000	EBK	50.000
	50.000		50.000

S	Verbindlichkeiten L.u.L.		H
SBK	30.000	EBK	30.000
	30.000		30.000

S	Mietaufwand		H
2)	5.000	GuV-Konto	5.000
	5.000		5.000

S	Warenverkauf (Umsatzerlöse)		H
3)	5.000	1)	40.000
GuV-Konto	35.000		
	40.000		40.000

S	Vorsteuer		H
2)	500	5)	200
4)	1.000	USt-Verrechnung	1.300
	1.500		1.500

S	USt-Schuld		H
3)	500	1)	4.000
USt-Verrechnung	3.500		
	4.000		4.000

S	USt-Verrechnung		H
Vorsteuer	1.300	USt-Schuld	3.500
SBK	2.200		
	3.500		3.500

S	Gewinn- und Verlustkonto		H
Warenbestand	20.000	Warenverkauf	
Mietaufwand	5.000	(Umsatzerlös)	35.000
Eigenkapital	10.000		
	35.000		35.000

S	Schlussbilanzkonto		H
6)Warenbestand	58.000	Darlehen	50.000
BGA	50.000	Verb. L.u.L.	30.000
Ford. L.u.L.	14.500	USt-Verrechnung	2.200
Kasse	4.500	Eigenkapital	60.000
Bank	15.200		
	142.200		142.200

b)

S	Warenbestand		H
EBK	70.000	5)	2.000
4)	10.000	SBK	58.000
		Warenverkauf	**20.000**
	80.000		**80.000**

S	Warenverkauf (Warenerfolg)		H
3) Warenbestand (Wareneinsatz)	5.000	1)	40.000
	20.000		
GuV-Konto	**15.000**		
	40.000		40.000

S	Gewinn- und Verlustkonto		H
Mietaufwand	5.000	Warenverkauf (Warenerfolg)	**15.000**
Eigenkapital	10.000		
	15.000		15.000

c)

Warenrohgewinn: 15.000 €

Reingewinn: 10.000 €

Lösung zu Aufgabe 9:

a)

1)	a)	Kasse	165	an	Warenverkauf	150	
					USt-Schuld	15	
	b)	Wareneinsatz	60	an	Warenbestand	60	*
2)		Warenbestand	7.000				
		Vorsteuer	700	an	Verb. L.u.L.	7.700	
3)	a)	Kasse	1.320	an	Warenverkauf	1.200	
					USt-Schuld	120	
	b)	Wareneinsatz	500	an	Warenbestand	500	*
4)		Warenbestand	15.000				
		Vorsteuer	1.500	an	Bank	16.500	

* Beachte: Der Wareneinsatz wird netto gebucht!

Abschlussbuchungen der Warenkonten:

Schlussbilanzkonto	an	Warenbestand	27.440
GuV-Konto	an	Wareneinsatz	560
Warenverkauf	an	GuV-Konto	1.350

b) Der Warenrohgewinn beträgt 790 €.

S	Bank		H		S	Kasse		H
EBK	5.500	4)	16.500		EBK	500	SBK	1.985
SBK	**11.000**				1a)	165		
	16.500		16.500		3a)	1.320		
						1.985		1.985

S	Warenbestand		H		S	Wareneinsatz		H
EBK	6.000	1b)	60		1b)	60	GuV-Konto	560
2)	7.000	3b)	500		3b)	500		
4)	15.000	**SBK**	**27.440**			560		560
	28.000		28.000					

S	Eigenkapital		H		S	Verbindlichkeiten L.u.L.		H
SBK	7.790	EBK	7.000		SBK	12.700	EBK	5.000
		GuV-Konto	790				2)	7.700
	7.790		7.790			12.700		12.700

S	Warenverkauf (Umsatzerlöse)		H		S	Vorsteuer		H
GuV-Konto	1.350	1a)	150		2)	700	USt-	
		3a)	1.200		4)	1.500	**Verrechnung**	**2.200**
	1.350		1.350			2.200		2.200

S	USt-Schuld		H		S	USt-Verrechnung		H
USt-		1a)	15		Vorsteuer	2.200	USt-Schuld	135
Verrechnung	**135**	3a)	120				**SBK**	**2.065**
	135		135			2.200		2.200

S	Gewinn- und Verlustkonto		H		S	Schlussbilanzkonto		H
Wareneinsatz	560	Warenverkauf	1.350		Kasse	1.985	Bank	11.000
Eigenkapital	**790**				Warenbestand	27.440	Verb. L.u.L.	12.700
	1.350		1.350		USt-Verrechnung	2.065	Eigenkapital	7.790
						31.490		31.490

Lösung zu Aufgabe 10:

1)	BGA	6.000			
	Vorsteuer	600	an	Verb. L.u.L.	6.600
2)	BGA	1.000			
	Vorsteuer	100	an	Kasse	1.100
3)	Verb. L.u.L.	6.600	an	Lieferantenskonti	120
				Vorsteuer	12
				Bank	6.468
4)	Bank	62.700	an	Warenverkauf	57.000
				USt-Schuld	5.700
5)	Bank	2.200	an	Lieferantenboni	2.000
				Vorsteuer	200
6)	Ford. L.u.L.	44.000	an	Warenverkauf	40.000
				USt-Schuld	4.000
7)	Kundenboni	1.000			
	USt-Schuld	100	an	Bank	1.100
8)	Kundenskonti	800			
	USt-Schuld	80			
	Bank	43.120	an	Ford. L.u.L.	44.000
9)	Schlussbilanzkonto	85.000	an	Warenbestand	85.000

S	Betriebs- und Geschäftsausstattung		H		S		Bank		H
EBK	90.000	LSk	120		EBK	50.000	3)	6.468	
1)	6.000	SBK	**96.880**		4)	62.700	7)	1.100	
2)	1.000				5)	2.200	SBK	**150.452**	
	97.000		97.000		8)	43.120			
						158.020		158.020	

S		Warenbestand		H		S		Kasse		H
EBK	150.000	9)SBK	85.000		EBK	10.000	2)	1.100	
		LBo	2.000				SBK	**8.900**	
		GuV-Konto	**63.000**			10.000		10.000	
	150.000		150.000						

S		Forderungen L.u.L.		H		S		Eigenkapital		H
EBK	50.000	8)	44.000		SBK	**132.200**	EBK	100.000	
6)	44.000	SBK	**50.000**				GuV-Konto	32.200	
	94.000		94.000			132.200		132.200	

S		Darlehensschuld		H		S		Verbindlichkeiten L.u.L.		H
SBK	**190.000**	EBK	190.000		3)	6.600	EBK	60.000	
	190.000		190.000		SBK	**60.000**	1)	6.600	
						66.600		66.600	

S		USt-Schuld		H		S		USt-Verrechnung		H
7)	100	4)	5.700		Vorsteuer	488	USt-Schuld	9.520	
8)	80	6)	4.000		SBK	**9.032**			
USt-Verrechnung	9.520					9.520		9.520	
	9.700		9.700						

S		Vorsteuer		H		S		Warenverkauf (Umsatzerlöse)		H
1)	600	3)	12		KSk	800	4)	57.000	
2)	100	5)	200		KBo	1.000	6)	40.000	
		USt-Verrechnung	488		GuV-Konto	**95.200**			
	700		700			97.000		97.000	

259

S	Kundenskonti (KSk)		H		S	Lieferantenskonti (LSk)		H
8)	800	Warenver-			BGA[5]	120	3)	120
		kauf (UE)	800			120		120
	800		800					

S	Lieferantenboni (LBo)		H		S	Kundenboni (KBo)		H
Waren-		5)	2.000		7)	1.000	Warenver-	
bestand	2.000						kauf (UE)	1.000
	2.000		2.000			1.000		1.000

S	Gewinn- und Verlustkonto		H		S	Schlussbilanzkonto		H
Warenbestand	63.000	Warenver-			9) Waren-		Darlehen	190.000
Eigenkapital	**32.200**	kauf (UE)	95.200		bestand	85.000	Verb. L.u.L.	60.000
	95.200		95.200		BGA	96.880	USt-	
					Bank	150.452	Verrechnung	9.032
					Kasse	8.900	Eigenkapital	132.200
					Ford. L.u.L.	50.000		
						391.232		391.232

b) Der in das GuV-Konto zu übernehmende Wareneinsatz beträgt 63.000 €, der Warenverkauf (Umsatzerlös) 95.200 €.

---

[5] Beachte: Der Lieferantenskonto in Höhe von 120 € wurde auf den Einkauf des PCs und Laserdruckers gewährt. Deshalb ist dieses Konto "Lieferantenskonti" über das zugehörige Konto "Betriebs- und Geschäftsausstattung" abzuschließen.

Lösung zu Aufgabe 11:

Buchungssätze:

1)	Rohstoffe	50.000				
	Hilfs- und Betriebsstoffe	20.000				
	Vorsteuer	7.000	an	Bank	77.000	
2)	Ford. L.u.L.	22.000	an	Umsatzerlöse	20.000	
				USt-Schuld	2.000	
3)	RHB-Aufwand		an	Rohstoffe	5.000	
4)	Bank	11.000	an	Umsatzerlöse	10.000	
				USt-Schuld	1.000	
5)	Hilfs- und Betriebsstoffe	8.000				
	Vorsteuer	800	an	Bank	8.800	
6)	RHB-Aufwand		an	Rohstoffe	36.000	
7) a)	Schlussbilanzkonto		an	Hilfs- und Betriebsstoffe	20.000	

Abschluss Hilfs- und Betriebsstoffekonto:

	RHB-Aufwand	an	Hilfs- und Betriebsstoffe	10.000
b)	Schlussbilanzkonto	an	Unfertige Erzeugnisse	30.000

Abschluss des Kontos "Unfertige Erzeugnisse":

Unfertige Erzeugnisse	an	Bestandsveränderungen eigene Erzeugnisse	30.000

c) Schlussbilanzkonto an Fertigerzeugnisse 20.000

Abschluss des Kontos "Fertigerzeugnisse":

Bestandsveränderungen
eigene Erzeugnisse an Fertigerzeugnisse 5.000

Abschluss der noch offenen Konten:

Schlussbilanzkonto an Rohstoffe 19.000

Schlussbilanzkonto an Ford. L.u.L. 32.000

Bank an Schlussbilanzkonto 24.800

Verb. L.u.L. an Schlussbilanzkonto 47.000

Umsatzerlöse an GuV-Konto 30.000

USt-Verrechnung an Vorsteuer 7.800

USt-Schuld an USt-Verrechnung 3.000

Schlussbilanzkonto an USt-Verrechnung 4.800

Bestandsveränderungen an GuV-Konto 25.000

GuV-Konto an RHB-Aufwand 51.000

GuV-Konto an Eigenkapital 4.000

Eigenkapital an Schlussbilanzkonto 54.000

S	Rohstoffe		H		S	Hilfs- und Betriebsstoffe		H
EBK	10.000	3)	5.000		EBK	2.000	7a)SBK	20.000
1)	50.000	6)	36.000		1)	20.000	RHB-	
		SBK	**19.000**		5)	8.000	Aufwand	**10.000**
	60.000		60.000			30.000		30.000

S	Fertigerzeugnisse		H		S	Forderungen L.u.L.		H
EBK	25.000	7c)SBK	**20.000**		EBK	10.000	SBK	**32.000**
		Bestandsver-			2)	22.000		
		änderungen	**5.000**			32.000		32.000
	25.000		25.000					

S	Bank		H		S	Unfertige Erzeugnisse		H
EBK	50.000	1)	77.000		Bestandsver-		7b)SBK	**30.000**
4)	11.000	5)	8.800		änderungen	30.000		
SBK	**24.800**					30.000		30.000
	85.800		85.800					

S	Eigenkapital		H		S	Verbindlichkeiten L.u.L.		H
SBK	**54.000**	EBK	50.000		SBK	**47.000**	EBK	47.000
		GuV-Konto	4.000			47.000		47.000
	54.000		54.000					

S	Umsatzerlöse		H		S	Vorsteuer		H
GuV-Konto	30.000	2)	20.000		1)	7.000	USt-	
		4)	10.000		5)	800	Verrechnung	**7.800**
	30.000		30.000			7.800		7.800

S	USt-Schuld		H		S	USt-Verrechnung		H
USt-		2)	2.000		Vorsteuer	7.800	USt-Schuld	3.000
Verrechnung	**3.000**	4)	1.000				SBK	**4.800**
	3.000		3.000			7.800		7.800

S	Bestandsveränd. eigene Erzeugnisse		H		S	RHB-Aufwand		H
Fertigerzeugn.	5.000	unfertige			3)	5.000	GuV-Konto	**51.000**
GuV-Konto	**25.000**	Erzeugnisse	30.000		6)	36.000		
	30.000		30.000		H.u.B.	10.000		
						51.000		51.000

S	Gewinn- und Verlustkonto		H
RHB-Aufw.	51.000	Umsatzerlöse	30.000
Eigenkapital	**4.000**	Bestandsver-	
		änderungen	25.000
	55.000		55.000

S	Schlussbilanzkonto		H
7a) H.u.B.	20.000	Bank	24.800
7b) Unfertige		Verb. L.u.L.	47.000
Erzeugnisse	30.000	Eigenkapital	54.000
7c) Fertig-			
erzeugnisse	20.000		
Rohstoffe	19.000		
Ford. L.u.L.	32.000		
USt-			
Verrechnung	4.800		
	125.800		125.800

Antwort auf die Zusatzfrage:

Der Bestand an eigenen Erzeugnissen (fertige und unfertige Erzeugnisse) hat sich insgesamt um 25.000 € erhöht. Dieser Wert entsteht durch eine Bestandserhöhung an unfertigen Erzeugnissen im Wert von 30.000 € und eine Bestandsverringerung an fertigen Erzeugnissen im Wert von 5.000 €.

Lösung zu Aufgabe 12:

1)	Besitzwechsel	33.000	an	Ford. L.u.L.	33.000
	Ford. L.u.L.	544,50	an	Diskontertrag	495
				USt-Schuld	49,50
2)	Verb. L.u.L.	88.000	an	Schuldwechsel	88.000
	Diskontaufwand	1.100			
	Vorsteuer	110	an	Verb. L.u.L.	1.210
3)	Bank	10.000	an	Besitzwechsel	10.000
4)	Bank	32.725			
	Diskontertrag	275	an	Besitzwechsel	33.000
5)	Verb. L.u.L.	20.000	an	Besitzwechsel	20.000
	Diskontertrag	100			
	USt-Schuld	10	an	Bank	110
6)	Ford. L.u.L.	5.000	an	Besitzwechsel	5.000
	Besitzwechsel	5.000	an	Ford. L.u.L.	5.000
	Ford. L.u.L.	82,50	an	Diskontertrag	75
				USt-Schuld	7,50
7)	Schuldwechsel	22.000	an	Bank	22.000
8)	Protestwechsel	11.000	an	Besitzwechsel	11.000
	Protestkosten	100			
	Vorsteuer	10	an	Bank	110
9)	Abschreibungen auf Forderungen	10.000			
	USt-Schuld	1.000	an	Protestwechsel	11.000

Antwort auf die Zusatzfrage:

Die Konten werden wie folgt abgeschlossen:

- Besitzwechsel   Schlussbilanzkonto (Sollseite)
- Protestwechsel   Schlussbilanzkonto (Sollseite)

- Schuldwechsel   Schlussbilanzkonto (Habenseite)
- Diskontaufwand   GuV-Konto (Sollseite)
- Diskontertrag   GuV-Konto (Habenseite)
- Protestkosten   GuV-Konto (Sollseite)
- Abschreibungen
  auf Forderungen   GuV-Konto (Sollseite)

S	Besitzwechsel		H		S	Forderungen L.u.L.		H
EBK	198.000	3)	10.000		EBK	165.000	1)	33.000
1)	33.000	4)	33.000		1)	544,50	6)	5.000
6)	5.000	5)	20.000		6)	5.000		
		6)	5.000		6)	82,50		
		8)	11.000					

S	Bank		H		S	Schuldwechsel		H
EBK	50.000	5)	110		7)	22.000	EBK	110.000
3)	10.000	7)	22.000				2)	88.000
4)	32.725	8)	110					

S	Verbindlichkeiten L.u.L.		H		S	Vorsteuer		H
2)	88.000	EBK	121.000		EBK	11.000		
5)	20.000	2)	1.210		2)	110		
					8)	10		

S	USt-Schuld		H		S	Abschreibungen auf Forderungen		H
5)	10	EBK	15.000		9)	10.000		
9)	1.000	1)	49,50					
		6)	7,50					

S	Diskontaufwand		H		S	Diskontertrag		H
2)	1.100				4)	275	1)	495
					5)	100	6)	75

S	Protestwechsel		H		S	Protestkosten		H
8)	11.000	9)	11.000		8)	100		

Lösung zu Aufgabe 13:

1) a) Außerplanmäßige
   Abschreibung
   auf Sachanlagen   an   Gebäude   80.000

   b) Außerplanmäßige
   Abschreibung
   auf Sachanlagen   an   Wertberichtigungen
                                     zu Gebäuden   80.000

2) a) Grundstücke   an   Zuschreibungserträge
                                     auf Sachanlagen   50.000

   b) Wertberichtigungen
   auf Grundstücke   an   Zuschreibungserträge
                                     auf Sachanlagen   50.000

Das Konto:	wird abgeschlossen auf das Konto:
- Gebäude	Schlussbilanzkonto (Sollseite)
- Grundstücke	Schlussbilanzkonto (Sollseite)
- Wertberichtigungen zu Gebäuden bzw. Grundstücken	Schlussbilanzkonto (Habenseite)
- außerplanmäßige Abschreibungen auf Sachanlagen	GuV-Konto (Sollseite)
- Zuschreibungserträge auf Sachanlagen	GuV-Konto (Habenseite)

Lösung zu Aufgabe 14:

1) Bank 1.100
   Abschreibungen
   auf Forderungen 1.000
   USt-Schuld 100 an Dubiose 2.200

2) Zunächst wird die gesamte Forderung umgebucht auf Dubiose. Dann werden 50 % vom Nettobetrag abgeschrieben. Aufgrund des vermuteten, aber noch nicht sicheren Forderungsausfalls muss die USt noch in der vollen Höhe stehen bleiben und darf nicht korrigiert werden.

   Dubiose 5.500 an Ford. L.u.L. 5.500
   Abschreibungen
   auf Forderungen 2.500 an Dubiose 2.500

3) a) Umbuchung auf Dubiose; Abschreibung 40 % vom Nettobetrag; wegen sicheren Forderungsausfalls ebenfalls Korrektur der USt-Schuld in Höhe von 40 %.

   Dubiose 11.000 an Ford. L.u.L. 11.000
   Abschreibungen
   auf Forderungen 4.000
   USt-Schuld 400 an Dubiose 4.400

   (Wird nicht auf den Konten erfasst, da nur 3b) dort gebucht werden soll.)

   b) Analog zu 3a), jedoch war die Forderung bereits im Vorjahr entstanden und zum Jahreswechsel sind u.a. auch für sie Pauschalwertberichtigungen gebildet worden. Deshalb ist nun kein neuer Abschreibungsaufwand zu buchen, sondern auf die noch vorhandenen PWB zurückzugreifen und diese entsprechend aufzulösen.

   Dubiose 11.000 an Ford. L.u.L. 11.000
   PWB 4.000
   USt-Schuld 400 an Dubiose 4.400

4) a) Die Forderung steht wegen vermuteten, aber noch nicht sicheren Forderungsausfalls auf dem Konto "Dubiose". Die USt war bisher noch nicht korrigiert, d.h. die 3.500 € setzen sich zusammen aus 3.000 € netto und 500 € USt. Der Bankeingang in Höhe von insgesamt 4.400 € ist ebenfalls zu zerle-

gen in einen Nettobetrag von 4.000 € und USt in Höhe von 400 €. Die in dieser Periode vorgenommene Abschreibung ist demnach in Höhe von 1.000 € zu korrigieren (rückgängig zu machen), die USt ist jetzt um 100 € zu kürzen.

Bank	4.400			
USt-Schuld	100	an	Dubiose	3.500
			Abschreibungen auf Forderungen	1.000

b) Analog zu 4a), jedoch mit dem Unterschied, dass die zu hohe Abschreibung bereits im Vorjahr erfolgt war und deshalb nicht auf dem aktuellen Konto "Abschreibungen auf Forderungen" steht. Eine direkte Korrektur ist deshalb nicht möglich. Statt dessen wird ein periodenfremder Ertrag gebucht. (PWB sind nicht zu berücksichtigen, da die Forderung bereits auf dem Konto "Dubiose" ausgewiesen war und nur zu noch auf dem Konto "Forderungen aus Lieferungen und Leistungen" ausgewiesenen Beständen PWB gebildet wurden.)

Bank	4.400			
USt-Schuld	100	an	Dubiose	3.500
			periodenfremden Ertrag	1.000

(Wird nicht auf den Konten gebucht, da nur 4a) auf den Konten erfasst werden sollte.)

5) Zusätzlich zu dem Bestand an PWB, der für noch offene Vorjahresforderungen weiterhin aufrechtzuerhalten ist, müssen jetzt für die in dieser Periode neu hinzu gekommenen Forderungen Pauschalwertberichtigungen gebildet werden: 3 % vom Nettobetrag 100.000 = 3.000 €.

Abschreibungen auf Forderungen	3.000	an	PWB	3.000

S	Forderungen L.u.L.		H		S	Dubiose		H
	346.500	2)	5.500			50.000	1)	2.200
		3b)	11.000		2)	5.500	2)	2.500
					3b)	11.000	3b)	4.400
							4a)	3.500

S	Pauschalwertberichtigungen		H		S	Abschreibungen auf Forderungen		H
3b)	4.000		6.600			4.000	4a)	1.000
		5)	3.000		1)	1.000		
					2)	2.500		
					5)	3.000		

S	Bank		H		S	USt-Schuld		H
1)	1.100				1)	100		7.000
4a)	4.400				3b)	400		
					4a)	100		

Lösung zu Aufgabe 15:

1) a) In 01:
Versicherungs-aufwand	6.000	an	Bank	6.000
aktive RAP	3.000	an	Versicherungs-aufwand	3.000

   b) In 02:
Versicherungs-aufwand	3.000	an	aktive RAP	3.000

2) a) In 01:
Mietaufwand	24.000	an	sonst. Verbindl.	24.000

   b) In 02:
sonst. Verbindl.	24.000			
Mietaufwand	24.000	an	Bank	48.000

3) a) In 01:
sonst. Forderung	500	an	Zinserträge	500

   b) In 02:
Bank	1.000	an	sonst. Forderung	500
			Zinserträge	500

4) a) In 01:
Bank	6.000	an	Mieterträge	6.000
Mieterträge	1.000	an	passive RAP	1.000

   b) In 02:
passive RAP	1.000	an	Mieterträge	1.000

5) a) In 01:
sonst. Aufwand	50.000	an	Rückstellungen	50.000

   b) In 02:
Rückstellungen	50.000	an	Bank	40.000
			sonst. perioden-fremden Ertrag	10.000

Lösung zu Aufgabe 16:

Buchungssätze für die Nachtrags- und Korrekturbuchungen in Tausend Euro:

1)		Abschreibungen auf Sachanlagen	an	Grundstücke und Gebäude	10
2)		sonst. Aufwand	an	Steuerrückstellungen	18
3)		sonst. Erträge	an	passive RAP	2

4)   a)   Endbestand RHB laut Inventur: 5
            Bestand laut Summenbilanz: 39 - 29 =   10
            RHB-Aufwand (noch zu buchen):   5

            RHB-Aufwand   an   RHB-Bestand   5

     b)   Endbestand unfertige Erzeugnisse
            laut Inventur: 8
            laut Summenbilanz: 5
            Bestandserhöhung (noch zu buchen):   3

            Unfertige Erzeugnisse   an   Bestandsveränderungen eigene Erzeugnisse   3

     c)   Endbestand Fertigerzeugnisse
            laut Inventur: 15
            laut Summenbilanz: 25
            Bestandverringerung (noch zu buchen):   10

            Bestandsveränderungen eigene Erzeugnisse   an   Fertigerzeugnisse   10

Außerdem erfolgt die Ermittlung und Buchung der USt-Zahllast bzw. des -Erstattungsanspruchs:

5)   a)   USt-Verrechnung   an   Vorsteuer   5

     b)   USt-Schuld   an   USt-Verrechnung   6

Konten	Summen-bilanz		Salden-bilanz I		Korrektur-buchungen u. vorbereitende Abschluss-buchungen				Salden-bilanz II		Ab-schluss-bilanz		Erfolgs-übersicht	
	S	H	S	H	S		H		S	H	S	H	S	H
Grundstücke und Gebäude	50	0	50				1)	10	40		40			
Maschinen	60	20	40						40		40			
Darlehensschuld	0	40		40						40		40		
Darlehensforderung	50	10	40						40		40			
Eigenkapital	0	175		175						175		175		
sonst. Rückstellung.	0	5		5						5		5		
Forderungen L.u.L.	155	65	90						90		90			
Verbindl. L.u.L.	110	130		20						20		20		
RHB-Bestand	39	29	10				4a)	5	5		5			
LuG-Aufwand	20	0	20						20				20	
Abschr. Sachanlagen	5	0	5		1)	10			15				15	
sonst. Aufwand	20	0	20		2)	18			38				38	
unfert. eig. Erzeugn.	5	0	5		4b)	3			8		8			
fertige eig. Erzeugn.	25	0	25				4c)	10	15		15			
Umsatzerlöse	10	95		85						85				85
sonst. Erträge	0	9		9	3)	2				7				7
Kasse	75	45	30						30		30			
Vorsteuer	5	0	5				5a)	5						
USt-Schuld	1	7		6	5b)	6								
Steuerrückstellung							2)	18		18		18		
passive RAP							3)	2		2		2		
RHB-Aufwand					4a)	5			5				5	
Bestandsveränd. eigene Erzeugnisse					4c)	10	4b)	3		7				7
USt-Verrechnung					5a)	5	5b)	6	1		1			
Vorläufige Summe											268	261	85	92
Umbuchung Gewinn												7	7	
Summe	630	630	340	340	59		59		353	353	268	268	92	92

HAUPTABSCHLUSSÜBERSICHT

Literaturverzeichnis

Folgende Literatur wurde zur Erstellung dieses Buches herangezogen und kann als Vertiefungsliteratur zum Selbststudium betrachtet werden:

Adler, Hans / Düring, Walther / Schmaltz, Kurt:	Rechnungslegung und Prüfung der Unternehmen, 6. neu bearbeitete Aufl., Stuttgart 2005.
Bähr, Gottfried / Fischer-Winkelmann, Wolf F.:	Buchführung und Jahresabschluss, 9. überarbeitete Aufl., Wiesbaden 2006.
BdF:	Mitteilung vom 01.04.1986, BStBl. I. 1986, S. 149 - 151.
Beck'scher Bilanz-Kommentar:	Handels- und Steuerrecht, 7. vollständig neubearbeitete Aufl., München 2009.
BFH:	Urteil vom 25. 9. 1968, BStBl. II 1969, S. 18-26.
BFH:	Urteil vom 26. 3. 1968, BStBl. II 1968, S. 527 - 533.
BFH:	Urteil vom 31.5.2001, BStBl. 2003 II, S. 206.
BGH:	Urteil vom 13. 7. 1983 - VIII ZR 107 / 82, in: NJW 1983, S. 2944.
Bieg, Hartmut:	Buchführung, 5. erweiterte und vollständig überarbeitete Auflage, Herne/Berlin 2008
Buchner, Robert:	Buchführung und Jahresabschluss, 7. überarbeitete Aufl., München 2005.
Chmielewicz, Klaus:	Rechnungswesen Bd. 1, 4. Aufl., Bochum 1993.
Coenenberg, Adolf G.:	Jahresabschluss und Jahresabschlussanalyse, 20. Aufl., Stuttgart 2005.
Coenenberg, Adolf G.:	Kostenrechnung und Kostenanalyse, 7. Aufl., Landsberg / Lech 2009.

Eisele, Wolfgang:	Technik des betrieblichen Rechnungswesens, 7. vollständig überarbeitete und erweiterte Aufl., München 2002.
Falterbaum, Hermann / Bolk, Wolfgang / Reiß, Wolfram / Eberhart, Roland:	Buchführung und Bilanz, 20. Aufl., Achim 2007.
Freidank, Carl-Christian / Eigenstetter, Hans:	Finanzbuchhaltung und Jahresabschluß I: Einzelkaufmännisch geführte Handels- und Industriebetriebe, Stuttgart 1992.
Haase, Klaus Dittmar:	Finanzbuchhaltung, 9. überarbeitete Aufl., Düsseldorf 2005.
Hahn, Heiner / Wilkens, Klaus:	Buchhaltung und Bilanz, Teil A: Grundlagen der Buchhaltung, 7. Aufl., München 2007.
Heinhold, Michael:	Buchführung in Fallbeispielen, 10. Aufl., Stuttgart 2006.
Pellens, Bernhard / Füllbier, Rolf Uwe / Gassen, Joachim / Sellhorn, Thorsten:	Internationale Rechnungslegung, 7. Aufl., Stuttgart 2008.
Schneider, Dieter:	Geschichte der Buchhaltung und Bilanzierung, in: Handwörterbuch des Rechnungswesens, hrsg. von Chmielewicz, Klaus und Schweitzer, Marcell, 3. Aufl., Stuttgart 1993, Sp. 712-721.
Vogel, Alfred / Schwarz, Bernhard:	Kommentar zum Umsatzsteuergesetz (Loseblattsammlung), Freiburg i. Br. 2001.
Wöhe, Günter / Kussmaul, Heinz:	Grundzüge der Buchführung und Bilanztechnik, 6. vollständig überarbeitete Aufl., München 2008.
Zepf, Günter:	Ordnungsmäßige Archivierung – Die handels- und steuerrechtlichen Anforderungen an das Brutto- und Netto-Imaging, in: Die Wirtschaftsprüfung, 52. Jg. (1999), Heft 15, S. 569 – 572

Stichwortverzeichnis

A

Abgabenordnung 10
abnutzbare Güter 61
abnutzbares Anlagevermögen 132
Abrechnungsfolgeprinzip **192f.**, 195
Abschluss, Jahres- **2**, 7, 9, 42, 53, 67, 132, 135, 144, 189f.
Abschluss, Probe- **168f.**
Abschlussbilanzspalte **170**
Abschlussbuchungen 9, **26**, 30f., 43, 85, 132, 138, 153f., 163, 169ff., 175, 187
Abschlussbuchungen, vorbereitende **132**, 171
Abschlussprinzip 192, 195
Abschlussprüfer 10
Abschlusstableau 168
Abschlussübersicht 168
Abschlussübersicht, Haupt- 132, **168ff.**
Abschreibungen 1, 13, 38, 42, 58, 60, 62ff., **132ff.**, 168f., 187, 194
Abschreibungen auf Anlagen **60**, 136, 142, 169
Abschreibungen auf Forderungen 42, **136**, **138ff.**, 149
Abschreibungen, außerplanmäßige 62, 73, **132ff.**
Abschreibungen, degressive 63
Abschreibungen, direkte 66, 138
Abschreibungen, Einzel- **136f.**, 146
Abschreibungen, indirekte 66, 139
Abschreibungen, leistungsabhängige 62
Abschreibungen, lineare 63, 72f.
Abschreibungen, pauschale 145f.
Abschreibungen, planmäßige 1, 134
Abschreibungen, zeitabhängige 63
Abschreibungsaufwand 43, 63ff., 73, 128, 136, 141ff., 147f.

Abschreibungsbemessung 68, 72
Abschreibungsmethode 62f.
Abschreibungsplan 62, 132
Absetzung für Abnutzung (AfA) 62
Agio 179
Aktiengesellschaft (AG) 172, **178ff.**, 186
Aktionäre 178f., 181, 184
Aktiva **16f.**, 21, 25, 108, 110, 168
aktive Rechnungsabgrenzungsposten 152
aktivieren **58f.**, 94
Aktivkonto **21**, 24ff., 28ff., 64
Aktivseite **21**, 23ff., 67, 152, 167, 173, 176, 178, 181, 186
Aktivtausch **25**, 42
Akzept **113**, 126f.
Akzeptant **113**, 115, 118, 128ff., 166
allgemeine Kreditrisiken 145f.
andere Gewinnrücklagen 179, 182ff.
Anfangsbestand **20ff.**, 24, 26ff., 33, 40f., 43, 64, 76f., 80f., 84f., 103, 105ff., 126, 173, 183
Anhang 43, 67, 132, 135, 190, 196
Anlagegüter 61, 92
Anlagegüter, immaterielle 61
Anlagen, Finanz- **17f.**, 132, 193
Anlagenkartei 13
Anlagespiegel **67**, 135
Anlagevermögen 12, **17f.**, 58, 67, 132, 134f., 193
Anlagevermögen, abnutzbares 132, 134
Anleihen **18**, 159
Anschaffungsausgaben 38, **58f.**, 62
Anschaffungsnebenkosten **58ff.**
Anschaffungspreis 73

Anschaffungspreisminderungen 96
Anschaffungswert **13**, 61, 63f., 68, 96, 99, 104, 134
Anteilseigner 177f.
antizipative Ausgaben 151, **155**, **158**, 161
antizipative Einnahmen 151, **156**, 158
Aufwand 13, **36ff.**, 54ff., 62ff., 71ff., 80f., 84, 88ff., 92ff., 100ff., 119, 121, 123f., 128ff., 136, 141ff., 152f., 155ff., 170, 176, 188, 192, 194
Aufwand, Abschreibungs- 43, 63ff., 73, 128, 136, 141ff., 147ff.
Aufwand, betriebsfremder 194
Aufwand, Bezugs- 92ff.
Aufwand, Diskont- 123f., 130f.
Aufwand, Erhaltungs- 159
Aufwand, Herstellungs- 104ff., 108, 159
Aufwand, Miet- 42, 57, 149, 155f.
Aufwand, neutraler 194
Aufwand, periodenfremder 42ff., 69, 71, 73f., 136, 141, 144, 147ff., 164f.
Aufwand, Personal- 13, **45f.**, 48, 104f., 107
Aufwand, Rohstoff- 103ff., 107, 109, 111
Aufwand, Steuer- 43f.,163
Aufwand, Werbe- 160
Aufwand, Zins- 43f., 56, 100, 149
Aufwands- und Ertragssammelkonto 38ff.
Aufwandskonten 39ff., 46, 64, 92, 104, 144, 152, 159, 163
Ausfall, Forderungs- 137, 139, 141ff.
Ausfallrisiko 145
Ausgabe 1, 38, 52, 58ff., 62, 129, 150ff., 155, 157ff., 164f.
Ausgaben Herstellungs- 60
Ausgaben, antizipative 151, **155**, **158**, 161
Ausgaben, transitorische **151f.**, 157
ausgeweitete Stichtagsinventur 13f.

ausstehende Einlagen 186
Aussteller **112f,** 115, 126ff., 167
Avalforderung 167
Avalverbindlichkeit 167

B

Beibehaltungswahlrecht 134
Beleg 1, **8f.**, 56, 187ff.
Belegprinzip 8f.
Bemessung 68, 72f., 137, 181
Berechnung, gestaffelte 174
Besitzwechsel **116f.**, **119ff.**, 193
Bestand, Material- 102
Bestandsaufnahme, körperliche 12
Bestandsgröße **78**, 157
Bestandskonten **9**, 34, 40, 42, 50, 55f., 80f., 83ff., 89, 96, 99, 103, 108, 119, 169f.
Bestandsveränderungen **102**, 104ff., 110f., 194f.
Bestätigungsvermerk 10
Betriebsbuchhaltung **2**, 194f.
Betriebsergebnis 195
betriebsfremder Aufwand 194
Betriebsstoffe 12, 18, 92, 102ff., **109ff.**, 194
Betriebsübersicht 168
Bewertungsstetigkeit 74
Bezogener **112f.**, **115ff.**, 127, 167
Bezugsaufwand 92ff.
Bilanz **2**, 5, 7, 10, 12, **14ff.**, 23ff., 36f., 58, 67, 92, 110, 116, 135, 137, 139, 151f., 154, 157f., 162f., 165ff., 173, 176, 178ff., 186, 192, 195
Bilanz, Salden- I 169ff.
Bilanz, Salden- II 170f.
Bilanz, Summen- 168f., 171
Bilanzergebniskonto 182ff.
Bilanzgewinn **182ff.**
Bilanzgleichung 17
Bilanzgliederung 19, **28**
Bilanzgliederungsprinzip **192f.**, 195

Bilanzidentität 33
Bilanzpositionen 19
Bilanzverkürzung **26**, 42
Bilanzverlängerung **25**, 42
Bilanzverlust **181f.**
Bilanzvolumen 166
Bilanzwirksamkeit 41
Bilanz, Eröffnungs- **32f.**
Bilanz, Schluss- 30, 32ff., 64, 136, 168f.
Blankoindossament 113
Bonität 112f., **137**
Bonus 96ff.
Branchenkontenrahmen 191
Bruttogewinn 76f.
Bruttomethode **83**, 86, 88
Buchführung, DATEV- 191
Buchführungspflicht 6f.
Buchhalternase 27
Buchhaltung, Betriebs- **2**, 194f.
Buchhaltung, doppelte **4**,**10**, 34
Buchhaltung, Finanz- **1**, 8, 42, 150, 188, 197f.
Buchhaltung, kameralistische 4
Buchhaltung, kaufmännische 4
Buchhaltungspflicht 10
Buchinventur 13
Buchung, Erfolgs- 41, 43, 168, 172ff., 177ff., 186
Buchungssatz **23f.**, 27ff.
Buchwert 64, 68ff., 71, 134
Buchwert, Rest- 64, 67, 70f., 73f.
Bürgschaft 161, **166f.**

D

Damnum 158f.
DATEV-Buchführung 191
degressive Abschreibung 63
dekadische Gliederung 193
Delkredere-Wertberichtigung 139ff.
Dienstleistungen 45, **54**, 75
direkte Abschreibung 66, 138

Disagio 158f.
Diskont **116ff.**, 130f.
Diskontaufwand 117, 130f.
Diskontertrag 117, 120ff.
Distanzrechnung 34, 36f.
Dividende 184
Dokumentationsfunktion 4
doppelte Buchhaltung **4, 10**, 34
Doppik 4, **9**, 32f. 167
Dubiose 137ff.
Durchschreibebuchführung 188

E

Eigenkapital 2, **14ff.**, 21f., 25ff., 34ff., 110f., 162, 168, 170, 173ff., 181, 193
Eigenleistung 194
Eigenleistung, aktivierte 108f.
Eigenverbrauch 101
Einkaufswerte **76**, 80, 82, 85, 89
Einkommensteuer 7, 10, **35,** 51
Einkreissystem 194f.
Einlagen, ausstehende 186
Ein-Mann-AG 179
Einnahme 6, **38,** 43, 150f., 154, 156ff.,
Einnahmen, antizipative 151, **156**, 158
Einnahmen, transitorische 151, 154, **157**
Einstandswerte **76f.**, 79, 81, 83, 86, 90
Einzelabschreibung **136f.**, 146
Einzelbewertungsgebot 12
Einzelhandels-Kontenrahmen (EKR) 191
Einzelunternehmung 38, 41, **172f.**, 176
Einzelwertberichtigung 137
Emission 159
Endbestand **27ff.**, 50, 63, 67, 77f., 79, 81f., 84f., 88, 91ff., 103, 105f., 109, 146, 149
Entgelt **68f.**, 92f., 117f., 122, 134, 149
Entnahmen 35f., 75, 84f., 101, 173ff., 182
Erfolg 2, 34ff., 42, 76, 136, 162, 165, 170, 177, 179

Erfolg, Perioden- 9, 38, 97, 128, 149, 170, 182
Erfolg, Warenbrutto- **76f.**, 83, 86, 90, 93
Erfolgsbuchung 41, 43, 168, 172ff., 177ff., 186
Erfolgskonten 9f., **38ff.**, 51, 55, 75f., 78, 105, 108, 119, 169, 188, 192
Erfolgsrechnung 10, 34, 37, 89, 195
Erfolgsrechnung, kurzfristige 89, 195
Erfolgsspaltung 194
Erfolgsübersicht 170
Erfolgsverteilung 177
Erfolgsverwendung 171
Ergebnis, Betriebs- 195
Erhaltungsaufwand 160
Erinnerungsposten 72
Erlasskontenrahmen 190f.
Erlösschmälerungen 96
Eröffnungsbilanz **32f.**, 189f.
Eröffnungsbilanzkonto 26, **31ff.**, 106, 108
Eröffnungsbuchung 26, 31ff.
Erstattungsanspruch 53f.
Ertrag, Diskont- 117, 120ff.
Ertrag, neutraler 194
Ertrag, periodenfremder 42f., 69, 74, 144f., 147ff., 164f.
Erträge **2**, 7, 9, 36ff., 51, 55ff., 66, 69ff., 74, 76, 81, 93ff., 100, 104ff., 119ff., 134ff., 144f., 147ff., 164f., 170, 173, 176, 181ff., 192, 194
Ertragskonto 37ff., 122, 135, 144, 170, 192
Eventualverbindlichkeit 161, **166f.**
externes Rechnungswesen 1f., 5f., 135

F

Familien-AG 179
Festwertverfahren 12
Finanzanlagen 17f., 132, 193

Finanzbuchhaltung **1**, 8, 42, 150, 188, 197f.
Finanzierung, Selbst- 39, 174, 180
Finanzrechnung 2
Finanzwechsel 115, 117f.
Forderung, Aval- 167
Forderung, Netto- 143, 146ff.
Forderungen, Rückgriffs- 167
Forderungen, uneinbringliche 137ff.
Forderungsabschreibung 43, 130, **136ff.**, 141, **144ff.**, 170
Forderungsausfall **138**, 140, 142ff.
Forderungsverlust **137**, 142
Fortschreibung 13f.
Fremdkapital **15ff.**, 34, 41, 162, 177, 193
Fristigkeit 18f.

G

Garantieverpflichtungen 161
Gemeinschafts-Kontenrahmen der Industrie (GKR) 191f., **193**, 194f.
gemischtes Warenkonto 75ff.
gesetzliche Rücklage 179ff.
Gewährleistung 161, 163, 166
Gewinn 2, 34, 36ff., 42, 59, 70, 72f., 96, 135f., 142, 164, 170, 173ff., 181, 186
Gewinn- und Verlustkonto **37ff.**, 64ff.
Gewinn- und Verlustrechnung **2**, 5f., 10, 37, 42, 83, 117, 168, 190
Gewinn, Bilanz- **182ff.**
Gewinn, Brutto- 76f.
Gewinn, Roh- 76, 89
Gewinn, Warenroh- 76, 82
Gewinngutschriftskonto 177
Gewinnrücklage 179ff., 186
Gewinnrücklage, andere 179, 182ff.
Gewinnthesaurierung 180
Gewinnverteilung 174ff.
Gewinnverteilungskonto 176
Gewinnverteilungsübersicht 175
Gewinnverwendung 181

Gewinnverwendungskonto 184f.
Gewinnvortrag 179ff.
gezeichnetes Kapital **178f.**, 182ff.
Gliederung, dekadische 193
Gliederungsprinzip, Bilanz- 192f., 195
Gliederungsprinzip, Prozess- 192f., 195
GmbH & Co. KG 177
GmbH 5f., 15, 41, 57, 172, **186**
Groß- & Außenhandelskontenrahmen 75, 191f., 195f.
Grundbeitrag 45, 47f.
Grundbuch 187ff.
Grundkapital **178ff.**, 186
Grundsatz der Bewertungsstetigkeit 74
Grundsatz der Bilanzidentität 33
Grundsatz der Einmaligkeit der Abschreibung 73
Grundsatz der periodengerechten Erfolgsermittlung 104
Grundsatz verursachungsgemäßer Erfolgsermittlung 94
Grundsatz verursachungsgemäßer Periodenrechnung 93
Grundsätze ordnungsmäßiger Bilanzierung (GoBil) 10f., 152
Grundsätze ordnungsmäßiger Buchführung (GoB) **7ff.**, 13, 189
Grundsätze ordnungsmäßiger Dokumentation (GoD) 11
Grundsätze ordnungsmäßiger Inventur (GoI) 10
Gruppenbewertungsverfahren 12
Güter, abnutzbare **60**
Güter, Anlage- 61, 72ff., 92
Güter, immaterielle 61
Güterbewegung 102
Güterentstehung **2**, 151
Güterverzehr **94**, 151, 194

H

Habenbuchung **23**, **25f.**, 31ff., 46f., 63, 143ff., 169

Haftung 116, 128, 166, 172, 177f., 186
Handelsgesetzbuch (HGB) 5ff.
Hauptabschlussübersicht 132, **168ff.**
Hauptbuch **188f.**
Hauptversammlung 179f., 184
Herstellungsaufwand 104ff., 108, 160
Herstellungsausgaben 61
Herstellungswert 105, **134**
Hilfsstoffe **102f.**
Hypothek **18**, 159

I

International Accounting Standard (IAS) 10
International Financial Reporting Standards (IFRS) 10
immaterielle Anlagegüter 61
immaterielle Vermögensgegenstände 13, **17f.**
indirekte Abschreibung 66, 139
Indossament 113
Indossament, Blanko- 113
Indossament, Voll- 113
Indossant 115
Industrie, Gemeinschafts- Kontenrahmen der - (GKR) 191f., **193**, 195f.
Industrie-Kontenrahmen (IKR) 191, 195
Inkasso 121
Insolvenz 10, 15, 41, **137f.**, 173, 177, 181
Instandsetzungen 160
Internes Rechnungswesen **1f.**, 5, 89
Inventar **12ff.**, 33f., 81, 190
Inventur **12ff.**, 34, 76ff., 81ff., 88ff., 103, 105ff., 170
Inventur, ausgeweitete Stichtags 13f.
Inventur, Buch- 13
Inventur, permanente 14
Inventur, Stichproben- 13
Inventur, Stichtags- 13
Inventur, vor- oder nachverlagerte 14

281

Inventurdifferenzen 84, 88, 90
Inventurkolonnen 14

J

Jahresabschluss **2**, 7, 9, 42, 53, 67, 132, 135, 144, 189f.
Jahresüberschuss 38, **179ff.**
Journal 187

K

Kapital, Eigen 2, **14ff.**, 21f., 25ff., 34ff., 110f., 162, 168, 170, 173ff., 181, 193
Kapitalertragssteuer (KESt) 56
Kapital, Fremd- **15ff.**, 34, 41, 162, 177, 193
Kapital, gezeichnetes **178f.**, 182ff.
Kapital, Grund- **178ff.**, 186
Kapital, Stamm- 186
Kapitalrücklage 179f.
Kirchensteuer 45ff., 103
Kommanditgesellschaft (KG) 5, 172, 174, **177**
Kommanditist 177f.
Komplementär 177
Konten, Aufwands- 39ff., 46, 64, 92, 104, 144, 152, 159, 163
Konten, Bestands- **9**, 34, 40, 42, 50, 55f., 80f., 83ff., 89, 96, 99, 103, 108, 119, 169f.
Konten, Erfolgs- 9f., **38ff.**, 51, 55, 75f., 78, 105, 108, 119, 169, 188, 192
Konten, Ertrags- 37ff., 122, 135, 144, 170, 192
Kontengruppen 192f.
Kontenklassen 192ff.
Kontenplan 187f., **190f.**
Kontenrahmen 190ff.
Kontenrahmen, Branchen- 191

Kontenrahmen, der Industrie (IKR) 191, 195
Kontenrahmen, Einzelhandels- (EKR) 75, 191f., 195
Kontenrahmen, Erlass- 190f.
Kontenrahmen, Gemeinschafts- der Industrie (GKR) 191f., **193**, 195f.
Kontenrahmen, Groß- & Außenhandels- 75, 191f., 195f.
Kontenrahmen, Reichs- 190
Kontenruf **21**, 28, 31, 49, 77f.
Konto 9, **20ff.**
Konto, Aktiv- **21**, 24ff., 28ff., 64
Konto, gemischtes Waren- 75ff.
Konto, Passiv- **21ff.**, 29ff., 36, 39, 41, 64
Konto, Privat- **34ff.**, 101, 170, 173ff., 177, 186, 193f.
Konto, Sammel- 38ff., 195
Kontokorrent 121, 188f.
Konzernverbund 179
körperliche Bestandsaufnahme 12ff.
Kosten- und Erlösrechnung 2
Kosten- und Leistungsrechnung 2, 194f.
Kostenrechnung 193ff.
Kostenstellen 194
Kredit 1, **18**, 78, 100, 112f., 115ff., 122, 125f.
Kredite, Lieferanten- 18
Kreditrisiken, allgemeine 145f.
Kreditrisiken, spezielle 145f.
Kundenretouren 78, 81ff.
Kundenskonti 99f.
kurzfristige Erfolgsrechnung 89, 195

L

Lagerentnahme 75, **84f.**, 89, 105
leistungsabhängige Abschreibung 62
Leistungsprozess 61
Lieferantenkredite 18
Lieferantenretouren 78f., 81, 84, 97
Lieferantenskonti 99f.

lineare Abschreibung 63, 72f.
Liquidisierungsmöglichkeit 19
Liquidität 18f.
Liquiditätsrechnung 2
Lohn- und Gehaltsabrechnung **50**, 187
Löhne und Gehälter 38, **45f.**, 48ff., 90, 150, 192
Lohnsteuer 45f.

M

Marktwert 135
Materialbestand 103
Materialentnahmeschein 8, 102f., 187
Materialverbrauch 13, 38, **102f.**
Mehrwert 51, 53
Mehrwertsteuer (siehe Umsatzsteuer)
Mietaufwand 42, 57, 149, 155f.

N

Nennwert 116f., 119
Nettoentgelt 68f.
Nettoforderung 143, 146ff.
Nettomethode 83, 85, 88
neutraler Aufwand 194
neutraler Ertrag 194
Nominalwert 119, 122, 125, 178f.
Nutzenverbrauch 62
Nutzenverlauf 68, 72
Nutzenverzehr 61
Nutzenvorrat 61ff.

O

Objektrechnung 2
Obligation **18**, 159
Obligo, Wechsel- **116**, 162, 166f.
Offene Handelsgesellschaft (OHG) 5f., 172, 174ff.
Order 113
Orderklausel 113

P

pagatorisches Rechnungswesen **1**, 4, 34
Partiegewinn 4
Passiva **16ff.**, 21, 25, 29, 110, 168
passive Rechnungsabgrenzungsposten 155
Passivkonto 21ff., 29ff., 36, 39, 41, 64
Passivseite **25f.**, 41, 140, 163, 167, 179
Passivtausch 25, 42
pauschale Abschreibung 145ff.
Pauschalwertberichtigungen 145ff.
Periodenerfolg 9, 38, 97, 128, 149, 170, 182
periodenfremder Ertrag 42f., 69, 74, 144f., 147ff., 164f.
Periodenrechnung **2**, 32, 93, 194
Periodisierung **1**, 60, 94, 145, 152
permanente Inventur 14
Personalaufwand 13, **45f.**, 48, 104f., 107
planmäßige Abschreibung 1, 134
Planung 2
Portefeuille **113**, 121
Positionen unter dem Strich 166f.
Prinzip, Abschluss- 192, 195
Prinzip, Bilanzgliederungs- **192f.**, 195
Prinzip, der Abrechnungsfolge **192f.**, 195
Prinzip, Prozessgliederungs- 192f., 195
Prinzip, Verursachungs- 136
Prinzip, Vorsichts- 94, **136**
Privatentnahmen 35, **174f.**
Privatkonto **34ff.**, 101, 170, 173ff., 177, 186, 193f.
Probeabschluss **168f.**
Prolongation **126ff.**
Protest **115f.**, 128ff.
Protest, Wechsel- 116, **128f.**
Protestwechsel 128ff.
Prozessgliederungsprinzip 192f., 195

Q

Quellenabzugsverfahren 45
Quellensteuer 56
querschreiben 113

R

Rabatt **95f.**, 189
Rechenschaftslegung 1, 4f.
Rechnung, Distanz- 34, 36f.
Rechnung, Erfolgs- 10, 34, 37, 89, 195
Rechnung, Finanz- 2
Rechnung, Kosten- 193ff.
Rechnung, Liquiditäts- 2
Rechnung, Objekt- 2
Rechnung, Perioden- **2**, 32, 93, 194
Rechnung, retrograde 89
Rechnung, Stichtags- 2
Rechnung, Wirtschaftlichkeits- 2
Rechnung, Zeit- 4
Rechnung, Zeitraum- 2
Rechnungsabgrenzungsposten 7, **149ff.**, 157, 160, 193
Rechnungsabgrenzungsposten, aktive 152
Rechnungsabgrenzungsposten, passive 155
Rechnungsabgrenzungsposten, transitorische 150ff.
Rechnungslegung 9f.
Rechnungswesen, extern **1f.**, 4f., 135
Rechnungswesen, intern **1f**, 5, 89
Rechnungswesen, pagatorisch **1**, 4, 34
Rechtsformen 42, 67, 116, **172**
Regress 115, 128
Regress, Wechsel- 166
Regressnehmer 128
Regresspflichtiger 128
Reichskontenrahmen 190
Remittent 113
Reparaturen 62, **160ff.**, 166

Reserve, stille (versteckte) **72ff.**, 132, 142, 162, 164
Restbuchwert 64, 67, 70f., 73f.
Restwert 63, 68f., 73
Retouren **78f.**
Retouren, Kunden- 78, 81ff.
Retouren, Lieferanten- 78f., 81, 84, 97
retrograde Rechnung 89
Richtigkeit, formale 8
Richtigkeit, materielle 8
Rohgewinn 76, 89f.
Rohgewinn, Waren- 76, 82
Rohstoffaufwand 103ff.
Rohstoffe 18f., 52, **102ff.**, 123
Rückgriff 128f.
Rückgriffsforderungen 167
Rücklage, Gewinn- 179ff., 186
Rücklage, Kapital- 179f.
Rücklagen für eigene Anteile 179f.
Rücklagen, andere Gewinn- 179ff.
Rücklagen, Einstellungen in 182
Rücklagen, Entnahme aus 181f.
Rücklagen, gesetzliche 179ff.
Rücklagen, satzungsmäßige 179f.
Rücklagen, zweckgebundene 180
Rücksendungen 78ff.
Rückstellungen **160ff.**, 170, 180, 193

S

Sachanlagevermögen 12, 17
Saldenbilanz I 169ff.
Saldenbilanz II 170f.
Saldierungsverbot **7**, 123
Saldo **15**, 17, 21, 28f., 34, 36f., 39ff., 53, 76ff., 81ff., 86, 103, 105ff., 169f., 176, 181ff.
Sammelkonto 38ff., 195
satzungsmäßige Rücklage 179f.
Schlussbilanz 30, 32ff., 64, 136, 168f.
Schlussbilanzkonto 26, 28ff.
Schuldwechsel 18, **116f.**, 119, 130f., 193

Selbstfinanzierung 39, 174, 180
Sicherheiten 166
Skonti, Kunden- 99f.
Skonti, Lieferanten- 99f.
Skonto 99f., 189
Solidaritätszuschlag 45, 56
Sollbuchung **23,** 25f., 31, 46, 49, 169
Sollsaldo 169, 176
Sonderposten mit Rücklageanteil 67
Sozialversicherungen 45ff.
spezielle Kreditrisiken 146f.
Stammkapital 186
Statistik, statistisch 2, 13, 90, 167f.
Steuer, Kirchen- **45ff.**, 103
Steuer, Lohn- **45f.**
Steuer, Umsatz- 11, 22, **51ff.**, 61, 68, 73, 90ff., 117ff., 137f., 152ff., 166, 170, 189
Steuer, Vor- **52ff.**, 76, 78, 80, 84f., 87, 91, 93ff., 102, 109ff., 118, 124, 128ff., 166
Steueraufwand 38, 43f., 90, 162ff.
Steueraufwand, latenter 162
Steuergesetzgebung 10
Stichprobeninventur 13
Stichtagsinventur 13f.
Stichtagsinventur, ausgeweitete 13f.
Stichtagsrechnung 2
stille Reserve **72ff.**, 132, 142, 162, 164
Stoffe, Betriebs- 12, 18, 92, 102ff., **109ff.**, 194
Stoffe, Hilfs- 102f.
Stoffe, Roh- 18f., 52, **102ff.**, 123
Stornierung 9, 40, 80, 124
Stromgröße 40
Summenbilanz 168f., 171
System, Einkreis- 194f.
System, Zweikreis- 195

T

Tageswert 92, 116, 122
Thesaurierung, Gewinn- 180

T-Konto **20,** 26f., 97, 109, 168
transitorische Ausgaben 151f., **157**
transitorische Einnahmen 151, 154, **157**
transitorische Rechnungsabgrenzungsposten 150ff.
Tratte 113

U

Umbuchungen **8,** 67, 167, 170
Umlaufvermögen 17f., 132, 134, 193
Umsatzsteuer 11, 22, **51ff.**, 61, 68, 73, 90ff., 117ff., 137f., 152ff., 166, 170, 189
unter dem Strich, Positionen 166f.
United States Generally Accepted Accounting Principles (US-GAAP) 10
Unterbewertung 72

V

Verbindlichkeit, Aval- 167
Verbindlichkeit, Eventual- 162, **166f.**
Verbrauch, Material- 13, 31, **102f.**
Verfall 113
Verkaufswerte 76, 79f., 82f., 86, 89, 91
Verlust **2,** 34, 36ff., 53, 72, 92, 136, 142, 145, 161f., 167, 170, 173f., 178ff.
Verlustvortrag 179ff., 185
Vermögen 2, 5, 7, 9, 12, 14ff., 34, 41, 168, 173f.
Vermögen, Anlage-12, **17f.**, 58, 67, 132, 134f., 193
Vermögen, Finanzanlage- **17f.**, 132, 193
Vermögen, Sachanlage- 12, 17
Vermögen, Umlauf- 17f., 132, 134, 193
Vermögensgegenstände, immaterielle 13, **17f.**
versteckte Reserven **72ff.**, 132, 142, 162, 164
Verursachungsprinzip 136

Vollindossament 113
vorbereitende Abschlussbuchungen **132,** 171
Vorsichtsprinzip 94, **136**
Vorsteuer **52ff.**, 76, 78, 80, 84f., 87, 91, 93ff., 102, 109ff., 118, 124, 128ff., 166
Vorsteuerabzug **57,** 61, 91, 94, 129, 166

W

Wagenstandgelder 92
Warenbestandskonto **80f.**, 83ff., 89, 96
Warenbruttoerfolg **76f.**, 83, 86, 88, 90, 93
Wareneinkauf **75**, 78, 80ff., 96
Warenendbestand **76ff.**, 81, 85f.
Warenentnahme **101**
Warenerfolg 83, 85f., 88f., 139, 141
Warenerfolgskonto 74, 79, **83,** 86, 88f.
Warenkonto, gemischtes 75ff.
Warenrohgewinn 76, 82
Warenrücksendungen 78
Warenverkauf **75**, 77, 79ff.
Warenverkehr 75
Warenwechsel 115, 117f., 128, 130
Wechsel **112ff.**, 137, 166, 187f.
Wechsel, Besitz- **116ff.**, 193
Wechsel, Finanz- 115, 117f.
Wechsel, Protest- 128ff.
Wechsel, Schuld- 18, **116f.**, 119, 130f., 193
Wechsel, Waren- **115,** 117f., 128, 130
Wechselaussteller 112f., 115, 126f., 167
Wechselbestandskonto 119
Wechselklage 115
Wechselkursrisiko 137
Wechselnehmer 112f.
Wechselobligo **116**, 162, 166f.
Wechselprolongation **126ff.**
Wechselprotest 116, 126f.
Wechselregress 166
Wechselschuld 131

Wechselschuldner 113
Wechselspesen 121f.
Wechselstrenge 115
Werbeaufwand 160
Wertaufholungsgebot 134
Wertberichtigung **64ff.**, 125f., 133ff.
Wertberichtigung auf Anlagen 64ff.
Wertberichtigung auf Forderungen 140
Wertberichtigung auf Wechsel 125f.
Wertberichtigung, Delkredere- 140ff.
Wertberichtigung, Einzel- 137
Wertberichtigung, Pauschal- 146ff.
Wertminderung 42, **61, 132**, 134
Wertschöpfung 52
Wertverzehr 1, 60**ff.**, 64, 73
Wirtschaftlichkeitsrechnung 2
Wirtschaftsgüter 1f., 14, **58f.**
Wirtschaftsgüter, geringwertige 58

Z

Zahllast **52ff.**, 93, 124, 170
Zahltag 116
Zahlungsversprechen 113, **115f.**
Zahlungsvorgang 2, 151, 156, **164**
zeitabhängige Abschreibung 63
Zeitraumrechnung 2
Zeitrechnung 4
Zinsabschlagsteuer 56f.
Zinsaufwand 43f., 56, 100, 150, 194
Zinsverbot, kanonisches 112
Zusatzbeitrag 45, 47f.
Zuschreibungen 67, 74, 132, **134ff.**
Zwangsvollstreckung 138
Zweikreissystem 195

Anhang

Einzelhandelskontenrahmen (EKR)[1]

Kontenklasse 0	Kontenklasse 1	Kontenklasse 2	Kontenklasse 3	Kontenklasse 4	Kontenklasse 5
Aktiva			Passiva		
Anlagevermögen		Umlaufvermögen			
0 Immaterielle Vermögensgegenstände und Sachanlagen	1 Finanzanlagen	2 Umlaufvermögen und aktive Rechnungsabgrenzung	3 Eigenkapital und Rückstellungen	4 Verbindlichkeiten und passive Rechnungsabgrenzung	5 Erträge
00 Frei	10 Frei	20 Waren/Bestände	30 Eigenkapital	40 Frei	50 Umsatzerlöse
01 Frei	11 Frei	200 Waren (Gruppe 1)	**Bei Einzelkaufleuten:**	41 Anleihen	500 Umsatzerlöse für Waren (Gruppe 1)
02 **Konzessionen gewerbliche Schutzrechte und Lizenzen**	12 Frei	201 Waren (Gruppe 2)	300 Eigenkapital	410 Anleihen	5001 Erlösberichtigungen
	13 **Beteiligungen**	21 **Betriebsstoffe (Bestände)**	**Bei Personalgesellschaften:**	42 **Verbindlichkeiten gegenüber Kreditinstituten**	501 Umsatzerlöse für Waren (Gruppe 2)
020 Konzessionen, gewerbliche Schutzrechte und Lizenzen	130 Beteiligungen	210 Betriebsstoffe (z. B. Heizöl)	300 Kapital Gesellschafter A	420 Kurzfristige Bankverbindlichkeiten	5011 Erlösberichtigungen
	14 Frei	22 **Sonstiges Material**	3001 Privatkonto A	425 Langfristige Bankverbindlichkeiten (z. B. Grund-, Hypotheken- und Darlehensschulden)	51 **Sonstige Umsatzerlöse**
	15 **Wertpapiere des Anlagevermögens**	220 Verpackungsmaterial	301 Kapital Gesellschafter B		510 Sonstige Umsatzerlöse (aus Dienstleistungen)
	150 Wertpapiere des Anlagevermögens	221 Leergut	3011 Privatkonto B		5101 Erlösberichtigungen
03 Frei	16 **Sonstige Finanzanlagen**	23 **Geleistete Anzahlungen auf Vorräte**	307 Kommanditkapital Gesellschafter C	43 **Erhaltene Anzahlungen auf Bestellungen**	52 Frei
04 Frei	160 Ausleihungen	230 Geleistete Anzahlungen auf Vorräte	308 Kommanditkapital Gesellschafter D	430 Erhaltene Anzahlungen auf Bestellungen	53 Frei
05 **Grundstücke und Bauten**	17 Frei	24 **Forderungen aus Lieferungen und Leistungen**	**Bei Kapitalgesellschaften:**	44 **Verbindlichkeiten aus Lieferungen und Leistungen**	54 **Sonstige betriebliche Erträge**
050 Unbebaute Grundstücke	18 Frei	240 Forderungen aus Lieferungen und Leistungen	300 Gezeichnetes Kapital (Grundkapital/Stammkapital)	440 Verbindlichkeiten aus Lieferungen und Leistungen	540 Nebenerlös aus Vermietung und Verpachtung (Mieterträge)
051 Bebaute Grundstücke (z. B. Verwaltungsgebäude)	19 Frei	245 Besitzwechsel	31 **Kapitalrücklage**	45 **Wechselverbindlichkeiten**	541 Sonstige Erlöse (z. B. Provisionserträge)
056 Grundstückseinrichtungen (z. B. Zaun)		25 Frei	310 Kapitalrücklage	450 Schuldwechsel	542 Eigenverbrauch
06 Frei		26 **Sonstige Vermögensgegenstände des Umlaufvermögens**	32 **Gewinnrücklage**	46 Frei	543 Andere sonstige betriebliche Erträge (A.s.b. Erträge)
07 Frei		260 Vorsteuer	320 Gesetzliche Rücklagen	47 Frei	544 Erträge aus der Auflösung von Rückstellungen
08 **Andere Anlagen, Betriebs- und Geschäftsausstattung**		263 Sonstige Forderungen an Finanzbehörden	323 Andere Gewinnrücklagen	48 **Sonstige Verbindlichkeiten**	55 **Erträge aus Beteiligungen**
080 Andere Anlagen		265 Forderungen an Mitarbeiter	33 **Ergebnisverwendung**	480 Umsatzsteuer	550 Erträge aus Beteiligungen
081 Ladenausstattung		269 Übrige sonstige Forderungen (U. s. Ford.)	331 Gewinn-/Verlustvortrag	483 Sonstige Verbindlichkeiten gegenüber Finanzbehörden (VerbFB)	56 **Erträge aus Wertpapieren und Ausleihungen**
082 Kassensystem		27 **Wertpapiere des Umlaufvermögens**	34 **Jahresüberschuß/Jahresfehlbetrag**	484 Verbindlichkeiten gegenüber Sozialversicherungsträgern (VerbSV)	560 Erträge aus Wertpapieren und ähnliche Erträge
083 Lagerausstattung		270 Wertpapiere des Umlaufvermögens	340 Jahresüberschuß/Jahresfehlbetrag	485 Verbindlichkeiten gegenüber Mitarbeitern (VerbMA)	57 **Sonstige Zinsen und ähnliche Erträge**
084 Fuhrpark		28 **Flüssige Mittel**	35 Frei	486 Verbindlichkeiten aus vermögenswirksamen Leistungen (VerbVL)	571 Zinserträge
086 Büromaschinen, Organisationsmittel		280 Kreditinstitute (Bank)	36 Frei	489 Übrige sonstige Verbindlichkeiten (U.s.Verb)	573 Diskonterträge
087 Büromöbel		285 Postgiro	37 **Rückstellungen für Pensionen und ähnliche Verpflichtungen**[1]	49 **Passive Rechnungsabgrenzung**	58 **Außerordentliche Erträge**
089 Geringwertige Wirtschaftsgüter		286 Schecks	370 Rückstellungen für Pensionen und ähnliche Verpflichtungen	490 Passive Rechnungsabgrenzung	580 Außerordentliche Erträge
09 Frei		288 Kasse	38 Frei		59 Frei
		289 Nebenkassen	39 Frei		
		29 **Aktive Rechnungsabgrenzung**	[1] Ähnliche Verpflichtungen sind z. B. Rückstellungen für Steuern, Prozeßkosten, Garantieverpflichtungen, Gewährleistungen infolge Mängelrügen		
		290 Aktive Rechnungsabgrenzung			

Einzelhandelskontenrahmen (EKR)[1]

Kontenklasse 6		Kontenklasse 7	Kontenklasse 8	Kontenklasse 9
Aufwendungen			Ergebnisrechnung	Kosten- und Leistungsrechnung
6 Betriebliche Aufwendungen		7 weitere Aufwendungen	8 Ergebnisrechnung	9 Kosten- und Leistungsrechnung

Kontenklasse 6 – Aufwendungen:

60 Aufwendungen für Waren
- 600 Aufwendungen für Waren (Gruppe 1)
- 6001 Bezugskosten
- 6002 Nachlässe
- 601 Aufwendungen für Waren (Gruppe 2)
- 6011 Bezugskosten
- 6012 Nachlässe

61 Aufwendungen für Material und für bezogene Leistungen
- 610 Aufwendungen für Material
- 6101 Aufwendungen für Betriebsstoffe (z. B. Heizöl, Benzin)
- 6102 Aufwendungen für Verpackungsmaterial
- 6103 Aufwendungen für Leergut
- 6104 Aufwendungen für Energie (z. B. Strom)
- 6105 Aufwendungen für Reparaturmaterial
- 6106 Aufwendungen für Reinigungsmaterial
- 6107 Aufwendungen für sonstiges Material
- 611 Aufwendungen für bezogene Leistungen
- 6111 Frachten und Fremdlager
- 6112 Vertriebsprovisionen
- 6113 Fremdinstandhaltung (z. B. Kfz-Reparaturen)
- 6114 Abfallentsorgung
- 6115 Reinigung

62 Löhne
- 620 Löhne für geleistete Arbeit
- 621 Sonstige Lohnaufwendungen

63 Gehälter
- 630 Gehälter
- 631 Sonstige Gehaltsaufwendungen

64 Soziale Abgaben und Aufwendungen für Altersversorgung und für Unterstützung
- 640 Arbeitgeberanteil zur Sozialversicherung (SV-AG)
- 642 Beiträge zur Berufsgenossenschaft

65 Abschreibungen
- 652 Abschreibungen auf Sachanlagen
- 654 Abschreibungen auf geringwertige Wirtschaftsgüter

66 Sonstige Personalaufwendungen
- 660 Sonstige Personalaufwendungen (auch vermögenswirksame Leistungen)

67 Aufwendungen für die Inanspruchnahme von Rechten und Diensten
- 670 Mieten (Mietaufwand), Pachten
- 671 Leasing
- 673 Gebühren
- 675 Aufwendungen des Geldverkehrs
- 677 Rechts- und Beratungsaufwendungen

68 Aufwendungen für Kommunikation (Dokumentation, Information, Reisen, Werbung)
- 680 Büromaterial
- 681 Zeitungen, Fachliteratur
- 682 Postgebühren (auch Telekom)
- 685 Reisekosten
- 686 Bewirtung und Präsentation
- 687 Werbung, Dekoration
- 688 Spenden

69 Aufwendungen für Beiträge und Wertkorrekturen
- 690 Versicherungsbeiträge
- 692 Beiträge zu Wirtschaftsverbänden und Berufsvertretungen
- 693 Andere sonstige betriebliche Aufwendungen (A.s.b. Aufw)
- 694 Verluste aus Schadensfällen
- 695 Abschreibungen auf Forderungen

Kontenklasse 7 – weitere Aufwendungen:

70 Betriebliche Steuern
- 700 Gewerbekapitalsteuer
- 701 Vermögenssteuer
- 702 Grundsteuer
- 703 Kraftfahrzeugsteuer
- 709 Sonstige betriebliche Steuern

71 Frei
72 Frei
73 Frei

74 Abschreibungen auf Finanzanlagen und auf Wertpapiere des Umlaufvermögens
- 742 Abschreibungen auf Wertpapiere des Umlaufvermögens

75 Zinsen und ähnliche Aufwendungen
- 751 Zinsaufwendungen
- 753 Diskontaufwendungen

76 Außerordentliche Aufwendungen
- 760 Außerordentliche Aufwendungen

77 Steuern vom Einkommen und Ertrag
- 770 Gewerbeertragsteuer
- 771 Körperschaftsteuer
- 772 Kapitalertragsteuer

78 Frei
79 Frei

Kontenklasse 8 – Ergebnisrechnung:

80 Eröffnung/Abschluß
- 800 Eröffnungsbilanz
- 801 Schlußbilanz
- 802 Gewinn- und Verlust

Kontenklasse 9 – Kosten- und Leistungsrechnung:

In der Praxis wird die Kosten- und Leistungsrechnung gewöhnlich tabellarisch durchgeführt.

Erläuterungen zu den einzelnen Positionen

- Kontengruppen – Die zweiziffrigen Kontengruppen entsprechen den ausweispflichtigen Bilanz- und GuV-Positionen gemäß §§ 266 und 275 HGB.
- Waren-Konten – Der Bezug von Waren ist sofort als Aufwand auf dem Konto 600 „Aufwendungen für Waren" zu buchen. Dementsprechend sind Anschaffungsnebenkosten (Bezugskosten) und Anschaffungspreisminderungen – Nachlässe (Boni, Skonti) auf den „Unterkonten" 6001 und 6002 zu erfassen. Das Konto 500 „Umsatzerlöse für Waren" – mit dem entsprechenden „Unterkonto" 5001 „Erlösberichtigungen" für Boni und Skonti – ist für den Verkauf von Waren vorgesehen. Das Waren-Bestandskonto (200) wird während der Abrechnungsperiode nicht angesprochen. Die Gegenbuchung von Inventur-Differenzen (Mehr- und Minderbestände an Waren) ist auf dem Konto 600 „Aufwendungen für Waren" vorzunehmen.
- Konto 541 „Sonstige Erlöse" – Vorgesehen z. B. für die Erfassung von Erlösen aus Anlagenverkäufen.
- Konto 543 „Andere sonstige betriebliche Erträge" – Vorgesehen z. B. im Zusammenhang mit der Erbringung von Dienstleistungen anfallen.
- Konto 580 „Außerordentliche Erträge" gemäß § 277 Abs. 4 HGB.
- Konto 6106 „Aufwendungen für sonstiges Material" – Vorgesehen für Materialaufwendungen, die z. B. für Kassenüberschüsse und Anlagenverkäufe über Buchwert.
- Konto 693 „Andere sonstige betriebliche Aufwendungen" – Vorgesehen z. B. für Kassenmanko und Anlagenverkäufe unter Buchwert.
- Konto 760 „Außerordentliche Aufwendungen" – Aufwendungen gemäß § 277 Abs. 4 HGB.

[1] gemäß Fassung für die Ausbildung des Hauptverbands des Deutschen Einzelhandels (HDE) – Juni 1990.

Kontenrahmen für den Groß- und Außenhandel [1]

Kontenklassen

0 Anlage- und Kapitalkonten

- 00 Ausstehende Einlagen und Aufwendungen für die Ingangsetzung und Erweiterung des Geschäftsbetriebs
- 01 Immaterielle Vermögensgegenstände (z. B. Firmenwert)
- 02 Grundstücke und Gebäude
  - 021 Grundstücke
  - 023 Gebäude
- 03 Anlagen, Maschinen, Betriebs- und Geschäftsausstattung
  - 031 Technische Anlagen und Maschinen
  - 033 Betriebs- und Geschäftsausstattung
  - 034 Fuhrpark
  - 035 Geleistete Anzahlungen
  - 036 Anlagen im Bau
- 037 Geringwertige Wirtschaftsgüter
- 04 Finanzanlagen
  - 043 Beteiligungen
  - 045 Wertpapiere des Anlagevermögens
  - 046 Sonstige Ausleihungen (Darlehen)
- 05 Wertberichtigungen
  - 051 Wertberichtigungen bei Sachanlagen
  - 052 Wertberichtigungen bei Forderungen
    - 0521 Einzelwertberichtigungen
    - 0522 Pauschalwertberichtigungen
- 06 Eigenkapital
  - 061 Gezeichnetes Kapital oder Eigenkapital
  - 062 Kapitalrücklage
  - 063 Gewinnrücklagen
    - 0631 Gesetzliche Rücklagen
    - 0633 Satzungsgemäße Rücklagen
    - 0634 Andere Gewinnrücklagen
  - 064 Gewinnvortrag, Verlustvortrag
  - 065 Jahresüberschuß, Jahresfehlbetrag
  - 066 Bilanzgewinn, Bilanzverlust
  - 067 Ergebnisverwendungskonto
- 07 Sonderposten mit Rücklageanteil und Rückstellungen
  - 071 Sonderposten mit Rücklageanteil
  - 072 Rückstellungen
    - 0721 Rückstellungen für Pensionen
    - 0722 Steuerrückstellungen
    - 0724 Sonstige Rückstellungen
- 08 Verbindlichkeiten
  - 082 Verbindlichkeiten gegenüber Kreditinstituten (z. B. Darlehen)
- 09 Rechnungsabgrenzungsposten
  - 091 Aktive Rechnungsabgrenzungsposten
  - 092 Disagio
  - 093 Passive Rechnungsabgrenzungsposten

1 Finanzkonten

- 10 Forderungen
  - 101 Forderungen a. LL
  - 102 Zweifelhafte Forderungen
  - 103 Nachnahmeforderungen
- 11 Sonstige Vermögensgegenstände
  - 113 Sonstige Forderungen
  - 114 Geleistete Anzahlungen
  - 115 Forderungen an Gesellschafter
  - 116 Forderungen an Mitarbeiter
- 12 Wertpapiere des Umlaufvermögens
- 13 Banken
  - 131 Kreditinstitute (= Bank)
  - 132 Postgiroamt
- 14 Vorsteuer
  - 141 Vorsteuer (16%)
  - 142 Vorsteuer (7%)
  - 143 Einfuhrumsatzsteuer
- 15 Zahlungsmittel
  - 151 Kasse
  - 152 Schecks
  - 153 Wechselforderungen (Besitzwechsel)
  - 154 Protestwechsel
- 16 Privatkonten
  - 161 Privatentnahmen
  - 162 Privateinlagen
- 17 Verbindlichkeiten
  - 171 Verbindlichkeiten a. LL
  - 175 Erhaltene Anzahlungen auf Bestellungen
  - 176 Wechselverbindlichkeiten (Schuldwechsel)
- 18 Umsatzsteuer
  - 181 Umsatzsteuer-Verbindlichkeiten
    - 1811 Umsatzsteuer Normalsteuersatz (16 %)
    - 1812 Umsatzsteuer ermäßigter Steuersatz (7 %)
  - 182 Geleistete/empfangene Umsatzsteuerzahlungen
    - 1821 Umsatzsteuerzahlungen laufendes Jahr
    - 1822 Umsatzsteuerzahlungen für frühere Jahre
  - (183 Umsatzsteuerverrechnung)
- 19 Sonstige Verbindlichkeiten
  - 191 Verbindlichkeiten aus Steuern
  - 192 Verbindlichkeiten gegenüber Sozialversicherung
  - 193 Verbindlichkeiten gegenüber Gesellschaftern
  - 194 Sonstige Verbindlichkeiten
  - 195 Verbindlichkeiten aus Vermögensbildung
  - 198 Zollverbindlichkeiten

2 Abgrenzungskonten

- 20 Außerordentliche und sonstige Aufwendungen
  - 201 Außerordentliche Aufwendungen i.S. § 277 HGB
  - 202 Betriebsfremde Aufwendungen
  - 203 Periodenfremde Aufwendungen
  - 204 Verluste aus dem Abgang von AV
  - 205 Verluste aus dem Abgang von UV (außer Vorräte)
  - 206 Sonstige Aufwendungen
  - 207 Spenden (bei Kapitalgesellschaften)
- 21 Zinsen und ähnliche Aufwendungen
  - 211 Zinsaufwendungen
  - 213 Diskontaufwendungen
  - 214 Zinsähnliche Aufwendungen
  - 215 Aufwendungen aus Kursdifferenzen
- 22 Steuern vom Einkommen und Vermögensteuer
  - 221 Körperschaftsteuer
  - 223 Kapitalertragsteuer
  - 224 Vermögensteuer (bei Kapitalgesellschaften)
  - 225 Steuernachzahlungen für frühere Jahre
- 23 Forderungsverluste
  - 231 Abschreibungen auf Forderungen (übliche Höhe)
  - 232 Außergewöhnliche Abschreibungen auf Forderungen
  - 233 Zuführungen zu Einzelwertberichtigungen
  - 234 Zuführungen zu Pauschalwertberichtigungen
- 24 Außerordentliche und sonstige Erträge
  - 241 Außerordentliche Erträge i.S. § 277 HGB
  - 242 Betriebsfremde Erträge
    - 2421 Mieterträge
  - 243 Periodenfremde Erträge
- 25 Erträge aus Beteiligungen, Wertpapieren und Ausleihungen des Finanzanlagevermögens
  - 251 Erträge aus Beteiligungen
  - 252 Erträge aus Wertpapieren des AV
- 26 Sonstige Zinsen und ähnliche Erträge
  - 261 Zinserträge
  - 263 Diskonterträge
  - 264 Zinsähnliche Erträge
  - 265 Erträge aus Kursdifferenzen
- 27 Sonstige betriebliche Erträge
  - 270 Erlöse aus Anlageabgängen
  - 271 Erträge a. d. Abgang von AV
  - 272 Erträge a. d. Abgang von UV (außer Vorräte)
  - 273 Erträge aus Zuschreibungen
  - 274 Erträge aus abgeschriebenen Forderungen
  - 275 Erträge aus der Auflösung von Wertberichtigungen zu Forderungen
    - 2751 Auflösung von Einzelwertberichtigungen
    - 2752 Auflösung von Pauschalwertberichtigungen
  - 276 Erträge aus der Auflösung von Rückstellungen
  - 277 Sonstige Erträge
  - 278 Eigenverbrauch von Leistung
  - 279 Eigenverbrauch von Anlagegütern (Entnahmen)
- 28 Verrechnete kalkulatorische Kosten [2]
- 29 Abgrenzung innerhalb des Geschäftsjahres [2]

Kontenrahmen für den Groß- und Außenhandel[1] (Fortsetzung)

Kontenklassen

3 Wareneinkaufskonten Warenbestandskonten	4 Konten der Kostenarten	5 Konten der Kostenstellen[4]
30 Warengruppe I	40 Personalkosten	Für die Konten der Kostenstellen sind betriebs- und branchenbedingt unterschiedliche Aufteilungen möglich. Die nachfolgende Untergliederung nach Funktionen ist beispielhaft aufgeführt:
301 Wareneingang	401 Löhne	– Einkauf
302 Warenbezugskosten	402 Gehälter	– Lager
303 Leihemballagen	403 Aushilfslöhne	– Vertrieb
305 Rücksendungen an Lieferer	404 Gesetzliche soziale Aufwendungen	– Verwaltung
306 Nachlässe von Lieferern	405 Freiwillige soziale Aufwendungen	– Fuhrpark
307 Liefererboni	406 Aufwendungen für Altersversorgung	– Be-/Verarbeitung
308 Liefererskonti	407 Vermögenswirksame Leistungen	
31 Warengruppe II	41 Mieten, Pachten, Leasing	**6 Konten für Umsatzkostenverfahren[3]**
311 Wareneingang	42 Steuern, Beiträge, Versicherungen	
312 Warenbezugskosten	421 Gewerbesteuer	**7 Freie Kontenklasse**
313 Leihemballagen	4211 Gewerbeertragsteuer	
315 Rücksendungen an Lieferer	4221 Gewerbekapitalsteuer	**8 Warenverkaufskonten (Umsatzerlöse)**
316 Nachlässe von Lieferern	422 Kfz-Steuer	80 Warengruppe I
317 Liefererboni	423 Grundsteuer	801 Warenverkauf
318 Liefererskonti	424 Sonstige Betriebssteuern	805 Rücksendungen
32 Warengruppe III	426 Versicherungen	806 Nachlässe
33 Warengruppe IV	427 Beiträge	807 Kundenboni
34 Warengruppe V	428 Gebühren und sonstige Abgaben	808 Kundenskonti
35 Warengruppe VI	43 Energie, Betriebsstoffe	81 Warengruppe II
39 Warenbestände	44 Werbe- und Reisekosten	811 Warenverkauf
391 Warengruppe I	45 Provisionen	815 Rücksendungen
392 Warengruppe II	46 Kosten der Warenabgabe	816 Nachlässe
393 Warengruppe III	461 Verpackungsmaterial	817 Kundenboni
394 Warengruppe IV	462 Ausgangsfrachten	818 Kundenskonti
395 Warengruppe V	463 Gewährleistungen	82 Warengruppe III
396 Warengruppe VI	47 Betriebskosten, Instandhaltung	83 Warengruppe IV
	471 Sonstige Betriebskosten	84 Warengruppe V
	48 Allgemeine Verwaltung	85 Warengruppe VI
	481 Bürobedarf	87 Sonstige Erlöse aus Warenverkäufen
	482 Porto, Telefon, Telefax	871 Eigenverbrauch von Waren
	483 Kosten der Datenverarbeitung	872 Provisionserträge
	484 Rechts- und Beratungskosten	
	485 Personalbeschaffungskosten	**9 Abschlußkonten**
	486 Kosten des Geldverkehrs	91 Eröffnungsbilanzkonto
	49 Abschreibungen	92 Warenabschlußkonto
	491 Abschreibungen auf Sachanlagen	93 Gewinn- und Verlustkonto
	493 Abschreibungen auf Finanzanlagen des AV	94 Schlußbilanzkonto
	494 Abschreibungen auf Wertpapiere des UV	

[1] Auf der Grundlage des vom Bundesverband des Groß- und Außenhandels (BGA), Bonn 1988, und unter voller Berücksichtigung des von der Aufgabenstelle für kaufmännische Abschlußprüfungen (AKA), IHK Nürnberg, herausgegebenen Großhandelskontenrahmens (1988).
[2] Kalkulatorische Kosten und innerperiodische Abgrenzungen werden in der Praxis nicht buchhalterisch, sondern stets tabellarisch in der Abrenzungsrechnung der KLR berücksichtigt. Anmerkung: Diese Kontenklasse bleibt in der Regel frei.
[3] Anmerkung: Die Großhandelsunternehmen erstellen ihre GuV-Rechnung meist nach dem Gesamtkostenverfahren und nicht kontenmäßig durchgeführt. Die Kontenklasse 5 bleibt deshalb in der Regel frei.
[4] Anmerkung: Die Kostenstellenrechnung wird in der Praxis stets tabellarisch und nicht kontenmäßig durchgeführt.

Falttafeln

Gemeinschafts-Kontenrahmen der Industrie (GKR)

Klasse 0

Anlagevermögen und langfristiges Kapital

Anlagevermögen

00 Grundstücke und Gebäude
- 000 Unbebaute Grundstücke
- 001/02 Bebaute Grundstücke
- 003/07 Gebäude
- 008 Im Bau befindliche Gebäude
- 009 Abschreibungen (aktiv abgesetzte Wertberichtigungen) auf Grundstücke und Gebäude [1])

01 Maschinen und Anlagen der Hauptbetriebe
- 010/19 Maschinen und Anlagen der Hauptbetriebe

02 Maschinen und Anlagen der Neben- und Hilfsbetriebe
- 020/21 Maschinen und Anlagen der Nebenbetriebe
- 022 Maschinen und Anlagen der Hilfswerkstätten
- 023/25 Maschinen und Anlagen zur Umwandlung und Weiterleitung von Energie und dergleichen
- 026/27 Maschinen und Anlagen des Transports
- 028 Im Bau befindliche Maschinen und Anlagen
- 029 Abschreibungen (aktiv abgesetzte Wertberichtigungen) auf Maschinen und Anlagen [1])

03 Fahrzeuge, Werkzeuge, Betriebs- und Geschäftsausstattung
- 030/33 Fahrzeuge und Transportgeräte
- 034/36 Werkzeuge, Werksgeräte u. dgl.
- 037/38 Betriebs- und Geschäftsausstattung
- 039 Abschreibungen (aktiv abgesetzte Wertberichtigungen) auf Fahrzeuge, Werkzeuge, Betriebs-u. Geschäftsausstattung [1])

04 Sachanlagen-Sammelkonten
- 041/44 Sammelkonten für Anlagen-Zugang, fremd
- 045 Sammelkonten für Anlagen-Zugang, eigen
- 049 Sammelkonten für Anlagen-Abgang

05 Sonstiges Anlagevermögen
Bewertbare Rechte
- 050/52 Urheber- und andere bewertbare Rechte
- 053 Abschreibungen (aktiv abgesetzte Wertberichtigungen) auf bewertbare Rechte [1])

Finanzanlagevermögen u. dgl.
- 054 Beteiligungen
- 055 Wertpapiere des Anlagevermögens
- 056 Grundpfandforderungen
- 057 Andere langfristige Forderungen
- 058 Aktiv-Gegenposten zu Eigen- und langfristigem Fremdkapital
- 059 Abschreibungen (aktiv abgesetzte Wertberichtigungen) auf das Finanzanlagevermögen u. dgl. [1])

Langfristiges Kapital

06 Langfristiges Fremdkapital
- 060/61 Anleihen
- 063/65 Grundpfandschulden
- 066/69 Andere langfristige Verbindlichkeiten

07 Eigenkapital
Bei Kapital-Gesellschaften
- 070/71 Grundkapital
- 072 Gesetzliche Rücklage
- 073/76 Freie Rücklagen
- 077/78 Kapitalentwertungs- und verlustkonten
- 079 Gewinn- und Verlust-Vortrag

Bei Personen-Gesellschaften
- 070/73 Kapitalkonten

Berichtigungen zur Bilanz und Ergebnisrechnung

08 Wertberichtigungen, Rückstellungen u. dgl.
- 080/84 Passive Wertberichtigungen [2])
- 085/87 Rückstellungen
- 088/89 Bürgschaftsverpflichtungen, Rückgriffsrechte (Avale) u. dgl.

09 Rechnungsabgrenzung
- 090 Rechnungsabgrenzung in der Zwischenbilanz (Sammelkonto, Zeitlicher Aufwandsausgleich) [3])
- 098 Aktive Rechnungsabgrenzungsposten der Jahresbilanz
- 099 Passive Rechnungsabgrenzungsposten der Jahresbilanz

Klasse 1

Finanz-Umlaufvermögen und kurzfristige Verbindlichkeiten

Finanz-Umlaufvermögen

10 Kasse
- 100 Hauptkasse
- 105/09 Nebenkassen

11 Geldanstalten
- 110/11 Postscheck
- 112 Landeszentralbank
- 113/19 Banken

12 Schecks, Besitzwechsel
- 120/24 Schecks
- 125/29 Besitzwechsel

13 Wertpapiere des Umlaufvermögens
- 130/36 Allgemeine Wertpapiere des Umlaufvermögens
- 137/38 Eigene Aktien und Aktien einer herrschenden Gesellschaft
- 139 Wertberichtigungen (aktiv abgesetzte) auf Wertpapiere des Umlaufvermögens

14/15 Forderungen
- 140 Forderungen aufgrund von Warenlieferungen und Leistungen
- 141/49 Aufgliederungen nach Kundengruppen [4])
- 150 andere Forderungen
- 151 Selbst geleistete Anzahlungen [4])
- 152 Forderungen an Unternehmen, mit denen ein wirtschaftlicher oder finanzieller Zusammenhang besteht [4])
- 153 Forderungen an Vorstandsmitglieder, leitende Angestellte und Aufsichtsratsmitglieder [4])
- 154/58 Sonstige Forderungen [4])
- 159 Wertberichtigungen (aktiv abgesetzte) auf Forderungen (Delkredere)

Kurzfristige Verbindlichkeiten

16/17 Verbindlichkeiten
- 160 Verbindlichkeiten aufgrund von Warenlieferungen und Leistungen
- 161/69 Aufgliederung nach Lieferantengruppen [4])
- 170 Andere Verbindlichkeiten
- 171 Anzahlungen von Kunden [4])
- 172 Verbindlichkeiten gegenüber Unternehmen, mit denen ein wirtschaftlicher oder finanzieller Zusammenhang besteht [4])
- 173 Von Belegschaftsmitgliedern gegebene Pfandgelder [4])
- 174 Verbindlichkeiten aus Werkspareinlagen [4])
- 175/78 Sonstige Verbindlichkeiten [4])
- 179 Berichtigungen zu den Verbindlichkeiten

18 Schuldwechsel, Bankschulden
- 180/81 Schuldwechsel
- 182/89 Bankschulden

Durchgangs-, Übergangs- und Privatkonten

19 Durchgangs-, Übergangs- und Privatkonten
- 190/91 Durchgangskonten für Rechnungen
- 192/93 Durchgangskosten für Zahlungsverkehr (Kasse und Geldanstalten)
- 194 Durchgangskonten für Zwischenkontierungen
- 195/96 Übergangskonten
- 197/99 Privatkonten

---

[1]) Anwendung bei aktiven Wertberichtigungen
[2]) Anwendung bei passiven Wertberichtigungen
[3]) Als Sammelgegenkonto zu 498 oder 090/97 Untergliederung gemäß Kostenartengruppen

[4]) Vorzugsweise nur Personenkonten-Unterteilung

Gemeinschafts-Kontenrahmen der Industrie (GKR)

Klasse 2 — Neutrale Aufwendungen und Erträge

20 Betriebsfremde Aufwendungen und Erträge
- 200/05 Betriebsfremde außerordentliche Aufwendungen u. Erträge
- 206/09 Betriebsfremde ordentliche Aufwendungen und Erträge

21 Aufwendungen und Erträge für Grundstücke und Gebäude
- 210/19 Aufwendungen und Erträge für Grundstücke und Gebäude

23 Bilanzmäßige Abschreibungen
- 230/39 Bilanzmäßige Abschreibungen

24 Zins-Aufwendungen und -Erträge
- 240/41 Zins-Aufwendungen
- 242 Diskont-Aufwendungen
- 243 Kreditprovisionen
- 244 Skonto-Aufwendungen
- 245/46 Zins-Erträge
- 247 Diskont-Erträge
- 248 Skonto-Erträge

25/26 Betriebliche außerordentliche Aufwendungen und Erträge

25 Betriebliche außergewöhnliche Aufwendungen und Erträge
- 250/51 Eingetretene Wagnisse (gegebenenfalls aufgegliedert nach Wagnisarten)
- 252/59 Andere betriebliche außergewöhnliche Aufwendungen und Erträge

26 Betriebliche periodenfremde Aufwendungen und Erträge
  Betriebliche periodenfremde Aufwendungen
  Mehrere oder andere Zeitabschnitte betreffende Aufwendungen für
- 260 Sachanlagen
- 261/65 Instandhaltung usw.
- 266 Entwicklungs- und Versuchsarbeiten
- 267 Steuern
- 268 Sonstige betriebliche periodenfremde Aufwendungen
- 269 Betriebliche periodenfremde Erträge

27/28 Gegenposten der Kosten- und Leistungsrechnung

27 Verrechnete Anteile betrieblicher periodenfremder Aufwendungen (Aufgliederung entsprechend Kontengruppe 26)

28 Verrechnete kalkulatorische Kosten
- 280 Verrechnete verbrauchsbedingte Abschreibungen
- 281 Verrechnete betriebsbedingte Zinsen
- 282 Verrechnete betriebsbedingte Wagnisse
- 283 Verrechneter Unternehmerlohn
- 284 Verrechnete sonstige kalkulatorische Kosten

29 Das Gesamtergebnis betreffende Aufwendungen und Erträge
- 290/99 Das Gesamtergebnis betreffende Aufwendungen und Erträge z. B. Körperschaftsteuer

Klasse 3 — Stoffe – Bestände

30/37 Roh-, Hilfs- u. Betriebsstoffe u. dgl.
- 300/02 Stoffe-Sammelkonten
- 303/79 Roh-, Hilfs- und Betriebsstoffe u. dgl.

38 Bestandteile, Fertigteile, Auswärtige Bearbeitung [5]
- 380/89 Bestandteile, Fertigteile, Auswärtige Bearbeitung

39 Handelswaren und auswärts bezogene Fertigerzeugnisse (Fertigwaren) [6]
- 390/94 Handelswaren
- 395 Auswärts bezogene Fertigerzeugnisse (Fertigwaren)
- 397 Wertberichtigungen (aktiv abgesetzte) auf Stoffe-Bestände

Klasse 4 — Kostenarten

40/42 Stoffkosten u. dgl.

40/41 Stoffverbrauch u. dgl.
- 400 Stoffverbrauch-Sammelkonto [7]
  Gegebenenfalls Aufgliederung [8]:
- 401/19 Einsatz-, Fertigungsstoffe u. dgl.
  Auswärtige Bearbeitung
  Hilfs- und Betriebsstoffe u. dgl. [9]
  Werkzeuge u. dgl. [9] [10]

42 Brennstoffe, Energie u. dgl.
- 420 Brenn- und Treibstoffe
- 429 Energie u. dgl. [10]
  Gegebenenf. Aufgliederung [8]:
- 420/29 Brenn- und Treibstoffe: fest, flüssig, gasförmig
  Energie: Dampf, Strom, Wasser usw.

43/44 Personalkosten u. dgl.

43 Löhne und Gehälter
- 430 Löhne-Sammelkonto
  Gegebenenf. Aufgliederung [8]:
- 431/38 Fertigungslöhne u. dgl.
  Hilfslöhne
  Andere Löhne
- 439 Gehälter

44 Sozialkosten und andere Personalkosten
- 440/47 Sozialkosten
- 440 Gesetzliche Sozialkosten
- 447 Freiwillige Sozialkosten
  440/47 Gegebenenfalls Aufgliederung der gesetzlichen u. freiw. Sozialkosten
- 448 Andere Personalkosten

45 Instandhaltung, verschiedene Leistungen u. dgl. [10]
- 450 Instandhaltung [10]
  Gegebenenf. Aufgliederung [8]:
- 450/54 Instandhaltung an Grundstücken und Gebäuden [10]
  Instandhaltung an Maschinen und Anlagen [10]
  Instandhaltung an Fahrzeugen, Werkzeugen, Betriebs- und Geschäftsausstattung [10]
  Instandshaltungs-Ratenverrechnung
  Ratenausgleich
- 455 Allgemeine Dienstleistungen [10]
- 456 Entwicklungs-, Versuchskosten u. dgl. [10]
- 457 Mehr- bzw. Minderkosten [10]
  Gegebenenf. Aufgliederung [8]:
- 457/59 Über-, Unterschreitungen, Ausschuß, Gewährleistungen usw. [10]

46 Steuern, Gebühren, Beiträge, Versicherungsprämien u. dgl.
- 460 Steuern
  Gegebenenfalls Aufgliederung:
- 460 Vermögen-, Grundst. u. dgl.
- 461 Gewerbesteuer
- 462 Umsatzsteuer
- 463 Andere Steuern

– Fortsetzung unter Klassen 5/6 –

---

[7]) Die Geschäftsbuchführung kann sich auf die Führung dieses Sammelkontos für den gesamten Stoffverbrauch u. dgl. beschränken.

[8]) Vorzugsweise nur in der Kosten- und Leistungsrechnung

[9]) Diese Kostenarten bzw. Kostenartengruppen können auch zwischen „Personalkosten u. dgl." und „Instandhaltung, verschiedene Leistungen u. dgl." eingeordnet werden

[10]) In der Buchführung: Vorzugsweise nur direkter Fremdanfall.

[5]) Vgl. Fußnote 15
[6]) Vgl. Fußnote 16

Gemeinschafts-Kontenrahmen der Industrie (GKR)

Klasse 5/6	Klasse 7	Klasse 9
Kostenstellen	**Kostenträger** **Bestände an halbfertigen und fertigen Erzeugnissen**	**Abschluß**
Frei für Kostenstellen-Kontierungen der Betriebsabrechnung	70/77 Frei für Kostenträger-Bestands-Kontierungen der Betriebsabrechnung 78 **Bestände an halbfertigen Erzeugnissen**[15] 79 **Bestände an fertigen Erzeugnissen**[16] 790/98 Bestände an fertigen Erzeugnissen 799 Wertberichtigungen (aktiv abgesetzte) auf Bestände an halbfertigen und fertigen Erzeugnissen	90/96 Frei für Sonderlösungen[19] 97 Frei für Abschluß-Kontierung der Betriebsabrechnung 98 **Gewinn- und Verlust-Konten (Ergebnis-Konten)** 980 Betriebsergebnis 985/86 (Verrechnungsergebnis: Stoffe- und Erzeugnis-Umwertung) 987 Neutrales Ergebnis 988 Das Gesamtergebnis betreffende Aufwendungen und Erträge 989 Gewinn- u. Verlust-Konto 99 **Bilanzkonten** 998 Eröffnungsbilanz-Konto 999 Schlußbilanz-Konto

Spalte 1 (Klasse 5/6), Fortsetzung:

— Fortsetzung von Klasse 4 —

464 Abgaben, Gebühren u. dgl., Gegebenenfalls Aufgliederung:
    464 Allgemeine Abgaben und Gebühren
    465 Gebühren u. dgl. für den gewerbl. Rechtsschutz
    466 Gebühren u. dgl. für den allgemeinen Rechtsschutz
    467 Prüfungsgebühren u. dgl.
468 Beiträge und Spenden
469 Versicherungsprämien

47 Mieten, Verkehrs-, Büro-, Werbekosten u. dgl.
470/71 Raum-, Maschinen-Mieten (-Kosten) u. dgl.[10]
472/75 Verkehrskosten
Gegebenenfalls Aufgliederung:
    472 Allgemeine Transportkosten
    473 Versandkosten
    474 Reisekosten
    475 Postkosten
476 Bürokosten
477/78 Werbe- und Vertreterkosten[10]
479 Finanzspesen und sonstige Kosten

48 Kalkulatorische Kosten
480 Verbrauchsbedingte Abschreibungen
481 Betriebsbedingte Zinsen
482 Betriebsbedingte Wagnisse
483 Unternehmerlohn
484 Sonstige kalkulatorische Kosten

49 Innerbetriebliche Kostenverrechnung, Sondereinzelkosten und Sammelverrechnungen
490/97 Innerbetriebliche Kostenverrechnung Sondereinzelkosten[12]
498 Sammelkonto Zeitliche Abgrenzung[13]
499 Sammelkonto Kostenarten[14]

Fußnoten Spalte 1:

[12]) Nur wenn die Ausgliederung der Sondereinzelkosten nicht durch Eintragung in eine Spalte im Betriebsabrechnungsbogen (BAB) erfolgt
[13]) Gegenkonto zu 090 für summarische Behandlung des zeitlichen Aufwandsausgleiches
[14]) Sammeldurchgangskonto für laufende Buchungen bei monatlicher Einzelaufstellung o. dgl.

Spalte 2 (Klasse 7), Fußnoten:

[15]) Kann auch mit Kontengruppe 38 zu: „Bestände an halbfertigen Erzeugnissen" in der Geschäftsbuchführung vereinigt werden
[16]) Kann auch mit Kontengruppe 39 zu: „Bestände an fertigen Erzeugnissen" in der Geschäftsbuchführung vereinigt werden

Klasse 8

Kostenträger
Erträge[17]

80/82 Frei für Kostenträger-Leistungs-Kontierungen (Umsatzkosten, Erlöse, Bestandsveränderungen) der Betriebsabrechnung[18]
83/84 **Erlöse für Erzeugnisse und andere Leistungen**
    830/49 Erlöse für Erzeugnisse und andere Leistungen
85 **Erlöse für Handelswaren**
    850/59 Erlöse für Handelswaren
86 **Erlöse aus Nebengeschäften**
    860/69 Erlöse aus Nebengeschäften
87 **Eigenleistungen**
    870/79 Eigenleistungen
88 **Erlösberichtigungen**
    880/82 Zusatzerlöse
    883/89 Erlösschmälerungen
89 **Bestandsveränderungen an halbfertigen und fertigen Erzeugnissen u. dgl.**
    890/99 Bestandsveränderungen (Mehr- u. Minderbestände) an halbfertigen und fertigen Erzeugnissen u. dgl.

[17]) Erträge = Erlöse (Umsatz) + Bestandsveränderungen
[18]) Die Kontengruppen 83 89 (Erträge) können auch in Klasse 9 mit der Nummernbezeichnung 90 96 geführt werden, wobei die Klasse 9 die Bezeichnung „Erträge und Abschluß" erhält und die Klasse 8 frei für Zwecke der Betriebsabrechnung Umsatzkosten entsprechend der Gliederung der Erlöskonten wird

[19]) Vgl. Fußnote 18

Industrie-Kontenrahmen (IKR)
Herausgegeben vom Bundesverband der Deutschen Industrie (gekürzt)

Erläuterungen zu einzelnen Positionen des IKR

* Abgesehen von geringfügigen Ausnahmen wurde die Gliederung des IKR so angelegt, daß die laut den gesetzlichen Bilanz- und GuV-Gliederungsschemata für große Kapitalgesellschaften ausweispflichtigen Posten jeweils eine Kontengruppe (zweistellige Nummer) belegen. Außerdem wurde bestimmten weiteren gesondert auszuweisenden Posten jeweils eine Kontengruppe eingeräumt. Die dann noch verbleibenden gesondert ausweispflichtigen Posten, die auf Einzelkonten (dreistellige Nummer) oder Unterkonten (vierstellige Nummer) erfaßt werden, wurden durch Kennzeichnung mit einem Stern (*) hervorgehoben. Zum Teil können einzelne Posten davon zusammengefaßt ausgewiesen werden. Die Pflicht zum gesonderten Ausweis kann sich auch auf den Anhang beziehen.

[1]) Hinweise auf Gesetzesparagraphen beziehen sich auf das HGB, sofern nichts anderes vermerkt ist.

[2]) Bestimmte Begriffe der gesetzlichen Gliederungsschemata können nicht in die Nomenklatur des Kontenrahmens selbst übernommen werden, weil sie sich nicht mit einem Konto oder einer Kontengruppe decken. Sie wurden deshalb in Kursivdruck als Zwischenüberschriften an die entsprechenden Stellen des Kontenrahmens eingefügt. Eine Ausnahme bilden demgegenüber die Kursiv-Zeilen der Klasse 8, die als Überschriften zur Abgrenzung von getrennten Funktionsbereichen eingefügt wurden, sowie die Zwischenzeilen „Erlösberichtigungen" und „Aufwandsberichtigungen".

[3]) Für Anschaffungsnebenkosten und Anschaffungskostenminderungen können Unterkonten gebildet werden (s. Kontengruppe 20 und Konto 228).

[4]) Forderungen und Verbindlichkeiten aus Lieferungen und Leistungen werden im allgemeinen nach Inland und Ausland sowie ggf. nach weiteren Kundengruppierungen gegliedert. Für Forderungen und Verbindlichkeiten in Fremdwährung werden getrennte Konten geführt (s. Kontengruppen 24 und 44).
Für Verbindlichkeiten, die durch Pfandrechte oder ähnliche Rechte gesichert sind, empfiehlt es sich, in allen Kontengruppen jeweils getrennte Konten zu führen – vgl. § 285 Nr. 1 b u. Nr. 2 i. V. m. § 288 (s. Kontengruppen 44–48).
Eine Gliederung der Konten für Forderungen und Verbindlichkeiten nach den gesetzlich unterschiedenen Restlaufzeiten (s. § 268 Abs. 4 u. 5. und § 285 Nr. 1 a u. 2 i. V. m. § 288) wird nicht als generell zu empfehlen angesehen, da sie im Zeitablauf jeweils entsprechende Umbuchungen bedingen würde. Bei den Verbindlichkeiten ergäbe sich außerdem eine zusätzliche Komplikation durch die weitere gesetzliche Unterscheidung zwischen gesicherten und ungesicherten Verbindlichkeiten (s. § 285 Nr. 1 u. Nr. 2). Es soll daher der Buchführungsorganisation im Einzelfall überlassen bleiben, ob sie das Kriterium der Restlaufzeiten im Kontenplan berücksichtigt.

[5]) Einzelwertberichtigungen können auch direkt auf den Einzelkonten bzw. auf Unterkonten zugeordnet werden (s. Konten 249, 254 u. 259).

[6]) Bei der Kontengruppe 33 ergibt sich eine Besonderheit. Sie steht anstelle der Position A IV der Passivseite „Gewinnvortrag/Verlustvortrag" des Bilanzgliederungsschemas. Eine gleichlautende Bezeichnung für die Kontengruppe erweist sich jedoch als nicht sinnvoll, weil in der Bilanz dieser Posten vom Gesetzgeber nur unter der Voraussetzung einer Bilanzaufstellung „vor Ergebnisverwendung" oder „nach vollständiger Ergebnisverwendung" vorgesehen ist. Bei Bilanzaufstellung „nach teilweiser Ergebnisverwendung" steht an dieser Stelle der Bilanz der Posten „Bilanzgewinn/Bilanzverlust". In allen drei Fällen ist es aber dieselbe Kontengruppe, die je nach den Voraussetzungen den einen oder den anderen Posten als Saldo ausweist. Es muß daher für die Kontengruppe eine Bezeichnung gewählt werden, die alle Alternativen abdeckt. Da sich in jedem Falle in dieser Kontengruppe die Buchungsschritte der „Ergebnisverwendung" abspielen, dürfte der Begriff „Ergebnisverwendung" die richtige Bezeichnung für diese Kontengruppe sein.

[7]) Die bei Einzelunternehmen und Personengesellschaften anfallenden Einkommensteuern für die Unternehmer/Mitunternehmer werden nicht in der Kontengruppe 77 erfaßt, sondern unmittelbar den jeweiligen Privatkonten belastet. Es besteht andererseits ein Interesse auch für den Bilanzleser, daß publizitätspflichtige Einzelunternehmen und Personengesellschaften ein mit Kapitalgesellschaften vergleichbares Ergebnis ausweisen können. Eine dem § 257 Abs. 1 HGB-Regierungsentwurf v. 26.8.83 entsprechende Regelung im Publizitätsgesetz wäre daher wünschenswert (s. Konten 388 u. 778).

[8]) Die mit den Konten 540 u. 541 angesprochenen Erträge können je nach den Verhältnissen des einzelnen Unternehmens auch zu den Umsatzerlösen gehören und sind dann in der Kontengruppe 50/51 zu erfassen (s. § 277 Abs. 1).

Industrie-Kontenrahmen (IKR)

Kontenklasse 0	Kontenklasse 0	Kontenklasse 1
AKTIVA		
Anlagevermögen		

0 Immaterielle Vermögensgegenstände und Sachanlagen
00 Ausstehende Einlagen bei Kapitalgesellschaften: auf das gezeichnete Kapital, bei Kommanditgesellschaften: ausstehende Kommanditeinlagen)
  001 noch nicht eingeforderte Einlagen
* 002 eingeforderte Einlagen (s. § 272 Abs. 1 [1]) und vgl. Ktn. 268 u. 305)
01 Aufwendungen für die Ingangsetzung und Erweiterung des Geschäftsbetriebes (s. § 269)
Immaterielle Vermögensgegenstände [2]) (vgl. § 248 Abs. 2)
02 Konzessionen, gewerbliche Schutzrechte und ähnliche Rechte und Werte sowie Lizenzen an solchen Rechten und Werten
  021 Konzessionen
  022 Gewerbliche Schutzrechte
  023 ähnliche Rechte und Werte
  024 Lizenzen an Rechten und Werten
03 Geschäfts- oder Firmenwert
  031 Geschäfts- oder Firmenwert
  032 Verschmelzungsmehrwert
04 Geleistete Anzahlungen auf immaterielle Vermögensgegenstände

Sachanlagen
05 Grundstücke, grundstücksgleiche Rechte und Bauten einschließlich der Bauten auf fremden Grundstücken
  050 unbebaute Grundstücke
  051 bebaute Grundstücke
    0511 – mit eigenen Bauten
    0519 – mit fremden Bauten
  052 grundstücksgleiche Rechte
  053 Betriebsgebäude
    0531 – auf eigenen Grundstücken
    0539 – auf fremden Grundstücken
  054 Verwaltungsgebäude
  055 andere Bauten
  056 Grundstückseinrichtungen
    0561 – auf eigenen Grundstücken
    0569 – auf fremden Grundstücken
  057 Gebäudeeinrichtungen
  058 frei
  059 Wohngebäude
06 frei

07 Technische Anlagen und Maschinen
(Untergliederung nach den Bedürfnissen des Industriezweiges bzw. des Unternehmens. Nachstehende Positionen können dazu nur eine Anregung geben).
  070 Anlagen und Maschinen der Energieversorgung
  071 Anlagen der Materiallagerung und -bereitstellung
  072 Anlagen und Maschinen der mechanischen Materialbearbeitung, -verarbeitung und -umwandlung
  073 Anlagen für Wärme-, Kälte- und chemische Prozesse sowie ähnliche Anlagen
  074 Anlagen für Arbeitssicherheit und Umweltschutz
  075 Transportanlagen und ähnliche Betriebsvorrichtungen
  076 Verpackungsanlagen und -maschinen
  077 sonstige Anlagen und Maschinen
  078 Reservemaschinen und -anlageteile
  079 geringwertige Anlagen und Maschinen
08 Andere Anlagen, Betriebs- und Geschäftsausstattung
  080 andere Anlagen
  081 Werkstätteneinrichtung
  082 Werkzeuge, Werksgeräte und Modelle, Prüf- und Meßmittel
  083 Lager- und Transporteinrichtungen
  084 Fuhrpark
  085 sonstige Betriebsausstattung
  086 Büromaschinen, Organisationsmittel und Kommunikationsanlagen
  087 Büromöbel und sonstige Geschäftsausstattung
  088 Reserveteile für Betriebs- und Geschäftsausstattung
  089 geringwertige Vermögensgegenstände der Betriebs- und Geschäftsausstattung
09 Geleistete Anzahlungen und Anlagen im Bau
  090 geleistete Anzahlungen auf Sachanlagen
  095 Anlagen im Bau

1 Finanzanlagen
10 frei
11 Anteile an verbundenen Unternehmen (s. § 271 Abs. 2)
  110 – an einem herrschenden oder einem mit Mehrheit beteiligten Unternehmen
  111 – an der Konzernmutter, soweit nicht zu Kto. 110 geh.
  112/117 – an Tochterunternehmen
  118 frei
  119 – an sonstigen verb. Untern.
12 Ausleihungen an verbundene Unternehmen
  120 – gesichert, durch Grundpfandrechte oder andere Sicherheiten
  125 – ungesichert
13 Beteiligungen
  130 Beteiligungen an assoziierten Unternehmen
  135 andere Beteiligungen
14 Ausleihungen an Unternehmen, mit denen ein Beteiligungsverhältnis besteht
  140 gesichert, durch Grundpfandrechte oder andere Sicherheiten
  145 – ungesichert
15 Wertpapiere des Anlagevermögens
  150 Stammaktien
  151 Vorzugsaktien
  152 Genußscheine
  153 Investmentzertifikate
  154 Gewinnobligationen
  155 Wandelschuldverschreibungen
  156 festverzinsliche Wertpapiere
  157 frei
  158 Optionsscheine
  159 sonstige Wertpapiere
16 Sonstige Ausleihungen (Sonstige Finanzanlagen)
  160 Genossenschaftsanteile
  161 gesicherte sonstige Ausleihungen
  162 frei
  163 ungesicherte sonstige Ausleihungen
  164 frei
  165 Ausleihungen an Mitarbeiter, an Organmitglieder und an Gesellschafter
    1651/1653 Ausl. an Mitarbeiter
*   1654 Ausl. an Geschäftsführer/Vorstandsmitglieder
    1655 frei
*   1656 Ausl. an Mitglieder des Beirats/Aufsichtsr.
    1657 frei
*   1658 Ausl. an Gesellschafter
  166/168 frei
  169 übrige sonstige Finanzanlagen

Industrie-Kontenrahmen (IKR)

Kontenklasse 2	Kontenklasse 2	Kontenklasse 3
AKTIVA		PASSIVA
Umlaufvermögen		

Kontenklasse 2 – AKTIVA – Umlaufvermögen

2 **Umlaufvermögen und aktive Rechnungsabgrenzung**

Vorräte
20 **Roh-, Hilfs- und Betriebsstoffe** [3]
21 **Unfertige Erzeugnisse, unfertige Leistungen**
22 **Fertige Erzeugnisse und Waren**
   220/227 fertige Erzeugnisse
   228 Waren (Handelswaren) [3]
   229 frei
23 **Geleistete Anzahlungen auf Vorräte**

Forderungen und sonstige Vermögensgegenstände (24–26)
24 **Forderungen aus Lieferungen und Leistungen** [4]
   240/244 Forderungen aus Lieferungen und Leistungen
   245 Wechselforderungen aus Lieferungen und Leistungen
   246/248 frei
   249 Wertberichtigungen zu Forderungen aus Lieferungen und Leistungen
25 **Forderungen gegen verbundene Unternehmen und gegen Unternehmen, mit denen ein Beteiligungsverhältnis besteht**
   * *Forderungen gegen verbundene Unternehmen*
   250 Forderungen aus Lieferungen und
   251 Leistungen
   252 Wechselforderungen
   253 sonstige Forderungen
   254 Wertberichtigungen zu Forderungen gegen verbundene Unternehmen [5]
   * *Forderungen gegen Unternehmen, denen ein Beteiligungsverhältnis besteht*
   255 Forderungen aus Lieferungen und
   256 Leistungen
   257 Wechselforderungen
   258 sonstige Forderungen
   259 Wertberichtigungen zu Forderungen bei Beteiligungsverhältnissen [5]
26 **Sonstige Vermögensgegenstände**
   260 anrechenbare Vorsteuer
   261 aufzuteilende Vorsteuer
   262 Sonstige Forderungen an Finanzbehörden
   263 sonstige Forderungen an Finanzbehörden
   264 Forderungen an Sozialversicherungsträger
   265 Forderungen an Mitarbeiter, an Organmitglieder und an Gesellschafter
   2651/2653 Ford. an Mitarbeiter
   * 2654 Ford. an Geschäftsführer/Vorstandsmitglieder
   2655 frei
   * 2656 Ford. an Mitglieder des Beirats/Aufsichtsr.
   2657 frei
   * 2658 Ford. an Gesellsch.ter
   266 andere sonstige Forderungen
   2661 Ansprüche auf Versicherungs- sowie Schadensersatzleistungen
   2662 Kostenvorschüsse,
   2663 Kautionen und sonstige Sicherheitsleistungen
   2664 Darlehen, soweit nicht Finanzanlage
   2665/2667 frei
   2668 Forderungen aus Soll-Salden der Kontengruppe 44
   267 andere sonstige Vermögensgegenstände
   268 eingefordertes, noch nicht eingezahltes Kapital und eingeforderte Nachschüsse
   * 2681 eingefordertes, noch nicht eingezahltes Kapital
   * 2685 eingeforderte Nachschüsse
   269 Wertberichtigungen zu sonstigen Forderungen und Vermögensgegenständen [5]

27 **Wertpapiere**
   * 270 Anteile an verbundenen Unternehmen
   * 271 eigene Anteile
   * *Sonstige Wertpapiere*
   272 Aktien
   273 variabel verzinsliche Wertpapiere
   274 festverzinsliche Wertpapiere
   275 Finanzwechsel
   276/277 frei
   278 Optionsscheine
   279 sonstige Wertpapiere

28 **Flüssige Mittel**
   280/284 Guthaben bei Kreditinstituten
   285 Postgiroguthaben
   286 Schecks
   287 Bundesbank
   288 Kasse
   289 Nebenkassen

29 **Aktive Rechnungsabgrenzung**
   * 290 Disagio (s. § 268 Abs. 6)
   291 Zölle und Verbrauchssteuern
   292 Umsatzsteuer auf Anzahlungen
   293 andere aktive Jahresabgrenzungsposten
   294 frei
   * 295 aktive Steuerabgrenzung
   * 299 nicht durch Eigenkapital gedeckter Fehlbetrag

Kontenklasse 3 – PASSIVA

3 **Eigenkapital und Rückstellungen**

Eigenkapital (vgl. § 272)

30 **Kapitalkonto/Gezeichnetes Kapital**

Bei Einzelfirmen und Personengesellschaften:
   300 Kapitalkonto Gesellschafter A
   3001 Eigenkapital
   3002 Privatkonto
   301 Kapitalkonto Gesellschafter B
   3011 Eigenkapital
   3012 Privatkonto

alternativ:
   300 Festkapitalkonto
   3001 – Gesellschafter A
   3002 – Gesellschafter B
   301 veränderliches Kapitalkonto
   3011 – Gesellschafter A
   3012 – Gesellschafter B
   302 Privatkonto
   3021 – Gesellschafter A
   3022 – Gesellschafter B

Bei Kapitalgesellschaften:
   300 Gezeichnetes Kapital
   * 305 noch nicht eingeforderte Einlagen

31 **Kapitalrücklage**
   311 Aufgeld aus der Ausgabe von Anteilen
   312 Aufgeld aus der Ausgabe von Wandelschuldverschreibungen
   313 Zahlung aus der Gewährung eines Vorzugs für Anteile
   314 andere Zuzahlungen von Gesellschaftern in das Eigenkapital
   * 318 eingeforderte Nachschüsse

32 **Gewinnrücklagen**
   * 321 gesetzliche Rücklagen
   * 322 Rücklage für eigene Anteile
   3221 – für Anteile eines herrschenden oder eines mit Mehrheit beteiligten Unternehmens
   3222 – für Anteile des Unternehmens selbst
   * 323 satzungsmäßige Rücklagen
   * 324 andere Gewinnrücklagen
   * 325 Eigenkapitalanteil bestimmter Passivposten
   3251 EK-Anteil von Wertaufholungen
   3252 EK-Anteil von Preissteigerungsrücklagen

33 **Ergebnisverwendung** [6]
(anstelle Bilanzposition A IV „*Gewinnvortrag/Verlustvortrag*" gem. § 266 Abs. 3)
   331 Jahresergebnis des Vorjahres
   * 332 Ergebnisvortrag aus früheren Perioden
   333 Entnahmen aus der Kapitalrücklage

Industrie-Kontenrahmen (IKR)

Kontenklasse 3	Kontenklasse 4	Kontenklasse 5
PASSIVA		ERTRÄGE

Kontenklasse 3 – PASSIVA

- 334 Veränderungen der Gewinnrücklagen vor Bilanzergebnis
- 335 Bilanzergebnis (Bilanzgewinn/Bilanzverlust)
- 336 Ergebnisausschüttung
- 337 zusätzlicher Aufwand oder Ertrag aufgrund Ergebnisverwendungsbeschluß
- 338 Einstellungen in Gewinnrücklagen nach Bilanzergebnis
- 339 Ergebnisvortrag auf neue Rechnung

34 Jahresüberschuß/Jahresfehlbetrag

35 Sonderposten mit Rücklageanteil (s. § 247 Abs. 3 § 273 u. § 281)
- 350 sog. steuerfreie Rücklagen
- 355 Wertberichtigungen auf Grund steuerlicher Sonderabschreibungen

36 Wertberichtigungen (Bei Kapitalgesellschaften als Passivposten der Bilanz nicht mehr zulässig)

Rückstellungen (s. § 249)

37 Rückstellungen für Pensionen und ähnliche Verpflichtungen
- 371 Verpflichtungen für eingetretene Pensionsfälle
- 372 Verpflichtungen für unverfallbare Anwartschaften
- 373 Verpflichtungen für verfallbare Anwartschaften
- 374 Verpflichtungen für ausgeschiedene Mitarbeiter
- 375 Pensionsähnliche Verpflichtungen (z. B. Verpflichtungen aus Vorruhestandsregelungen)

38 Steuerrückstellungen
- 380 Gewerbeertragsteuer
- 381 Körperschaftsteuer
- 382 Kapitalertragsteuer
- 383 ausländ. Quellensteuer
- 384 andere Steuern vom Einkommen und Ertrag
- * 385 latente Steuern
- 386/388 frei
- 389 sonstige Steuerrückstellungen

39 Sonstige Rückstellungen
- 390 – für Personalaufwendungen und die Vergütung an Aufsichtsgremien
- 391 – für Gewährleistung
  - 3911 Vertragsgarantie
  - 3915 Kulanzgarantie
- 392 – Rechts- und Beratungskosten
- 393 – für andere ungewisse Verbindlichkeiten
- 394/396 frei
- 397 – für drohende Verluste aus schwebenden Geschäften
- 398 – für unterlassene Instandhaltung
- 399 – für andere Aufwendungen

Kontenklasse 4

4 Verbindlichkeiten und passive Rechnungsabgrenzung

40 frei

41 Anleihen
- * 410 Konvertible Anleihen
- 415 Anleihen – nicht konvertibel

42 Verbindlichkeiten gegenüber Kreditinstituten

43 Erhaltene Anzahlungen auf Bestellungen

44 Verbindlichkeiten aus Lieferungen und Leistungen[4])

45 Wechselverbindlichkeiten (Schuldwechsel)
- 450 – gegenüber Dritten
- 451 – gegenüber verbundenen Unternehmen
- 452 – gegenüber Unternehmen, mit denen ein Beteiligungsverhältnis besteht

46 Verbindlichkeiten gegenüber verbundenen Unternehmen[4])
- 460 aus Lieferungen und Leistungen/Inland
- 465 – aus Lieferungen und Leistungen/Ausland
- 469 – sonstige Verbindlichkeiten (verb. Untern.)

47 Verbindlichkeiten gegenüber Unternehmen, mit denen ein Beteiligungsverhältnis besteht[4])
- 470 – aus Lieferungen und Leistungen/Inland
- 475 – aus Lieferungen und Leistungen/Ausland
- 479 sonstige Verbindlichkeiten (Betlg.verh.)

48 Sonstige Verbindlichkeiten
- * 481 Umsatzsteuer nicht fällig
- * 482 Umsatzsteuervorauszahlung
- 483 sonstige Steuerverbindlichkeiten
- 484 Verbindlichkeiten gegenüber Sozialversicherungsträgern
- 485 Verbindlichkeiten gegenüber Mitarbeitern, Organmitgliedern und Gesellschaftern
- 486 andere sonstige Verbindlichkeiten
- 487/488 frei
- 489 übrige sonstige Verbindlichkeiten

49 Passive Rechnungsabgrenzung
- 490 passive Jahresabgrenzung

Anmerkung: Hier können je nach betrieblicher Organisation weitere Konten für die **innerjährige Rechnungsabgrenzung** eingefügt werden.

Kontenklasse 5 – ERTRÄGE

5 Erträge

50 Umsatzerlöse (vgl. § 277 Abs. 1)
- 500/504 frei
- 505 st.freie Umsätze
- 506 st.freie Umsätze
- 507 Lieferungen in das Währungsgebiet der Mark der DDR (WgM-DDR)
- 508 Erlöse 1/2 USt.-Satz
- 509 frei

51
- 510 Umsatzerlöse für eigene Erzeugnisse und andere Leistungen
- 513 1/1 USt.-Satz
- 514 andere Umsatzerlöse, 1/1 USt.-Satz
- 515 Umsatzerlöse für Waren, 1/1 USt.-Satz

Erlösberichtigungen (soweit nicht den Umsatzerlösarten direkt zurechenbar)
- 516 Skonti
- 517 Boni
- 518 andere Erlösberichtigungen
- 519 frei

52 Erhöhung oder Verminderung des Bestandes an unfertigen und fertigen Erzeugnissen
- 521 Bestandsveränderungen an unfertigen Erzeugnissen und nicht abgerechneten Leistungen
- 522 Bestandsveränderungen an fertigen Erzeugnissen
- 523/524 frei
- * 525 zusätzliche Abschreibungen auf Erzeugnisse bis Untergrenze erwarteter Wertschwankungen
- * 526 steuerliche Sonderabschreibungen auf Erzeugnisse

53 Andere aktivierte Eigenleistungen
- 530 selbsterstellte Anlagen
- 539 sonstige andere aktivierte Eigenleistungen

54 Sonstige betriebliche Erträge[8])
- 540 Nebenerlöse
- 541 sonstige Erlöse[8]
- 542 Eigenverbrauch (umsatzsteuerpflichtige Lieferungen und Leistungen ohne Entgelt gem. § 1 Abs. 1 Nr. 2a, 2b, 2c und 3 UStG; vgl. Kto. 6935)
- 543 andere sonstige betriebliche Erträge
  - 5431 empfangene Schadensersatzleistungen
  - 5432 Schuldennachlaß
  - 5433 Steuerbelastungen an Organgesellschaften
  - 5434 Investitionszulagen
- 544 Erträge aus Werterhöhungen von Gegenständen des Anlagevermögens
- 545 Erträge aus Werterhöhungen von Gegenständen des Umlaufvermögens außer Vorräten und Wertpapieren

Industrie-Kontenrahmen (IKR)

Kontenklasse 5	Kontenklasse 6	Kontenklasse 6
ERTRÄGE	AUFWENDUNGEN	

546 Erträge aus dem Abgang von Vermögensgegenständen 5461 – immaterielle Vermögensgegenstände 5462 – Sachanlagen 5463 – Umlaufvermögen (soweit nicht unter anderen Erlösen) * 547 Erträge aus der Auflösung von Sonderposten mit Rücklageanteil 548 Erträge aus der Herabsetzung von Rückstellungen * 549 periodenfremde Erträge **55 Erträge aus Beteiligungen** * *E. aus Bet. an verbundenen Unternehmen* * 550 Erträge aus Beteiligungen an verbundenen Unternehmen, mit denen Verträge über Gewinngemeinschaft, Gewinnabführung oder Teilgewinnabführung bestehen 551 Erträge aus Beteiligungen an anderen verbundenen Unternehmen 552 Erträge aus Zuschreibungen zu Anteilen an verbundenen Unternehmen 553 Erträge aus dem Abgang von Anteilen an verbundenen Unternehmen 554 frei * *E. aus Bet. an nicht verbundenen Unternehmen* * 555 Erträge aus Beteiligungen an nicht verbundenen Unternehmen, mit denen Verträge über Gewinngemeinschaft, Gewinnabführung oder Teilgewinnabführungen bestehen 556 Erträge aus anderen Beteiligungen 557 Erträge aus Zuschreibungen zu Anteilen an nicht verbundenen Unternehmen 558 Erträge aus dem Abgang von Anteilen an nicht verbundenen Unternehmen 559 frei **56 Erträge aus anderen Wertpapieren und Ausleihungen des Finanzanlagevermögens** * 560 Erträge von verbundenen Unternehmen aus anderen Wertpapieren und Ausleihungen des Anlagevermögens 565 Erträge von nicht verbundenen Unternehmen aus anderen Wertpapieren und Ausleihungen des Anlagevermögens **57 Sonstige Zinsen und ähnliche Erträge** * 570 sonstige Zinsen und ähnliche Erträge von verbundenen Unternehmen 579 übrige sonstige Zinsen und ähnliche Erträge **58 Außerordentliche Erträge** **59 Erträge aus Verlustübernahme**	**6 Betriebliche Aufwendungen** *Materialaufwand* **60 Aufwendungen für Roh-, Hilfs- und Betriebsstoffe und für bezogene Waren** 600 Rohstoffe/Fertigungsmaterial 601 Vorprodukte/Fremdbauteile 602 Hilfsstoffe 603 Betriebsstoffe/Verbrauchswerkzeuge 604 Verpackungsmaterial 605 Energie 606 Reparaturmaterial und Fremdinstandhaltung (sofern nicht unter 616, weil die Fremdinstandhaltung überwiegt) 607 sonstiges Material 608 Aufwendungen für Waren 609 Sonderabschreibungen auf Roh-, Hilfs- und Betriebsstoffe u. f. bezogene Waren (sofern das Kto. 609 noch für best. Materialien benötigt wird, können für diese Abschreibungen auch z. B. die Unter-Ktn. 6198/6199 eingesetzt werden) 6091 frei * 6092 zusätzliche Abschreibungen auf Material und Waren bis Untergrenze erwarteter Wertschwankungen * 6093 steuerliche Sonderabschreibungen auf Material und Waren **61 Aufwendungen für bezogene Leistungen** 610 Fremdleistungen für Erzeugnisse und andere Umsatzleistungen 611 Fremdleistungen für die Auftragsgewinnung (bei Auftragsfertigung – soweit einzelnen Aufträgen zurechenbar) 612 Entwicklungs-, Versuchs- und Konstruktionsarbeiten durch Dritte 613 weitere Fremdleistungen 614 Frachten und Fremdlager (incl. Vers. u. anderer Nebenkosten) 615 Vertriebsprovisionen 616 Fremdinstandhaltung und Reparaturmaterial 617 sonstige Aufwendungen für bezogene Leistungen *Aufwandsberichtigungen (soweit nicht den Aufwandsarten direkt zurechenbar)* 618 Skonti 619 Boni und andere Aufwandsberichtigungen *Personalaufwand* **Löhne** 620 Löhne für geleistete Arbeitszeit einschl. tariflicher, vertraglicher oder arbeitsbedingter Zulagen	621 Löhne für andere Zeiten (Urlaub, Feiertag, Krankheit) 622 sonstige tarifliche oder vertragliche Aufwendungen für Lohnempfänger 623 freiwillige Zuwendungen 624 frei 625 Sachbezüge 626 Vergütungen an gewerbl. Auszubildende 627/628 frei 629 sonstige Aufwendungen mit Lohncharakter **Gehälter** 630 Gehälter einschließlich tariflicher, vertraglicher oder arbeitsbedingter Zulagen 631 frei 632 sonstige tarifliche oder vertragliche Aufwendungen 633 freiwillige Zuwendungen 634 frei 635 Sachbezüge 636 Vergütung an techn./kaufm. Auszubildende 637/638 frei 639 sonstige Aufwendungen mit Gehaltscharakter **Soziale Abgaben und Aufwendungen für Altersversorgung und für Unterstützung** *Soziale Abgaben* 640 Arbeitgeberanteil zur Sozialversicherung (Lohnbereich) 641 Arbeitgeberanteil zur Sozialversicherung (Gehaltsbereich) 642 Beiträge zur Berufsgenossenschaft 643 sonstige soziale Abgaben *Aufwendungen für Altersversorgung* 644 gezahlte Betriebsrenten (einschl. Vorruhestandsgeld) 645 Veränderungen der Pensionsrückstellungen 646 Aufwendungen für Direktversicherungen 647 Zuweisungen an Pensions- und Unterstützungskassen 648 sonstige Aufwendungen für Altersversorgung *Aufwendung für Unterstützung* 649 Beihilfen und Unterstützungsleistungen **Abschreibungen** 650 Abschreibungen auf aktivierte Aufwendungen, für die Ingangsetzung und Erweiterung des Geschäftsbetriebes *Abschreibungen auf Anlagevermögen* 651 Abschreibungen auf immaterielle Vermögensgegenstände des Anlagevermögens

Industrie-Kontenrahmen (IKR)

Kontenklasse 6	Kontenklasse 6	Kontenklasse 7
AUFWENDUNGEN		

Kontenklasse 6

- * 6511 A. auf Rechte gem. Ktn. Gr. 02
- * 6512 A. auf Geschäfts- oder Firmenwert
- * 6513 A. auf Anzahlungen gem. Ktn.Gr. 04
- * 652 Abschreibungen auf Grundstücke und Gebäude
- * 653 Abschreibungen auf technische Anlagen und Maschinen
- * 654 Abschreibungen auf andere Anlagen, Betriebs- und Geschäftsausstattung
- * 655 außerplanmäßige Abschreibungen auf Sachanlagen
- * 656 steuerrechtliche Sonderabschreibungen auf Sachanlagen

Abschreibungen auf Umlaufvermögen (soweit das in d. Gesellsch. übliche Maß überschreitend, s. § 275 Abs. 2 Ziff. 7 b)

- 657 unübliche Abschreibungen auf Vorräte
- 658 unübliche Abschreibungen auf Forderungen und sonstige Vermögensgegenstände
- 659 frei

Sonstige betriebliche Aufwendungen (66–70)

66 Sonstige Personalaufwendungen
- 660 Aufwendungen für Personaleinstellung
- 661 Aufwendungen für übernommene Fahrtkosten
- 662 Aufwendungen für Werkarzt und Arbeitssicherheit
- 663 personenbezogene Versicherungen
- 664 Aufwendungen für Fort- und Weiterbildung
- 665 Aufwendungen für Dienstjubiläen
- 666 Aufwendungen für Belegschaftsveranstaltungen
- 667 frei (evtl. Aufwendungen für Werksküche und Sozialeinrichtungen)
- 668 Ausgleichsabgabe nach dem Schwerbehindertengesetz
- 669 übrige sonstige Personalaufwendungen

67 Aufwendungen für die Inanspruchnahme von Rechten und Diensten
- 670 Mieten, Pachten, Erbbauzinsen
- 671 Leasing
- 672 Lizenzen und Konzessionen
- 673 Gebühren
- 674 Leiharbeitskräfte (soweit nicht unter 6132)
- 675 Bankspesen/Kosten des Geldverkehrs u. d. Kapitalbeschaffung
- 676 Provisionen (soweit nicht unter 611 oder 615)
- 677 Prüfung, Beratung, Rechtsschutz
- 678 Aufwendungen für Aufsichtsrat/Beirat oder dgl.
- 679 frei

Kontenklasse 6

68 Aufwendungen für Kommunikation (Dokumentation, Informatik, Reisen, Werbung)
- 680 Büromaterial und Drucksachen
- 681 Zeitungen und Fachliteratur
- 682 Post
- 683 sonstige Kommunikationsmittel
- 684 frei
- 685 Reisekosten
- 686 Gästebewirtung und Repräsentation
- 687 Werbung
- 688 frei
- 689 sonstige Aufwendungen für Kommunikation

69 Aufwendungen für Beiträge und Sonstiges sowie Wertkorrekturen und periodenfremde Aufwendungen
- 690 Versicherungsbeiträge, div.
- 691 Kfz-Versicherungsbeiträge
- 692 Beiträge zu Wirtschaftsverbänden und Berufsvertretungen
- 693 andere sonstige betriebliche Aufwendungen
  - 6931 Verluste aus Schadensfällen
  - 6932 Forderungsverzicht
  - 6935 Eigenverbrauch
- 695 Verluste aus Wertminderungen von Gegenständen des Umlaufvermögens (außer Vorräten und Wertpapieren)
  - 6951 Abschreibungen auf Forderungen wegen Uneinbringlichkeit
  - 6952 Einzelwertberichtigungen
  - 6953 Pauschalwertberichtigungen
  - 6954 Kursverluste bei Forderungen in Fremdwährung und Valutabeständen
  - * 6955 zusätzliche Abschreibungen auf Forderungen in Fremdwährung und Valutabestände bis Untergrenze erwarteter Wertschwankungen
- 696 Verluste aus dem Abgang von Vermögensgegenständen
- 697 Einstellungen in den Sonderposten mit Rücklageanteil
  - * 6971 steuerliche Sonderabschreibungen auf Anlagevermögen
  - * 6973 steuerliche Sonderabschreibungen auf Umlaufvermögen
  - 6979 sonstige Einstellungen in den Sonderposten mit Rücklageanteil
- 698 Zuführungen zu Rückstellungen soweit nicht unter anderen Aufwendungen erfaßbar
- * 699 periodenfremde Aufwendungen (soweit nicht bei den betreffenden Aufwandsarten zu erfassen)

Kontenklasse 7

7 Weitere Aufwendungen

70 Betriebliche Steuern
- 700 Gewerbekapitalsteuer
- 701 Vermögensteuer
- 702 Grundsteuer
- 703 Kraftfahrzeugsteuer
- 704 frei
- 705 Wechselsteuer
- 706 Gesellschaftsteuer
- 707 Ausfuhrzölle
- 708 Verbrauchsteuern
- 709 sonstige betriebliche Steuern

71/73 frei

74 Abschreibungen auf Finanzanlagen und auf Wertpapiere des Umlaufvermögens und Verluste aus entsprechenden Abgängen
- 740 Abschreibungen auf Finanzanlagen
  - 7401 frei
  - * 7402 Abschreibungen auf den beizulegenden Wert
  - * 7403 steuerliche Sonderabschreibungen
- 741 frei
- 742 Abschreibungen auf Wertpapiere des Umlaufvermögens
- 743/744 frei
- 745 Verluste aus dem Abgang von Finanzanlagen
- 746 Verluste aus dem Abgang von Wertpapieren des Umlaufvermögens
- 747/748 frei
- * 749 Aufwendungen aus Verlustübernahme

75 Zinsen und ähnliche Aufwendungen
- * 750 Zinsen und ähnliche Aufwendungen an verbundene Unternehmen
- 751 Bankzinsen
- 752 Kredit- und Überziehungsprovisionen
- 753 Diskontaufwand
- 754 Abschreibung auf Disagio
- 755 Bürgschaftsprovisionen
- 756 Zinsen für Verbindlichkeiten
- 757 Abzinsungsbeträge
- 758 frei
- 759 sonstige Zinsen und ähnliche Aufwendungen

76 Außerordentliche Aufwendungen

77 Steuern vom Einkommen und Ertrag
- 770 Gewerbeertragsteuer
- 771 Körperschaftsteuer
- 772 Kapitalertragsteuer
- 773 ausländ. Quellensteuer
- 774 frei
- 775 latente Steuern
- 776/778 frei
- 779 sonstige Steuern vom Einkommen und Ertrag

78 Sonstige Steuern

79 Aufwendungen aus Gewinnabführungsvertrag

Industrie-Kontenrahmen (IKR)

Kontenklasse 8	Kontenklasse 8	Kontenklasse 9
ERGEBNISRECHNUNGEN		KOSTEN- UND LEISTUNGSRECHNUNG

Kontenklasse 8 – ERGEBNISRECHNUNGEN

8 **Ergebnisrechnungen**

80 **Eröffnung/Abschluß**
- 800 Eröffnungsbilanzkonto
- 801 Schlußbilanzkonto
- 802 GuV-Konto Gesamtkostenverfahren
- 803 GuV-Konto Umsatzkostenverfahren

Konten der Kostenbereiche für die GuV im Umsatzkostenverfahren

81 **Herstellungskosten**
- 810 Fertigungsmaterial
- 811 Fertigungsfremdleistungen
- 812 Fertigungslöhne und -gehälter
- 813 Sondereinzelkosten der Fertigung
- 814 Primärgemeinkosten des Materialbereichs
- 815 Primärgemeinkosten des Fertigungsbereichs
- 816 Sekundärgemeinkosten des Materialbereichs
- 817 Sekundärgemeinkosten des Fertigungsbereichs (s. Hinweis unter Konto 816)

82 **Vertriebskosten**

83 **Allgemeine Verwaltungskosten**

84 **Sonstige betriebliche Aufwendungen**

Konten der kurzfristigen Erfolgsrechnung (KER) für innerjährige Rechnungsperioden (Monat, Quartal oder Halbjahr)

85 **Korrekturkonten zu den Erträgen der Kontenklasse 5**
- 850 Umsatzerlöse
- 851
- 852 Bestandsveränderungen
- 853 andere aktivierte Eigenleistungen
- 854 sonstige betriebliche Erträge
- 855 Erträge aus Beteiligungen
- 856 Erträge aus anderen Wertpapieren und Ausleihungen des Finanzvermögens
- 857 sonstige Zinsen und ähnliche Erträge
- 858 außerordentliche Erträge
- 859 frei

86 **Korrekturkonten zu den Aufwendungen der Kontenklasse 6**
- 860 Aufwendungen für Roh-, Hilfs- und Betriebsstoffe und für bezogene Waren
- 861 Aufwendungen für bezogene Leistungen
- 862 Löhne
- 863 Gehälter
- 864 Soziale Abgaben und Aufwendungen für Altersversorgung und für Unterstützung
- 865 Abschreibungen
- 866 sonstige Personalaufwendungen
- 867 Aufwendungen für die Inanspruchnahme von Rechten und Diensten
- 868 Aufwendungen für Kommunikation (Dokumentation, Informatik, Reisen, Werbung)
- 869 Aufwendungen für Beiträge und Sonstiges sowie Wertkorrekturen und periodenfremde Aufwendungen

87 **Korrekturkonten zu den Aufwendungen der Kontenklasse 7**
- 870 betriebliche Steuern
- 871/873 frei
- 874 Abschreibungen auf Finanzanlagen und auf Wertpapiere des Umlaufvermögens und Verluste aus entsprechenden Abgängen
- 875 Zinsen und ähnliche Aufwendungen
- 876 außerordentliche Aufwendungen
- 877 Steuern vom Einkommen und Ertrag
- 878 sonstige Steuern
- 879 frei

88 **Kurzfristige Erfolgsrechnung (KER)**
- 880 Gesamtkostenverfahren
- 881 Umsatzkostenverfahren

89 **Innerjährige Rechnungsabgrenzung**
(alternativ zu 298 bzw. 498)
- 890 aktive Rechnungsabgrenzung
- 895 passive Rechnungsabgrenzung

Die Kontengruppen 85–87 erfassen die Gegenbuchungen zur KER auf Konto 880. Gleichzeitig enthalten sie die Abgrenzungsbeträge dieser periodenbereinigten Aufwendungen und Erträge zu den Salden der Kontenklasse 5–7. Die Gegenbuchung der Abgrenzungsbeträge erfolgt auf entsprechenden Konten der innerjährigen Rechnungsabgrenzung z. B. 298 bzw. 498 oder 890 bzw. 895.

Kontenklasse 9 – KOSTEN- UND LEISTUNGSRECHNUNG

9 **Kosten- und Leistungsrechnung (KLR)**

90 **Unternehmensbezogene Abgrenzungen** (betriebsfremde Aufwendungen und Erträge)

91 **Kostenrechnerische Korrekturen**

92 **Kostenarten und Leistungsarten**

93 **Kostenstellen**

94 **Kostenträger**

95 **Fertige Erzeugnisse**

96 **Interne Lieferungen und Leistungen sowie deren Kosten**

97 **Umsatzkosten**

98 **Umsatzleistungen**

99 **Ergebnisausweise**

In der Praxis wird die KLR gewöhnlich tabellarisch durchgeführt. Es wird auf die dreibändigen BDI-Empfehlungen zur Kosten- und Leistungsrechnung hingewiesen.

Printed by Books on Demand, Germany